# 소비자트렌드와 시장

# 소비자트렌드와 시장

허경옥 · 이은희 · 김시월 · 김경자 · 차경욱 지음

trend

교 문 사

# 머리말

소비자들의 심리를 읽고 행동을 파악하며 소비자트렌드를 이해하고 분석하는 것은 소비자학, 경영학, 경제학 등의 학문 분야에서 중요한 연구 분야이다. 소비자트렌드는 소비자, 소비자단체, 기업, 정부에게 중요한 관심대상이다. 특히, 소비자트렌드 파악 및 분석 그리고 예측은 상품이나 서비스 생산 및 개발, 마케팅 전략 수립 등 기업의 경영활동에 있어 매우 중요하다.

소비자트렌드는 현재 수용되고 소통되는 하나의 주요 흐름으로, 이를 파악하고 예측하는 것은 쉽지 않다. 그러나 과학적인 조사 및 분석 방법을 활용한다면 소비자트렌드를 구성하는 요소들을 종합하여 파악하고 예측할 수 있다. 따라서 이 책에서는 트렌드의 개념에서부터 시작하여 소비문화와 트렌드, 의·식·주, 교육, 여가, 문화 등 생활 전반 분야와 트렌드, 사회변화, 라이프스타일, 소비자유형 등과 소비자트렌드, 소비자트렌드 분석 조사 및 방법 등에 대해 살펴보고자 하였다.

이 책의 1부에서는 소비자트렌드에 대한 이해를 돕고자 소비자트렌드의 이해, 소비문화와 소비자트렌드에 대해 설명하고 있으며, 2부에서는 소비생활 분야별로 구분하여 소비자트렌드를 파악하고 있다. 3부에서는 소비자트렌드와 사회변화, 한국의 소비자트렌드, 소비자트렌드와 사회현상, 소비자 유형별 소비자트렌드, 라이프스타일과 소비자트렌드, 다양한 소비자트렌드 사례연구를 포함하고 있다. 4부에서는 소비자트렌드 분석 조사방법으로, 트렌드 분석을 위한 접근방법, 정량조사와 정성조사에 대해 다루고 있으며, 끝으로 5부에서는 소비자트렌드의 활용과 미래에 대해 다루고 있다.

본 저서는 여러 교수님들의 공동 집필로 구성되어 있는데, 11장, 12장, 13장은 허경옥 교수가, 2장은 이은희 교수가, 5장, 6장, 15장은 김시월 교수가, 3장, 4장, 14장은 김경자 교수가, 7장, 8장, 9장, 10장은 차경욱 교수가, 1장은 이은희 교수와 차경욱 교수가 공동으로 저술하였다.

이 책은 교양과목 및 전공기초과목을 강의하는 교재로서 활용할 수 있음은 물론 소비자트렌드에 관심 있는 소비자들에게 기초정보를 제공하고 트렌드 분석의 기술 및 방법에 대한 길잡이가 되고자 한다. 날로 변화하는 소비자 취향 및 선호 그리고 급속히 변화하는 시장 환경 속에서 소비자트렌드를 올바로 이해하고, 나아가 미래 소비자트렌드를 예측할 수 있는 능력을 길러 소비자를 분석해야 하는 전공자, 학자, 연구소, 기업에 도움이 되고자 한다. 그러나 충분한 시간적 여유 없이 출간을 서두르다 보니 여러 가지로 미흡한 부분이 많음을 인정하지 않을 수 없다. 앞으로 시간을 더 갖고 보완하고자 한다.

이 책을 출간하게 해주신 교문사의 류제동 사장님과 무리하게 서둘러 출간하느라 수고가 많았던 양계성 편집부장님과 편집부에 감사의 말을 전한다.

2006년 2월

저자 일동

## 차 례

Contents

# 제2부 소비생활 분야별 소비자트렌드

## 제3부 소비자트렌드의 실제

## 제6장 소비자트렌드와 사회현상 ········· 163



## 제7장 한국의 소비자트렌드 ········· 191

## 제5부 소비자트렌드의 활용과 미래

# 트렌드 메모 차례

# 제 1 부

## 소비자트렌드의 기초

# 제 1 장

## 소비자트렌드의 이해

최근 우리나라에서 트렌드라는 말에 대한 관심이 높다. 과연 트렌드란 무엇일까? 트렌드는 세상을 읽고 미래를 대비하며 변화를 즐기는 하나의 나침반과 같다고 한다. 현재의 상황을 보다 잘 이해하기 위해, 때로는 불안한 미래를 들여다보는 이정표를 잡기 위해 다양한 트렌드 분석에 이목이 집중되고 있다. 이 장에서는 트렌드란 과연 무엇이며 어떻게 형성되는지, 소비자트렌드의 뼈대를 이루고 있는 기본 구조는 무엇이며, 소비자트렌드에 영향을 주는 요인들은 무엇인지 등에 대해 살펴보고자 한다.

## 1. 트렌드의 개념과 의의

### 1) 트렌드의 개념

트렌드(trend)의 사전적 의미는 '~의 방향으로 가다', '향하다' 혹은 '기존과 다른 새로운 방향으로 변화해가는 경향이나 추세'이다. 트렌드는 과거, 현재, 미래로 이어지는 하나의 흐름으로서, 일시적 유행과는 달리 어느 정도 긴 시간 동안 유지되는 사회의 주요 흐름이나 패턴을 의미한다. 트렌드 연구가들은 유행처럼 단기간에 나타났다가 사라지는 현상과 구분하여, 적어도 5년 혹은 10년 정도 지속되면서 사회전반에 영향을 미치는 변화의 흐름을 트렌드로 정의하고 있다. 급속한 변화와 발전을 경험하고 있는 우리나라에서 특정한 시간 주기의 제한을 적용하는 것은 다소 무리가 있을지 모르지만, 트렌드가 장기간 지속되는 물결임에는 동의할 수 있을 것이다.

트렌드는 특정한 시점에서 하나의 징후로 출발하여 사회, 경제, 문화의 다양한 영역에서 포괄적이며 동시적으로 나타나는 현상이다. 즉 인구 통계적 변화, 대중의 가치관이나 태도 변화, 생활양식 또는 기술 등의 변화를 통해 사회 전반에 점진적이면서도 광범위한 변화를 가져오는 물결이며 바람인 것이다. 물결과 바람을 타면 즐겁게 항해할 수 있지만, 그것을 거스르면 힘들고 곤혹스럽다는 것을 누구나 잘 알 것이다.

최근 우리나라에서 국민생활 수준의 향상 및 주 5일 근무제 시행에 따라 웰빙에 대한 관심이 고조되고, 전반적인 경기불황과 소비자 가치관의 변화로 인해 합리적인 가치소비의 확산과 디지털 기술 발전에 따라 개인화된 통신·가전제품과 서비스의 이용이 확대되는 것 등은 새로운 형태의 트렌드라고 할 수 있다. 이는 사회 전반에서 광범위하게 나타나는 현상이며, 앞으로도 한 동안 지속·발전할 것으로 추측된다. 트렌드와 대별되는 말로 유행(fad)을 생각해 볼 수 있는데, 유행은 트렌드와는 달리 특정 시점에 나타나는 일시적 현상으로써 시류를 쫓는 대중문화나 대중매체 등의 선도에 의해 비교적 짧은 기간에 폭발적으로 성장했다가 사그라지는 것이 특징이다. 단적인 예로 TV연속극의 유명 배우가 착용한 시계나 귀고리 등이 연속극이 진행되는 동안 폭발적으로 인기를 끌었다가 연속극 종영과 함께 사라지는 것을 들 수 있다.

기업은 새로운 시장 트렌드를 파악하지 못하면 고객을 잃게 되고, 동종업계와의 경쟁에서 뒤지기 때문에 경쟁사보다 먼저 새로운 트렌드를 찾아내기 위해 노력을 기울인다. 그러나 많은 기업들이 트렌드와 일시적 유행을 제대로 구분해 내지 못하여 시간과 노력을 낭비하기도 한다.

일시적 유행은 트렌드에 비해 논리적이지 않기 때문에 예측이 어렵다. 또한 유행은 금방 정점에 달하고 빨리 끝나기 때문에 유행을 따라잡으려면 빨리 들어가고 빨리 빠져나와야 한다. 너무 늦게 들어가 유행이 끝난 후에도 빠져나오지 못한 기업들은 큰 손실을 볼 수도 있다. 이렇듯 유행을 쫓는다는 것은 위험 부담을 내포하고 있다.

기업의 입장에서 일시적 유행은 굳이 따라가지 않더라도 장기적으로 큰 문제가 되지 않으나, 트렌드는 역행하기가 어려울 뿐만 아니라 미리 시작하지 않으면 경쟁사들과 차별화되기 어렵다. 그러므로 트렌드를 미리 파악하고 이를 주도하는 것이 매우 중요하다. 몇몇 트렌드 연구가와 미래학자들이 언급한 다음의 내용들을 살펴보면, 트렌드에 대한 개념을 보다 확실하게 이해하는 데 도움이 될 것이다.

> 트렌드는 현재에 일어나는 변화과정이다.
>
> 『미래, 진화의 코드를 읽어라』의 저자, 마티아스 호르크스

> 트렌드는 일시적 유행보다 광범위한 것이다. 아무도 트렌드를 창조하거나 변화시킬 수 없다. 다만 관찰할 수 있을 뿐이다. 그러나 우리는 트렌드를 믿는 사람들의 마음을 변화시킬 수 있으며, 트렌드 분석은 곧 사람들의 마음을 읽는 것이다.
>
> 『클릭! 미래 속으로』의 저자, 페이스 팝콘

> 트렌드는 이미 시작됐기 때문에 결코 피할 수 없는 필연적인 것이라는 사실을 우리는 안다. 그럼에도 불구하고 트렌드는 우리를 놀라게 할 것이다. 왜냐하면 트렌드가 만들어낼 사건들은 미리 정해져 있지만, 그 사건이 실제로 일어나는 시간이나 상황, 결과와 효과 등은 결코 정해져 있지 않기 때문이다.
>
> 『이미 시작된 20년 후』의 저자, 피터 슈워츠

이처럼 트렌드는 현재로부터 시작된 필연적인 미래의 변화이다. 트렌드는 '변화

의 이야기'이기 때문에 특정 시기의 어떤 제품이나 어떤 현상으로는 설명하기 어려우며, 트렌드가 어떻게 어떤 속도로 진행되는지를 파악하는 것이 중요하다.

현대사회는 인터넷시대이다. 그러나 불과 10년 전만 해도 우리가 이렇게 인터넷에 중독 되고, 인터넷 환각증에 걸릴 정도로 모든 면에서 인터넷에 의존하게 될지는 아무도 몰랐다. 모뎀을 통해 전화를 걸어 통신에 접속하는 것을 신기해하던 것이 불과 15년 전의 일이지만, 지금은 숙제, 쇼핑, 취미생활, 새로운 사람들을 사귀는 것, 오락, 도박, 미팅, 정치참여에 이르기까지 모든 것을 인터넷을 통해 해결하고 있다. 마찬가지로 불과 몇 년 전만 하더라도 핸드폰으로 사진을 찍고, 음악을 듣고, 물건을 사고, 버스를 타고, 은행 업무를 보는 것 등은 즐거운 상상에 불과했다. 그러나 현재 우리는 휴대폰으로 집 밖에서 가스 불을 끄고, 달리는 기차 안에서 인터넷을 즐기며, 지구 반대쪽 나라의 증권시장 시세를 실시간으로 확인하는 시대에 살고 있다. 그야말로 역동적이고 즉각적인 시대를 살고 있는 것이다. 그러나 그만큼 언제 어떻게 얼마나 빠르게 변화할지 모르는 미래에 대한 불안을 항상 가지고 있는 셈이다.

미래에 어떤 일이 벌어질 것인가에 대한 관심과 상상은 누구에게나 흥미 있는 일이며, 미래를 알고 싶어 하는 욕구는 인간의 역사가 시작된 이래로 지속되어 왔다. 동서를 막론하고 선지적 능력을 가진 자가 제사장으로 추대되어 부족을 일으킨 설화가 많으며, 미래를 예측하는 능력을 가진 자는 권위와 두려움의 상징이 되어 왔다. 미래의 모든 일이 예측 가능하다면 재미도 없고 또 발전도 없겠지만, 미래를 모르는 사람들에게는 그 불확실성이 두려움과 막막함이 된다. 그러나 불확실한 세상 속에서도 변화의 단초는 있기 마련이다. 그 단초가 작은 흐름이 되고, 걷잡을 수 없는 유행이 되며, 커다란 시대적 조류가 되어 현재와 미래를 변화시킨다. 트렌드는 바로 이러한 단초에서부터 시작된다.

『팝콘 리포트』, 『클릭! 미래 속으로』(원제: *Clicking*), 『클릭! 이브 속으로』(원제: *EVEolution*)등의 저서를 쓴 미국의 유명한 트렌드 연구가 페이스 팝콘(Faith Popcorn)은 트렌드를 혼돈의 세계에 존재하는 일종의 질서라고 보았으며, 한눈에 보이지 않는 다양한 세상을 누구나 이해할 수 있는 간단한 키워드로 표현한 것이 바로 트렌드라고 설명했다. 다시 말해 트렌드는 특정한 시점에 징후로 출발하되, 사회, 경제, 문화의 다양한 영역에서 광범위하게 나타나며, 오랜 기간 동안 지속되어 필연적인 미래의 변화를 만들어내는 흐름이라고 할 수 있다.

트렌드 메모 1-1

**미래를 예측하는 것이 얼마나 어려운 일인가**

- 축음기는 상업적 가치가 전혀 없다(축음기 발명가, 1880년경).
- 공기보다 무거운 기계가 하늘을 나는 것은 불가능하다(대영왕립과학회 회장, 1895년).
- 컴퓨터에 대한 수요는 전 세계적으로 5대 정도에 불과할 것이다(IBM 회장, 1943년).
- 그들의 음악은 별로다. 기타 치며 노래하는 그룹들의 인기는 곧 시들해 질 것이다(비틀즈의 녹음을 거절한 영국 최대의 음반회사, 1962년).
- 어느 누구라도 개인이 자기 집에 컴퓨터를 사놓을 이유는 없다(DELL 컴퓨터 사장, 1977년).

## 2) 트렌드의 형성과정

앞서 언급한 것처럼, 유행(fad)은 비교적 짧은 시간 동안 확산되었다가 소멸되는 일시적인 현상이다. 유행은 주로 일시적인 호기심에 바탕을 두고 돌발적으로 나타나기 때문에 그것을 예측하기란 쉽지 않다. 미국의 일부 기업에서는 1980년대부터 트렌드 스포터(trend spotter)라는 직종이 생겼다. 이들은 어떤 징후를 두고 그것이 일시적인 유행인지, 트렌드인지를 구분해 내는 업무를 담당했다. 일시적인 유행을 장기적 트렌드로 오해하면 기업이 손해를 입을 수 있기 때문이다. 일시적인 유행은 장기간 지속되지 않을 뿐더러, 사회, 문화영역에 광범위한 영향을 미치지 않는다. fad와 유사한 말로 fashion을 생각해 볼 수 있는데, 이는 일시적으로 많은 사람들이 어떤 행동양식 또는 문화양식을 택함으로써 생기는 사회적인 동조현상으로 정의할 수 있다. 즉 fashion은 fad보다 광범위한 영향력을 가진다고 볼 수 있는데, 사회학자 지멜(Gimmel)에 의하면 유행(fashion)은 사람들이 타인과 동조하려는 욕구와 차별되고자 하는 욕구를 동시에 만족시키려는 미묘한 감정의 균형 위에 성립한다.

유행(fad 또는 fashion)이 사회에 어떤 변화(change)를 만들어내고, 그것이 미래의 변화를 예측(forecast)하며, 그 변화가 필연적으로 지속되어 변화의 방향이나 진로를 전망(prospect)할 수 있으면 우리는 그것을 트렌드라고 부른다(최훈환,

2004). 그런데 여기에서 예측(forecast)이라는 말은 미래에 일어날 수 있는 여러 가지 시나리오 중에서 가능성 있는 한 가지를 선택한다는 의미이다. 즉 기상청의 일기예보처럼 불확실성이 포함되어 있다는 것이다. 그러나 이것이 트렌드가 되려면 예측과는 달리 불확실성을 제거한 확실한 요소를 중심으로 전망이 이루어져야 한다. 미래 변화에 대한 예측(forecasting)이 예측으로 그치지 않고, 트렌드가 되기 위해서는 일시적인 유행을 트렌드로 만드는 어떤 계기가 있어야 하고, 그 계기를 팁핑 포인트(tipping point)라고 한다. 팁핑 포인트는 사회, 문화적인 환경의 변화와 큰 연관이 있다. 즉 트렌드는 사회, 문화적 환경과 함께 진화(evolution)하며, 결국 그것이 오랜 기간 동안 지속되어 역사(history)를 만들어 가는 것이다.

### 3) 메가트렌드와 메타트렌드

사회, 문화적 환경의 변화와 함께 형성된 트렌드가 모여 사회의 거대한 조류를 형성하게 되는데, 이를 미국의 미래학자 존 네이스비트(John Naisbitt)는 메가트렌드(megatrend)라고 칭하였다. 네이스비트는 1984년에 『메가트렌드』라는 저서를 발표했다. 그는 나라별로 양상이 조금 다르기는 하지만 언제부턴가 전 세계가 공통적인 맥락을 갖는 변화양상을 띠게 되었으며, 그것이 우리 삶의 모습을 바꾸고 새로운 사회를 구현하는 내재적 힘을 가진 메가트렌드라고 정의했다. 네이스비트에 의하면 지구촌을 이끌어 나갈 메가트렌드는 잘 사는 나라와 못 사는 나라 모두가 그 영향권 아래 있으며, 변화의 기간은 대략 50년 정도라고 하였다.

21세기 현대사회의 메가트렌드는 다음과 같은 내용들로 정리될 수 있다.

첫째, 지식기반 트렌드이다. 농경사회에서는 에너지와 천연자원이 지배적 경제 자원이었고, 산업사회에서는 자본이 가장 중요한 자원이었다면, 현대 지식사회에서는 정보와 지식이 가장 귀한 자원이다. 대학, 연구소, 출판, 소프트웨어, 게임, 음악 등 다양한 분야에서 각종 콘텐츠를 개발하는 지식집약형 산업이 높은 부가가치를 창출한다.

둘째, 정보화 트렌드이다. 현대사회에서는 전자 가상공간을 활용한 정보부가가치가 이익의 원천이 된다. 개인, 기업, 제품, 설비 등 모든 재화와 경제 주체가 인터넷 정보통신망과 항상 연결되며, 정보통신 네트워크가 모든 산업의 중심적 위치를 차지해 소비자와 사업자 간의 쌍방향 정보교류를 전제로 새로운 시스템이 지속

> **트렌드 메모 1-2**
>
> **존 네이스비트가 제시한 10대 메가트렌드**
>
> 1. 산업화 사회 → 정보화 사회 : 정보를 바탕으로 하는 지구촌 구축
> 2. 공업기술 → 하이테크 하이터치 : 하이테크와 하이터치의 시대 도래
> 3. 국가경제 → 세계경제 : 행동은 지역적이지만 국경의 경계는 와해
> 4. 단기정책 → 장기정책 : 장기적 전략에 의한 실행이 성패를 좌우
> 5. 중앙집권화 → 지방분권화 : 권위와 권력의 중앙 집중 현상이 사라짐
> 6. 기관원조 → 자조사회 : 되살아나는 자조독립의 정신
> 7. 대의민주주의 → 참여민주주의 : 신기술을 기반으로 전원 참여의 민주주의로 이행
> 8. 피라미드형 → 네트워킹 : 네트워크형 수평사회 정착
> 9. 북의 시대 → 남의 시대 : 경제 에너지의 지역적 대이동
> 10. 양자택일의 사회 → 복수선택의 사회 : 다양성과 개인의 선택이 중시
>
> 자료 : 김경훈. 『트렌드워칭』, 2005

적으로 개발되고 있다.

셋째, 시장경제의 세계화(globalization) 트렌드이다. 생산비용이 저렴한 곳을 찾아 제품을 생산하고 세계 모든 시장에서 제품의 판매가 가능하기 때문에 각국의 시장이 하나로 통합되어 단일시장을 형성하며, 국내외 경제 활동에 대한 각국 정부의 통제력은 약화된다. 특히 전자상거래의 활성화는 경쟁력 없는 제품이나 서비스를 도태시킨다.

넷째, 생명과학기술(Bio-Technology)의 발달 역시 또 다른 메가트렌드이다. 생명과학기술의 발전은 수명연장, 유전공학, 예방 의료학 분야의 발전으로 이어질 뿐 아니라, 인공지능 정보처리 기술개발에도 영향을 미친다.

다섯째, 여성의 새로운 세력화 역시 현대사회의 중요한 메가트렌드이다. 트렌드 연구가이자 미래학자인 페이스 팝콘은 저서 『클릭! 이브 속으로』(원제: *EVEolution*)에서 남성 중심의 사회구조, 남성 중심의 마케팅에서 벗어나 여성적 사고(feminie thinking)로의 전환이 거역할 수 없는 시대적 요구임을 강조한 바 있다.

메가트렌드가 우리가 사는 세계의 시대적 조류라면, 그 밑바탕에는 우리가 직접적으로 느끼지는 못하지만 조용하게 흐르는 변화들이 있다. 이처럼 변화의 속도

가 매우 느리고 그 과정이 장기적이고 복잡한 트렌드가 메타트렌드(metatrend)이다. 메타트렌드의 영역은 자연의 변화와 문명이다. 고대 아프리카 북부지역에는 거대한 초원이 있었으나, 장기간의 기후변동을 경험하면서 사막화되었고, 이 사막지역은 점점 확대되어 오늘날 사하라 사막이 되었다. 그리고 거대한 초원에 살던 주민들은 나일강 유역으로 이동하여 고대 이집트 문명을 발전시켰다. 이처럼 자연의 진화는 오랜 시간이 지나면 그 어떤 변화보다 뚜렷한 결과를 가져오지만, 매우 긴 주기를 가지고 있기 때문에 한 사람의 인생 주기 정도로는 변화를 느끼기 어렵다. 또한 문명은 수천 년 동안 지속된 농업문명이나 19세기 이후 200여 년 동안 유지된 산업문명처럼 주기가 일정하지는 않지만, 분명히 오랜 시간을 필요로 한다(김경훈, 2005). 이처럼 자연과 문명의 변화는 그 속도가 매우 느리지만, 변화하기 시작하면 대규모의 변동을 초래하며 메가트렌드 및 다양한 트렌드의 초석이 되기 때문에 우리가 관심을 가지지 않을 수 없다.

## 2. 소비자트렌드의 개념과 의의

### 1) 소비자트렌드의 개념

트렌드가 가장 먼저 그리고 광범위하게 영향을 미치는 분야는 소비행동이라고 할 수 있다. 소비란 생산된 재화와 용역을 획득하고 사용하며 혹은 처분하는 가운데, 인간의 필요와 욕구를 충족시킴으로써 만족감을 제공하고, 나아가 복지를 누리게 하는 인간의 경제행동이다. 사람들은 소비를 통해 자신의 요구와 욕구(needs 또는 wants) 그리고 욕망(desire)을 충족시킨다.

전통사회에서의 소비는 생존과 같은 인간의 기본적 욕구를 충족시키기 위해 제품을 사용하는 것에만 초점을 두었으나, 산업자본주의 사회에 들어서면서 화폐를 통한 교환가치가 정립되었고, 이에 따라 소비에는 제품이나 서비스를 구매하여 그것을 소유하고자 하는 의미가 추가되었다. 또한 자본주의가 발달하고, 경제가 발전하여 대량생산, 대량소비가 확산된 현대사회에서의 소비는 경제생활 영위를 위한 행위 그 이상의 의미를 갖게 되었다. 즉 사람들은 자신이 구매하고 소비하는 제품이나 서비스의 이미지 속에 자기 자신을 투영하게 되었고, 소비가 사용가치나 교환가치뿐 아니라 어떤 이미지와 기호, 상징을 갖게 되었다. 제품이나 서비스의 소비가 자아를 표현하는 하나의 수단이 되기도 하고, 사회적 관계 형성이나 사회적 의사소통의 수단이 되는 등 사회적 의미를 내포하게 된 것이다. 이렇게 소비세계에서 나타나는 사회, 문화적 현상을 우리는 소비트렌드 혹은 소비자트렌드라고 부를 수 있다. 이러한 트렌드는 어떤 특정 제품에 한정되어 나타나는 현상이 아니고, 소비자의 가치나 태도, 소비자의 마음을 담아내는 그림이기 때문에 소비자트렌드라는 용어가 더 정확할 것이라고 생각된다.

소비자트렌드는 개별적인 제품 영역에 국한되는 것이 아니고, 기술, 경기, 소비문화로부터 소비의 표층영역까지를 포괄하여 광범위하게 나타나는 현상이다. 또한 소비자들이 욕구를 충족시키기 위해 어떤 태도나 행동을 취하는 패턴이 모여 소비자트렌드를 형성하며, 이는 긴 시간(5년 혹은 10년) 동안 지속되어 소비세계의 새로운 변화를 이끌어 낸다. 즉 소비자트렌드는 소비태도와 소비욕구의 변화가 일반화된 것이라고 할 수 있다. 또한 이러한 트렌드가 지속적으로 유지되어 사회 구성원들이 공유하고 있는 지식, 믿음, 기술, 행동을 포함하는 소비생활 양식이 되면, 우리는 그것을 소비문화라고 부른다. 소비문화(consumption culture)는 소비행위 유형, 소비에 대한 공통적인 사고방식 등이 기반이 되어 하나의 생활양식이 된 것으로써, 소비에 관한 가치와 신념의 체계를 의미한다.

소비자트렌드를 잘 읽으면 한 사회를 구성하고 있는 수많은 작은 그림들을 찾을 수 있고, 나아가 소비문화라는 큰 그림을 이해할 수 있다. 소비자의 세계를 이끌어 가는 트렌드를 이해하는 기업은 소비자들로 하여금 제품을 구매하게 만드는 원동력을 이해하게 되므로 어떤 제품이 성공할 것인지를 가늠할 수 있고, 트렌드를 구성하는 수많은 특징과 구체적인 욕구에 맞추어 제품을 개발할 수 있으며, 나아가 변화하는 소비시장에 유연하게 대응하고 시장을 선도할 수 있다.

### 2) 소비가치와 소비욕구의 이해

소비자트렌드는 남들을 따라하는 모방심리나 유행과는 달리, 어떤 욕구나 강력한 심리적 동기가 내재되어 있는 광범위한 행동에 의해 형성된다. 즉 소비자트렌드를 형성하는 기저에는 소비자의 신념이나 가치 그리고 욕구가 자리 잡고 있으므로, 소비자트렌드를 이해하기 위해서는 소비가치와 소비욕구에 대한 이해가 선행되어야 할 것이다.

### (1) 소비가치

가치(value)란 크고 작은 일들에 대한 결정을 내릴 때 작용하는 판단의 기준이며, 행동이나 판단을 이끄는 광범위한 신념이다. 이는 개인 혹은 집단이 바람직하고 의미 있다고 생각하는 이념으로, 그들의 행동방향에 영향을 주는 일반적이고 추상적인 동기이다. 가치는 목표 설정을 위해 필요한 기초적인 기준을 제공하고, 모든 의사결정과 행동에 연속성을 주기 때문에 매우 중요하다.

소비가치(consumption value)는 소비자들이 제품이나 서비스를 선택할 때 인지과정과 구매행동에 강력하고 포괄적으로 영향을 미치는 판단의 기준이라고 할 수 있다. 쉐스(Sheth et. al., 1991)는 소비가치가 시장 선택에 가장 큰 영향을 미치는 요인이라고 강조하면서, 소비가치를 5가지 유형으로 나누어 설명했다.

첫째, 기능적 가치(functional value)는 제품의 품질, 기능, 가격, 서비스와 관련된 실용적·물리적 소비가치를 말한다. 둘째, 사회적 가치(social value)는 제품을 소비함으로써 충족하는 사회적 욕구, 제품이나 브랜드의 사회적 이미지, 사회적 규범이나 집단과의 관련성 때문에 지각되는 가치이다. 어떤 제품을 소비함으로써 다른 사람들과 사회적인 교류를 할 수 있거나 자신의 권위와 지위를 상징적으로 나타낼 수 있을 때 소비자는 사회적 가치를 느낀다. 셋째, 정서적 가치(emotional value)는 어떤 제품이나 브랜드가 유발하는 느낌이나 감정적 상태로부터 소비자가 지각하는 가치이다. 제품 소비에 대해 긍정적인 감정을 가질 수도 있고, 부정적인 감정을 가질 수도 있다. 전통적인 소비자행동 연구에서는 소비자가 합리적인 동기에 의해 구매행동을 한다고 강조하지만, 실제로 많은 경우에 소비자들은 감정적인 동기에 의해 소비행동을 하는 것이 사실이다. 넷째, 인지적 가치(epistemic value)는 어떤 제품이나 브랜드가 신기함이나 호기심을 유발하여 새로운 것을 인지하고 탐색하고자 하는 욕구를 충족시키는 가치를 말한다. 소비자들은 지속적으로 사용해 온 제품이나 브랜드에 싫증을 느껴서 새로운 것으로 바꾸기도 하고, 반드시 필요한 물건이 아니더라도 호기심이 발동하여 물건을 구매하기도 한다. 색다른 문화를 경험하기 위해 여행을 가기도 하고, 특이한 테마 레스토랑, 전문적인 외국 음식점 등을 찾는다. 마지막으로 상황적 가치(conditional value)는 소비자가 직면하는 특정 상황이나 주변 환경에 따라 지각되는 가치이다. 이는 소비자들이 자신이 처한 상황에 적합한 선택행동을 하려는 경향을 반영한다.

한편 바빈과 다든(Babin & Darden, 1994)은 소비가치를 실용적 가치(utilitarian value)와 쾌락적 가치(hedonic value)로 나누어 설명했는데, 실용적 가치는 구매를 이성적으로 처리해야 하는 업무로 간주하여 소비자의 욕구가 얼마나 충족되었는지에 따라 그 가치의 정도가 평가되는 것이다. 실용적 가치를 중시하는 소비자는 쇼핑활동을 하나의 업무로 여기고 순차적인 과정에 따라 처리하는 경향이 있다. 그에 반해 쾌락적 가치는 쇼핑 행위 자체에서 즐거움과 재미를 얻음으로써 충족된다. 쇼핑의 경험에 잠재되어 있는 오락적 즐거움이 구매의 동기가 되는 것이다. 쾌락적 가치를 중시하는 소비자들은 제품 자체의 기능이나 특성보다는 구매환경이나 분위기 등에 의해 영향을 많이 받고, 쇼핑을 통해 스트레스 해소나 사회적 관계 형성 등의 욕구를 충족하는 경향이 있다.

이처럼 소비가치는 소비행동과 밀접한 관련을 가지기 때문에, 어떤 제품을 구매하는가, 어떤 브랜드를 구매하는가 혹은 왜 그 제품, 그 브랜드를 구매하는가를 설명하고 예측하는 데 중요한 단서가 된다. 선행연구들의 결과를 보면, 제품에 따라 소비자들이 중시하는 소비가치가 다르다는 것을 알 수 있는데, 예컨대 자동차나 맥주를 구매할 때는 많은 소비자들이 사회적 가치를 중시하는 반면, 생필품이나 금융기관을 선택할 때는 기능적 가치를 중시하는 것으로 나타났다. 또한 10대 청소년들이 흡연을 하는 것에서는 사회적 가치나 인지적 가치가 큰 영향을 주는 것으로 나타났다.

### (2) 소비욕구와 소비자 니즈

소비욕구는 쉽게 말해 소비자가 부족하다고 느끼는 것, 원하는 것 혹은 문제점으로 인식하는 부분 등을 의미한다. 소비욕구를 지칭하는 용어로 흔히 니즈(needs)라는 말을 사용하는데, 엄밀한 의미에서 구분을 하면 니즈는 무언가가 필요하다고 느끼는 것을 의미하고, 원츠(wants)는 구체적으로 원하는 무언가를 의미한다. 그래서 과거에는 니즈를 '요구'로, 원츠를 '욕구'로 번역하여 사용하기도 했으나, 최근에는 소비자학이나 마케팅 관련 도서에서 니즈와 원츠라는 용어 자체를 사용하고 있는 편이다. 이러한 소비자의 니즈와 원츠는 결국 어떤 제품에 대한 수요(demand)를 만들어 낸다.

소비욕구의 발생, 문제의 인식은 소비자의 구매의사결정 과정의 첫 번째 단계이다. 즉 소비자는 해결해야 할 문제 또는 충족되어야 할 욕구를 인식하는 것에서부터 구매행동이 시작된다. 예를 들어 배가 고프다든지, 샴푸를 거의 다 썼다든지, 컴퓨터가 자주 고장을 일으킨다든지 등을 통해 어떤 바램이나 불편함을 느낌으로써 구매의 필요성을 실감하는 것이다. 현재의 상태와 원하는 상태와의 차이가 클수록 욕구는 커진다. 소비욕구는 배고픔, 외로움, 피곤함 등 신체적·정신적인 불편함을 느끼는 내적 자극요인에 의해서도 발생하며, 신제품에 대한 광고나 판매자의 설득, 주변 사람들과의 비교 등 외부 자극요인에 의해서도 발생한다.

보다 구체적인 개념으로 소비자 니즈(consumer needs)란 어떤 제품이나 서비스로부터 얻기를 원하거나 기대하는 편익을 말한다. 이는 단순히 제품이나 서비스의 물리적 또는 기능적 실체에 한정되는 것이 아니라 소비자가 그 제품을 사용하는 전 과정에 관련하여 기대하는 것이다. 소비자 니즈는 소비행동이나 소비패턴 나아가서는 소비자트렌드를 형성하는 데 있어 기초가 되는 부분으로, 사회의 변화에 따라 다양화되고 세분화되는 특성을 지닌다. 그렇기 때문에 기업이 시장에서 살아남기 위해서는 소비자의 니즈를 파악하고 이를 분석하여 그 니즈에 정확하게 부응하는 제품이나 서비스를 개발해 낼 수 있어야 한다. 또한 소비자의 요구나 욕구를 파악하는 데 있어 중요한 사안은 소비자가 갖고 있는 문제의 해결책을 찾는 것이 아니라 소비자의 문제 그 자체를 철저하게 이해해서 해당 욕구가 발생한 원인을 찾아내는 것이다.

소비자 니즈는 크게 기본적 니즈(basic needs)와 소비자에 의해 표현될 수 있는 니즈(articulated needs) 그리고 잠재적 니즈(unarticulated needs 혹은 exciting needs)로 분류할 수 있다.

첫째, 기본적 니즈(basic needs)는 어떤 제품이나 서비스에 대해서 기본적으로 가정하거나 기대하는 편익으로, 제품이나 서비스가 갖추어야 할 최소한의 기능을 말한다. 예를 들면, 세탁기에 대해 소비자가 갖고 있는 기본적 니즈는 의류의 때를 잘 제거해주고 전력을 덜 소모하는 것이며, 식당에 대한 기본적 니즈는 배고픔의 욕구를 해결해 주는 것이다. 그러나 대부분의 제품이나 서비스들은 당연히 이 같은 기본적 니즈를 충족시켜 주고 있으며, 만일 그렇지 못하다면 그 제품이나 서비스는 시장에서 살아남지 못한다. 그러므로 기본적 니즈의 충족만으로는 제품이나 서비스가 차별화되기 어렵다.

둘째, 소비자에 의해 표현될 수 있는 니즈(articulated needs)는 소비자가 느끼고 있고, 또 비교적 쉽게 말로 표현할 수 있는 니즈이다. 이러한 니즈 중에는 현재 시장에 출시되어 있는 제품이나 서비스에 의해서 이미 만족되고 있는 부분도 있을 것이고, 소비자가 느끼고 있지만 아직 충족되지 못한 니즈도 있을 것이다. 예를 들어, 좀 더 용량이 크고 가벼운 노트북 컴퓨터나 좌석의 높낮이 조절이 가능하여 타고 내리기에 편리한 RV 자동차, 열고 닫기에 보다 편리한 냉장고 등은 소비자에 의해 표현될 수 있는 니즈이다. 이러한 니즈는 소비자 욕구 조사를 통해 비교적 쉽게 파악해 낼 수 있으며, 만약 현재 시장에 출시된 제품이나 서비스에 의해서 충족되지 않고 있는 니즈라면 새로운 시장 기회를 제공한다. 그러나 소비자에 의해 표현될 수 있는 니즈는 다수의 기업들에 의해 비교적 쉽게 충족되기 때문에 어떤 한 기업에게 차별화된 경쟁력을 제공해 주지는 못한다.

셋째, 잠재적 니즈(unarticulated needs 혹은 exciting needs)는 소비자 스스로도 느끼지 못하고 있는 니즈로서, 만족되었을 경우에 소비자가 놀라거나 기뻐할 만한 니즈를 말한다. 잠재적 니즈는 현재 시장에 출시되어 있는 제품이나 서비스에 의해서는 만족되지 않은 니즈이며, 만족시켜 주리라고 기대하지 않은 니즈이다. 예를 들면, 무인으로 조정하는 자동차나 액체 연료를 필요로 하지 않는 자동차와 같은 것들이다. 최근 확산되고 있는 유비쿼터스 홈 네트워크 시스템, 청소하는 로봇 등은 잠재적인 니즈를 충족시킨 경우라고 할 수 있다. 그러나 잠재적인 니즈라고 하더라도 반드시 획기적인 기술혁신을 통한 제품 개발만이 이를 충족시킬 수 있는 것은 아니다. 가령 3M의 포스트잇(post-it) 같은 상품은 경쟁사보다 기술이 뛰어나서 성공한 상품이라기보다는 소비자가 기대하지 못했던 부분을 충족시킴으로써 성공한 대표적인 상품이다.

위에서 제시한 세 가지 범주의 소비자 니즈는 시간이 지남에 따라 바뀔 수 있다. 잠재적 니즈가 신제품에 의해서 만족되면 표현될 수 있는(articulated) 니즈로 바뀌고, 이것이 거의 모든 제품에 의해 만족되면 기본적 니즈로 변할 수도 있다. 과거에 휴대폰은 잠재적 니즈를 충족시키는 신제품이었지만, 현재 우리나라에서의 휴대폰은 거의 기본적 니즈를 만족시키는 제품으로 분류될 수 있다.

### ① 소비욕구에 대한 수직적 접근

소비자들이 어떤 제품이나 서비스를 구매하고 사용하는 데에는 다양한 욕구가 내재되어 있다. 소비자들은 그들의 욕구, 즉 그들이 진짜로 필요로 하는 니즈를 솔직하게 표현하기도 하지만 때로는 감추기도 하며 간혹 소비자 스스로가 잘 모르는 경우도 있다. 그러므로 소비자의 숨겨진 니즈를 제대로 짚어내지 못하면 기업은 자사의 제품을 판매하기 힘들며, 트렌드 연구가는 현 상황을 제대로 분석하지 못하여 미래를 예측하기 어렵게 된다.

미국의 심리학자 매슬로(A. Maslow)는 사람들의 욕구에 대한 위계설(needs hierarchy theory)을 주장했다. 이는 사람들은 좀 더 근원적인 욕구가 만족되고 나서야 상위 단계의 욕구를 충족시키려는 경향을 보인다는 것이며, 그 욕구를 하위 단계에서부터 열거하면, 생리적 욕구(physiological needs), 안전에 대한 욕구(safety needs), 사회적 욕구(social needs), 자존감에 대한 욕구(self-esteem needs) 그리고 자아실현의 욕구(self-actualization needs)의 다섯 단계로 형성된다. 소비와 관련된 욕구를 설명하는 데 있어서도 매슬로의 5단계 욕구 위계설을 적용하여 수직적인 접근이 가능하다(Settle & Alreck, 1989).

생리적 욕구(physiological needs)는 욕구체계의 최하위에 위치하고 있으며, 이는 생활을 영위하는 데 가장 필수적인 욕구이다. 시장에는 생리적 욕구를 충족시켜주는 다양한 제품과 서비스가 존재하며, 대개 생리적 욕구는 제품이나 서비스에 대해 기본적으로 가정하거나 기대하는 편익들에 의해 충족되는 편이다. 그러나 현대사회에서는 단순히 기본적인 생리적 욕구를 충족시키는 기능만으로는 소비자들을 충분히 만족시킬 수 없기 때문에 보다 상위의 욕구를 함께 충족시키는 제품이나 서비스들이 개발되고 있다. 가령 유당에 대한 내성이 없어진 어른들을 위해 유당 분해를 돕는 효소인 락타제를 첨가하여 만든 우유라든지, 검은깨, 검은콩, 현미 등이 첨가된 우유는 생리적 욕구를 충족시키되 건강에 신경을 쓰는 성인들을 대상으로 하여 시장을 넓혀간 좋은 사례이다.

안전에 대한 욕구(safety and security needs)는 위험, 손실, 위협으로부터 보호받고 싶어 하는 욕구이다. 보험, 화재경보기, 주택보안장치, 차량도난방지기 등은 안전에 대한 소비자 니즈를 충족시켜주는 대표적인 제품들이다. 또한 경제적인 안정을 유지하고자 하는 욕구를 충족하기 위해 안정된 직장을 선호하는 것도 좋은 예에 해당한다. 그러나 직접적으로 안전을 목적으로 하는 제품 외에도 저니코틴 담배, 무카페인 음료 등도 안전에 대한 욕구를 충족시켜주는 기능을 한다. 사람들은 어떤 욕구를 충족하는 데 불만이 생기면, 상위 욕구를 충족하려는 시도를 그만두고 근본적인 욕구를 충족시키기 위해 다시 하위 단계로 내려오는 경향이 있다.

담배나 술 혹은 탄산음료 등은 사회적 욕구를 충족시켜주는 기호품으로서 역할을 하는데, 사람들이 건강에 대한 관심이 높아지면서 사회적 욕구를 포기하게 되어 제품의 판매가 줄어들었다. 그래서 이러한 기호품들을 소비하면서 심리적으로 느끼는 위험을 줄이기 위해 저니코틴 담배, 순한 양주, 다이어트 음료, 무카페인 음료 등이 개발되었고, 이를 통해 사회적 욕구에서 보다 하위 단계인 건강과 안전에 대한 욕구를 충족시켜줌으로써 판매시장을 되찾았다.

사회적 욕구(social or love and belonging needs)는 생리적 욕구 및 안전에 대한 욕구가 충족된 이후 중요한 요인이 된다. 사회적 욕구는 사랑을 주고 싶어 하고 받고 싶어 하며, 다른 사람들과 교제하고, 어딘가에 소속되고 싶어 하는 등의 욕구를 의미한다. 많은 사람들이 소비행동을 통해 사회적 욕구를 충족하기 때문에 광고에서는 사랑, 연대감, 소속감, 우정 등을 강조하여 소비자의 사회적 욕구를 자극한다. 선물을 주고받는 다양한 상업성 이벤트들이 생겨나는 것이나 사람들이 서로 만나는 장소를 제공하는 위락산업이 번창하는 것도 사회적 욕구와 관련이 있다.

자존감에 대한 욕구(ego, status, self-esteem needs)는 성취, 능력, 자신감에 대한 욕구를 의미하며, 이러한 욕구가 충족되지 못하면 신경과민, 무기력, 열등감에 사로잡히게 된다. 그러나 자존감에 대한 욕구를 의미하는 위신, 자존, 지위, 덕망, 존경, 명성, 인정 등은 타인으로부터 부여받는 것이기 때문에 어떤 제품이나 서비스 자체를 소비한다고 해서 충족되는 것이 아니다. 즉 사람들은 남의 눈에 비치는 자신의 위신을 높여주는 제품에 기꺼이 많은 돈을 지불하고, 나 자신이 남들보다 뛰어남을 스스로 느끼고 싶어 하는 것이다. 예를 들어 값비싼 옷을 입거나 고급의 가구를 사고, 오페라나 발레를 구경하고, 호화 리조트에서 휴가를 보내는 것은 이것들 자체를 즐김으로써 얻는 효용도 있겠지만, 자신의 소비행위가 남들에게 보이기를 바라는 마음도 포함되어 있다. 이 때문에 자존감에 대한 욕구는 종종 과시소비(conspicuous consumption)와 연결이 된다.

마지막으로 자아실현의 욕구(self-actualization needs)는 매슬로의 욕구 위계설에서 가장 높은 단계에 위치하는 욕구로써 개인의 잠재력을 발휘하고 실현하는 능력을 완전히 활용하려는 욕구를 의미한다. 다시 말해 개인이 성취할 수 있는 모든 것을 달성하여 자신을 향상시키고, 개인의 독자성, 개체성, 유일성을 확장하려는 욕구이다. 소비자들이 제품이나 서비스에서 자존감의 욕구를 충족하려고 할 때는 그 제품이나 서비스를 통해 주변 사람들 사이에서 인정받는 것을 중시하는 반면, 자아실현의 욕구를 충족하려고 할 때는 제품에 대한 애착과 차별성을 중시한다. 무언가를 소유하고 자랑하는 것으로는 충분하지 않기 때문에 더 특별하고 더 존귀하고 더 뚜렷하게 달라야 하는 것이다. 그러므로 자아실현의 욕구 충족을 위해서는 대중적인 마케팅보다는 타깃 마케팅을 사용하여 엄선된 매체, 전문점, 내재적인 가치에 초점을 맞추는 제품 포지셔닝과 가격정책 등이 중요하다. 예를 들어 신용카드회사인 아메리칸 익스프레스는 이미 1966년에 구매력이 있는 고소득층을 중심으로 골드카드를 발급했으며, 80년대 중반에는 골드카드 고객 중에서 연간 사용금액이 1만 달러를 넘는 사람들에게 1년에 한번만 플래티넘 카드를 신청할 수 있는 기회를 주었다. 또한 고소득 전문직을 대상으로 하는 신용카드를 발급하면서, '상위 5%의 경쟁력을 가진 분들', '재정적 여유를 가진 분들' 등의 광고 카피를 사용한 것, 자동차 광고를 하면서 '대한민국 1%'의 표현을 사용한 것 등은 기존의 광고에서처럼 편리함이나 안전성을 내세우기보다는 욕구의 단계를 올려서 자존감이나 자아실현의 욕구를 자극한 예라고 볼 수 있다.

### ② 소비욕구에 대한 수평적 접근

욕구의 위계적 구조를 살펴보는 것은 매우 유용하다. 그러나 개개의 단계가 명확하게 분리되기 어렵고, 모든 사람들의 욕구가 동일한 순서에 따라 충족된다고 보기도 어려우며, 두 사람이 동일한 행동을 했다고 해서 그 행동이 반드시 동일한 욕구에서 비롯되는 것도 아니다. 그러므로 수직적인 접근방법에만 국한될 필요는 없다. 로버트 세틀과 파멜라 알렉(Robert B. Settle & Pamela L. Alreck)은 저서 『소비의 심리학(원제: *Why They Buy*)』에서 소비자 니즈를 수평적인 관점에서 제시했다. 수평적인 접근법을 통해서 보면 한 카테고리에 속한 욕구가 다른 카테고리의 욕구보다 앞서지 않으며, 많은 카테고리를 발견하여 소비자 니즈를 보다 더 정확히 열거할 수 있다. 수평적 접근에서는 소비자들이 니즈에 접근하는 순서에 따라 분류하지 않고 소비자가 니즈와 연관시키는 관심사와 활동들을 기반으로 분류한다. 표 1-1에는 파멜라와 알렉이 수평적 접근법에 의해 제시한 15개의 니즈(성취, 독립, 과시, 인정, 지배, 소속, 양육/양성, 의존, 성욕, 자극, 기분전환, 새로움, 이해, 일관성, 보안) 및 그와 관련된 제품들이 요약되어 있다.

표 1-1 소비자 니즈의 수평적 접근

| 구 분 | 소비자 니즈 | 소비자 니즈 관련 제품 |
|---|---|---|
| 성 취 | -어려운 과업을 달성하려는 욕구<br>-힘든 작업을 실행하려는 욕구<br>-기술, 능력, 재능을 연마하려는 욕구 | DIY(Do-It-Yourself)용 재료<br>직업 관련 제품과 서비스, 능력이나 기술을 향상시키는 실용서<br>자기 향상 프로그램, 실용강좌 |
| 독 립 | -타인의 지시나 영향으로부터 벗어나 자율적으로 살려는 욕구<br>-스스로 선택하고 결정하려는 욕구<br>-남과 달라지려는 욕구 | 개인의 독립성이나 차별성을 강조하는 제품<br>옷, 액세서리, 헤어스타일, 주문형 자동차, 이국적인 음식 등 |
| 과 시 | -타인의 눈에 띄도록 보여주려는 욕구<br>-개인의 정체성을 드러내려는 욕구<br>-타인의 관심과 흥미를 끌려는 욕구 | 분명히 차별되고, 평범하지 않은 제품이나 디자인, 진귀한 옷과 보석, 번쩍거리는 옷이나 차, 특이한 헤어스타일이나 화장 등 |
| 인 정 | -타인에게 긍정적 주목을 받고 싶은 욕구<br>-모범사례가 되고 싶은 욕구<br>-사회적 보상, 명성을 얻으려는 욕구 | 우월함을 보여주거나 유명 인사임을 확인시켜주는 제품이나 가시적 서비스, 기념패, 상장, 트로피, 모교배지, 사교클럽 엠블럼 |
| 지 배 | -타인에 대해 파워를 갖거나 자신의 의지를 행사하려는 욕구<br>-권위나 영향력 있는 지위를 가지려는 욕구<br>-타인을 관리, 감독하려는 욕구 | 권위를 상징, 향상, 강화하는 제품, 권한, 직위를 나타내는 배지, 권위 있는 인물과 관련된 물건, 무기류, 수동보다는 자동으로 움직이는 도구 등 |
| 소 속 | -타인과 교제하려는 욕구<br>-소속되려는 욕구<br>-만족스러운 상호관계를 만들려는 욕구 | 사람들 간의 상호작용을 향상, 증진시키는 제품, 타인들에게 더욱 매력적으로 보이게 만들어주는 제품들 |
| 양 육<br>양 성 | -타인을 보살피고 위안하려는 욕구<br>-타인의 발전을 도우려는 욕구<br>-생명체를 양육하고 보호하려는 욕구 | 부모역할과 관련된 제품 및 서비스<br>육아용품, 애완동물, 실내화분용 화초<br>원예용품, 자선단체, 자원봉사 |
| 의 존 | -타인으로부터 도움, 지원, 위안, 격려, 확신 등을 얻고자 하는 욕구<br>-양육의 수혜자가 되려는 욕구 | 대리보호인 역할을 하는 서비스 및 제품<br>만족을 주는 개인서비스, 얼굴 및 신체 마사지, 머리손질, 네일 케어 등 |
| 성 욕 | -성적 정체성과 매력을 확인하려는 욕구<br>-성적 만족을 제공하거나 받으려는 욕구<br>-성욕에 대한 비난을 회피하려는 욕구 | 성 정체성을 강조하는 남성, 여성용 제품<br>의류, 액세서리, 향수, 화장품, 성적 행동과 관련된 책, 영화, 짝짓기 관련 오락시설 |
| 자 극 | -감각을 자극하거나 지각을 사용하는 활동을 하려는 욕구<br>-자유롭고 왕성하게 행동하려는 욕구<br>-미각, 촉각, 강한 자극 등을 원하는 욕구 | 강한 감각적 특성을 가진 제품과 서비스<br>강렬한 광경, 소리, 향, 맛, 촉감<br>운동기구나 서비스, 맛있는 음식, 매끄러운 실크이불, 아로마 목욕제품 등 |

| 구 분 | 소비자 니즈 | 소비자 니즈 관련 제품 |
|---|---|---|
| 기분전환 | -재미있고 즐거워지고 싶은 욕구<br>-일상으로부터 벗어나고 싶은 욕구<br>-근심을 버리고 휴식하려는 욕구 | 오락, 기분전환을 제공하는 제품 및 서비스<br>장난감, 게임, 영화, 연극, 콘서트<br>책, 취미와 관련된 제품, 레저, 스포츠 관련 제품 |
| 새로움 | -변화와 다양성에 대한 욕구<br>-평범하지 않은 것을 경험하려는 욕구<br>-새로운 관심을 찾으려는 욕구 | 일상성을 깨는 제품, 새롭고 색다른 제품.<br>이국적인 문화, 진기하거나 특이한 물건,<br>튀는 디자인, 희귀한 보석, 짜릿한 오락 |
| 이 해 | -배우거나 이해하려는 욕구<br>-인관관계를 파악하려는 욕구<br>-지적인 것을 추구하려는 욕구 | 학습, 지식습득과 관련된 제품이나 서비스<br>책, 교육과정, 학습이나 전문과정이 요구되는 취미, 성인교육 프로그램 등 |
| 일관성 | -질서, 논리적 관계에 대한 욕구<br>-애매모호, 불확실한 것을 피하려는 욕구<br>-정확하게 예측하려는 욕구 | 짝이나 세트로 맞춰진 물건들,<br>진열이나 코디가 잘된 옷<br>규칙적으로 제공되는 서비스(일기예보) |
| 보 안 | -안전하려는 욕구<br>-자신, 가족, 재산을 보호하려는 욕구<br>-공격에 대해 저항력을 가지려는 욕구 | 보호를 제공하는 제품과 서비스<br>보험, 저축과 투자를 위한 금융서비스,<br>보안 장치, 안전장비, 예방의약품 등 |

자료 : Settle, R & Alreck, P. 저, 대흥기획마케팅그룹 역. 『소비의 심리학 *Why they Buy*』, 2003

### 3) 소비자트렌드의 활용

트렌드를 전략적으로 활용하기 위해서는 현재의 상황을 제대로 읽고 미래를 전망하여, 이를 각각의 분야와 산업에서 전체적인 시각으로 관찰하고 이해하는 능력이 필요하다. 트렌드 전략 연구는 어떤 하나의 현상만으로 설명될 수 없으며, 기존의 트렌드를 재해석하고 재점검함으로써 새로운 트렌드 연구가 전개된다. 트렌드는 미래를 읽는 힘이고, 미래를 이끌어가는 힘이며, 트렌드 전략은 정보력과 분석력이라고 할 수 있다. 정보를 갖고 있지 않으면 미래에 대한 예측도, 분석도, 전략적인 접근도 불가능하기 때문이다(최훈환, 2004).

트렌드를 활용하기 위해서는 단서가 되는 정보를 수집하고 관찰하며, 그 안에서 중복적인 요소를 찾아 확인하여 이를 객관화시키는 과정이 필요하다. 단서가 되는 정보를 찾는 방법은 매우 다양하며, 어떤 방법을 사용하여 정보를 수집하는가가 트렌드를 읽고 분석하고 활용하는 데 있어 중요한 시발점이 된다. 전공 도서

표 1-2 트렌드 읽기 과정

| 질 문 | 방 법 | 결 과 | 도구 상자 |
|---|---|---|---|
| 변하는 것은 무엇? | 관찰한다 | 트렌드 | **잠망경** |
| 왜? | 분석한다 | 요인과 사실 | **현미경** |
| 언제, 어떻게? | 상상한다 | 함축적 의미 | **망원경** |
| 기회는 무엇? | 창조한다 | 기회 | **만화경** |

자료 : Hill, S. 저, 형선호 역. 『*60 trend 60 chance*』, 2004

와 교양도서, 신문, 잡지, 인터넷 등을 정보수집의 원천으로 활용할 수도 있고, 대중 강연이나 다른 사람들과의 토론, 대화를 통해서 정보를 수집할 수도 있으며, 최근에 이슈가 되고 있는 키워드나 유행어, 신조어 등을 살펴보는 것을 통해 접근할 수도 있다. 때에 따라서는 혼자서 많은 시간을 가지고 생각함으로써 새로운 정보를 얻어내기도 한다.

샘 힐(Sam Hill)은 그의 저서 『*60 Trend 60 Chance*』(2004)에서 트렌드를 분석하고자 할 때, 다음과 같은 네 가지 기본적인 질문을 적용했다.

첫째, 여기서 정말로 변하고 있는 것은 무엇인가?

둘째, 왜 그런 일이 일어나고 있는가? 그것은 단지 일시적인 유행에 불과한가, 아니면 보다 근본적인 무언가가 있는가?

셋째, 그것은 언제, 어떻게 드러날 것인가?

넷째, 그렇게 되면 어떤 기회가 올 것인가?

그리고 그는 각각의 질문에 답을 얻기 위해 각기 다른 방법으로 노력을 했는데, '변하는 것이 무엇인지'에 대한 답을 얻기 위해서는 아주 세심하고 체계적으로 관찰했고, '왜'라는 질문에 답하기 위해서는 해당 트렌드를 여러 가지 관점에서 깊이있게 연구했다. 또한 '언제, 어떻게'의 답을 얻기 위해서 상상력을 동원하여 3년~5년 내의 영향력을 예상해 보고, '어떤 기회'의 답을 얻기 위해서는 창의력을 발휘하여 여러 가지 비슷한 트렌드를 결합하고 공통분모를 찾아내려 애썼다. 그는 위와 같은 네 가지 질문에 답하는 과정을 각각 잠망경, 현미경, 망원경, 만화경의 네 가지 도구상자로 비유하였다(표 1-2).

## 3. 소비자트렌드에 영향을 미치는 요인

소비자트렌드는 개별 제품이나 개별 영역에 국한되어 나타나는 현상이 아니고, 소비자를 둘러싸고 있는 광의의 환경과 상호작용 하는 가운데 형성된다. 그러므로 소비자트렌드를 읽고 이해하고 또 그것을 활용하기 위해서는 소비자를 둘러싼 환경을 함께 이해하는 것이 필수적이다. 여기서는 한국의 소비자트렌드 형성에 영향을 미치고 있는 요인들을 경제 환경, 시장구조 및 사회 인구학적 환경 변화로 나누어 살펴보도록 하겠다.

### 1) 경제 환경의 변화

#### (1) 소득수준의 향상 및 소비패턴의 변화

소득은 소비의 함수이기 때문에 소득수준의 변화는 소비생활 변화에 있어 가장 큰 영향을 준다. 1965년부터 1988년까지 우리나라의 경제성장률은 평균 9.2%로 세계에서 그 유래를 찾아볼 수 없을 만큼 고도의 성장세를 보였다. 1992년부터 1996년까지의 외환위기 전까지 평균 성장률도 7.5% 정도를 유지했으며, 1995년에는 국민소득 만 달러 시대를 맞이했다. 1998년 외환위기 이후에 다소 주춤했으나, 국민소득 2만 달러 시대의 달성을 위해 재기의 노력을 하고 있다. 표 1-3에서 보는 바와 같이 도시 근로자가구의 월평균 가처분소득은 1994년 155만원에서 2004년 272만원으로 상승했으며, 이에 따라 월평균 소비지출 역시 1994년 111만원에서 2004년 204만원으로 상승했다.

소득수준의 향상과 더불어 가계 소비지출 중에서 생존유지에 필요한 기초생활비의 비중이 점차 감소하고 있다. 우리나라 도시 가계의 소비지출구조를 살펴보면 1980년에 식료품비의 비중이 43%였던 것에 반해, 2004년에는 식료품비가 27%로 감소했다. 식료품, 주거, 광열 · 수도, 보건 · 의료 등의 필수재를 위한 지출이 1980년도에는 전체 소비의 70% 이상을 차지한 데 비해 최근에는 50% 이하를 차지하고 있다. 이에 반해 외식비, 교육비, 교양 · 오락비, 교통 · 통신비 등 선택적 지출의 비중은 지속적으로 증가하고 있으며, 앞으로 소득수준과 여가시간이 증가

표 1-3 소득 및 소비지출 변화 추이

| 년 도 | 가처분소득[1] | 총 소비지출 | |
|---|---|---|---|
| | | 평균액 | 증감율[2] |
| 1994 | 1,550,900 | 1,113,700 | 12.9 |
| 1995 | 1,732,600 | 1,230,600 | 10.5 |
| 1996 | 1,945,200 | 1,395,400 | 13.4 |
| 1997 | 2,064,100 | 1,453,700 | 4.2 |
| 1998 | 1,894,700 | 1,297,900 | -10.7 |
| 1999 | 1,967,700 | 1,473,500 | 13.5 |
| 2000 | 2,113,500 | 1,614,800 | 9.6 |
| 2001 | 2,319,200 | 1,751,600 | 8.5 |
| 2002 | 2,483,400 | 1,826,900 | 4.3 |
| 2003 | 2,595,900 | 1,936,600 | 6.0 |
| 2004 | 2,722,700 | 2,043,700 | 5.5 |

1) 가처분소득 = 가계소득-비 소비지출
2) 전년대비 증감률 (%) = $[(C_{t+1}-C_t)/C_t] \times 100$

자료 : 『2004 도시가계연보』, 통계청

함에 따라 교육비와 교양・오락비의 비중은 더욱 더 증가할 것으로 예상된다.

특히 정보통신 기술의 발달과 함께 인터넷과 휴대폰의 사용이 일상화되면서 통신비 지출이 급증했는데, 도시 근로자 가구당 평균 통신비 지출은 1997년 1분기에 32,500원에 불과했으나 2004년 1분기에는 130,100원으로 급증했으며, 전반적인 경기침체에도 불구하고 2004년 1분기 통신비 지출은 전년 동기보다 10.5% 상승한 것으로 나타났다(통계청, 2004). 또한 한국은행이 발표한 가계 목적별 지출 분석에 따르면 2004년 2분기의 통신비 규모는 5조 8361억원으로 교육비(4조 3910억원)보다 훨씬 높은 수준으로 나타났다. 이는 통신 이용자를 대략 3천만 명으로 계산할 때, 1인당 매월 7만원, 4인 가족 기준으로 볼 때 월평균 30만원에 가까운 비용을 통신비로 지출했다는 것이다(조선일보, 2004년 8월 23일자). 총소득에서 식료품비가 차지하고 있는 비율을 나타내는 엥겔계수의 개념을 도입하여 도시 근로자 가구당 통신계수를 산정한 LG경제연구원의 연구보고서에서는 각 가계에게 통신비 지출이 상당한 부담이 되고 있음을 지적하였다(동아일보, 2004년 7월 22일자).

소비지출구조에서 나타난 또 하나의 경향은 소비생활에서 서비스 부문의 비중이 커지고 있다는 점이다. 소득수준이 높아질수록 소비의 서비스화가 진전되는 것은 일반적인 현상이라고 볼 수 있는데, 경제규모가 확대되고 전문성과 편의성을 추구하는 경향이 확대되면서 금융, 유통, 정보처리, 오락 등 서비스에 대한 수요가 지속적으로 증가하는 것이다. 특히 스포츠, 레저, 여행, 교육, 문화활동 등 심리적, 정서적 만족과 관련된 소비자 욕구가 증가함에 따라 관련 서비스 산업이 급성장하고 있다.

또한 소득수준이 향상되면서 자동차, TV, 냉장고 등 대형 내구재 및 가전제품에 대한 소비가 지속적으로 증가하고, 수입소비재에 대한 수요가 큰 폭의 증가세를 유지하는 등 소비의 대형화, 고급화 추세가 나타나는 것도 소비패턴 변화의 일면이다.

### (2) 금융환경의 변화

금융관련 변수와 금융정책 등도 소비자트렌드에 영향을 미친다. 예를 들어, 금리의 변화는 소비자들의 저축 및 대출 그리고 소비성향에 많은 영향을 미친다. 즉 금리가 높으면 소비자들은 현재의 소비를 줄이고 미래를 위해 저축을 하며, 금리가 낮으면 미래보다는 현재의 소비에 치중한다. 또한 금리가 낮은 상태에서 인플레이션이 지속되어 물가상승률이 금리보다 높아지면, 소비자들의 시장소비가 대폭 상승하고 저축률은 크게 감소한다. 이러한 상황이 발생하면, 개인과 가계의 저축을 고무시키기 위해 정부는 정책적으로 금리를 인상하며 금리의 인상은 소비를 위축시켜 전반적인 소비트렌드를 변화시키게 된다.

우리나라 정부는 상당한 기간 동안 저금리 기조를 유지해 왔다. 이는 소비자들의 소비 규모를 확대하고 소비활동을 진작시켜 내수시장 경기를 회복하겠다는 정책적인 노력이었다. 그러나 저금리 정책은 개인과 가계의 대출을 증가시켰으며, 신용카드사용 확산과 더불어 가계 부채의 문제를 야기했다. 이렇듯 개인이나 가계의 소비행동, 소비패턴 그리고 한 사회의 소비트렌드는 소비자의 내부적인 요인뿐 아니라 경제정책이나 금융환경의 변화에 의해 영향을 받게 된다.

신용카드는 소비자들에게 큰 구매력을 제공하며, 현금소유의 불안과 불편을 해소해 주고, 개인의 신용을 축적하고 신분을 보장하는 수단 등의 다양한 장점을 제공하고 있다. 또한 인터넷의 발달과 더불어 국적을 초월한 결제 방법의 전환을 가져오는 등 그 사용영역과 중요성은 지속적으로 확대되고 있다. 최근에는 소비자들의 요구를 충족시키고 기업성과를 증진시키기 위해 다양하게 특성화된 신용카드가 출시되고 있으며, 광고홍보 전략 또한 경쟁적으로 개발하고 있다. 신용카드사들이 기업과 연계하여 사용금액 적립에 따른 각종 부가 서비스, 백화점, 호텔, 레스토랑, 영화관, 위락시설 등의 할인 서비스 등을 제공하면서, 소비자들은 원하는 제품을 조금이라도 싸게 구매하고, 더 많은 서비스 혜택을 받기 위해 정보를 탐색한다. 특히 젊은층 사이에서는 어떻게 하면 포인트와 마일리지 등의 서비스 효과를 극대화할 수 있을 것인가가 큰 관심사이다. 이는 소위 스마트 소비 혹은 이성소비로 불리는데, 무조건 가격이 저렴한 제품을 찾는 것과는 달리 자신의 욕구충족을 위해 고가의 제품이라도 과감히 구매를 결정하는 대신 일단 사기로 마음먹은 제품에 대해서는 가능한 저렴하게 사려는 경향이다.

또한 세계 각국의 자본시장이 개방되고, 정보통신망을 이용한 투자자금의 신속한 이동이 가능해지면서 금융시장 역시 급속하게 세계화 되고 있다. 금융시장 규제가 완화되면서 국제적 투자에 대한 관심이 급증했으며, 인터넷을 통해 세계 각국의 환율, 금리, 증권이나 부동산 시세 등을 손쉽게 알 수 있게 됨에 따라 각 나라 금융시장의 고유한 특성이 점차 사라지고 있다. 금융시장의 개방은 국내 소비자트렌드 형성에 적지 않은 영향을 미친다. 국제 금융시장과 국내 금융시장이 서로 개방되고 금융 통합의 세계화가 이루어지면서 소비자의 기호에 맞는 다양한 금융상품이 경쟁적으로 개발되고, 이에 따라 소비자들은 보다 많은 정보를 얻게 되었고 선택의 폭도 넓어졌다. 그러나 외국의 대규모 자본이 국내로 유입되면서 국내 자본시장이 불안정해지고, 소규모 금융기관의 몰락이 소비자의 손실로 이어지기도 한다.

정보화에 따른 사이버 금융 서비스의 확대와 다양한 금융상품의 개발 역시 소비자트렌드에 영향을 미치는 금융환경의 변화이다. 금융시스템의 전산화는 소비자들의 시간 및 거래비용을 감소시켰으며, 투자정보를 손쉽게 얻게 된 소비자들의 금융상품에 대한 요구가 다양화되었고, 이를 충족시키기 위해 금융기관이나 투자기관들은 다양한 금융상품과 프로그램을 개발하고 있다. 몇 해 전부터 지속되고 있는 재테크 열풍은 소득수준 증가에 따른 소비자들의 투자관심 증대와 이들의 요구를 충족시키고자 개발된 다양한 금융상품 증가가 맞물려 사회 전반적으로 트렌드를 형성하고 있으며, 앞으로도 당분간 지속될 것으로 예상된다. 특히 소비자들의 소액의 자금을 모아 대규모 기금을 조성한 후, 전문가가 이를 신탁 운용하여 그 실적에 따라 수익을 다시 소비자에게 돌려주는 간접투자 상품, 즉 펀드 상품들이 급증하면서 재테크 트렌드는 대학생에서부터 노인에 이르기까지 광범위하게 확산되고 있다. 이에 따라 각 금융기관들은 치열한 경쟁 속에서 수익성이 높고 가입이 편리하며 안정적인 금융 신상품을 개발하여 새로운 금융고객 수요를 창출하기 위해 금융상품 플래너라는 새로운 직종을 창출해 내기도 했다.

## 2) 시장구조의 변화

### (1) 국제화 및 개방화

1990년대 이후, 경제는 물론 사회의 모든 분야에서 국제화가 이루어지고 있다. 경제협력개발기구(Organization for Economic Co-operation and Development, OECD)의 다자간 투자협정이 이루어지면서 세계 경제의 통합이 가속화되고 있다. 특히 시장개방과 자유무역을 표방하는 세계무역기구(World Trade Organization, WTO) 시대가 열리면서 그리고 1996년 한국이 경제협력개발기구에 가입하면서부터 소비자를 둘러싸고 있는 시장 환경은 더욱 급격하게 변화하고 있다. 자유무역 경제체제의 가속화, 다국적 기업의 확장 그리고 정보통신 기술발달에 기초한 세계화는 소비자들의 소비행동과 새로운 트렌드 형성에 많은 영향을 주고 있다.

소비시장의 개방에 따라 세계 어느 나라에 가도 코카콜라, 맥도날드 햄버거, 스타벅스 커피를 먹을 수 있으며, 동일한 컨셉의 리바이스 청바지 광고를 볼 수 있다. 말 그대로 소비의 글로벌화가 실현되고 있는 것이다. 실제로 코카콜라는 콜라 시장의 60% 이상, 소프트드링크 시장의 45% 이상을 점유하고 있으며, 전 세계 1천 5백여 개의 생산 공장을 통해 해외 생산 및 소비의 비중이 전체 매출의 70%를 초과하고 있다. 지구촌 소비의 동질화는 이제 소비자로 하여금 어느 나라에서 만든 제품인가(made in)가 아니라 어떤 기업이 만든 제품인가(made by)를 확인하게끔 만들고 있다.

국제화와 개방화는 국가간 시장경제의 상호 의존도가 증가한다는 것을 의미한다. 국제무역 및 외국투자의 증가, 과학·통신의 발달로 인해 우리의 소비시장은 빠르게 변화하고 있다. 국제화와 개방화는 소비자에게 보다 다양한 제품 선택의 기회를 제공하고, 한국 내 독과점적 시장구조를 개선시켜 보다 나은 제품을 저렴한 가격에 살 수 있게 해주는 반면 너무 많은 종류의 상품이 범람함에 따라 소비자정보의 부족과 혼란, 소비자안전, 소비자피해보상 등과 관련된 소비자문제를 야기하기도 한다. 또한 국제화와 개방화는 적극적으로 글로벌화하려고 하는 기업뿐 아니라 국내에서만 활동을 하려는 기업에게도 영향을 미친다. 특히 정보통신기술의 발달로 국가 간에 정보 탐색과 거래비용이 현저하게 줄어들면서, 전 세계를 무대로 최고 수준의 제품을 최적의 조건으로 공급하는 거대 글로벌 기업들의 입지가 점점 더 넓어지고 있기 때문이다.

또한 국제적으로 교류가 활발해지면서 우리나라 소비자들이 새로운 제품과 서비스에 더 많이 노출되고, 기존의 기호, 선호, 가치와는 다른 것을 경험함에 따라 소비자 선호와 가치체계도 상당한 영향을 받고 있다. 개방화의 분위기에 따라 미국을 중심으로 한 서구의 상품들이 주로 수입되고 있는데, 이러한 서구화는 의류, 가전, 주방기구, 가구뿐 아니라 음반, 비디오, 영화 등의 문화산업, 음식산업 등에서 폭넓게 나타나고 있다. 이에 따라 미국의 취향에 점점 익숙해지고 서구식 라이프스타일이 증가하며, 특히 계층이 높은 사람들이 더 서구화된 취향의 소비문화를 보여주면서 서구제품을 소비하는 것이 상위의 소비문화인 것처럼 인식되기도 한다. 청소년들은 전통적인 것을 구식으로 취급하고, 서구적인 것을 진보로 여기는 경향을 보이기도 하고, 외국문화에 친숙해지면서 가치관 및 생활습관에서 기성세대와의 갈등을 경험하기도 한다. 타문화의 수용과 개방은 세계화에 의해 피할 수 없는 부분임에 틀림이 없지만, 소비시장 개방에 따른 문화혼합현상이나 정체성 문제 역시 간과해서는 안 될 부분이다.

### (2) 정보화와 전자상거래의 발달

정보통신기술의 발달은 판매 및 유통시장의 구조와 소비자의 구매양식 및 특성 변화에 많은 영향을 미치고 있다. 최근 시장구조의 변화를 이끌고 있는 전자상거래의 발전은 구매의 편리함을 추구하는 소비자의 욕구와 유통경비를 줄이려는 생산자의 요구가 부합되어 해마다 그 규모가 급증하고 있다. 전자상거래는 시간과 장소의 제약을 덜 받으면서 제품 정보에서부터 구매결정, 대금 결제, 배송까지 일괄적으로 처리되기 때문에 소비자에게는 다양한 정보제공, 저렴한 가격, 편리성과 시간절약의 효과를 가져다주고, 기업에는 유통과정 단순화를 통한 거래비용 감소, 저렴한 광고효과, 소비자와의 직접적인 의사소통 등의 이점을 가져다준다.

전자상거래는 전자공간(cyber space)상에서 전자장치를 이용하여 이루어지는 거래행위로써 통신망상에서 행해지는 광고, 발주, 상품과 서비스 구매 등의 모든 경제활동을 포함한다. 대다수의 인터넷 쇼핑몰은 사이버 상점을 통해 기업이 소비자에게 제품이나 서비스를 판매하는 형태의 B2C(Business to Consumer) 전자상거래이지만, 점차적으로 소비자가 기업에 가격이나 수량, 서비스 등에 관한 조건을 제시하여 그에 맞는 제품이나 서비스를 공급받는 형태의 C2B(Consumer to Business) 전자상거래가 확산되고 있다. 또한 인터넷 경매나 벼룩시장 사이트처럼 소비자 스스로 판매와 구매의 주체가 되는 형태의 C2C(Consumer to Consumer) 전자상거래가 급증하고 있다. 2000년 이후에는 B2B(Business to Business)와 B2C(Business to Consumer)를 결합한 방식의 전자상거래가 새로 등장했다. 이는 기업들을 모집하여 다른 기업에게 기술관련 소프트웨어 노하우를 제공하고 그 대가로 개발수수료나 유지보수비 등을 받으며 기업들의 제품을 소비자에게 판매하는 방식인데, B2B와 B2C 전자상거래의 수익성이 감소하면서 대안으로 등장한 것이다.

이처럼 컴퓨터와 결합된 통신, 정보시스템의 발전은 유통시장을 본질적으로 변화시켰다. 즉 도매와 소매 기능이 통합된 물자 수송시스템과 자동대체시스템에 의해 생산자로부터 소비자에게 이르는 과정이 일관된 흐름 속에서 처리되면서 소비활동의 효율성이 증가했다. 다양하고 새로운 유통방식과 채널들이 증가하고 유통구조가 변화하면서 소비자의 역할이나 소비패턴 역시 변화했다. C2B 전자상거래는 인터넷을 통해 소비자가 생산자 못지않은 정보를 확보하게 되면서 보다 동등한 입장에서의 거래를 가능케 해준 것이며, C2C 전자상거래는 인터넷이 소비자들을 직접 연결시켜주는 시장의 역할을 하게 됨으로써 발생한 거래형태라고 할 수 있다. 유통비용과 관리유지비용이 절감되어 소비자들이 보다 저렴한 가격에 제품과 서비스를 구매할 수 있고 시간과 공간을 초월하여 그 선택의 폭이 증가함에 따라, 기업은 소비자의 니즈를 충족시킬 수 있는 제품과 서비스 개발을 끊임없이 하고 있다.

현대사회에서의 전반적인 소득수준 상승과 생활수준의 향상, 기술의 발전은 소비자들의 기호와 취향을 까다롭게 변화시켰으며, 특히 인터넷쇼핑과 TV 홈쇼핑 같은 거래수단은 소비자들을 쉽게 끌어들일 수 있는 만큼, 쉽게 떠나보낼 수도 있다. 소비자들이 다른 매장으로 옮겨가는 데 필요한 시간은 단 몇 초면 충분하기 때문이다. 그러므로 기업은 소비자 중심의 일대일 맞춤형 마케팅을 통해 소비자를 끌어들이고 오래 유지하는 전략이 무엇보다 중요하다는 것을 알아야 하며 이를 위해서는 소비자들의 구매특성과 만족도 파악이 선행되어야 한다. 이에 기업들은 소비자의 욕구와 라이프스타일을 개별적으로 데이터베이스화하여 관리하고, 고객맞춤형 정보를 제공하는 등의 마케팅에 힘쓰고 있으며, 소비자에게 제품을 판매한 시점에서 정보를 입수, 취합하여 이를 전략적으로 활용하는 구매시점 정보관리 시스템(Point of Sale: POS) 등을 도입하여 기업 활동의 혁신을 꾀하고 있다.

## 3) 사회 인구학적 변화

### (1) 노인인구의 증가

2003년을 기준으로 우리나라 인구의 평균 수명은 77.5세이며, 남성은 73.9세, 여성은 80.8세이다. 이는 10년 전인 1993년보다 평균 4.7세, 남성 5.1세, 여성 4.0세 가량 증가한 수치이다. 특히 여성의 경우는 2003년에 경제협력개발기구(OECD) 소속 30개국의 평균치(80.6세)를 돌파했다. 또한 2003년에 출생한 영아가 65세까지 생존할 확률은 남자가 79%, 여자는 91%에 달했고, 80세까지 생존할 확률은 남자가 39%, 여자가 63%로 나타나 고령화의 급속한 진전을 예고했다(통계청, 2005).

국제연합(UN)은 65세 이상의 인구를 고령인구로 정의하는 가운데, 전체인구 중 고령인구의 비중이 7%를 넘으면 고령화 사회(aging society), 14%를 넘으면 고령사회(aged society) 그리고 21%를 넘으면 초고령사회(super aged society)로 구분하고 있다. 우리나라의 65세 이상 고령인구 비율은 1970년에 3.1%, 1980년에는 3.8%에 불과했으나, 2000년에 7.2%가 되어 고령화 사회에 진입했으며, 2019년에는 이 비율이 14.4%로 높아져 고령사회가 되고 다시 7년 뒤인 2026년에는 23.1%로 초고령사회가 될 것으로 전망되고 있다(통계청, 2003). 우리나라 고령화의 문제는 진행되는 속도가 매우 빠르다는 데 있다. 고령화 사회에서 고령사회로 가는 데 걸린 기간은 프랑스가 115년으로 가장 길었고, 미국은 72년, 독일은 40년이 걸렸다. 그러나 우리나라의 경우 지금까지 세계기록이었던 일본의 24년을 5년 정도 앞당길 것으로 전망되고 있다. 이처럼 우리나라의 인구구조가 급속도로 고령화됨에 따라 1980년에는 노인부양비, 즉 노인 1명을 부양하는 생산 가능 인구(15~64세)가 16.3명이었으나 2003년에는 8.6명으로 낮아졌다. 그리고 2030년에

### 트렌드 메모 1-3

**2Y2R**

최근 미국 사회에서는 '2Y2R(too young to retire)'이라는 새로운 노인세대의 개념이 생겼는데, 말 그대로 은퇴하기엔 너무 젊다는 것이다. 노년기는 직업과 일상 삶으로부터의 퇴출이 아닌 젊은 시절 빼앗겼던 시간과 여유를 되찾음으로써 새로운 삶의 활력을 찾는 시기라는 것이다. 일반적으로 노년기는 '상실의 시기'로 인식되어 왔다. 나이가 들어 퇴직으로 인한 사회적 역할 상실, 신체의 기능 저하, 의욕 저하 등 여러 요인으로 노인 스스로 사회활동을 포기하고 일선에서 후퇴하고 있지 않은가 반성해 볼 필요가 있다. 여러 노년학자들은 노년기에 들어서기 전에 퇴직 후 또는 노년기에 무엇을 할 것인지, 생활목표가 무엇인지 분명히 해 둘수록 노년기 생활에 대한 태도가 긍정적이며 노년기의 생활 만족도가 높아질 수 있다고 말한다. 즉 퇴직이나 노년기 이전 부정적 태도를 가지고 있거나 노년기를 전혀 준비하지 않은 상태에서 실제 노년기에 직면하게 될 경우 노후적응이 어렵게 될 수 있다는 의미이다. 노년기는 '인생의 재출발'이라 할 수 있으며, 다른 연령층이 상대적으로 덜 갖고 있는 시간이라는 자원을 듬뿍 갖고 있는 시기이다. 이 시간 자원을 적절히 사용함으로써 그동안 진정 해보고 싶었던 일을 추구할 수 있는 최적의 기회를 갖게 된다. 게다가 앞으로 노년기에 접어들 노인층은 현재의 노인층과는 다른 특성을 보일 것으로 전망되고 있어 노년기 사회활동의 중요성은 더욱 강조될 것으로 예측된다. 즉 미래의 노인층은 현재의 노인층과 비교할 때 상대적으로 '늙지 않은 몸과 마음'을 가지며, 교육수준 및 경제여건의 향상, 노후보장에 대한 인식과 가치관의 변화, 노인욕구의 다양화 등으로 단순히 복지 서비스를 받아야 하는 수혜자로서의 입장이 아닌 능동적인 사회활동의 주체가 될 수 있을 것이다.

는 평균 2.8명이 노인 1명을 부양하는 구조로 바뀔 것으로 추정된다.

노인인구가 늘어나면서 그동안 별다른 관심을 받지 못하던 노인 소비자들이 새로운 소비계층으로 부각되기 시작했다. 각종 연금제도의 확대로 인해 노인의 경제상태가 개선되고 있으며, 노부모를 부양하는 자녀세대가 감소하면서 노인 단독가구가 증가하여 스스로 소비생활을 해야 하는 노인들이 증가하고 있다. 이로 인해 노인들의 건강 및 의료 서비스, 여행, 레저활동, 주택관리 등에 대한 특별한 요구를 충족시킬 수 있는 새로운 제품과 서비스를 구비한 이른바 실버시장(silver market)이 확대되고 있다. 미국에서는 이미 우피족(well-off older people)이라고 칭해지는 부유한 노인들을 위한 마케팅 전략이 활발하게 개발되고 있으며, 우리나라에서도 몇 해 전부터 실버타운, 의료기기 및 건강보조식품 및 기구 등을 중심으로 실버산업이 시장을 넓혀가고 있다.

### 2) 출산율 감소와 소자녀화

- 덮어놓고 낳다 보면 거지꼴을 못 면한다(1961년).
- 3·3·35 운동 – 3명의 자녀를 3년 터울로 낳아 35세까지만 낳자(1966년).
- 딸·아들 구별 말고 둘만 낳아 잘 기르자(1973년).
- 잘 키운 딸 하나, 열 아들 안 부럽다 / 둘도 많다(1980년대).
- 아빠, 혼자는 싫어요. 엄마, 저도 동생을 갖고 싶어요(2004년).
- 한 자녀보다는 둘, 둘보단 셋이 더 행복하답니다(2004년).

가족계획과 관련하여 대한가족보건복지협회에서 내놓은 표어의 변천사에서 보는 바와 같이, 지속적으로 출산 억제를 강조해 오던 우리나라의 인구정책은 최근 들어 출산을 장려하는 쪽으로 전환했다. 1950년대 최고 6.3명에 이르렀던 우리나라의 출산율이 1985년 이후 인구대체율(한 사회가 일정 시점의 인구구조를 유지하기 위해 필요한 인구, replacement fertility rate)로 평가되는 2.1명 수준을 밑도는 상황이 되었고, 2002년에는 1.17명으로 세계 최저를 기록했기 때문이다(통계청, 2002). 2000년 전국 출산력 및 가족보건실태 조사결과에 따르면, 15~44세 여성 중 58.1%만이 자녀가 필요하다고 답해, 1991년 조사의 90.3%와 현격한 차이를 보였다(한국보건사회연구원, 2000).

또한 2004년에 실시한 여론조사 결과에 따르면, 아직 자녀가 없는 부부의 24%가 출산계획이 없다고 답했으며 한 명의 자녀를 둔 부부의 57%가 더 이상 자녀를 낳을 계획이 없다고 답했고, 기혼의 65%, 미혼의 68%가 자녀 출산은 필수가 아닌 선택이라고 답함으로써 자녀 출산에 대한 가치관의 변화를 여실히 보여주었다(중앙일보, 2004년 9월 15일자).

우리나라 저출산 현상의 원인은 결혼가치관의 변화, 초혼연령 상승과 독신자의 증가, 여성 취업률 증가에 따른 맞벌이 부부 증가, 자녀관의 변화, 육아에 대한 부담, 자녀양육 및 교육비 증가, 생활수준에 대한 욕구 증대 등 사회·경제적 현상을 복합적으로 반영하는 것으로 보인다. 어쩌면 이는 경제가 발전하고 사회구조가 변화함에 따라 필연적으로 나타나는 현상일 수 있다.

그럼에도 불구하고 최근 저출산 현상에 대해 사회적으로 깊은 관심과 걱정이 집중되는 이유는 출산율이 떨어지는 속도가 매우 빠르다는 데 있다. 출산율이 2.1

명에서 1.4명 수준이 되는데 일본은 30년, 네덜란드는 29년이 걸린 것에 반해, 우리나라는 불과 16년 밖에 안 걸렸다. 세계 최저수준인 현재의 출산율이 지속될 경우 2100년에는 한국의 인구가 현재의 1/3 수준으로 떨어질 것이라는 전망이 나오기도 했다. 출산율이 급락하면 경제활동인구가 감소하고, 이에 따른 인구 노령화가 노동생산성 저하와 경제성장 둔화로 이어지는 것은 당연하다. 특히 자원이 부족한 우리나라에서 경제성장을 일으킨 원동력이 노동력이었다는 점을 인지할 때 저출산 현상은 더욱 심각하게 여겨진다. 이러한 이유 때문에 최근에는 자녀를 출산하는 것이 '구국의 결단'이며, 자녀양육에 드는 경제적 부담 때문에 세 자녀를 둔 가정은 '부의 상징'이라는 우스개 소리가 나올 정도다. 많은 조사와 언론에서는 자녀를 낳지 않는 가장 큰 이유가 교육비, 양육비 등 경제적 부담 때문이라고 분석하고 있으며, 실제로 우리나라의 출산율이 IMF 외환위기 이후부터 급격하게 감소한 것도 사실이다.

그러나 정부가 자녀양육비와 사교육비를 절감하는 강력한 정책을 수립한다고 하더라도 저출산 기조를 쉽게 해결할 수 있을 것 같지는 않다. 왜냐하면 자녀수가 감소함에 따라 자녀 한 명이 갖는 가치가 증가하여, 부모들은 과거에 비해 자녀 한 명에게 훨씬 더 많은 투자를 하고 있기 때문이다. 특히 여성의 경제활동이 증가하면서 경제력이 향상된 취업주부들은 직접 아이를 돌보지 못하는 것에 대한 보상으로 자녀에게 더 많은 소비지출을 하는 경향을 보이고 있다.

실제로 지난 몇 해간 내수경기 침체에도 불구하고 아동복, 어린이용 어학 및 학습교재 등 아동을 대상으로 한 시장은 그 규모가 급성장했다. 심지어 수백만 원에 달하는 수입 장난감, 수십만 원짜리 유모차, 파티복, 은젖병 등 초고가품이 불티나게 팔리고, 일명 귀족 브랜드가 붐을 이루면서 영아와 유아를 대상으로 한 고가 브랜드가 경쟁적으로 수입, 출시되고 있는 상황이다. 이러한 키즈 마케팅(kids marketing)이 큰 성공을 거두는 일차적인 요인은 자녀수의 감소이다. 아이를 적게 낳는 사회가 되면서 부모들은 아이들에게 용돈도 두둑하게 주고, 자녀를 위해서라면 아낌없이 소비하려는 트렌드가 형성된 것이다. 실제로 모 백화점이 자사 카드회원을 대상으로 조사한 결과에서도 외동딸이나 외동아들을 둔 가정의 월 구매액이 두 자녀를 키우는 가정보다 높게 나타나 오히려 소비단가가 역전되는 현상을 보여주었다.

### 3) 가족구조의 변화

우리나라 가족구조의 변화를 한마디로 말하기는 어렵지만, 가장 중요한 특징은 규모가 작아져 소가족주의로 가고 있다는 점이다. 과거 1960~70년대에는 평균 가족원 수가 5명 이상이었으나, 2000년 인구주택 총조사 결과에 따르면 가구당 평균 가족원 수는 3.1명으로 나타났고, 73%가 2세대 가구, 17%가 1세대 가구인데 반해 3세대 가구는 10%에 불과했다. 이는 가구 분가 현상이 계속되면서, 2세대 중심의 핵가족이 보편적인 가운데, 성인 부모 2인과 자녀 1인으로 이루어진 가족구조가 평균적인 가족형태임을 보여주는 것이다.

또한 세계적으로 가족의 형태가 다양화되고 있는데, 우리나라도 이러한 추세에서 예외는 아니다. 혼인율 감소, 출산율 저하, 이혼율 증가 등으로 인해 독신가족, 동거가족, 한부모가족 등이 증가함에 따라 부모와 자녀 세대로 이루어진 전통적 가족의 의미가 점차 퇴색해가고 있다. 이는 개인적 행복의 추구, 삶의 질을 우선시하는 방향으로 가치관이 바뀌고 있기 때문이다. 한국 가계의 가구구성 형태비율의 변화추이를 살펴보면, 확대가족인 3세대 이상 가계는 1975년 20.1%에서 2000년 9.9%로 감소한 것에 반해, 일인가구 비율은 1975년 4.2%에서 2000년 15.5%로 급증했다(통계청, 2002). 또한 한부모가족이 눈에 띄게 증가했으며, 재혼으로 인한 새로운 형태의 혼합가족 또한 증가했다.

2003년 전국가족조사 결과에 따르면, 미혼 남녀 절반이 결혼할 계획이 없으며, 20~30대의 40% 가량이 경제문제나 부부간의 갈등을 해결하지 못하면 이혼하는 편이 낫다고 답하는 등 탈가족화 현상이 두드러졌다. 선진국들이 점차 이혼율 감소 경향을 보이는데 반해, 우리나라는 가치관과 경제문제로 이혼하는 부부가 늘어나면서 이혼율이 경제개발협력기구(OECD) 회원국 중 2위가 되었다. 이혼율의 증가는 한부모가족이나 재혼가족 등 새로운 가족형태의 출현뿐 아니라, 이혼 후 경제적인 지위 변화에도 큰 영향을 미치는데, 특히 전업주부가 이혼을 할 경우 소득원 상실에 따른 경제적 어려움이 매우 커서 빈곤계층으로 전락하는 경우가 종종 발생한다.

혼인율과 출산율 감소에 따른 독신가구 및 무자녀가족(Double Income No Kids, DINK족) 증가는 소비패턴에 있어 많은 변화를 야기한다. 이들로 인해 소량

포장의 상품이나 인스턴트식품, 반조리 식품, 패스트푸드 등의 수요가 증가하고, 편의점이나 전자상거래를 이용한 구매율 또한 증가한다. 전일제 혹은 시간제로 취업한 여성이 늘어나면서 맞벌이부부의 비율이 계속 증가한 것도 소비자트렌드에 영향을 미치는 중요한 요인 중 하나이다. 우리나라 여성의 경제활동 참가율은 계속 증가하는 추세에 있으며, 가구당 소득 중에서 주부의 소득이 대부분인 경우도 지난 20년 동안 2배 이상 증가했다. 여성취업의 증가추세는 각 가계의 소득과 지출구조에 큰 영향을 미친다. 대체로 맞벌이 가계는 그렇지 않은 가계에 비해 교통비, 가사용품비, 피복비 등에 많은 지출을 하며, 직업을 가진 여성은 시간의 기회비용이 크기 때문에 편리함과 효율성을 위한 재화나 서비스를 구매하여 이용하는 경향이 높다. 이 때문에 전업주부 가계에 비해 시간절약형 가전제품, 가사대행 서비스, 육아대행 서비스, 즉석요리 및 인스턴트식품에 대한 수요가 높게 나타나고 있다.

한편 동거가족, 동성애가족, 공동체 가족 등 혈연과 혼인에 기반을 둔 가족 범위를 벗어난 새로운 가족 형태가 급증함에 따라 생활양식이 변화하고 있다. 동거가족, 공동체가족 등은 전통적인 가족형태와 비교할 때, 경제생활은 공유하되 개인의 라이프스타일을 중시하기 때문에 한 가족 내에서도 다양한 소비패턴이 공존하는 경향이 높다.

## ♠ 참고문헌


김경훈(2005). 트렌드워칭. 한국트렌드연구소.

로버트 셰틀 · 파멜라 알렉 지음. 대홍기획마케팅그룹 역(2003). 소비의 심리학(2003). 세종서적.

마티아스 호르크스 지음, 이온화 역(2004). 미래, 진화의 코드를 읽어라. 넥서스.

서정희(2005). 소비트렌드 예측의 이론과 방법. 내하출판사.

샘 힐 지음, 형선호 역(2004). 60 Trend 60 Chance. 한국경제신문.

조선일보(2004). 경기침체로 지갑 꼭 닫아… 안 놀고 안 쓴다. 8월 23일자.

중앙일보(2004). 애 없는 부부 24% 출산계획 없다. 9월 15일자.

최훈환(2004). 트렌드를 보는 관점과 그 방법론-국내외 트렌드 사례 분석. 삼성경제연구소 세미나 자료집.

통계청(1980~2002). 인구동태통계. www.nso.go.kr

통계청(2002). 2000년 인구주택 총조사 결과-여성, 아동, 고령자, 1인 가구 부문.

통계청(2003). 장래인구추계.

통계청(2004). 도시가계연보 1994~2003.

통계청(2004). 한국통계월보 2004년 1월호~12월호.

통계청(2005). 2005년 고령자통계.

페이스 팝콘 · 리스 마리골드 지음, 김영신 · 조은정 역(2000). 클릭 미래 속으로. 21세기북스.

페이스 팝콘 · 리스 마리골드 지음, 김영신 역(2001). 클릭 이브 속으로. 21세기북스.

피터 슈워츠 지음. 우태정 · 이주명 역(2005). 이미 시작된 20년 후. 필맥.

한국보건사회연구원(2000). 2000년 전국 출산력 및 가족보건실태 조사보고서.

Barbin, B. J., Darden, W. R. & Giffin, M.(1994). Work and/of fun: Measuring hedonic and utilitarian shopping value, Journal of Consumer Research, 20(Mar), 644-656.

Hill, S.(2002). 60 Trends in 60 minutes. John Wiley & Sons, Inc.

Popcorn, F. & Marigold, L(1998). Clicking: 17 trends that drive your business and your life. Harper.

Popcorn, F. & Marigold, L.(2000). EVEolution. Hyperion

Settle, R. B. & Alreck, P. L(1989). Why They Buy. Johm Wiley & Sons, Inc.

Sheth, N., Newman, B. & Gross, B.(1991). Why we buy, what we buy. Journal of Business Research, 22(2), 159-170.

# 제 2 장

## 소비문화와 소비자트렌드

현대사회는 소비사회로 특징지어진다. 소비사회에서 소비는 단순히 물질적인 소비대상 그대로의 소비가 아니고, 사회적인 이미지나 상징 등과 같은 비물질적 요소를 포함한다. 따라서 소비는 사용상의 효용 이상의 것으로 다양화된다. 이는 소비행동과 소비생활 관습이 역사적 · 제도적 산물이며 경제와 사회가 발전함에 따라 현저히 변화해 나감을 시사하고 있다. 즉 소비는 경제적 행위일 뿐만 아니라 심리적 · 사회적 · 문화적 측면을 지니고 있기 때문에, 소비행위는 욕구를 충족하기 위한 것임에도 불구하고 이러한 욕구 자체가 자생적이라기보다는 한 사회의 문화적 가치관, 제도, 규범들이 제품의 속성, 생산양식, 사용방법 등과 관련된다는 점에서 사회문화적 행위로 인식될 수 있다는 것이다.

본 장에서는 소비문화의 의미와 변화를 살펴보고 소비문화와 소비자트렌드의 개념을 비교해서 파악해본 후, 소비문화 현상으로 간주될 수 있는 다양한 소비행동들에 대해 고찰해보고자 한다. 또한 한국 소비문화의 가치관 및 구조의 변화와 문제점들에 대해 살펴보고자 한다.

# 1. 소비문화의 의미와 그 변화

현대의 상품소비는 물질적 소비욕구의 일차적 만족을 벗어나 정신적 소비와 서비스 소비를 포함하며 상징의 소비, 기호의 소비로, 소비 자체가 의식과 행동방식을 규정하는 요인이 된다. 소비재를 생산하는 디자인이나 생산체계는 전적으로 문화적 소산이며 소비자가 시간, 관심, 소득을 사용해서 얻게 되는 소비재는 문화적인 의미를 갖고 있다. 그리고 소비자는 소비재의 의미를 사용하여 문화적 범주, 원리를 사용하고 라이프스타일을 창조, 유지하며 자아개념을 형성하고 사회적 변화를 창조 혹은 유지하는 것이다. 따라서 소비란 그 특성에 있어서 문화적인 특성을 갖고 있다. 특히 현대의 소비와 문화는 매우 밀접한 관계를 갖고 있을 뿐만 아니라 문화형성의 주된 구성요인으로서의 소비문화를 형성하게 된다(백경미, 1998).

## 1) 소비문화의 의미

우리는 상징할 수 있는 능력을 가진 사회적 존재이므로 문화를 생성하며 문화와 더불어 살고 있다. 우리는 문화를 통해 한 사회의 구성원이 되며, 문화는 사회구성원들에게 사회활동의 토대가 되고 행동의 준거 맥락이 된다. 즉 문화에는 개인의 모든 가능한 욕구들과 행위의 상징성이 투사되어 있다. 따라서 문화는 개인에게 어떤 상태를 다른 상태보다 더 선호하게 만들며, 바람직한 것 혹은 바라는 것의 판단기준이 될 수 있다.

우리는 소비생활 과정에서 우리가 소비하는 재화나 서비스에 의미를 부여하는 동시에 소비행위와 소비생활 자체에도 의미를 부여하고 있다. 뿐만 아니라 우리는 우리가 속해 있는 사회에서 이러한 소비생활의 상징적 의미를 포착하고 이해하며, 상호간에 서로 그 의미를 교환한다. 이는 인간이 사고할 수 있고 상징할 수 있는 능력이 있으며, 인간의 소비행위나 소비생활을 하나의 상징행위로 간주할 수 있기 때문이다. 그런데 소비에서의 이러한 상징행위는 개인마다 다를 수 있다. 그러므로 상징행위의 결과물인 소비에 대한 사고방식, 소비행동 방식, 소비생활 방식들도 개인과 사회마다 다를 수 있다.

그러나 한 사회의 생활과정에 한 부류의 현상이 나타나듯이 한 사회의 소비생활과정에서도 소비되는 재화나 서비스의 유형, 소비행위 유형, 소비에 대한 사고방식, 소비생활 양식 등에 있어 '한 부류의 현상'이 나타날 수 있다. 이러한 '한 부류의 현상'들은 그 사회의 철학, 사상, 종교 등의 사고방식 그리고 경제와 사회의 발전 정도, 생활양식 등 넓은 의미의 문화의 맥락에서 평가되고 이해될 수 있다. 따라서 소비문화란 소비생활 과정에서 나타난 '한 부류의 현상'으로, 넓은 의미의 문화의 관점에서 평가되고 이해된 재화나 서비스의 유형, 소비행위 유형, 소비에 대한 사고방식 그리고 이들로 이루어진 소비생활 양식 등을 의미한다(김종구 · 박성용, 1997).

루리(Lury, 1996)는 소비문화를 물질문화의 구체적인 형태로 보고 있으며 소비라는 개념을 기존의 사용개념 이상으로 확장시키는 것이라는 점을 강조하고 있다. 즉 현대 소비는 기능적인 것 이상의 상징적 의미로 이루어지는데(McCracken, 1986) 현대의 상품소비는 상징의 소비, 기호의 소비로 소비 자체가 의식과 행동방식을 규정하는 요인이 되며, 물질문화의 상징적인 속성은 여러 사물이 세트로 어울려서 의미를 전하게 된다(Baudrillard, 1970).

## 2) 소비문화의 역할

문화는 인간의 욕구를 만족시키고, 사회에서 인간 생존을 안전하게 해주며 지속시키는 역할을 담당한다. 만일 한 사회의 문화가 그 사회 구성원들의 생존을 안전하게 지켜주지 못하고 그 사회를 영속시켜 주지 못한다면, 그 사회의 문화는 문화로서의 기능을 상실하게 되고, 그 문화를 가지고 있는 사회는 쇠퇴할 것이다. 우리는 인류의 역사를 통해 문화의 쇠퇴와 쇠퇴한 문화를 가지고 있던 사회의 소멸을 볼 수 있다. 경제 · 사회 여건이나 시대의 변천에도 불구하고, 산업사회에서 농경사회의 문화를, 정보사회(후기 산업사회)의 도래에도 불구하고 산업사회의 문화를 답습 · 고집하는 문화는 그 사회를 유지 · 존속 · 발전시키는 기능을 상실해 갈 것이다.

소비문화도 문화의 한 일환이므로 이와 동일한 속성을 가지고 있다. 즉 소비문화는 우리의 욕구를 만족시켜주고, 생존을 보장하고 영속시켜주는 역할을 한다.

만일 소비문화가 이러한 기능을 상실해 갈 때 소비문화는 우리의 욕구를 만족시켜 주지 못할 뿐만 아니라 우리의 생존도 안전하게 해줄 수 없을 것이다. 그러나 소비만을 중시하는 소비문화는 미래를 위한 투자를 감소시키고 경제성장을 저하시켜 경제·사회 발전의 정체를 초래함으로써 궁극적으로는 우리의 욕구를 지속적으로 충족시켜주지 못할 뿐만 아니라 향후 우리의 생존도 안전하게 유지시키지 못하게 된다. 지나치게 과시적인 소비행위 유형을 가지고 있는 소비문화 역시 사회적으로 불필요한 경쟁적 소비를 촉발시켜 '필요하지 않은' 사회적 욕구들을 창조하고, 자원의 비효율적 배분 및 낭비를 초래할 수 있다.

사회 구성원 간의 소비 불균형을 초래하는 소비문화는 구성원 간의 갈등을 심화시켜 사회의 안정을 저해할 것이다. 극단의 개인주의적 소비문화는 이기주의적인 사고방식을 잉태하여 사회적 의무감이나 공동체의식을 약화시킨다. 물질 만능주의적 소비문화는 우리의 일상생활 중 물질소비를 통해 욕구를 충족시키려는 영역을 크게 부각시키기 때문에 정신적 가치를 쇠퇴시키고 사회의 조화나 융화를 파괴할 수 있다. 선진 서구문화를 무분별하게 모방하는 문화 사대주의적 소비문화, 열등의식이나 한(恨)에 기인한 소비문화 등은 사회의 건전한 발전에 지장을 초래할 수도 있다. 요컨대 소비문화는 구성원의 욕망을 만족시켜줄 뿐만 아니라, 그 사회를 유지하고 존속시키고 발전시키는 데 지대한 영향을 미치고 있는 것이다.

한편 소비문화도 문화의 한 일환이므로 전파·변이·발전하는 속성이 있다. 만일 한 사회의 소비문화가 그 사회의 경제·사회 발전과 시대 발전에 적응하지 못해 구성원들의 욕구를 만족시키지 못하고 그 사회의 생존을 영속시키지 못한다면, 그 사회는 다른 사회의 소비문화를 도입하거나 스스로 소비문화를 재창출하여, 주변 경제·사회 여건이나 시대변화에 부응할 수 있도록 스스로의 변이와 발전 과정을 밟아야 비로소 소비문화로서의 역할을 수행할 수 있다(김종구·박성용, 1997).

### 3) 소비문화의 형성 및 변화

재화가 갖는 상징적인 의미는 재화가 갖는 의미를 전달하고자 하는 송신자, 재화의 의미를 전달받는 수신자 간에 재화의 의미를 해석하는 코드가 동일하게 인식될 것을 요구한다. 이러한 해석은 시대에 따라 달라지며 계속 새로운 의미가 만들어지고 변화된다. 개별적인 소비 의미의 변화는 이와 관련된 다른 소비의 변화를 가져오게 됨으로써 전체 소비문화의 계속적인 변화를 이끌어낸다. 현대사회에서 사회 전반에 영향을 미치는 소비현상의 총체라고 할 수 있는 소비문화의 변화는 개별 소비자의 소비 변화로부터 출발하며, 이러한 변화의 수단은 다양한데, 이 중 중요한 수단은 광고와 유행이라고 할 수 있다(백경미, 1998).

### (1) 소비문화의 형성 및 변화 수단

매크레켄(1986)은 디자이너, 생산자, 광고업자, 소비자의 개인적 혹은 집합적인 노력에 의해 소비재의 의미가 사회에서 계속 전이한다고 했다. 여기에는 일반적 궤도가 있는데 문화적으로 설정된 세계에서 소비재로 그리고 소비재에서 개인 소비자에게로 전이한다는 것이다. 매크레켄은 문화적으로 구성된 세계에서 소비재의 의미를 소비재로 이동시키는 것은 광고와 유행이고, 소비재에서 소비자로 이동시키는 것은 소비의식이라고 주장했다. 그는 현대 소비문화를 형성하고 변화시키는 수단은 사회에서 소비재의 의미를 만들어내고 변화시키는 광고, 유행, 소비의식이라고 본 것이다.

#### ① 광 고

소비문화와 광고의 관계는 생산자의 측면에서 볼 때 자본주의적 생산구조 하에서 상품의 수요창출을 위한 광고의 역할과 의미 창조자 및 변화자로서의 광고의 역할을 살펴볼 수 있다. 먼저 상품의 수요창출을 위한 광고의 역할을 보면, 광고는 상품이 소비자의 욕구를 충족시킬 수 있다는 정보와 기대를 창출하는 것으로, 새로운 형태의 사용가치를 만들어낸다. 또한 광고는 의미 창조자 및 변화자로서의 역할을 하며 재화에 새로운 의미를 부여하는 적극적인 창조자 역할을 하는 동시에 그 의미를 전달한다. 광고는 문화적으로 구성된 세계에서 소비재로 의미를 전달하는 도구이다. 광고를 통해서 옛 재화와 새로운 재화는 끊임없이 옛 의미를 버리고 새로운 의미를 얻는다.

특히 우리가 후기 자본주의의 문화논리로 포스트모더니즘을 이해할 때, 광고의 영향력은 더욱 커진다고 볼 수 있다. 광고는 다른 문화형식보다도 생산과정과 수용과정, 텍스트의 미적체계 측면에서 포스트모더니티를 생산할 수 있는 경제적, 문화적 조건을 가지고 있다. 자본주의사회에서는 대량생산, 대량판매, 대량소비를 통한 잉여가치의 생산과 실현을 위해 소비를 끊임없이 자극하지 않으면 안 되는데 상품미학은 바로 소비를 자극하기 위한 기제로서 기능하며 광고는 그것을 확대·재생산한다(강명구, 1993).

광고와 포스트모더니즘과의 관계는 상품미학, 대중매체, 문화산업, 테크놀로지 등의 생산과정 속에서 살펴볼 수 있다. 포스트모던 광고를 이해하기 위해서는 먼저 광고에 대한 시각을 폭넓게 갖는 것이 필요하다. 그 동안 광고는 상품판매 촉진을 위한 마케팅 활동으로 정의되거나, 그것이 소비자에게 얼마만큼 효과적으로 전달되느냐 하는 시각에서 설득 커뮤니케이션으로 정의되어 왔다. 그러나 포스트모던 광고를 이해할 때는 마케팅 커뮤니케이션 시각 이상으로, 하나의 사회 구성과정에서 경험되는 문화현상으로 보는 넓은 시각이 요구된다(강명구, 1993). 뿐만 아니라 현대에 있어서 광고는 사회 전반의 가치관 형성에도 직·간접적으로 기여한다는 점에서 그 영향력이 질적, 양적으로 증대되어서 사회 전체의 소비문화와 생활양식에까지 미치고 있다(성영신, 1994).

② 유 행

유행은 재화에 의미 있는 속성들을 체계적으로 부여하거나 혹은 재화에서 그 속성들을 빼앗는 수단으로 사용된다. 유행은 새로운 문화적 의미를 만들어낼 뿐만 아니라 그것의 급진적인 변화에도 관여한다. 유행은 완전히 새로운 사고습관과 행동방식을 만들어내며 유행의 발전은 유용성이나 기능보다도 스타일이나 미를 더 중요한 결정요소로 만들게 한다.

또한 유행은 지위를 표현하기 위한 재화 사용에 있어서의 변화를 나타낸다. 과거에는 실제로 지위를 가진 사람들만이 파티나(patina)[1]를 사용하여 지위상징을 위한 과시소비를 할 수 있었던 데 반해, 유행은 파티나의 역할을 제한시키고 지위를 나타내는 수단으로 새로운 물건을 소유하도록 함으로써 지위를 과시하기 위한 소비가 과거 전통적인 상류계층에서 신흥계층 및 하위계층으로까지 퍼져나가게 되었다. 더 이상 지위가 높은 사람과 낮은 사람 간의 차이를 물질을 통해 식별할 수 있는 가능성이 없어지면서 지위가 낮은 소비자들의 모방이 급등했다. 또한 하위자의 모방이 유행체계 전체를 변화시키는 요인이 되어 지위가 낮은 사람들이 높은 지위의 지위표지를 사용하기 시작하면서, 지위가 높은 사람들은 새로운 지위표

1) 파티나는 골동품의 가치를 더해주는 고색창연한 빛을 말하는데, 제품의 파티나는 그 사람이 높은 지위를 가졌음을 나타내는 상징으로 이용되었다.

지로 이동하는 트리클다운 효과가 발생하게 되었다(이상률, 1996).

유행은 상품이 계속 변화할 것을 요구하는데, 그 결과 소비자에게 있어서 소비는 항상 새로운 상품을 선택해야 하는 빈번한 행동을 요구하며, 이에 따라 소비자는 더욱 많은 시간을 소비활동에 사용해야 한다. 또한 소비자는 재화의 상징성에 대한 메시지를 전달하고 받아들이기 위해 소비의 학습에도 많은 시간을 들이게 되었다. 현대사회에서는 과거에 유행의 영향을 받지 않았던 새로운 범주의 제품들까지 유행에 의해 영향을 받게 되었으며, 그 변화속도가 급격하게 빨라지고 있어서 결과적으로 소비문화의 계속적인 변화를 촉구하게 되었다.

### (2) 소비문화의 변화 논리

광고와 유행이 소비의 의미를 변화시키고 나아가 전체 소비문화를 변화시키는 주요수단이라고 본다면, 이러한 광고와 유행의 기초가 되어 소비문화가 계속적인 변화를 하도록 만드는 현대 소비문화의 변화 논리는 상품미학을 통한 제품 차별화, 모방과 차이화, 문화적 다원주의 지향, 쾌락주의 등으로 볼 수 있다. 즉 이러한 논리가 광고나 유행에 반영되어 현대의 소비문화를 형성, 변화시킨다고 볼 수 있다(백경미, 1998).

#### ① 상품미학을 통한 제품 차별화

현대사회에서는 경제성장을 꾀하기 위해서 소비를 계속 확대시키고자 하는데, 이를 위해서는 구매력과 소비욕구를 증대시켜야 하며 특히 소비욕구의 지속적인 창출이 중요하다. 이를 위해 기업은 제품 차별화를 추구하며 이는 현대의 상품미학 발달로 그 중요성이 강조된다.

상품의 감성적 외관과 사용가치의 개념화라는 상품미학은 대상과 분리되어 외관을 상품보다 더 중요하게 만들며 제품을 차별화시키는 중요한 수단이 된다. 즉 포장이나 디자인 등을 이용하여 다른 제품과 차별화하려는 시도로써, 현대 소비사회에서 상품미학의 의미는 상품의 본질적인 요소만큼이나 중요한 의미를 갖게 된다. 이는 예술과 문화체계가 재화와 밀접한 관계를 갖도록 만들고, 소비문화가 그 사회의 문화에서 중요한 의미를 갖도록 만든다.

### ② 모방과 차이화

현대의 소비는 상품의 기능적 측면보다 상품이 나타내는 상징성을 통해 자신을 드러내는 역할을 많이 하게 된다. 보드리야르는 소비상품은 사용가치보다는 상징적 교환가치를 지닌 기호 또는 변별력 기호로서의 의미작용을 하는 것이라고 주장했다(이상률, 1991). 기호로서의 소비대상은 차이화의 논리에 의해 욕구가 자극되는데, 이러한 소비욕구는 상품 그 자체에 대한 욕구가 아니라 다른 것과의 차이를 꾀하고 싶은 욕구이다. 즉 타인보다 우월한 사회적 지위, 위세, 품위를 나타내고자 하는 욕구나 타인과 구분된 자신의 개성을 드러내고자 하는 욕구 등을 의미한다. 트리클다운 이론은 차이화를 위한 노력과 이에 대한 하위계층의 모방 노력으로, 소비가 상류계층에서 하위계층으로 퍼져나감을 설명하고 있다.

차이화의 논리로부터 소비증대의 특징을 간파할 수가 있다(이영자, 1996). 즉 소비는 사회적 차이를 끊임없이 만들어내기 위해 기존의 위계질서를 부각시키거나 기존의 차이를 더욱 세분화함으로써 소비의 증대를 꾀한다. 진정한 구분들 대신에 차이를 위한 차이를 만들어냄으로써 소비욕구를 결코 충족될 수 없는 유동적인 것으로 만든다. 또한 사회적 차이를 추구하는 소비를 통해 그 차이를 창출하는 기존질서를 정당화하고 그 질서체계에 순응하게 만든다. 이것은 결국 소비를 통하여 지배문화와 그 이데올로기를 확대·재생산하는 것을 의미한다.

### ③ 문화적 다원주의 지향

과거의 문화에 대한 사고는 고급문화와 저급문화, 교양 있는 것과 저속한 것, 대중문화와 순수예술문화, 대중문화와 엘리트문화 등으로 구분되는 이분법적 사고를 근거로 하고 있다. 그러나 최근에 나타나는 문화적 현상은 종래의 이러한 구분을 흐리게 하고 있다(강명구, 1993). 즉 현대의 소비문화는 기존 소비문화의 이원론적 구분을 없애고 위계적이고 일원적인 대중소비문화의 개념을 부정한다(Lury, 1996). 포스트모더니즘은 이와 같은 다원주의에 입각한 소비문화를 파급시키는 데 일조한다고 볼 수 있다. 포스트모더니즘은 도구적 이성의 원리, 보편원리, 총체성 등을 중심으로 한 근대사회의 지배적 인식론을 부정하고, 탈중심화에 입각해서 주변성이나 타자성을 재규정하여 되살려내는, 새로운 인식론과 문화적 패러다임을 추구하는 것이다(이영자, 1996). 이것은 특히 저항 및 대중화의 강조와 함께 획일주의를 지양하고 문화적 다원주의를 지향하게 된다. 그런데 이러한 다원주의의 지향은 상업주의와 결합하면서 포스트모더니즘의 이름으로 무분별하게 다양성을 추구하는 소비패턴을 만들어내는 경향이 있다. 즉 현대소비는 획일주의를 지양한다는 명분으로 이색적이고 비일상적이며 일탈적인 요소들을 과장하는 방식의 소비유행을 파급하여 상업적 인기를 얻고자 하는 경향이 나타난다는 것이다.

④ 쾌락주의

쾌락을 추구하는 성향은 인간의 자연스러운 본능으로 존재해 왔다. 쾌락을 추구하는 인간의 욕구는 사회의 상황, 시대적 변화에 따라 자유롭게 표현되기도 하고 억제되기도 하였는데 자본주의의 생산체계는 이러한 쾌락주의를 더욱 조장함으로써 현대의 소비사회가 쾌락주의를 지향하도록 만드는 경향이 있다. 소득의 증가는 쾌락을 위한 소비를 하도록 돕고 있으며 특히 자본주의는 성적 쾌락을 추구하는 소비를 확산함으로써 성의 상품화 현상을 확대시킨다. 이는 육체를 찬미하고 가꾸어야 하는 대상으로 삼는 소비문화를 조장하여 인간의 신체와 관련한 수많은 상품을 만들어 왔으며 특히 수많은 여성의 상품화, 몸매 경쟁의 문화를 만들어내고, 이와 관련된 새로운 상품들을 계속 개발해 냄으로써 건전하지 못한 소비문화를 만들고 있다(백경미, 1998).

## 2. 소비문화와 소비자트렌드

### 1) 소비문화와 소비자트렌드

소비문화는 재화나 서비스를 소비하는 행위나 관행을 나타내는 일반적이고 분석적인 개념으로, 그 사회의 세계를 해석하고 구성하는 관념이나 활동, 즉 '문화'가 소비재나 소비행동에 내재되어 있다는 가정을 바탕으로 한 개념이다(McCraken, 1988).

소비재가 문화적인 의미, 상징적인 의미를 표현하고 전달하는 중요한 매개체로 이용된다고 할 때 소비행동은 하나의 문화현상으로 간주될 수 있다. 즉 소비문화는 단순히 상품, 서비스를 소비하는 행위나 관행을 가리키는 것이 아니고, 사회적 관계를 형성하는 중요한 과정으로 인간과 집단의 행동양식, 자기정체성 형성과정의 핵심 기제로 작용한다고 할 수 있다(강명구, 1995). 동시에 소비문화는 제품 및 서비스의 기능적 사용을 넘어선 자아개념 전달 수단 및 소비행동 양식을 의미하며, 이는 그 사회의 정체성 형성과 밀접한 관련이 있다.

현대사회는 여러 요인들로 인하여 소비재의 수요가 증가하는 소비사회를 이루고 있으며, 이러한 소비사회에서 물질문화의 구체적 형태로서의 소비문화는 그 사회 전체의 정체성을 나타낸다고 할 수 있을 정도로 중요한 의미를 갖게 된다. 개인 소비자들이 소비재를 이용하여 자신의 자아를 드러내듯이 소비문화는 한 나라를 나타내는 이데올로기, 가치관, 생활양식의 총체라고 할 수 있다.

현대 자본주의 사회는 다양한 형태의 새로운 소비문화를 창조·유지·변화시킴으로써 그 사회의 문화를 존속시키기 때문에, 한 나라 안에 다양한 소비문화가 공존할 수 있지만 그 나라를 대표한다고 볼 수 있는 일련의 현상으로서의 소비문화가 존재한다.

소비자트렌드란 소비태도의 변화가 일반화된 것으로, 소비자의 소망지도를 그리는 것이다. 현대 소비사회에는 수많은 상품이 존재하고 있으나 이러한 상품들만으로 소비자의 욕구가 충족되지 못할 때면 소비자는 새로운 동경을 하게 된다. 이러한 소비자의 욕구를 충족시켜 줄 수 있는 행동방식들의 조각이 모여서 결정체가 만들어지는데 이것이 하나의 소비자트렌드가 된다. 흔히 '트렌드 속에는 그 시절 고객이 원하는 것이 들어 있다'고 한다. 이는 어떤 기간에 있어 소비자들이 동경하여 추구하려는 하나의 경향이며, 소비자들의 채워지지 않는 욕구 혹은 결핍을 느끼는 욕구를 채우려는 경향으로 나타난다.

또한 소비문화는 한 사회의 문화적 가치관, 제도, 규범들이 제품의 속성, 생산양식, 사용방법 등과 관련되는 반면, 소비자트렌드는 한 사회뿐만 아니라 세계적 추세로 나타날 수 있다. 예를 들어 웰빙 추구 트렌드나 슬로(slow) 트렌드는 한 사회의 문화적 가치관, 제도, 규범을 반영하거나 상징적 의미를 가진 소비재라기보다는 인간의 기본 욕구 충족에 기반을 두고 있기 때문에 세계적인 경향이 될 수 있다. 그러나 소비문화와 소비자트렌드를 대비되는 개념으로만 볼 수는 없다. 때론 특정의 소비문화를 기반으로 하여 특정 소비자트렌드가 나타날 수 있기 때문이다.

### 2) 소비문화로 간주될 수 있는 것들

소비문화는 그 사회 구성원 등의 소비에 대한 관념 및 태도, 소비철학, 소비윤리 등 소비에 대한 공통된 사고방식일 수도 있고, 소비행위 유형, 소비관습, 소비생활 양식일 수도 있으며, 공통적이고 일반적으로 소비되는 재화나 서비스일 수도 있다.

대부분의 사람들이 소비 자체를 미덕으로 생각하는 사회가 있는 반면, 소비보다는 근검절약하려는 생각을 가지고 있는 사회도 있다. 그리고 대부분의 사람들이 현재의 소비보다는 미래의 소비를 중요하게 여기는 사회가 있는 반면, 미래의 소비보다는 현재의 소비를 중요하게 생각하는 사회도 있다. 이렇게 한 사회에는 소비에 대한 한 부류의 공통된 사고방식이 존재할 수 있으며, 여기에는 그 사회의 가치관이나 윤리관이 내재되어 있고 사회 구성원들은 이를 그들의 소비에 대한 사고방식으로 상징할 수 있다. 따라서 한 사회에 존재하는 한 부류의 공통된 사고방식은 '가치관'이라는 맥락에서 평가되고 이해될 수 있으며, 이는 그 사회의 소비문화로 간주될 수 있다.

만일 한 사회에서 대부분의 사람들이 주위 사람들의 소비를 따라 하거나, 주위 사람들보다 좀 더 낫게 보이려고 과시적 소비를 하려는 한 부류의 현상이 있다고 가정해보자. 이러한 모방 소비행위나 과시적 소비행위는 그 사회 구성원들이 자기 체면이나 신분을 유지 또는 상승시키려는 상징행위일 수 있다. 이렇게 사회적 행동 맥락 속에서 평가되고 이해되는 모방 소비행위나 과시적 소비행위가 그 사회에서 한 부류의 소비행위 유형으로 나타난다면, 이것도 그 사회의 소비문화로 간주될 수 있다. 한 사회에서 대부분의 사람들이 의생활보다는 식생활을, 주생활보다는 여가생활을 중요하게 여기는 소비생활을 한다면 이러한 부류의 공통된 소비생활 양식도 넓은 의미의 문화 관점에서 평가되고 이해될 수 있으며, 그 사회의 소비문화의 하나로 간주될 수 있다.

또한 한 사회에서 대부분의 사람들이 대형 가전제품을 사용하고, 유명브랜드의 옷을 입으며, 대형 아파트에서 생활하고, 외제 승용차를 타고, 골프, 스키나 해외여행을 즐기는 생활을 생각해 보자. 이 경우 대형 가전제품, 유명브랜드, 옷, 대형 아파트, 외제 승용차, 골프, 스키, 해외여행 등은 소비대상물이며 이 같은 소비대상물들이 사회적·경제적 지위나 신분을 상징한다면 이러한 소비대상물들도 사회적인 맥락에서 평가되고 이해될 때 그 사회의 소비문화의 하나가 되는 것이다.

결론적으로 한 사회의 소비에 대한 공통된 사고방식, 소비행동 유형 그리고 공통적이고 일반적으로 소비되는 소비대상물들은 사회 구성원들의 상징행위에 의해 생성된 결과물이다. 이것은 민족문화나 경제발전 정도, 가치관이나 도덕관 등 넓은 의미의 문화의 맥락에서 평가되고 이해될 수 있으며, 이렇게 평가된 소비에 대한 공통된 사고방식, 소비행동의 유형, 소비대상물 그리고 이들로 구성된 소비생활 양식 등이 그 사회의 소비문화이다(김종구·박성용, 1997).

### 3) 소비자트렌드로 간주될 수 있는 것들

과거의 시장조사는 소비자에게 설문지를 배부하여 소비자의 욕구를 파악하는 것이었다. 그러나 현대사회에서 소비자는 자신이 무엇을 원하는지 또 자신의 욕구를 기업에서 어떻게 충족시켜줄 수 있는지 잘 모르는 경우가 많다. 그러므로 설문조사와 같은 방식으로는 빠르게 변화하고 움직이는 현실을 쫓아갈 수 없을 뿐 아니라 소비자의 마음을 정확하게 읽기 어려운 경우가 많다. 이러한 상황에서 소비자트렌드를 파악하여 예측하는 과정이 시장조사의 가장 중요한 수단으로 되었다(서정희, 2005).

소비자트렌드의 예를 들어보면, 먼저 현대도시의 문화는 사회적 친밀감이 부족하다는 결함이 있다. 이러한 결함을 해결하기 위하여 같은 생각을 가진 사람들과 느낌을 공유하고 사회적 네트워크를 만들려는 소비자트렌드가 형성된다. 또 다른 예로 정보화는 새롭고 획기적인 것을 향하여 옛 것을 단절하고 극복하기 위해 속도를 내는 가속화 트렌드를 만들어 냈다. 그러나 일상생활의 가속화는 저항력을 강화했다. 즉 패스트푸드 대신에 슬로 푸드를 찾는 사람들이 생기기 시작했다. 이러한 생활 속도 늦추기를 의미하는 슬로 트렌드는 생활의 모든 영역에서 새로운 트렌드로 자리잡아가고 있다. 숲 속의 흙집, 알려지지 않은 그리스의 섬, 스코틀랜드 고지대에 있는 오두막 등이 정서적으로 불안한 도시인들에게 비싼 값에 팔렸다. 번지점프나 스노보드 대신에 트레킹이 인기를 얻고 있다. 이렇게 슬로 트렌드가 등장하면서 사회계층의 제일 상층부에 '접근할 수 없는 곳에 있는 사람들'이 있게 되었다.

다음으로 우리에게 친숙한 음식의 새로운 트렌드인 웰빙의 영향을 가미한 음식점이 소비자들에게 선풍적 인기를 끌고 있는 예를 들 수 있다. 인스턴트 조미료를 사용하지 않는 내추럴 트렌드, 정성 들여 건강에 좋은 음식을 조리하는 슬로 푸드 트렌드, 음식이라기보다는 보약에 가까운 한방재료를 조리과정에 적극 활용하는 한방 트렌드, 저칼로리 다이어트로 대변되는 건강(healthy) 트렌드 등이 최근 외식업계를 주도하는 경향들이다.

또한 스타벅스는 다음과 같은 트렌드를 활용하여 라이프스타일 브랜드인 동시에 글로벌 정서를 대변할 정도로 세계적 프랜차이즈 네트워크 기업으로 성장했다(이온화 역, 2004).

- 차별성 : 스타벅스는 대량음료인 커피에 원산지의 문화적 깊이를 덧입혔다.
- 새로운 전문성 : 스타벅스는 커피 종류들, 예를 들어 블루문을 캐러멜 카타르시스와 구별할 수 있는 전문가 그룹을 계속 늘려나갔다.
- 소시오테인먼트(sociotainment) : 스타벅스는 사회적으로 '커뮤니티 만들기' 트렌드에 안착했다. 글로벌 도시문화 속에 사는 소비자들은 동류의식을 지닌 사람들과 함께 있을 수 있는 더 많은 장소를 찾기 때문이다.
- 코쿠닝(cocooning) : 코쿠닝은 자기 집을 아지트로 삼아 보금자리를 틀고, 자기가 좋아하는 것을 하는 트렌드이다. 스타벅스의 실내장식은 매우 포근하고 분위기가 있다.
- 사내기업 : 스타벅스는 직장에 대한 자긍심, 자기 책임 그리고 즐거움이 있는 새로운 직원문화를 만들어냈다. 이러한 전략은 감정적으로 고객과 가깝다는 의미에서 하이터치 브랜드에 부합된다(서정희, 2005).

## 3. 소비행동과 소비문화

소비재가 문화적인 의미, 상징적인 의미를 표현하고 전달하는 중요한 매개체로 이용된다고 할 때 소비행동은 하나의 문화현상으로 간주될 수 있다. 사회적 장(場)에 따라 통용되는 상징과 문화적 규칙이 다르므로 소비문화는 연령, 사회계층, 직업, 거주지역, 생활수준 등과 시대에 따라서 다양한 모습으로 나타날 수 있다(손상희, 1997).

## 1) 소비주의 가치관

### (1) 소비주의 문화의 개념

소비주의 문화는 단지 물질을 추구하는 물질주의 이상의 의미를 갖고 있는 개념으로, 개인의 정체성 형성의 수단으로서의 소비, 타인과의 관계에서 중요한 매개체로서의 소비를 강조한다는 점에서 새로운 물질주의 또는 더 강화된 물질주의라 할 수 있다.

구체적으로 소비주의 문화는 '소비 행위를 통해서 자신의 정체성을 형성하고 자신의 행위양식을 결정하게 된 문화, 나아가 소비가 개인의 사회와의 관계, 타인과의 관계에서 중요한 매개가 된 문화'로 정의할 수 있으며(임성희, 1994) 혹은 소비가 사회적 관계를 형성하는 중요한 과정으로 개인과 집단의 생활양식을 구성하고 자기를 실현하는 기제인 문화(강명구, 1993)로 정의할 수 있다.

특히 현대사회에서 소비문화는 개인과 집단의 라이프스타일을 구성하고 자기를 실현하는 기제로 자리 잡고 있기 때문에 인간의 정체성과 인간관계, 사회관계의 형성에 관여하게 되며 삶의 양식이 소비주의적 메커니즘에 편입되도록 한다.

### (2) 소비주의 문화의 형성과 특성

소비주의 문화의 형성과 특성에 대한 이론적 설명은 대략 세 가지 측면에서 가능한데, 이 관점들은 상호배타적인 것이 아니며 여러 측면에서 소비문화의 형성과 본질을 이해할 수 있도록 한다.

첫 번째 관점은 자본주의 상품 생산의 확장으로 인해 소비주의 문화가 형성되었다는 관점이다(Featherstone, 1991a). 이는 대량생산된 재화를 소비하기 위해 대중에게 새로운 필요와 욕망을 교육해야 했고, 이러한 교육은 소비자의 취미, 오락, 삶의 경험들이 재화의 구매로 얼마나 만족될 수 있는지에 관한 내용을 포함했으며 이를 촉진한 원동력이 광고와 대중매체라고 보는 것이다. 광고는 개인의 욕망들을 재화와 연결시킬 뿐 아니라 재화에 관련된 이미지 창조와 세계의 물화(物化)를 통해 개인적 경험들이 오직 소비재의 구매를 통해서만 가능하게 되는 문화를 촉진했다. 대중매체 또한 새로운 소비규범과 기준을 선전하고, 생활의 모든 측면에 개선할 여지가 있다는 점을 소비자에게 환기시키며 쾌락주의적 생활양식을 교육하는 데에 이용되어 왔다(McCade, 1990; Featherstone, 1991b). 결국 광고나 대중매체는 소비자들의 사고를 조작하여 따르게 하고, 이상적 가치 대신 재화로 채워지는 세속적 만족에 안주하도록 소비자들을 훈련시켜 소비주의 문화를 촉진해 왔다고 할 수 있다.

두 번째 관점은 특정 집단과의 유대나 타인과의 차별성을 나타내고 유지하려는 소비자의 욕구로 인해 소비주의 문화가 발전되어 왔다는 관점이다(Veblen, 1934; McCracken, 1988; Baudrillard, 1970). 즉 소비욕구는 특정 상품에 대한 욕구라기보다 '차이에의 욕구'이며, 이러한 욕구에 호소하여 소비를 확대·재생산하는 것이 현대 소비사회를 이루어가는 주된 논리라는 것이다. '현대 소비사회를 지속하게 하는 차별화 논리의 효과는 무엇인가?'에 대해서는 현대 소비문화가 계급 간의 차이와 불평등 구조를 재생산한다는 입장(임성희, 1994; 이영자, 1996)과 특정 계급만이 아니라 누구나 향유할 수 있는 수단이 됨으로써 탈계급화된 문화로의 가능성을 나타낸다고 보는 입장(Featherstone, 1991b)이 있다. 이 두 가지 견해는 서로 대립되는 것이라기보다 오늘날의 소비주의 문화가 사회적 차이를 추구하는 소비를 통해 기존의 위계질서를 정당화하거나 부각시키려는 상류계급의 욕구, 독립적인 소비자로서 탈계급화된 문화의 소비를 통해 평등과 실질적인 자유를 누리고자 하는 대중들의 욕구, 즉 양면적 목적에서 확산되어 온 것임을 말해주는 것이라 할 수 있다.

세 번째 관점은 소비의 정서적 만족, 육체적인 희열과 심미적 즐거움에 관련된 측면을 중시하는 시각이다. 즉 소비주의의 쾌락주의적 측면이 소비주의 문화를 발전시킨 동인이라는 것이다. 이 과정에서도 대중매체와 광고의 역할이 중요하게 작용한다. 보드리야르(Baudrillard, 1970)는 이러한 소비주의 문화 속에서 양산된 인간의 모습은 수동적이고 자기도취적이며, 소비하는 개인은 기호의 발신자와 수신자로 존재하고 자신이 소비의 주체가 되는 대신에 기호의 질서 속에 흡수되어 버린다고 보았다. 페더스톤(Featherstone, 1991b)은 이를 과도하게 자의식적인 인간, 즉 외모, 전시, 인상관리 등에 큰 역점을 두는 '연기하는 자아'라고 부른다. 현대 소비문화 속에서 각 개인은 역할 연기자가 되어, 매력적인 이미지의 형성을 통해 타인의 감정을 조종하고자 한다. 특히 제도화된 조직의 성장이 연기하는 자아를 부추겨왔다고 할 수 있는데, 여기에는 개인의 성취를 평가하는 보편적 기준이 없기 때문에 타인에게 성공적 이미지를 투사하는 것이 매우 중요하여, 자아 개

트렌드 메모 2-1

### 명품 브랜드 선호 소비자는 물질주의 추구 성향 소유

소비 주도층인 서울지역 20~30대 635명을 대상으로 한 김종은(한양대 광고홍보학과)의 '해외 유명 브랜드와 국내 브랜드에 대한 태도 및 영향 요인에 관한 연구'에 따르면 이들은 구매의 주요인으로 명품의 경우 '돈 들일 가치'를, 국내 브랜드는 '품질 · 디자인'을 각각 꼽았다. 그리고 명품 브랜드 선호 소비자는 고급지향형 라이프스타일과 풍요와 성공을 중요시한 물질주의를 추구한 반면, 국내 브랜드를 찾는 소비자는 실용주의형 라이프스타일과 체면을 중시하는 형식주의를 갖고 있는 것으로 나타났다.

특히 학력 · 소득이 높고 나이가 어릴수록 해외 유명 브랜드를 더 선호하고 있으며, 이는 최근 우리 사회의 젊은 세대에서 나타나고 있는 '명품 열풍' 현상을 설명하는 한 요인이라고 지적했다. 그러나 '해외 유명 브랜드가 고가로 희소성과 특권적 성격을 갖는다는 기존 연구와는 달리, 우리나라에서는 해외 유명 브랜드 중에서도 소비자에게 많이 알려진 대중적인 제품의 선호도가 높다'면서 '이는 외국에서 볼 수 없는 기현상'이라고 지적했다. 동시에 이는 '전통적으로 해외 유명 패션 브랜드의 소비는 구매력을 갖춘 특정 계층에 한정되어 왔으나, 최근 국내의 명품 열풍은 구매력이 부족한 청소년을 비롯한 젊은 계층의 맹목적 선망에 기인한다'고 설명했다.

자료 : 파이낸셜 뉴스, 2004년 8월 26일자

발에 쓸 시간과 돈을 갖춘 전문인 · 관리자 계급에 연기하는 자아가 가장 뚜렷하게 존재한다는 것이다. 그러나 현대 소비사회에서 일반 대중에게도 육체와 외모에의 집착이 소비를 통해 강하게 나타남을 볼 때, 성공적 이미지의 투사는 개인의 성취욕구를 대신하는 것으로 보편적으로 받아들여지고 있음을 짐작할 수 있다.

## 2) 물질주의

벨크(Belk, 1985)는 물질주의란 '소비자가 소유 자체에 애착을 가지고 소비를 통해 행복을 추구하는 것'이라고 정의했다. 그는 개인의 인성 차원에서 물질주의를 소유욕, 부러움, 비(非)관용의 세 가지 하위 차원으로 구성했다. 리친스와 도슨(Richins & Dawson, 1992)은 물질주의를 '물질의 소유를 통해 행복을 추구하는 경향'으로 정의했으며, 물질주의의 하위 차원으로는 획득 자체에 의미부여, 획득을 통한 행복 추구, 소유로 성공을 판단하는 성향 등의 세 가지를 제시했다. 이런

트렌드 메모 2-2

## 물질주의 성향 측정 척도

**1. 소유욕**

- 내 차를 소유하기보다 차를 빌리는 것이 낫다고 생각한다(역 문항).
- 나는 버려야 할 것에 집착하는 경향이 있다.
- 중요한 물건이 아니더라도 누군가가 훔쳐 가면 너무 화가 난다.
- 나는 물건을 잃어버려도 특별히 화가 나지 않는다(역 문항).
- 물건에 열쇠를 채우기를 좋아하지 않는다(역 문항).
- 물건을 빌리기보다 사는 것이 낫다.
- 내 물건과 같은 것을 다른 사람이 가질까봐 겁이 난다.
- 여행할 때 많은 사진을 찍고 싶다.
- 오래된 사진 등을 모아두기를 좋아한다.

**2. 비(非)관용**

- 집에서 손님 맞기를 좋아한다(역 문항).
- 내 물건을 공유하기를 좋아하지 않는다.
- 친구에게서조차 물건 빌리기를 좋아하지 않는다.
- 이웃과 잔디 깎는 기계를 공유하는 것을 좋아한다(역 문항).
- 차가 없는 사람을 태워 주는 것을 꺼린다.
- 내가 집에 없을 때 다른 사람이 있는 것이 싫다.
- 나는 자비로운 일을 하기를 좋아한다(역 문항).

**3. 부러움**

- 내가 갖고 싶은 물건을 산 사람을 보면 마음이 어두워진다.
- 교제하고 싶은 배우자 대상이나 데이트 상대자가 없다(역 문항).
- 나보다 능력 있는 친구를 사귈 때 기쁘다.
- 매우 부유한 사람은 보통사람과는 말을 하지 않을 것이라 생각한다.
- 교제하고 싶은 특별한 사람이 있다.
- 친구가 어떤 물건을 가질 때, 그것을 살 여유가 없는 것이 괴롭다.
- 내 손에 쥐어진 물건을 갖지 못할 것 같다.
- 유명인의 물건이 없어지면 내가 그들에게 미안함을 느낀다.

자료 : 벨크(Belk, 1985)

정의들을 종합하여 김미선(1996)은 물질주의란 재화에 대한 강한 욕망으로 삶의 중심을 물질에 두고, 이것을 추구하는 가치라고 정의했다.

물질주의에 관한 많은 연구들은 물질주의의 사회적 폐단을 지적하면서 물질주의의 여러 특징들을 보여주고 있다.

첫째, 물질주의적인 사람들은 물질주의 성향이 낮은 사람들보다 획득 자체와 재산을 획득하기 위한 수단에 가치를 많이 둔다. 또한 소유와 획득을 인간관계나 인생의 다른 목표보다 더 중요하게 생각한다.

둘째, 물질주의적인 사람은 자기중심적이다. 물질적 소유의 중시가 이기주의적인 성향을 만든다.

셋째, 물질주의적인 사람들은 단조로운 생활보다 물질적으로 복잡한 생활을 추구하는 경향이 있다.

넷째, 물질주의적인 사람들은 인생에 대해 불만족을 더 많이 느끼는 경향이 있다. 이들은 자신을 행복하게 해줄 것이라 믿는 물건을 소유했을지라도 여전히 재화에 대한 욕망이 있으며, 이로 인해 불만족한 삶을 사는 것으로 나타났다.

## 3) 충동구매

### (1) 충동구매의 개념

충동구매란 일반적으로 제품을 보는 순간 깊은 생각 없이 즉각 구매하는 것으로, 자극에 의한 구매라 할 수 있으며 이성적인 구매행동과 대비되는 개념으로 사용된다. 또한 충동구매는 비계획적 구매와 유사한 개념으로 사용되기도 하는데 충동구매와 비계획적 구매의 관계를 어떻게 볼 것인가 하는 점이 논의의 대상이 되고 있다(이승신 · 김시월, 2004). 이에 대해 단토니와 쉔슨(D'Antoni & Shenson, 1973)은 구매의사 결정에 소요된 시간을 기준으로 충동구매와 비계획적 구매를 구별하였는데, 충동구매는 비계획적인 구매보다 의사결정 시간이 짧으며 순간적으로 구매의사 결정이 이루어지는 형태라고 설명했다.

한편 충동구매를 소비자가 상점에 들어간 후에 구매를 결정한 경우라고 규정지은 경우도 있으며(Bellenger, et al., 1978), 상점에 들어가기 전에 사려는 의도나 문제를 의식하지 않았는데 이루어지는 구매활동으로, 비계획적으로 즉석에서 구매하는 의사결정이라고 규정한 경우도 있다(Engel et al., 1978).

### 트렌드 메모 2-3

## 안 사곤 못 배기게, 지름신 마케팅

**- 인터넷 쇼핑은 점심 직후, 홈쇼핑은 9시 뉴스 직전을 노린다 -**

1. 지름신이 강림하셨다

요즘 네티즌들 사이에서 유행하는 말이다. 지름신은 '충동적으로 구입하다'는 뜻의 인터넷 용어인 '지르다'와 '신(神)'이 합쳐진 단어. 내림굿이 주로 이뤄지는 곳은 인터넷 쇼핑몰과 홈쇼핑이다. 이들은 지름신을 부르기 위해 각종 과학적 '내림굿'을 하고 있다. 신내림은 철저한 마케팅의 산물이라고 인터넷 쇼핑몰과 홈쇼핑 관계자들은 말한다.

2. 시간 맞춰 오는 지름신

직장인들이 점심을 먹은 직후인 오후 1~2시, 배가 불러 업무에 집중하기가 쉽지 않다. 지름신이 노리는 절호의 기회다. 온라인 쇼핑몰 디앤샵(d&shop)의 경우 이 시간대에 하루 접속자의 15%가 들어온다. 각종 쇼핑몰들은 이때 쯤 1~2가지 유혹 상품을 정해 40%가 넘는 대대적인 할인 행사를 한다. 홈쇼핑의 지름신은 일일드라마와 오후 9시 뉴스 사이에 많이 볼 수 있다. GS 홈쇼핑 이현욱 PD는 '오후 8시 50분쯤 일일드라마가 끝나고 9시 뉴스로 넘어가기까지 5~10분이 가장 황금시간'이라며 '상품 매출의 최고 40%가 이 때 이루어진다'고 말했다. 쇼핑호스트들은 이 시간에 '대박세일', '이전에 볼 수 없었던 가격', '100% 진짜' 등 유혹적인 말들을 쏟아낸다.

3. 지름신은 마음을 읽는다

온라인 쇼핑몰을 클릭하면 첫 페이지는 고객마다 다르다. 회원인 고객들이 로그인을 하면, 고객의 연령은 물론 과거 무슨 상품을 구입했는지에 대한 정보를 온라인 쇼핑몰에서 즉각 알 수 있다. 온라인 쇼핑몰은 예컨대 과거 노트북 가방을 산 30대 초반의 남자에게는 노트북과 자동차 네비게이션 등을 추천 상품으로 보여준다. 온라인 쇼핑몰 디앤샵(d&shop)의 정지은 홍보팀장은 '상품 사진 크기도 남녀에 따라 다르다'며 '남자는 이미지를 중시하기 때문에 추천 상품 사진을 큰 사진으로 4개 정도 넣지만 여성 고객은 정보를 중요시하기 때문에 같은 공간에 6개의 이미지를 빽빽하게 보여준다'고 말했다.

4. 지름신은 신용카드를 끝까지 노린다

노트북처럼 비싼 상품을 클릭하면 가장 먼저 '무이자'와 '할인쿠폰' 정보가 뜬다. 큰 돈 쓰기를 무서워하는 고객들의 마음을 꿰뚫고 있다. 반면 값이 싼 목걸이 등 장신구의 경우엔 스타일 정보가 가장 눈에 띄도록 배열한다.

5. 눈과 귀는 강신(降神) 통로

홈쇼핑 자막 색깔은 상품마다 다르다. 가전에는 첨단의 이미지를 주는 파랑이나 회색이, 의류에는 따뜻한 느낌을 주는 분홍이나 빨강, 보석에는 고급스러운 느낌을 주는 금색이 주로 쓰인다. 홈쇼핑 조명은 일반 방송의 조명보다 1.5배 밝다. 상품을 세밀하게 보여주고 화려한 느낌도 살리기 위해서다. 홈쇼핑의 가격표는 주로 화면의 왼쪽 아래에 있다. 뇌 구조상 감정을 지배하는 우뇌를 자극해 시청자들의 구매욕을 높일 수 있기 때문이다. 구매를 부추기는 음악도 따로 있다. GS 홈쇼핑에서 음악 1만여 곡을 분석한 결과, 가장 잘 팔리는 음악은 '귀에 익숙한 댄스곡'으로 나타났다. 빠른 비트가 심장박동을 촉진해 소비욕구를 자극하기 때문이다. GS 홈쇼핑 유영열 음악감독은 '컴퓨터・레포츠 상품에는 테크노, 패션에는 펑키, 보석・침구에는 재즈를 쓰는 등 상품에 맞춰 음악에도 변화를 준다'고 말했다.

6. 객관적으로 보이는 '상품 리뷰(review)'에도 지름신은 숨어 있다

상품 리뷰는 일반인들이 쓰는 것으로 오해하기 쉽다. 그러나 요즘에는 대형 쇼핑몰에 상품 리뷰만을 공급하는 전문 업체가 있다. 이들의 전문적인 상품평은 고객들이 '후회 없이 잘 샀다'는 생각을 하게 만든다.

자료 : 조선일보, 2005년 7월 23일자

트렌드 메모 2-4

### 충동구매를 정의하는 13가지 차원

1. 비계획적으로 행해진 구매
2. 자극에 반응하여 행해진 구매
3. 특별판매를 보고 계획은 없었지만 행해진 구매
4. 스릴을 찾기 위한 구매
5. 순간적으로 구매 의사결정을 하여 행해진 구매
6. 숙고 과정의 결과가 아닌 구매
7. 구매 전에는 문제를 인식하지 못하고 행해진 구매
8. 상점에 들어가기 전에는 구매 의도가 없었으나 결국은 행해진 구매
9. 순간적이고 갑작스러운 욕구에 반응을 하여 행해진 구매
10. 정신적인 불균형 상태에서 행해진 구매
11. 심리적인 갈등은 있으나 무시하고 행해진 구매
12. 구매 의도에 대한 인지적인 평가 과정이 축소된 구매
13. 구매 결과를 평가하지 않고 행해진 구매

자료 : Piron(1991)

그러나 학자들의 견해를 정리하면 충동구매는 크게 비계획 구매, 자극에의 반응, 심리적 불균형을 경험한 후의 구매 등 세 가지 수준으로 정의할 수 있다(김미선, 1996).

첫째, 비계획 구매는 구매 자체의 특성에 초점을 맞춘 것이라고 할 수 있다.

둘째, 상품 및 상점진열 등의 자극에 반응하여 행해진 구매는 상점에 들어가기 전에는 구매의도가 없다가 상품을 본 후 구매의도가 생겨 행해진 구매로 정의한 것이다.

셋째, 충동구매를 심리적인 불균형 또는 스트레스 상황 등과 연결지어, 쾌락을 추구하는 복잡한 감정을 경험한 구매로 정의한 것이다. 이것은 충동구매 전후의 소비자 감정 및 인지적 반응을 고려하여 새로운 시각으로 충동구매를 보는 것이다.

한편 파이론(1991)은 선행연구들에 대한 검토를 토대로 선행 연구들이 충동구매를 정의하는 데 이용한 차원은 크게 13가지로 분류할 수 있다고 설명했다.

표 2-1 구매자 분류표

| 구 분 | | 상품 카테고리에 대한 구매의도 | |
|---|---|---|---|
| | | 있었음 | 없었음 |
| 특정 브랜드에 대한 구매의도 | 있었음 | 계획자 | - |
| | 없었음 | 부분계획자 | 충동구매자 |

자료 : Cobb & Hoyer(1986)

### (2) 충동구매 행동의 측정

충동구매 행동의 측정방법은 소비자의 구매행동을 관찰하는 방법과 소비자가 스스로의 구매를 판단하여 구매 전·후 감정을 기술하게 하는 방법으로 나눌 수 있다. 웨스트(West, 1951)는 소비자의 행동보다는 구매 자체에 중점을 두어 충동구매의 빈도를 조사했고, 구매의도와 구매결과 간에 어느 정도의 차이가 있는지를 조사했다.

스턴(Stern, 1962)은 네 가지 유형의 구매충동이 상점 내 자극과 결합할 때 충동구매가 발생한다고 보았는데 순수한 충동, 계획된 충동, 상기된 충동, 제안에 의한 충동 등의 네 가지이다. 코브와 호이어(Cobb & Hoyer, 1986)는 커피와 화장지 소비자를 대상으로 상품 자체와 특정 브랜드에 대한 구매의도를 측정하여, 그 결과를 표 2-1과 같이 의도-결과 행렬(2×2)로 만들고 구매자를 구분했다.

## 4) 중독구매

### (1) 중독구매의 개념

중독이란 본래 의학적인 개념이다. 의학용어 사전에 의하면 중독은 '어떤 습관, 특히 약물에 대하여 강한 의존성을 나타내는 상태, 즉 정신적 의존성 혹은 갈망뿐 아니라 육체적 의존성까지 생긴 상태'로 정의되며 의존성, 내성 및 금단증상의 발현을 그 요건으로 한다.

소비의 관점에서 이루어진 중독 연구에 의하면 중독 혹은 습관은 강화효과, 내성 및 금단증상을 유발한다. 강화효과는 현재 소비의 증가가 미래의 소비를 증가시키는 효과를 말하고, 내성은 과거의 소비량이 많을수록 주어진 현재 소비량이 불만족스럽게 되는 현상을 의미한다. 한편 금단증상은 소비를 중단했을 때 육체적 및 정신적으로 발생하는 부정적 효과를 말한다.

### (2) 중독구매의 특성

첫째, 중독구매란 지나치게 구매에 이끌리고 이러한 구매 욕구를 억제하지 못하는 특성을 가진 구매행동이라 할 수 있다. 중독구매는 강박적 구매라고 하기도 하는데, 중독적 구매자는 전형적으로 과도하게 소비하며 지나친 소비로 인해 심할 경우 그 개인의 생활에 지장을 초래하게 된다. 이러한 유형의 소비자들은 억제할 수 없는 구매욕을 느끼며 필요하지도 않은 물건을 구매한다(Faber et al., 1987). 즉 중독적 구매자는 구매하고 싶은 충동, 통제력의 상실, 그로 인한 생활기능 장애 등의 특징을 가지고 있는데, 이를 충동통제의 만성적 상실로 인해 반복적인 형태를 갖는 것(Faber & O'Guinn, 1989)으로 표현하기도 한다.

둘째, 구매하는 물건에 대한 애착은 적은 편이며 쇼핑이 두려움이나 죄책감, 불안감 등과 관련되어 있고 구매를 통해 일시적으로 감정이 고조되는 것을 느끼지만 곧바로 후회하고 우울한 감정이 되는 심한 감정의 기복을 겪으며, 누군가-특히 배우자-가 알까 두려워 구매한 물건을 감추기도 한다.

셋째, 충동구매와 중독구매는 구매행동 특성상 공통적 현상이 있을 수 있으나 그 개념 정의상 차원을 달리 한다. 중독구매는 지속적으로 소비자가 지나치게 소비에 이끌려 지불능력을 초과하는 구매로 경제적 파산을 야기하는 등의 구매행동을 하기 때문에, 개인 소비자의 구매행동에 대해 충동구매처럼 단일 구매행동에 관심을 갖는 것이 아니라 전체 소비생활 또는 나아가 전체 삶과 관련하여 생각하게 되는 개념이다. 때문에 중독구매는 소비자 복지를 추구하는 소비자학의 학문적 관점에서 볼 때 보다 중요한 개념이라 하겠다.

## 5) 동조소비

동조(conformity)란 집단이 제공하는 압력에 호응하는 행동으로 자발적으로 어떤 집단의 규범에 순응하고 그 집단의 성원들과 비슷해지려는 경향성을 의미한다. 동조소비는 소비자 개인의 필요와 선호에 의해 자주적이고 주체적으로 상품을 선택하고 소비하는 것이 아니라, 다른 사람들과 동일시하려는 의식이나 준거집단에서 소외되지 않으려는 소속 욕구로 인해 다른 사람의 영향을 받아 수동적으로 선택하는 소비행동이다.

인간의 타인에 대한 관계, 즉 사회적 관계는 크게 집단주의와 개인주의로 나눌 수 있으며, 개인주의와 집단주의의 차이가 문화의 차이를 유발한다고 할 수 있다. 우리나라 소비자들은 자기가 소속한 집단 및 가족의 이익을 위해서 자기 개인의 이익을 희생시키는 것을 일반적으로 받아들이고, 소속 집단의 구성원을 고려한 의사결정이 보편화되어 있는 사회 분위기에서 살고 있다. 개인의 견해보다 소속 집단의 규범에 동조하기를 강력하게 요구하는 사회적 분위기가 팽배해 있고, 사회적으로 합의된 규범을 어길 때에는 사회생활에서 상당한 불이익을 초래하게 되기 때문에, 우리나라 소비자들은 집단의 의사결정에 동조하기를 바라는 사회적 압력을 묵시적으로 받고 있다. 이와 같은 강한 집단 동조의식은 특히 개인에게 심리적으로 중요한 영향을 미치는 준거집단의 행동규범에 의해 많은 영향을 받으며 소비패턴에 그대로 반영되어 나타나게 된다.

동조소비 행동에서 나타나는 준거집단의 영향력은 집단 구성원들 사이에 제품의 필요성이나 제품에 대한 평가가 유사한 방향으로 일어나도록 하며, 특정 제품이나 특정 상표가 어떤 집단의 규범으로 인식될 정도이다. 이러한 현상은 개인의 의사결정이 집단이나 다른 사람에게 동조하는 사회적 분위기에 의해 제약을 받아 나타난 결과로, 상품의 소유가 개인이나 사회에 중요한 의미를 가지고 있는 현대 대중 소비사회에서 특히 많이 나타난다.

집단주의 문화에서 살아가는 개인은 어떤 결정이나 행동을 할 때, 자기 자신의 의견이나 목표보다는 다른 사람의 의견과의 조화나 집단 전체의 목표를 더욱 중요시 하고, 다른 사람과 잘 어울려 고립된 존재가 되는 것을 피하려는 특성을 가지고 있다. 이로 인해 소비자들은 자신에게 꼭 필요하고 자신에게 어울리는 제품보다는 다른 소비자들이 많이 구매하고 선호하는 제품과 브랜드를 선택하게 된다. 어떤 제품에 대한 구매의사 결정을 내릴 때 주위의 가족, 이웃, 친구들의 결정에 동조하는 경향이 강한 것이다. 동조소비 경향은 유행과도 밀접한 관련이 있는데, 이는 새로이 나타난 스타일이나 경향이 아름답거나 좋다고 평가될 경우 이에 동조하여 선택하거나 구매하는 경향이다. 우리나라의 경우 의류나 패션제품뿐만 아니라 가구, 가전제품, 디지털카메라, 핸드폰 등 거의 모든 제품에 있어 유행의 물결이 거센네, 유행의 주기도 짧은 편이고 그 영향도 매우 크다.

### 트렌드 메모 2-5

## 싸이월드 : 일촌 맺기를 통한 동조소비

최근 신세대의 새로운 커뮤니케이션 방식으로 미니 홈페이지와 같은 개인 미디어 서비스가 각광받고 있다. LG 경제연구원은 이 중에서도 신세대의 폭발적 인기를 끌고 있는 '싸이월드' 사례를 통해 마케팅 포인트 4가지를 소개했다.

1. 스스로 만들고 싶다

네티즌은 싸이월드에서 자신의 일상생활과 관련된 다양한 사진과 동영상, 텍스트를 저장하고 기록한다. 싸이월드에는 커피전문점에서 마신 커피의 사진과 영화감상문, 사진첩 등을 쉽게 볼 수 있다. 일기장이 인터넷으로 들어온 것이다. 이 같은 예는 콘텐츠를 창조적으로 생산하고 자유로운 커뮤니케이션에 만족을 느끼는 '콘텐츠 세대(일명 C세대)'의 특성을 잘 반영한다. 따라서 객체가 아닌 주체로서 콘텐츠를 만들어 채우려는 욕구가 강한 C세대의 특성을 잘 이용해야 한다. 미국의 휴대전화 벨소리 서비스 업체인 싱스톤이 소비자 스스로 악기와 템포를 선택, 벨소리를 작곡하고 다운받을 수 있도록 해 성공한 예도 있다.

2. 혼자는 외로워, 관계 맺기가 동조소비로

'일촌 맺기'를 통해 자신만의 공간이 공동체 공간으로 바뀐다. 이는 다분히 한국적 특성이다. 핵가족화와 도시화로 혈연관계가 엷어지면서 나 혼자로는 외로움을 타는 것이다. 일촌 맺기로 동조자를 얻고 또래문화를 구성한다. 이런 관계 맺기는 동조소비 형태로 이어진다. 개성을 중시하지만 여전히 남의 이목과 남이 얘기한 정보에 관심을 기울이는 한국인만의 특성을 잘 이용해야 한다. 최근 MP3 플레이어 업체인 레인콤이 지역별, 학교별로 구성된 500명의 '구전효과 전위부대'를 선발, 돌풍을 일으킨 것을 참고할 필요가 있다.

3. 나를 표현하고 싶다

싸이월드에는 또 다른 내가 있다. 온갖 종류의 미니룸과 미니미(자신의 캐릭터), 투멤남, 투멤여 등 자신을 알릴 수 있는 공간이 마련돼 있는 것이다. 이곳에는 '나는 이런 사람이야'라고 자신을 표현하고 내세우고 싶은 욕구가 넘쳐난다. 명품의 유행병도 이런 자기표현 욕구의 변종이다. 이런 욕구는 비단 신세대에만 해당하는 것은 아니다. 연령별, 지역별, 소득수준별로 심층적 시장조사와 트렌드 예측을 통해 신제품 개발과 판촉활동 등 마케팅 전략에 원용해야 한다.

4. 몰입하게 하라

싸이월드를 습관적으로 방문하는 네티즌이 늘고 있다. 싸이월드를 찾는 사람의 '방문 충성도'가 대단히 높다는 얘기다. 따라서 '컬트(cult) 브랜드'를 개발해야 한다. 컬트 브랜드란 소비자와 강력한 유대관계를 구축, 충성도가 높은 고객을 확보한 브랜드를 말한다. 소수 마니아 집단이 아닌 많은 사람에게 삶의 일부와 같은 브랜드다. 스타벅스와 애플, 이케아 등이 소비자의 생활 깊숙이 자리 잡은 컬트 브랜드로 꼽힌다.

자료 : 경향신문, 2004년 8월 13일자

## 6) 과시소비

### (1) 과시소비의 개념

과시소비(conspicuous consumption)란 남에게 보이기 위한 소비로써 다른 사람에게 무엇을 과시하느냐에 따라 여러 가지 형태가 있을 수 있다. 따라서 과시소비의 개념도 다양하게 사용되고 있다. 그러나 현대 자본주의 사회에서 문제가 되고 있는 일반적인 의미의 과시소비는 지위를 나타내기 위한 부의 전시라는 점에 초점을 맞추어 정의되고 있다. 즉 과시소비는 타인에게 보이기 위한 소비로, 부를 과시할 수 있는 제품이나 서비스를 구매·사용함으로써 타인에게 사회적 지위를 인정받고자 하는 것이다.

이와 같이 과시소비가 소비의 사회적 가치, 즉 물질적 소비에 내재한 신분과시라는 잠재적 기능을 가졌음은 베블렌(Veblen)에 의해 구체화되었다. 베블렌(1934)은 개인은 소비를 통해 타인에게 자신의 사회적 지위를 인정받고자 하며, 과시소비란 '사용을 통해 효용을 얻는 목적보다는 금전력을 과시하기 위한 목적으로 비싼 상품을 소비하는 것'으로 정의했다(백경미, 1995).

제품이 갖고 있는 상징성을 표현한다는 점에 초점을 맞추어 과시소비를 정의하는 라바베라(LaBabera, 1988)는 과시소비를 제품의 경제력, 기능적 효용보다는 사회적이고 상징적인 의미를 중시하여 타인에게 소유자 자신의 인상을 주려는 동기에 의해 제품을 소비하는 소비스타일이라고 정의했다. 또한 과시소비를 특정의 제품을 소유하는 것으로 정의하는 마멘과 환(Mammen & Whan, 1987)은 과시소비를 지위를 강화시켜주는 특정 상품이나 서비스의 향유로 정의함으로써 과시소비의 내용을 구체적인 객체로 다루었다.

### (2) 과시소비의 특징

과시소비는 남에게 보이기 위한 소비이므로 무엇을 과시하느냐에 따라, 즉 사회, 시간, 제품에 따라 다양하게 나타날 수 있는 것이다. 과거에 상류계층의 소비문제로만 언급되던 과시소비는 생활수준의 향상으로 점점 더 보편적인 현상으로 나타나고 있다.

과시라는 측면에 초점을 맞추어 과시소비를 폭 넓은 개념으로 받아들일 경우

트렌드 메모 2-6

## 우리나라 청소년의 절반 가까이가 과시소비형

- 국민은행 연구소 박철 연구위원 -

요즘 많은 기업들이 아이들의 눈치 보기 바쁘다. 아이들의 생각과 관심사를 모르고서는 더 이상 시장에서 살아남을 수 없기 때문이다. 실제로 가요·음료 등 몇몇 시장은 이제 10대에 의해 운영된다고 해도 과언이 아닐 만큼 아이들의 영향력이 커지고 있다. 한 조사에 따르면 외식 장소를 아이들이 결정하는 비율은 70%, TV는 30%, 심지어 자동차를 사는 데도 25%는 아이들의 몫이라고 하니 소비시장에서 차지하는 아이들의 비중이 그저 놀라울 따름이다.

쏟아지는 광고와 상품의 홍수 속에서 아이들에게 소비는 생활의 한 영역으로 자리 잡은 지 오래다. 과거에 비하면 아이들의 씀씀이도 훨씬 커지고 다양해졌다. 실제로 얼마 전 한 경제연구소는 우리 청소년들이 한 해 동안 쓰는 돈을 10~15조원으로 추산했다. 90년에 비하면 5배 이상 증가한 수치다. 그러나 부모들은 제자리다. 우리 부모들은 여전히 돈을 아껴 쓰라는 말만 하지, 막상 제대로 쓰는 방법은 가르치지 않는다. 아직도 많은 부모들이 '돈 쓰기가 가장 쉽고 또 저절로 배우게 된다'고 생각하기 때문이다. 하지만 이런 부모들도 일전에 발표된 '청소년 소비실태 결과'를 본다면 적잖은 충격을 받을지 모른다. 조사결과에 따르면 청소년 가운데 절반 가까이(46.6%)가 호화생활을 바라고 있으며, 소비유형이 건전하지 못한 '과시소비형'이라고 한다. 반면 돈에 대해 균형 있는 의식을 갖고 소비유형이 '건전소비형'인 경우는 21.8%에 지나지 않는다.

건전한 소비의 핵심은 '계획성'이다. 하지만 청소년들의 소비행태는 이런 계획성과는 거리가 멀어 보인다. 다음 용돈을 타기 전에 바닥이 나는 경우가 대부분이다. 그래서 상당수가 용돈이 떨어지면 용돈을 미리 타거나(23.4%), 가족이나 친구(22.8%)에게 빌려 쓰고 있다. 또 대부분의 청소년들이 용돈을 모아서 명품을 사거나 부모에게 사달라고 조른 경험이 있다고 한다. 친구가 고급브랜드의 새 옷이나 가방, 운동화를 갖고 있으면 어떻게 해서든 꼭 같은 것을 사야 직성이 풀리는 게 요즘 아이들이다. 심지어 최근에는 초등학교에서도 아이들끼리 돈을 모아 명품을 사는 '명품계'가 유행하고 있다고 한다.

우리 아이들이 이렇게 원칙 없는 소비습관에 길들여진 데는 너무나 소비교육에 인색한 우리 부모들의 책임이 작지 않다. 그리고 이런 부모들의 무관심은 무엇보다 소비에 대한 편견 탓이 아닐까 싶다. 우리는 소비를 그저 무언가를 사고 버리는 소모적인 활동으로만 생각한다. 그래서 아이에게 소비를 가르쳐 주는 데 더욱 인색한지 모른다. 하지만 '소비'는 아이가 돈과 관련하여 가장 먼저 시작하는 일이다. 무슨 일이건 기초가 중요하다. 제대로 돈을 쓰지 못하는 아이는 돈을 버는 일도, 또 돈을 관리하는 일도 잘 해내기 어렵다. 제대로 돈을 쓰기란 생각만큼 쉬운 일이 아니다.

아이들이 어느 한순간 마술처럼 좋은 소비습관을 갖는 일은 결코 일어나지 않는다. 제대로 된 소비습관은 교육을 통해서만 가능하다. 그것도 마치 탑을 쌓듯 어릴 때부터 생활 속에서 차근차근 가르쳐야 한다.

자료 : 내일신문, 2005년 6월 17일자

과시소비를 그 특징에 따라 다음 네 가지 유형으로 구분할 수 있다(유두련, 1991).

첫째, 소비지출의 질적인 면에서뿐만 아니라 양적인 면에서 나타나는 과시소비가 있다. 즉 과시를 위한 목적으로 많은 양의 재화와 용역을 구매하는 것이다.

둘째, 타인으로부터 자신의 능력을 인정받기 위하여, 다른 사람들이 아직 모르거나 또는 구입하기를 망설이고 있는 신상품을 구입하는 과시소비가 있다.

셋째, 과시소비는 높은 가격뿐만 아니라 낮은 가격의 재화를 구입함으로써도 나타난다. 값비싼 재화구입을 선호하는 소비자는 그 재화의 가격만큼 높은 사회적 지위 수준으로 인정받기를 원한다. 반면에 값이 싼 재화구입을 선호하는 소비자는 합리적이며 경제적인 소비행동을 통하여 그들의 숙련된 상품구입 능력을 과시한다는 것이다.

넷째, 상점 및 상표 선택에서의 과시소비 행동이 있다. 즉 소비자는 전문점에서 구입하거나 유명상표를 구입함으로써 타인으로부터 더 높은 사회적 지위를 인정받고자 하는 것이다.

과시소비의 파급효과로 두 가지의 소비행동 효과가 나타날 수 있다. 하나는 소비자들이 많이 팔리고 있는 상품을 구매하여 이를 과시하고자 하는 편승효과(bandwagon effect)이며, 또 하나는 이와 상반되는 속물효과(snob effect)로 비싸고 다른 사람과 차별화되는 상품을 구매하여 과시하고자 하는 것이다. 편승효과는 널리 알려진 상표를 구입함으로써 남에게 인정받고 싶은 심리의 표현으로 '내가 이런 것을 살 수 있다'는 것을 공공연하게 과시하는 방법이다. 반면 속물효과는 개성이나 차별화의 표현으로, 특출하고 희귀하거나 가치가 있고 가격이 높은 상품을 사용하고 있다는 것을 과시하는 방법이다. 이 두 효과는 과시소비의 파급효과이며 소비자의 선택이나 수요에 큰 영향을 미치고 있다(이승신 · 김시월, 2004).

## 7) 과소비

과소비(excessive consumption)란 원래 학술적인 용어가 아니며 그 개념은 불분명하게 여러 가지 의미로 사용되고 있다. 일반적으로 사람들이 말하는 과소비는 과시소비와 명확히 구별되지 않은 채 쓰이고 있다. 과시소비는 타인에게 보이기 위한 소비, 즉 소비를 통해서 타인에게 자신의 사회적 지위를 인정받기 위함이라는 뜻이 내포되어 있다. 반면에 과소비는 과도한 소비를 지칭하는 것으로 이 두

### 트렌드 메모 2-7

**변정수 핸드백, 나도 매 볼까**

**- 연예인 마케팅으로 과소비 조장 -**

'이효리 귀걸이', '한가인 치마' 등 연예인 패션 제품을 전문적으로 취급하는 인터넷 쇼핑몰이 탄생해 화제다. 인터넷 쇼핑몰 CJ몰은 연예인이 즐겨 착용하는 인기 패션 상품전문 숍 '연예인 파파라치 샵'을 오픈 했다.

'연예인 파파라치 샵'은 평소 옷 잘 입기로 소문난 연예인들과 함께 기획하고 상품을 선정하는 한편 모델 사진도 파파라치가 몰래 찍은 것처럼 생동감 있게 구성한 것이 특징이다. 특히 시중에서 구하기 힘든 명품 브랜드나 희귀 수입상품으로 라인업을 구성, 일명 짝퉁 연예인 브랜드와 거리를 두고 있다.

CJ몰은 1차로 모델 변정수, 가수 및 탤런트 정려원, 아나운서 정지영의 사진과 소장 패션 아이템인 목걸이, 핸드백 등 100여 종을 판매하기 시작했다. 스타들의 파파라치 사진과 착용 상품은 2~3일에 한번씩 지속적으로 업데이트 할 예정이며 스타들도 매달 교체된다. '연예인 파파라치 샵'을 기획한 CJ몰 심여린 대리는 '차별화된 아이템을 선보이기 위해 다소 스타일이 다른 세 연예인을 선정했다'며 '현재는 여자연예인을 중심으로 하고 있지만 장기적으로 남자연예인도 영입할 것'이라고 밝혔다. 그는 또 '연예인 선정부터 아이템 구성까지 까다로운 작업이지만 젊은 여성들을 중심으로 큰 호응을 얻을 것'이라며 기대감을 나타냈다.

그러나 연예인을 닮고 싶어 하는 여성들의 모방심리를 이용한 것인데다 패션업체들의 연예인 마케팅 수단으로 전락할 수도 있어 과소비를 조장한다는 비난을 피하기 어려울 것으로 보인다.

자료 : 파이낸셜 뉴스, 2005년 6월 1일자

가지의 개념은 서로 관련은 있으나 동일한 개념으로 볼 수는 없으며 오늘날의 과시소비는 과소비를 초래하는 중대한 요소로 파악되고 있다(백경미, 1995). 즉 안길상(1991)은 과시소비를 보상적 소비, 과잉적 소비와 더불어 과소비의 구성요소라고 했다. 또한 성영신(1994)은 과시소비를 과소비의 하위개념으로 파악했는데, 과소비의 유형을 과소비의 목적에 따라 과시소비와 체면소비 그리고 과소비의 방법과 과정에 따라 동조소비와 광고의존소비로 나누었다.

과소비라고 할 때는 과도함의 기준이 문제시 되는데 이러한 과도함의 기준은 개인적 차원과 사회적 차원에서 고려될 수 있다. 우선 개인적 차원에서의 과도함은 개인이나 가계의 소득에 비해 소비가 도에 넘침을 의미한다. 그러나 개인적인 차원에서 볼 때 소득에 비해 많은 소비의 기준을 설정하기란 상당히 어려운 문제이다. 사회적인 차원에서의 과도함이란 그 사회의 경제수준 및 국민소득에 비추어서 특정 개인의 소비가 너무 과도한 수준을 나타낼 때 우리는 과소비라는 말을 하게 되며 이 또한 그 사회가 지향하는 소득분배구조와 관련되어 기준 설정이 상당히 어렵다.

현재 우리나라에서 사용되고 있는 과소비의 개념은 개인적 차원에서 소득에 비해 과도한 소비라는 개념 및 우리나라의 불평등한 소득분배정책이 함께 관련지어져서 고려되는데, 즉 개인적 차원과 함께 사회적 차원에서의 도덕성, 평등성의 개념을 내포하고 있는 것이다. 이러한 기준에 근거할 때 그 구체적인 내용에는 소득에 비해 많은 소비, 과도한 과시소비, 향락 업소 출입 등 비윤리적인 소비에의 과다지출 등이 포함된다. 이 중 과시소비는 과소비를 유발시키는 커다란 요인이 된다고 볼 수 있기 때문에 과시소비를 줄이는 방안은 과소비를 줄이는 방안과 관련된다.

### 8) 고급소비

우리나라의 소득분배 구조는 IMF 이후 급격히 악화되고 있으며, 이러한 소득격차의 확대가 소비자욕구와 소비자 구매패턴의 양극화현상을 초래하고 있다. 소비자욕구의 양극화 현상이란 소비자들의 욕구가 점차로 극단적인 이원화의 모습을 보이고 있다는 것이다. 예를 들면 서비스에 있어서 서비스 수준이 낮더라도 가격적인 이점을 추구하는 소비자들이 있는 반면, 높은 가격을 감수하면서 높은 수준의 서비스를 추구하는 소비자들이 있다.

또한 소비자들의 구매패턴이 양극화됨에 따라 중간 가격대 상품 판매가 감소하고, 최고 고급상품과 저가상품의 판매가 상대적으로 호조를 보이고 있다. 예를 들어 소비자들 대부분이 가격에 매우 민감해져 세일기간이나 할인점이 아니면 구매하지 않는 경향이 강해지고 있다. 대홍기획의 조사에 의하면 세일기간을 기다렸다가 구매한다는 소비자들이 IMF 이후에 17% 증가하여 78.9%를 차지하고 있다. 그러나 다른 한편으로는 3,000cc 이상의 고급 승용차 매출이 증가하고 있으며, 화장품의 경우에도 6만 원 이상의 고급 기능성 화장품의 소비가 늘어나고 있다. 또한 급격한 소비 위축에도 불구하고 가전제품이나 승용차, 골프용품, 모피 등의 고

트렌드 메모 2-8

## 신세계 강남점

### - 고급소비자 입맛 맞게 시원시원 -

신세계 강남점 2층 명품 매장을 찾은 지난 15일 늦은 오후. 스승의 날, 부부의 날 등 이런저런 선물할 일이 많아서인지 제법 고객들이 북적거린다. 하지만 부산한 느낌은 없다. 시원시원하게 뚫린 공간 덕분이다. 백화점 가운데 최대 규모를 자랑하는 1,800평 면적에 층고도 4.2m에 달한다는 게 관계자의 설명이다.

신세계 강남점 명품 매장이 자랑하는 최대 장점은 한마디로 '쇼핑할 맛'이 난다는 것이다. 과감하게 중앙을 뚫은 독특한 실내 디자인은 지난 해 리뉴얼을 통해 탄생했다. 시원하게 뻗은 입체적 공간감이 살아 있어 어느 곳을 지나더라도 매장 전체가 한 눈에 들어오는 듯하다. 소비욕을 기분 좋게 자극할 만한 쾌적함이다. 탁 트인 쇼핑공간이 고객 발길을 금방 잡아끈다. 덕분에 신세계 강남점은 복잡하고 답답한 것을 싫어하는 30~40대 주부들에게 열렬한 환영을 받고 있다. 이 때문인지 신세계 강남점은 지난해 7,000억원의 매출을 올리며 신세계 전 점포 가운데 1등을 차지했다. 효자 노릇을 한 곳은 물론 2층 명품 매장. 이 곳에서만 전체 매출의 20%를 올렸다. 구매실적 상위 1%로 분류되는 S(super) VIP 고객은 전년보다 19.8%나 늘었다.

"강남점의 모토는 '명품을 지향하는 백화점'이에요. 유동인구가 많은 지리적 특성상, 타깃 계층을 설정하기가 어려웠는데 아예 전 층을 고급스럽게 꾸미면 VIP 고객들을 끌 수 있겠다고 판단한 거죠." 이승원 수입 뷰티크 팀장의 자평이다. 그는 '특히 식품 매장을 차별화시킨 게 주효했다'면서 '명품으로 불릴만한 먹거리로 고급 소비자들의 입맛을 사로잡은 뒤 자연스럽게 2층 명품 매장으로 유도할 수 있었다'고 설명했다.

이 같은 성공은 명품 매장에 입점한 브랜드의 매출에서 확인된다. 이 팀장은 '강남점에 총 60여 개 명품 브랜드가 운영되고 있는데, 이 가운데 전국 매장에서 매출액 1위를 기록한 브랜드가 40여 개에 이른다'고 말했다. 다른 명품 매장에는 없는 엠포리오 아르마니가 70평의 대형 매장을 낸 것을 비롯하여 소니아리켈, 이세미야케, 크리스찬, 라크르와 등 정상급 브랜드로 이촌동과 한남동의 강북권, 방배동 일대 강남권 '귀족'들을 유혹하고 있는 것이다.

VIP 고객만을 위한 서비스도 다른 명품관에 뒤지지 않는다. 강남점의 성공을 바탕으로 신세계는 오는 8월 본점 건물을 3,000여 평 규모의 전문 명품관으로 새롭게 탄생시킬 예정이다. 신세계 관계자는 '남이 다 아는 브랜드, 브랜드별로도 똑같은 상품을 갖다 놓아서는 자신만의 명품을 찾는 이들을 사로잡을 수 없다'면서 '구매 바이어들이 직접 해외로 나가 신세계만의 안목으로 다른 매장에는 없는 명품들로 꾸밀 계획'이라고 말했다.

자료 : 한국경제신문, 2005년 5월 19일자

**트렌드 메모 2-9**

## 고소득층 지갑 열어도 내수는 왜 안 살아날까
### - 고급소비를 외국에서 -

작년 한 해 한국인이 해외여행 경비로 쓴 돈은 95억 달러로 2003년에 비해 15.2% 증가했다. 2003년 중증 급성호흡기증후군(일명 사스)으로 인해 주춤했던 해외여행이 주 5일 근무제와 원화 절상 등으로 큰 폭으로 늘어나는 추세이다. 올해 들어 5월까지 해외여행 경비는 작년 같은 기간보다 27.2% 늘었으며, 여행을 포함한 총 서비스수지 적자는 50억 달러에 이른다.

동반가족 생활비를 포함한 유학 및 연수경비도 작년 한 해 70억 7,000만 달러나 됐다. 해외 연수자 수는 작년 20만 1,000명으로 2003년보다 22.6% 늘었고 조기 유학을 떠난 초·중·고교생만도 10만 5,000명(2003년)이다. 한국인이 해외에서 암 치료를 위해 지출한 돈은 연간 1,300억원, 전체 해외 의료비 지출은 연간 4,000억 원 정도로 추산된다.

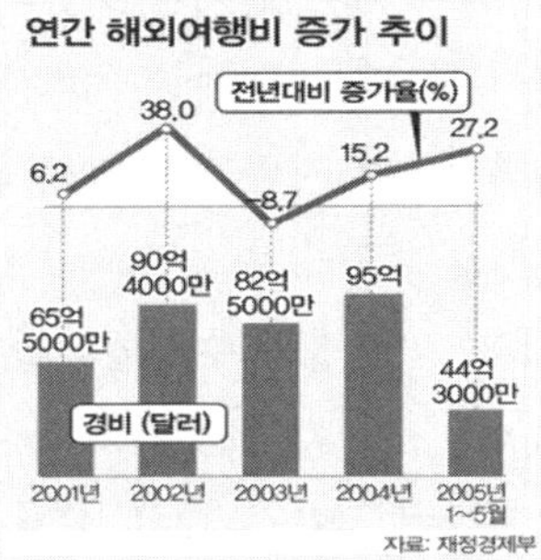


재경부 조원동(趙源東) 경제정책국장은 '해외소비를 국내로 돌리기 위해서는 교육, 문화, 관광, 의료 등 국내 서비스 산업의 경쟁력을 강화하고 고급 소비에 대한 사회적 편견을 줄여야 한다'고 말했다.

자료 : 동아일보, 2005년 7월 16일자

급소비재 수입이 급증하고 있다. 최근 유통업계에서 백화점 같은 업태들이 쇠퇴하고 고가격·고서비스의 전문점 업태 또는 저가격·저서비스의 할인점 업태들이 번성하고 있는 것도 이러한 소비자욕구의 양극화 현상과 관련이 있다.

최근에는 고소득계층을 겨냥한 '프리미엄 마케팅(premium marketing)'이 대두하고 있다. 평균 제품가격보다 15~30% 비싼 프리미엄 제품이 잇달아 출시되고 있는데 프리미엄 요구르트, 에스프레소 커피 등 식음료업계까지 일반화되고 있다. 가상공간에서는 고소득층만을 대상으로 하는 멤버십 사이트도 등장했으며, 갤러리아 백화점의 경우 '귀족' 고객만을 회원으로 가입시키는 '루이지 닷컴'을 운영하여 회원선발 조건에 부모의 직업은 물론 선호하는 브랜드까지 기입하게 하여 사회적 물의를 야기한 적도 있다(김영신 외, 2004).

특히 IMF 이후 경제회생 과정에서 고소득층이 소비를 주도하면서 소비의 고급화 추세가 뚜렷해지고 있다. 이에 따라 고가의 사치품 시장이 급성장하고 있고 대형제품과 유명브랜드에 대한 선호 역시 증가하고 있다. 또한 세계 명품들이 몰려들면서 명품이 대중화되고 있다. 소수 부유층이나 40~50대 장년층이 명품 소비의 주요 계층이라고 여겼던 고정관념이 무너지고 있는 것이다. 20~30대 직장인, 패션에 민감한 여대생, 주부, 학생, 아동들도 명품 하나쯤은 갖고 있다. 최고가의 옷이나 가방은 못 사도 구두나 지갑, 선글라스 등 가격이 저렴한 잡화는 명품으로 구입하려는 소비자들이 점점 증가하고 있다. 가격이 부담스러울 때엔 가짜 상품을 찾는 등 소비자들 사이에 명품 열풍은 전염병처럼 퍼지고 있다.

명품의 확산은 백화점 판도도 바꾸고 있다. 롯데, 현대, 신세계 등 대형 백화점들은 1층 매장 전체를 외국 명품 브랜드에 내주었을 뿐만 아니라, 2~4층에도 명품 브랜드가 자리를 넓혀 가는 추세다. 국내 브랜드들을 지키고 싶어도 외국 명품 브랜드 매출이 워낙 높아 어쩔 수 없다는 것이 유통업체 측의 하소연이다. 얼마 전부터 외국명품 수입업체들은 이제 더 이상 들여올 브랜드가 없다는 말을 할 정도이다. 소비자 기호가 명품으로 바뀌면서 가짜를 사더라도 국산 브랜드는 거들떠보지 않기 때문에 국내 기성복 업체, 구두나 가방 등의 피혁업체, 액세서리 업체 중 이미 부도난 업체도 상당수에 달한다(이신모, 2002).

## 4. 한국의 소비문화

### 1) 가치관 및 구조의 변화

인간은 자신이 소속된 사회의 구성원들이 공유하고 있는 가치, 규범, 신념 등을 수용하고 그에 맞게 행동하며 살아간다. 사회 구성원들이 공유하고 있는 가치관은 문화적 배경과 관련되어 개인의 인생관이나 세계관에 의미, 고정성 또는 집착성을 부여한다. 특히 소비자로서의 한 인간의 행동을 잘 이해하려면 동일한 사회적 배경 속에서 구성원들이 공유하고 있는 소비의 대상, 즉 물질에 대한 가치관과 소비행동 규범을 파악하는 것이 중요하다.

어떤 사람이 가치관을 갖고 있다는 것은 존재하는 목적상태와 행동양식 중, 개인적이면서 동시에 사회적으로 선호되는 특정 양식을 지속적으로 갖고 있다는 것을 뜻한다(Rokeach, 1979). 이렇듯 한 개인의 물질관과 소비행동은 그 사회의 고유한 가치관에 따라 영향을 받는다(Belk, 1984).

따라서 한국인의 물질관과 소비행동을 파악하려면 한국이라는 특정한 사회문화권에서 유지되고 있는 가치관을 조명해야 할 필요가 있다. 특히 우리나라와 같이 유교적 전통문화가 지배규범으로 오랫동안 유지되어온 배경을 갖고 있는 나라에서는 과거의 인습에 따르는 소비행동과 서구 산업사회의 자본주의 사고방식에서 비롯된 소비행동이 혼재해 있다(윤사순, 1984; 성영신 외, 1993). 이중 우리나라 소비자들의 소비행동에 영향을 미치는 유교적 전통 가치관을 살펴보면 다음과 같다.

#### (1) 집단주의

집단주의는 개인의 이익보다 집단의 이익을 중시하고 개인의 가치를 집단에 예속시킴으로써, 개인이 항상 다른 사람의 기대에 따라 행동하고 집단 내에서 조화와 협력을 도모하는 것을 의미한다.

일반적으로 유교문화권에 살고 있는 사람들은 개인의 이해를 희생시키는 것이 통상적으로 받아들여지는 사회 분위기에서 생활하고 있다. 이와 같은 집단중심적인 문화적 배경에서는 집단의 목표를 위해서 개인의 이익을 희생하는 것이 사회적으로 당연시되고 있기 때문에 집단동조의식이 매우 강하게 나타난다. 집단동조의식은 한국인의 소비 패턴에도 반영되어 있으며 한국인들은 어떤 제품에 대한 구매의사결정 시 대부분 가족, 이웃 또는 친구들의 결정에 동조하거나 사회규범에 맞추려는 경향이 강하다. 또한 유행에 동조하는 경향이 매우 강한 반면, 유행과 관계없이 자기만의 소비스타일을 지키려는 경향은 약한 편이다. 그리고 사회규범이나 가족의 가치관에서 벗어나거나 유행에 뒤쳐진 상품을 구매해서 사용할 경우 주위의 참견과 간섭도 심한 편이다.

#### (2) 상하서열 의식

상하서열 의식은 인간을 다 같이 동등한 인격을 가진 인간으로 보지 않고 항상 상하, 존비, 귀천으로 구분하여 평가하는, 상하의 엄격한 신분질서에 따르는 의식이다.

구체적인 특징을 보면 가문, 직업, 성별, 연령 등을 상하서열의 기준으로 삼고,

상대방의 재산, 학벌, 가정의 사회적 지위에 따라 우열을 짓고자 하는 것을 알 수 있다. 이런 의식의 단점으로는 민주의식이 늦어진 면, 비합리적인 면 그리고 주관적인 주장이 비합리적으로 강해지는 경향을 들 수 있다. 또한 인간관계, 다시 말해 가족간, 직장에서는 직위간 그리고 성별에서도 평등적 관계보다 수직적 관계가 이루어지는 경향이 강한 것을 들 수 있다.

#### (3) 남녀차별 의식

성과 관련된 문제는 선천적인 것이라기보다는 주로 후천적 문화형성에 의해 발생한다. 예컨대 '여자는 여자로 태어나는 것이 아니라 여자로 키워진다'는 의미를 보아도 알 수 있다. 남녀차별 의식은 성에 대하여 상당히 폐쇄적으로 흘렀을 뿐만 아니라 지금까지도 외부적인 피해자가 여성인 경우가 많았다. 예를 들면 현대사회에서도 고용, 승진, 퇴직 등에 있어서 차별의 근원이 되었다고 볼 수 있다. 그리고 사회경제 활동은 남성의 역할이고, 여성은 주부라는 명칭으로 소비를 담당하게 되어 여성 중심의 가족 소비생활의 근원이 되었다.

#### (4) 체면의식

체면의식은 집단주의 문화배경으로 인해 표출되는 의식이다. 이는 자기 자신의 평가보다는 다른 사람이 내린 자신에 대한 평가에 큰 의미와 중요성을 부여한다. 따라서 체면의식은 자신의 사회적 위치에 있어서 커다란 영향을 미치기 때문에, 자기 자신을 과시하기 위한 허세와 관련된 행동성향을 초래한다. 이러한 체면의식과 관련된 소비문화현상은 과시소비, 과소비 등에서도 극명한 예를 찾아볼 수 있다(이승신 · 김시월, 2004).

### 2) 문제점

한국의 소비사회는 소득규모의 증가에 따른 소비지출의 양적 증대, 소비수준의 향상, 소비지출 구조의 변화를 경험하였는데, 이러한 소비영역의 비중 증가는 단순히 경제 차원에서의 변화 이상으로 일반인들의 행동양식, 사고방식, 자아정체감의 변화를 유발시키는 등 소비의 영향력 확대 및 소비문화의 변화를 가져왔다. 이러한 급격한 소비 변화로 인해 많은 문제점이 발생했으며 이는 크게 한국소비문화의 윤리적 문제, 소비문화형성의 구조적 문제, 대중소비행동의 일반적인 문제로 나누어 볼 수 있다.

### (1) 한국 소비문화의 소비가치관 문제

한국인은 한국문화의 배경 속에서 그 가치와 규범을 습득하며 오랫동안 살아왔으나, 서구문명의 도입 및 급격한 경제성장 속에서 가치의식에 많은 갈등을 겪게 되었다. 따라서 현재 한국의 소비문화는 소비가치관의 측면에서 혼돈의 과정을 겪고 있으며, 구체적으로 다음과 같은 문제점들이 대두되고 있다.

- 수단적 가치(물질적 가치)를 본래적 가치(정신적 가치)보다 우위에 두는 가치관의 전도
- 전통주의 가치관과 근대적 가치관의 갈등 및 세대간의 차이
- 상대주의적 가치관

### (2) 소비문화 형성의 구조적 문제

일반적으로 한 사회의 문화적 상황을 평가할 때 문화적 민주주의와 문화적 자주성이라는 명제가 핵심을 이루게 된다. 따라서 문화적 불평등과 문화적 종속은 문화적 모순으로 볼 수 있다. 한국의 대중문화 일반이 당면한 문화적 모순에도 문화생산과정의 모순과 문화적 불평등의 모순, 이 두 가지 측면이 있다(강명구, 1995).

먼저 문화생산과정의 모순이란 대다수 대중들이 즐기는 문화가 문화산업의 상업적 메커니즘에 편입되어 있고 따라서 이들에 의해 수입, 제작, 배포되는 문화는 값싸고 질 좋다고 일컬어지는 외국의 것일 수밖에 없다는 문제를 말한다. 다음으로 문화적 불평등의 모순은 내부 하위문화 내의 문화 간 불평등에서 나오는 문제를 말한다. 이러한 문화적 종속과 문화적 불평등의 문제가 문화산업의 상업적 생산 메커니즘과 결합됨으로써 문화의 상품화, 문화상품 소비자의 문제 등이 새로운 문화적 모순 양상으로 등장하게 된다.

이러한 일반적인 문화의 문제는 소비문화에도 적용이 될 수 있다. 즉 우리나라 소비문화가 미국 등 서구 소비문화에 종속됨으로써 생기는 소비문화의 정체성 문제와 우리나라 내부의 다양한 집단들이 갖고 있는 소비문화 간의 불평등 및 하위

소비문화 간의 갈등이 문제가 되고 있다.

### (3) 대중소비행동의 일반적 문제

#### ① 과잉소비의 문제

우리나라 경제는 대재벌 중심의 경제성장으로 부익부, 빈익빈의 결과를 가져왔으며 많은 벼락부자를 배출해냈고 쉽게 벌고 쉽게 쓰는 생활풍조를 부채질해 왔다(김병서, 1990). 과잉소비 풍조는 가진 자들로부터 시작되었지만 이제는 모든 가정에 퍼졌다고 볼 수 있다. 자기의 소비생활보다 훨씬 더 넘치는 소비현상이 다른 가정에서 전개되는 것을 볼 때, 상대적 박탈의식을 느끼게 되고 이러한 사회심리는 강렬한 경쟁심리를 불러 일으켜 과잉소비를 초래한다.

#### ② 과시소비의 문제

과시소비란 남에게 보이기 위한 소비로 여러 가지 형태가 있을 수 있지만, 현대 자본주의사회에서 문제가 되고 있는 과시소비는 자신의 지위를 드러내기 위한 목적으로 재화나 용역을 사용하여 부를 전시하는 행위를 의미한다. 우리나라 소비자들의 허례 허식적 관습과 갑작스런 소득의 증대로 인해 무분별한 소비가 조장되고 있다. 이는 외제품 선호 및 고급 내구재의 소비 등에 많이 반영되고 있고 혼수품 및 결혼비용 등에서 극단적으로 나타나고 있으며, 계층간 위화감 내지 자원 낭비 등의 바람직하지 못한 결과를 유발하고 있다.

#### ③ 향락소비의 문제

우리나라 유흥업소는 양적으로 그 수가 매우 많으며 이와 함께 대형화, 고급화 되고 있다. 이 같은 향락업소가 성행하는 이유는 투기 등의 비정상적 소득 및 음성적 수입을 얻는 불로소득 계층이 많다는 것과 탈법적 뒷거래 및 기업들의 오랜 관행인 향응과 접대풍조 때문으로 지적된다. 그런데 몰지각한 일부계층의 허영과 과시욕에서 비롯된 이러한 향락풍조가 지금은 중산층과 농촌 근로자에게까지 파고들어 사회의 건강성과 도덕성을 흐리고 있다. 따라서 향락업소 등에서의 과다한 소비지출은 사회적인 차원에서의 심각한 문제라고 할 수 있다.

#### ④ 사회적 책임의식과 생태계에 대한 책임감의 문제

소비사회가 초래한 위기가 인류의 미래까지도 위협하고 있다는 사실은 인류의 지속가능한 존립을 위해 자구책을 마련해야만 한다는 위기의식을 고조시켰으며, 세계 각국은 소비사회 위기 극복을 위한 해결방안 모색에 나서지 않으면 안 되게 되었다. 이미 1970년대부터 유럽 등 선진국들은 사회병리 현상과 생태계 위기를 초래하는 소비사회의 생활양식에 문제를 제기하고 생활양식의 개혁과 변화를 모색하기 시작했다. 그러나 우리나라에서는 소비자들이 그러한 문제의 심각성을 별로 인식하지 않은 채 소득증가에서 오는 소비증가를 즐기고 있으며 이에 따라 환경 파괴형 소비, 에너지 다소비형 소비가 증가했다.

## ♠ 참고문헌


강명구(1993). 소비대중문화와 포스트모더니즘. 서울: 민음사.

김미선(1996). 물질주의 성향과 충동구매 행동에 관한 연구. 서울대학교 대학원 석사학위 논문.

김영신·서정희·송인숙·이은희·제미경(2004). 소비자와 시장 환경. 시그마프레스.

김종구·박성용(1997). 소비문화에 관한 연구. 한국소비자보호원.

백경미(1995). 도시주부의 과시소비 성향과 영향요인. 서울대학교 대학원 박사학위 논문.

백경미(1998). 현대소비문화와 한국소비문화에 관한 고찰. 소비자학연구 9(1), 17-32.

마티아스 호르크스 지음, 이온화 역(2004). 미래 진화의 코드를 읽어라. 넥서스.

서정희(2000). 여고생의 소비문화활동 참여유형과 소비주의 성향. 소비문화연구, 3(1), 99-119.

서정희(2005). 소비트렌드 예측의 이론과 방법. 내하출판사.

손상희(1997). 소비사회와 청소년 소비문화. 한국가정관리학회지, 15(4), 341-353.

송인숙(1993). 소비자의 구매중독 성향 및 영향요인. 서울대학교 대학원 박사학위 논문.

문숙재·여윤경(2001). 소비자트렌드 21세기. 시그마프레스.

성영신(1994). 한국인의 그릇된 물질주의와 과소비 유형. 한국 심리학회 발표 논문.

성영신·김철민·서정희·박종구·박은아(1994). 논어와 맹자에 나타난 물질관과 소비행동. 소비자학 연구, 5(1), 99-114.

유두련(1991). 가정생활환경의 변화와 소비자문제, 소비자학연구, 2(2): 41-53.

윤사순(1984). 한국인의 전통적 윤리관. 정신문화, 가을호, 한국정신문화연구원, 3-11.

이상률 역(1996). 소비의 사회. 문예출판사.

이신모(2002). 유통경영. 두양사.

이영자(1996). 소비사회와 여성문화-생활문화에 대한 여성학적 고찰, 105-147. 한국여성학회 제12차 춘계학술 발표대회, 105-148.

이승신·김시월(2004). 소비자 그리고 소비문화. 신정출판사.

임성희(1994). 90년대 새로운 소비주의문화의 성격 : 홍대 앞 문화 사례분석. 서울대학교 석사학위논문.

Baudrillard, J.(1970). La Societe de Consumation ses Mythese ses Structures. 이상률 역(1991), 소비의 사회 : 그 신화와 구조. 서울: 문예출판사.

Belk, R. W.(1984). "Three Scales to Measure Constructs Related to Materialism:

Reliability, Validity, and Relationships to Measures of Happiness". Advances in Consumer Research 11, 291-297.

Belk, R. W.(1985). Materialism: Trait  Aspects of Living in the Material World. Journal of Consumer Research 12, 265-280.

Bellenger, D., Robertson, D. & Hirshman, E.(1978). Impulse Buying Varies by Product. Journal of Advertising Research 18(December), 15-18.

Cobb, C. J. & Hoyer, W. D.(1986). Planned versus Impulse Purchase Behavior. Journal of Retailnig 62(4), 384-409.

D'Antony, Jr. J. S. & H. L. Shenson(1973). Impulse Buying Revisited: A Behavioral Typology, Journal of Retailing 49, 63-76.

Engel, J., Kollat, D. & Blackwell(1978). Consumer Behavior, Chicago, Dryden Press.

Faber, R. J. & T. C. O'Guinn(1989). "Classifying Compulsive Consumers: Advances in the Development of Diagnostic Tool". Advances in Consumer Research 16, 738-744.

Faber, R. J., T. C. O'Guinn & R. Kruch(1987). Compulsive Consumption. Advances in Consumer Research 14, 132-135.

Featherstone, M.(1991a). Consumer Culture & Postmodernism. London: Sage Publications.

Featherstone, M.(1991b). The Body in Consumer Culture, In Featherstone, M., Hepworth, M., & Turner, B.S.(eds.) The Body: Social Process and Cultural Theory. 김성호 역(1993). 소비문화 속의 육체. 문화과학 4, 35-63.

McCade, D.(1990). 약속된 낙원: 광고, 포스트모던 리얼리즘, 소비문화. 외국문학, 24, 78-91.

Lury, C.(1996). Consumer Culture. Polity Press.

McCracken, G.(1986). Culture and Consumption-a Theoretical Account of the Structure and Movement of the Cultural Meaning of Consumer Goods. Journal of Consumer Research 13, 71-84.

McCracken, G.(1988). Culture and Consumption-New Approaches to the Symbolic Character of Consumer Goods and Activities. Bloomington and Indianapolis: Indiana University Press.

Piron, F.(1991). Defining Impulsive Purchasers. Advances in Consumer Research 18, 509-514.

Richins M. L. & Dawson, S.(1992). A Consumer Values Orientation for Materialism and Its Measurement: Scale Development and Validation. Journal of Consumer Research 19(December), 303-315.

Rokeach, M.(1979). "Understanding human values: Individual and societal." New York: The Free Press.

Stern, H.(1962). The Significance of Impulse Buying Today. Journal of Marketing, 26(April), 59-62.

Veblen, T.(1934). The Theory of the Leisure Class. Modern Library Inc., 정수용 역(1978). 유한계급론. 서울: 광민사.

# 제 2 부

## 소비생활 분야별 소비자트렌드

# 제 3 장

# 의식주생활 분야의 트렌드

집에서 또는 밖에서 먹을 식품을 구매할 때 어떤 것을 가장 먼저 고려하게 되는지 생각해보라. 영양인가? 맛인가? 가격인가? 아니면 안전성인가? 적어도 생존을 위해 필요한 칼로리의 섭취가 제일 목적은 아닐 것이다. 현대사회 대부분의 사람들에게 칼로리는 부족한 것이 아니라 오히려 과잉상태이다. 오늘날의 소비자는 생존을 위해 먹기보다는 분위기를 즐기고 사람들과의 관계를 유지하기 위해 먹는다고 해도 과언이 아니다. 옷을 입는 목적도 주택을 소비하는 목적도 위생과 난방, 안전을 위해서라기보다 개성을 표현하고 자아만족을 추구하기 위한 것이 크다.

이 장에서는 먼저 의식주 분야에서의 소비자트렌드를 알아본다. 이 분야는 전통적으로 필수재적 요소가 강한 소비재로 간주되어 왔으나 대부분 소비자의 생활이 일정 수준에 도달한 지금, 오히려 필수재적 요소가 강했던 이들 분야에서 선택적 소비가 늘어나고 있는 것을 보게 될 것이다. 사실 오늘날 생물학적 생존을 위한 것을 필수재로, 그 이상의 것을 성취하기 위한 것을 선택재로 보는 식의 이분법은 더 이상 적절하지 않다. 소비자들마다 스스로 생활에 꼭 필요하다고 생각하는 소비품목과 소비수준과 소비욕구가 서로 다르기 때문이다.

소비동향 또는 소비자트렌드를 파악하기 위해서는 우선 소비자가 각 품목에 실제로 얼마만큼의 지출을 하고 있는지를 파악해야 한다. 이러한 소비패턴에 대한 자료는 소비자들의 소득과 물가 그리고 소비자 선호를 반영하기 때문이다. 통계청의 도시가계연보 자료에 따르면 우리나라 도시가계의 소비품목별 소비동향은 그림 3-1과 같다. 전체적으로 전 품목에 걸쳐 명목상의 지출은 증가했으나 그 증가비율은 품목별로 다양하게 나타나는 것을 알 수 있다.

우리나라 도시가계의 전체 소비지출액 중 가장 지출 비중이 높은 품목은 식료품비인데 총 소비지출액 중 식료품비가 차지하는 비율(소위 엥겔계수)은 1970년 46.6%에서 2004년에는 27%로 감소했다. 피복 및 신발비도 전반적으로 그 비율이 감소하고 있다. 반면 주거비와 광열 수도비, 가구집기 및 가사용품에 대한 지출의 비중은 1990년까지 증가하다가 그 이후 다시 감소하는 추세를 보인다. 지난 30여 년간 지출비중이 지속적으로 증가하고 있는 품목은 교육비와 교양오락비, 교통통신비 그리고 기타 소비지출이다. 특히 교통통신비는 1970년 그 비율이 5.5%에 불과했으나 2004년 17.2%로 3배 이상 증가했다.

2004년의 자료를 보면 식료품비의 비중이 많이 줄어들었으나 아직도 총 소비지출액 중 지출비중이 가장 높은 품목은 식료품비임을 알 수 있다. 그 다음으로 비중이 높은 품목은 기타 소비지출과 교통통신비로 각각 17.32%와 17.19%를 차지했다. 교육비가 11.68%로 그 뒤를 잇고 있으며 나머지 품목에 대한 지출비중은 6% 이하로 나타났다.

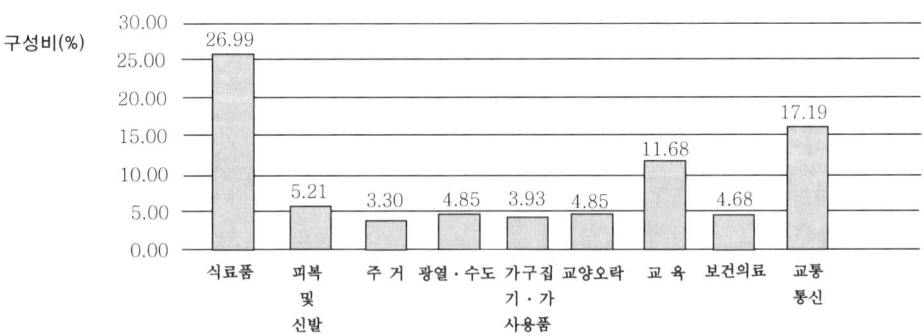


그림 3-1 2004년 9대 비목별 소비지출

자료 : 통계청

표 3-1 도시가계의 소비지출 동향 (단위 : 원, 괄호 안은 %)

| 구분 | 1970년 | 1980년 | 1990년 | 2000년 | 2004년 |
|---|---|---|---|---|---|
| 소득 | 28,180 | 234,086 | 943,272 | 2,386,947 | 3,113,362 |
| 소비지출 | 25,990(100) | 179,274(100) | 685,662(100) | 1,632,298(100) | 2,018,211(100) |
| 식료품비 | 12,120(46.6) | 77,498(43.2) | 220,834(32.2) | 447,018(27.4) | 544,775(27.0) |
| 주거비 | 580(2.2) | 8,155(4.5) | 31,943(4.7) | 57,026(3.5) | 66,631(3.3) |
| 광열 수도비 | 1,820(7.0) | 13,939(7.8) | 30,813(4.5) | 86,762(5.3) | 97,937(4.9) |
| 가구집기 가사용품 | 800(3.1) | 7,786(4.3) | 38,276(5.6) | 59,539(3.6) | 79,384(3.9) |
| 피복 신발비 | 3,010(11.6) | 17,595(9.8) | 56,009(8.2) | 91,785(5.6) | 105,079(5.2) |
| 보건의료비 | 920(3.5) | 11,217(6.3) | 34,629(5.1) | 70606(4.3) | 94,494(4.7) |
| 교육비 | 1,980(7.6) | 11,274(6.3) | 57,641(8.4) | 182,370(11.2) | 235,813(11.7) |
| 교양오락비 | 550(2.1) | 3,285(1.8) | 32,201(4.7) | 84,481(5.2) | 97,981(4.9) |
| 교통통신비 | 1,440(5.5) | 10,419(5.8) | 58,400(8.5) | 261,442(16.0) | 346,974(17.2) |
| 기타 소비지출 | 2,770(10.7) | 18,106(10.1) | 124,918(18.2) | 291,272(17.8) | 349,143(17.3) |

자료 : 통계청, 도시가계연보

# 1. 식생활 분야 트렌드

식생활은 어느 사회에서든 가장 기본적이고 필수적인 삶의 요소로 간주되는 분야이다. 그런데 경제상황과 가치관의 변화에 따라 식생활 영역에서도 많은 변화가 발생하고 있다. 오늘날 음식 섭취는 생존을 위해 필요한 것만은 아니며 음식에 대한 기호와 취향도 사람마다 매우 다양하다. 식생활 변화에는 특히 핵가족화와 여성취업의 증가, 독신가구의 증가 등 가족구성상의 변화와 농수산물시장 개방과 식품가공 테크놀로지의 발달 등 시장변화의 영향이 크다.

## 1) 식생활 분야 소비지출 패턴

우리나라 가계의 식료품비에 대한 지출비중은 지속적으로 감소하고 있다. 그 이유는 전반적인 가계 소득 및 소비지출 증가율이 필수품적 요소가 강한 식료품비의 증가율보다 컸기 때문이다. 물가지수 동향을 보면 식료품의 가격이 식료품 외

표 3-2 식료품비 물가동향 (2000년 기준, 2000년=100)

| 구 분 | 1975년 | 2004년 |
|---|---|---|
| 식료품비 물가지수 | 13.9 | 119.5 |
| 식료품비 외 물가지수 | 15.6 | 112.9 |
| 소비자 물가지수 | 15.0 | 114.0 |

자료 : 통계청

의 품목가격보다 더 많이 올랐음에도 불구하고 식료품비에 대한 지출비중은 낮아지고 있는 것으로 나타난다.

식료품비의 세부 항목별로 보면 주식인 곡류 및 식빵의 소비는 감소하고 대신

표 3-3 식료품에 대한 소비지출 동향

| 구 분 | 1970년 | | 1980년 | | 1990년 | | 2000년 | | 2004년 | |
|---|---|---|---|---|---|---|---|---|---|---|
| | 지출액 (원) | 구성비 (%) | 지출액 (원) | 구성비 (%) | 지출액 (원) | 구성비 (%) | 지출액 (원) | 구성비 (%) | 지출액 (원) | 구성비 (%) |
| 식료품 | 12,120 | 100.00 | 77,498 | 100.00 | 220,834 | 100.00 | 447,018 | 100.00 | 544,775 | 100.00 |
| 곡류 및 식빵 | 5,200 | 42.90 | 26,289 | 33.92 | 44,862 | 20.31 | 56,704 | 12.68 | 48,319 | 8.87 |
| 육류 | 2,130 | 17.57 | 13,423 | 17.32 | 26,197 | 11.86 | 44,959 | 10.06 | 39,720 | 7.29 |
| 낙농품 | 360 | 2.97 | 3,738 | 4.82 | 12,095 | 5.48 | 19,340 | 4.33 | 21,073 | 3.87 |
| 어개류 | - | - | - | - | 21,080 | 9.55 | 32,075 | 7.18 | 32,676 | 6.00 |
| 채소 해조류 | 1,840 | 15.18 | 9,910 | 12.79 | 24,800 | 11.23 | 35,642 | 7.97 | 40,715 | 7.47 |
| 과실류 | 410 | 3.38 | 4,219 | 5.44 | 15,633 | 7.08 | 27,293 | 6.11 | 32,869 | 6.03 |
| 유지 및 조미료 | 950 | 7.84 | 6,837 | 8.82 | 11,748 | 5.32 | 15,107 | 3.38 | 18,188 | 3.34 |
| 빵 및 과자류 | 380 | 3.14 | 4,739 | 6.11 | 8,739 | 3.96 | 17,269 | 3.86 | 23,155 | 4.25 |
| 차, 음료 및 주류 | 170 | 1.40 | 2,609 | 3.37 | 8,195 | 3.71 | 16,436 | 3.68 | 23,013 | 4.22 |
| 기타 식료품 | 450 | 3.71 | 2,863 | 3.69 | 2,641 | 1.20 | 6,204 | 1.39 | 11,166 | 2.05 |
| 외식 | 230 | 1.90 | 2,871 | 3.70 | 44,844 | 20.31 | 175,990 | 39.37 | 253,882 | 46.60 |

자료 : 통계청, 도시가계연보

육류와 낙농품, 과실류 등의 소비가 많이 증가했다. 특히 외식의 비율이 전체 소비지출액의 거의 절반을 차지할 정도로 증가했다. 차와 음료 및 주류, 과실류에 대한 지출도 그 비중은 적으나 꾸준히 증가하고 있다. 곡류와 채소 위주의 식생활이 단백질 섭취원인 육류와 낙농품, 과실 등을 고루 소비하는 방향으로 바뀌고, 외식이 늘어나는 현상은 우리나라 소비자의 식생활이 전체적으로 생존을 위한, 즉 필수적 니즈를 충족시키기 위한 것에서 맛이나 분위기 등 선택적 니즈를 충족시키기 위한 것으로 전환되고 있음을 보여준다.

## 2) 식생활 트렌드 사례 연구

지난 몇 십년간 우리나라 소비자의 식생활에 있어서의 가장 큰 변화는 식생활의 질적 측면에 대한 강조와 외식의 보편화라고 할 수 있다. 음식은 이제 단지 생존을 위한 영양섭취의 수단만이 아니며 타인과 관계를 맺고 삶의 재미를 누리게 하며 다양한 문화를 향유하게 하는 도구이다. 이러한 현상은 시장상황의 변화 및 가족구성의 변화와 밀접한 관계가 있으며 앞으로 더욱 다양한 형태로 나타날 것으로 전망되고 있다.

### (1) 외식의 보편화

외식을 글자대로 풀이하면 '집 밖의 식사'가 된다. 그렇다면 도시락을 싸 가지고 공원에 가서 먹는 경우와 중국집에서 자장면을 배달시켜 집에서 먹는 경우 어느 것이 외식에 해당할까? 후자가 우리가 생각하는 외식의 범주에 가깝다. 다시 말해 외식의 기준은 음식을 '먹는 장소'가 아니라 음식이 '만들어진 장소'인 것이다.

우리나라의 외식의 기원은 조선시대 과거를 보러 집을 떠난 사람들이 주막에서 식사를 사 먹던 것까지 거슬러 올라간다(한국역사연구회, 2002). 미숫가루나 보관이 용이한 마른 음식을 휴대하지 않는 한, 민가에서 밥을 얻어먹거나 주막에서 밥을 사먹을 수밖에 없었다. 조선시대 후기에 오면 장시가 발달하면서 장날을 찾아 떠도는 상인들을 위해 주식과 부식이 혼합된 장국밥이나 비빔밥 등이 개발되었다. 개화기 이후 일제시기를 거치면서 다양한 외국음식이 들어오고 밀실정치의 요람이었던 요릿집이 등장했으며, 도시로 유입된 농촌출신 빈민들이 애용하였던 설렁탕 등이 외식의 주 메뉴가 되었다.

트렌드 메모 3-1

## 최근의 식생활 행동

대학생의 외식행동을 연구한 정은정·김정숙(2001)에 따르면 외식의 목적은 외식을 어느 시간대에 하느냐에 따라 다르다. 아침과 점심에 하는 외식은 주로 시간절약과 영양보충을 하는 것이 목적이지만 저녁에 하는 외식은 친목도모가 주목적인 경우가 많다.

**대학생의 외식행동 목적**

(단위 : %)

| 구 분 | 친목도모 | 맛을 즐김 | 시간절약 | 영양보충 | 기 타 |
|---|---|---|---|---|---|
| 아 침 | 17.2 | 7.1 | 27.4 | 37.8 | 10.5 |
| 점 심 | 21.6 | 16.6 | 20.7 | 34.5 | 6.7 |
| 저 녁 | 65.0 | 19.1 | 3.8 | 13.8 | 3.1 |

또한 서울시내 고등학생의 식행동과 패스트푸드 소비실태를 조사한 정진희·김선희(2001)는 청소년들의 식행동이 규칙적이지 않으며 응답자의 1/3 이상이 일주일에 3회 이상 아침을 거르고 있다고 발표했다. 식사를 거르는 이유는 시간이 없어서라는 응답이 가장 많았고 그 다음은 귀찮아서, 식욕이 없어서 순으로 나타났다.

**고등학생들의 식생활 행동**

| 식생활 행동 | | | 남학생(%) | 여학생(%) |
|---|---|---|---|---|
| 식사의 규칙성 | | 항상 규칙적이다 | 30.8 | 31.3 |
| | | 가끔 그렇다 | 49.6 | 38.6 |
| | | 규칙적이지 않다 | 19.6 | 30.1 |
| 끼니를 거르는 빈도 | 아 침 | 전혀 없음 | 38.0 | 25.3 |
| | | 1~2회 | 25.0 | 28.4 |
| | | 3회 이상 | 37.0 | 46.3 |
| | 점 심 | 전혀 없음 | 71.7 | 78.8 |
| | | 1~2회 | 23.2 | 17.9 |
| | | 3회 이상 | 5.1 | 3.3 |
| | 저 녁 | 전혀 없음 | 57.4 | 44.3 |
| | | 1~2회 | 35.6 | 40.5 |
| | | 3회 이상 | 7.0 | 15.2 |
| 식사를 거르는 이유 | | 시간이 없어서 | 51.5 | 50.7 |
| | | 식욕이 없어서 | 11.1 | 12.9 |
| | | 귀찮아서 | 19.2 | 13.7 |
| | | 기타 | 18.1 | 23.2 |

그러나 우리 외식사에서 남녀노소를 막론하고 오랫동안 사랑받은 품목은 자장면이다. 해방 이후 한국에 거주하던 화교들이 무역을 하기 힘들게 되면서 호구책으로 한국화한 자장면을 판매하기 시작하였다. 자장면은 새로운 별식이었던 데다가 마침 값싸게 공급된 밀가루와 음식배달이라는 유통 시스템의 구축 덕분에 우리 외식사에 한 획을 그을 정도로 대중화된 품목으로 자리 잡았다.

1980년대 이후에는 소득증가와 서구문물 유입의 영향으로 서구식(양식) 음식의 도입이 가속화되었다. 중국요리는 저렴한 대중음식으로 물러나고 패밀리 레스토랑과 패스트푸드가 새로운 외식산업의 대표주자로 자리 잡았다. 86년 아시안 게임과 88년 올림픽을 계기로 서구식 외식산업은 더욱 활성화되고 아울러 그동안 주목받지 못했던 일식이 고급음식으로 부상하였다. 최근에는 한식과 양식, 일식, 중식의 맛과 분위기를 혼합한 퓨전음식이 유행하고 있으며 한편으로는 각 지역에서 유명한 음식들을 중심으로 한식의 상품화가 활발하게 진행되고 있다.

### (2) 간편 배달음식과 조리음식의 증가

먹는 일은 오랫동안 사람들에게 큰 즐거움이었다. 그러나 요즘 소비자들은 너무 바쁘다. 경제가 발달하고 전화, 고속철도, 이메일, 다양한 가전제품 등 시간을 줄이기 위한 여러 도구들이 개발되었음에도 불구하고 오늘날 사람들은 전보다 더욱 바쁘고 시간은 더욱 부족하다. 사람들은 무엇인가를 줄여야만 한다. 커트 새먼 어소시에이츠(정준희 역, 2001, p.15)에 의하면 사람들은 점점 휴가와 운동, 독

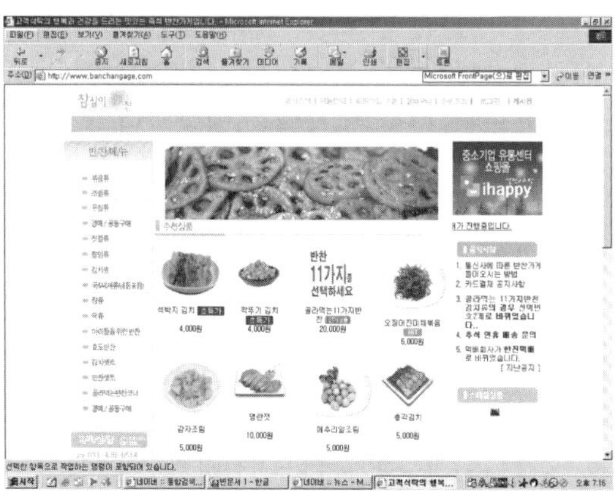

그림 3-2 **인터넷 반찬가게**
자료 : http://www.banchangage.com

표 3-4 미국 패스트푸드 체인점의 주문처리시간(1999년)

| 체인명 | 웬디스 | 맥도널드 | 체커스 | 버거킹 | 롱 존 실버스 |
|---|---|---|---|---|---|
| 소요시간 | 2분 30초 | 2분 47초 | 2분 49초 | 2분 51초 | 2분 52초 |

서와 쇼핑시간을 줄이고 있고 선택권이 주어진다면 많은 돈보다는 많은 여유시간을 택하기를 원한다고 한다.

오늘날 사람들이 외식하는 이유의 대부분은 시간을 절약하기 위한 것이다. 특히 독신자와 맞벌이 부부가 그렇다. 음식산업은 소비자의 시간절약을 위해 패스트푸드를 개발하고 차를 탄 채로 음식을 살 수 있는 드라이브 인(drive-in) 쇼핑 체제를 도입했으며 조리된 다양한 식품을 집으로 직접 배달까지 해 준다. 배달이 가능한 식품에는 피자나 자장면뿐만 아니라 각종 찌개와 밑반찬, 생맥주, 모임을 위한 단체요리, 간편 도시락 등 거의 모든 음식류가 포함된다.

또한 집이나 직장에서 간편하게 먹을 수 있는 간편식, 즉 가공식품과 냉동식품, 대체식품 등도 일상화되고 있다. 대표적인 간편식인 라면의 진화는 놀라울 정도이며 즉석 분식류, 레토르트 식품류, 시리얼류, 빵류에 대한 수요도 증가하고 있다. 고추장이나 된장, 김치 등 국내 전통식품도 이미 가공상품화 되어 널리 팔리고 있다.

### (3) 미식 추구형 식문화

요즘 음식과 관련된 트렌드의 대표적인 것 중의 하나는 미식문화 또는 식도락 문화이다. 미식이나 식도락은 다양한 먹을거리, 먹을거리 중에서도 맛이 좋은 음식, 분위기가 좋은 음식점 또는 새로운 음식을 찾아다니면서 즐거움을 찾는 것을 말한다. 지난 몇 년 동안 맛있는 음식 또는 맛있는 음식점에 대해 쓴 책이 수십 권에 이를 정도로 소비자들의 맛과 분위기에 대한 갈망은 뜨겁다. 대도시 주변의 음식점 밀집지역에는 TV 방송이나 신문사에서 선정한 맛있는 집이 도처에 널려 있다.

미식 경향이 증가하고 있다는 것은 음식의 영양과 가격에 구애받지 않고 맛과 분위기, 향기, 서비스 등을 소비하고자 하는 소비자들이 늘고 있는 것을 의미한다. 그 이유는 첫째, 대부분의 소비자들에게 영양 결핍이 아닌 영양의 과잉섭취가

트렌드 메모 3-2

### 우리나라 소비자의 식생활 유형

한국방송광고공사에서 1996년에 전국의 15세 이상 남여 8,145명을 대상으로 조사한 바에 의하면 우리나라 소비자의 식생활 스타일은 다음과 같은 5가지 유형으로 나뉜다. 우선 식생활 전반에 걸쳐 관심이 많고 기호식품으로 주류를 즐기는 주류기호형이 11.5%이고, 건강이나 영양보다 맛이나 분위기를 즐기며 외식비를 아끼지 않는 식도락형이 22.9%, 맛보다는 건강과 영양을 중시하는 건강우선형이 31.2%, 맛과 영양에 큰 관심이 없고 생존을 위해 음식 자체를 섭취하는 전통소박형이 20.3% 그리고 맛과 영양에 전혀 관심이 없고 주류만을 과잉 소비하는 섭생무시형이 14.1%이다.

연령대별로는 젊을수록 식도락형이 많았던 반면 전통소박형과 건강우선형은 적었다. 섭생무시형의 비율은 모든 연령 대에서 거의 비슷했다. 성별로 비교하면 여성의 경우 식도락형, 건강우선형이 남성보다 많은 것으로 나타났다.

자료 : 전국소비자의식조사, 한국방송광고공사, 1997

문제가 되고 있기 때문이고, 둘째, 생활의 다른 분야에서와 마찬가지로 소비자들이 기본적인 욕망보다는 선택적 욕구를 충족시키고자 하는 동기가 강해졌기 때문이다. 소비자들은 음식과 함께 분위기, 서비스 그리고 사회관계적 욕구를 충족시킨다. 예를 들어, 외식의 목적은 생존을 위해 음식을 섭취하기 위한 것이 아니라 사람들을 만나고 휴식을 즐기고 타인으로부터 대접을 받기 위해서인 경우가 많다.

이로 인해 5,000원짜리 김치찌개를 먹고 후식으로 더 비싼 커피를 마시는 경우가 생기게 된다. 소비자가 사는 것은 단백질이나 비타민이 아닌 이미지이다. 가령 스타벅스는 커피를 팔면서 세련됨과 우아함의 이미지를 함께 판다. 또한 전원 레스토랑은 여유와 한적함과 자유로움의 이미지를, 스페셜 전문 레스토랑은 개성과 자유로움, 생동감을 파는 것이다.

### (4) 건강지향형 식생활

최근 몇 년간 불고 있는 웰빙 트렌드의 영향은 건강과 가장 밀접하게 관련이 있는 식생활 분야에서 가장 강하게 나타난다. 그러나 사실 식생활 분야에서의 건강지향성은 예전부터 지금까지 모든 사람들에게 거의 공통적으로 나타났던 현상이다. 다만 예전에 경제가 어려울 때는 단백질과 지방섭취를 위한 육류소비와 지방소비가 건강유지를 위한 선결과제였다면 지금은 비만과 성인병 예방을 위해 육류나 지방소비의 자제를 우선시하는 쪽으로 방향이 바뀐 것에 불과하다.

그림 3-3 인터넷 맛집 가이드

오늘날 대부분의 소비자들은 필요한 것보다 더 많은 열량을 섭취하고 있다. 반면 운동량은 적고 스트레스는 많아져 비만과 고혈압, 당뇨 등의 성인병이 증가하였다. 농산물 재배와 보관, 유통을 위해 투여되는 각종 농약은 암 등의 질병을 유발하는 것으로 알려져 있다. 이런 상황에서 살찐 소비자들이 고열량을 공급해주는 식품보다 안전하고 신선한 먹거리를 선호하는 것은 당연하다.

웰빙의 영향은 안전한 먹거리 외에 기능성 먹거리에 대한 수요도 증가시키고 있다. 피곤함을 없애주는 비타민이나 소화기능을 개선시키는 식물 등 특정 증상이나 질병에 좋은 것으로 알려진 음식에 더해 피부미용 등 화장품의 기능을 가진 음식, 심지어 스트레스를 조절해주는 음식까지도 등장하고 있다. 이러한 음식에는 식사용 먹거리뿐만 아니라 과일, 차, 주류까지 포함된다. 예를 들어 음료의 경우만 해도 전통적인 청량음료 외에 녹차 음료, 비타민 음료, 콜라겐 음료, 지방분해 음료, 아미노산 음료, 이온 음료, 식이섬유 음료 등 각종 기능성 음료가 대중화되고 있다.

### (5) 퓨전음식의 등장

퓨전(fusion)이란 라틴어의 '섞다(fuse)'에서 온 단어로 여러 이질적인 요소가 녹아 섞여 새로운 성질의 개체가 만들어지는 현상을 말한다. 퓨전은 음악이나 의상 등 문화 전반에 걸쳐 여러 장르에서 나타나고 있는 혼성적 결합현상이다. 그러므로 퓨전음식이란 여러 사회의 특징적인 음식을 결합하여 새로운 특성을 가진 요리로 만들어 낸 것을 말한다. 역사적으로 전쟁을 통해서든 무역을 통해서든 서로 다른 나라의 문화가 만날 때마다 새로운 형태의 요리 방식이 생겨났다. 그러나 퓨전요리라는 이름이 본격적으로 추구되고 대중들에게 알려지기 시작한 것은 최근의 일이다.

퓨전요리는 다양한 문화가 모여 있는 미국에서 먼저 널리 보급되기 시작한 것으로 알려져 있다. 사람들이 이국적인 취향의 문화를 선호하면서 창의적인 요리사들이 여러 나라 음식의 특징을 섞어 새롭고 흥미로운 맛으로 창조해낸 것이다. 가령 한식과 양식, 일식, 중식, 분식 등 다양한 형태의 음식이 둘씩 또는 그 이상씩 결합될 수 있다. 퓨전음식은 소비자의 취향과 문화를 이해하지 못하면 자칫 국적 없는 저급요리로 전락할 수도 있으나 고객지향적인 사고와 세계화 트렌드를 잘 결합하면 대중적인 스타일에서부터 최고급 레스토랑에 이르기까지 다양한 형태로 발전될 수 있는 가능성을 가지고 있다.

## 2. 의생활 분야 트렌드

### 1) 의생활 분야 소비지출 패턴

의생활을 위한 소비지출의 비율은 지난 30여 년간 지속적으로 감소했다. 2004년 총 소비지출액 중 의복 및 신발을 위해 지출된 비율은 5.21%에 불과하다. 이는 전반적인 소득과 소비지출 수준의 증가에도 원인이 있지만 난방시설의 발전으로 보온을 위한 의류 및 신발, 즉 외의와 내복 등의 수요가 감소하고, 의류산업의 생산성 증가로 의복비용이 낮아진 데서도 그 원인을 찾을 수 있다. 반면 세탁이나 수선 등 피복 및 신발관련 서비스에 대한 지출비율은 늘고 있다. 의복환경의 변화는 소비자의 의복 구매기준을 과거 의복의 고유요인(보온, 흡습, 위생적 요인 등)과 관련된 1차적 품질을 중시하던 데서 2차적 품질(디자인, 색상, 편의성 등)을 중요시하는 쪽으로 바꾸고 있다.

### 2) 의생활 트렌드 사례 연구

의생활은 트렌드가 가장 분명하게 나타나고 또 쉽게 변화하는 분야이다. 의생활에서의 트렌드는 흔히 유행과 혼동하기 쉽지만 트렌드는 유행의 기저에 있는 비교적 연속적인 가치나 문화의 추세를 말한다. 의생활은 사람의 최근접 환경으로 그 사람의 지위나 계급을 나타내기도 하고 나아가 개인적 가치나 선호, 욕구를 가장 먼저 반영하는 분야라 할 수 있다.

표 3-5 의복과 신발에 대한 소비지출 동향

| 구 분 | 1970년 | | 1980년 | | 1990년 | | 2000년 | | 2004년 | |
|---|---|---|---|---|---|---|---|---|---|---|
| | 지출액 (원) | 구성비 (%) | 지출액 (원) | 구성비 (%) | 지출액 (원) | 구성비 (%) | 지출액 (원) | 구성비 (%) | 지출액 (원) | 구성비 (%) |
| 피복 및 신발 | 3,010 | 100.00 | 17,595 | 100.00 | 56,009 | 100.00 | 91,785 | 100.00 | 105,079 | 100.00 |
| 외 의 | 1,960 | 65.12 | 11,854 | 67.37 | 32,471 | 57.97 | 52,708 | 57.43 | 61,815 | 58.83 |
| 스웨터 및 셔츠 | - | - | - | - | 7,319 | 13.07 | 14,407 | 15.70 | 15,031 | 14.30 |
| 내 의 | - | - | - | - | 3,398 | 6.07 | 5,566 | 6.06 | 6,232 | 5.93 |
| 직물 및 실류 | - | - | 1,085 | 6.17 | 952 | 1.70 | 524 | 0.57 | 258 | 0.25 |
| 기타 피복 | 1,050 | 34.88 | 2,248 | 12.78 | 2,540 | 4.53 | 4,160 | 4.53 | 4,441 | 4.23 |
| 신 발 | - | - | 2,408 | 13.69 | 7,501 | 13.39 | 11,423 | 12.45 | 13,585 | 12.93 |
| 피복 및 신발서비스 | - | - | - | - | 1,828 | 3.26 | 2,997 | 3.27 | 3,716 | 3.54 |

자료 : 통계청, 도시가계연보

### (1) 의생활 분야의 변화

근대 이전의 옛날 사람들에게 의복은 개인의 지위나 계급 또는 신분을 나타내는 하나의 상징이었다. 지배층의 의복이 신분과 위엄을 나타내는 방향으로 발달한 반면 피지배층의 의복은 노동할 때 편의성을 극대화하는 방향으로 발달했다(한국역사연구회, 2002).

우리나라의 경우 최초로 양복을 착용한 사람들은 1876년 이후 개화기에 나타난 개화파였는데 이들이 착용한 양복은 패션을 위한 것이라기보다 그들의 개화의지와 근대화에 대한 열망을 표출하는 수단이었다. 이후 일제시대를 거치면서 우리나라 한복은 노동할 때 입기 편리한 방향으로 변용되었고, 양복착용이 크게 증가하였다. 해방 이후에는 구호물자로 만들어진 옷이 등장하였고, 1960년대 이후 의복간소화 추진운동으로 인해 작업복 스타일의 재건복과 신생활복이 보급되었다.

의복이 본격적인 패션으로 자리 잡게 된 것은 1970년대에 들어서이다. 의류생산을 위한 기술이 발전하고 설비의 근대화가 이루어지면서 의복은 신체보호나 위생유지를 위한 기능과 신분을 나타내는 상징으로서의 기능 외에 자신의 미와 개성을 표출하는 기능을 갖게 되었다. 오늘날 소비자들이 의복에서 기대하는 가장 중요한 기능은 패션성이라고 해도 과언이 아니다. 의복은 점점 연령이나 성별, 직업 등과 무관하게 스타일과 소재 그리고 착용방법에서 다양화되고 있다.

### (2) 옷으로 나를 표현

의식주 소비의 많은 부분은 필수품으로 고려되고 있지만 실제로 의류구매의 경우 대부분의 소비는 생리적 필요에 의해서라기보다 패션에 대한 욕구 때문에 발생한다. 그런 점에서 오늘날 옷은 더 이상 필수품이라고 보기 어렵다. 대부분의 사람들에게 옷은 가장 가짓수가 많은 소유물이다. 옷장 속에는 옷이 가득 차 있다. 그럼에도 불구하고 사람들은 끊임없이 옷을 산다. 댄자이거(Danziger, 2004)의 조사에 의하면 미국 소비자 중 꼭 필요하지 않은 여성의류를 1년에 한 번이라도 산 사람은 응답자의 65%, 패션 액세서리는 63%, 남성의류는 55%, 보석과 시계는 46%, 유아복과 아동복은 36%이다.

의복은 자아를 표현하고 나의 이미지를 완성시켜주는 고급 소비재이다. 옷은 사람들의 삶을 즐겁고 흥미롭게 만든다. 옷을 잘 입는 것은 많은 사람들에게 놀이이며 오락이자 기쁨이다. TV에서는 옷에 대한 욕구는 있어도 돈이 없거나 센스가 없어 옷을 잘 입지 못하는 사람들을 구제해 주는 쇼도 등장하였다. 가령 BBC의 리얼리티쇼 '이렇게 입지 마라(What not to wear)'에서는 두 명의 스타일 전문가를 초빙하여 친구들이 지목한 패션문제아를 개조시킨다. 이들은 패션뿐만 아니라 헤어스타일, 메이크업 등 모든 분야를 스타일리스트에게 지원받는다. 스타일리스트들은 우선 옷장 속의 옷 90% 이상을 형편없는 스타일로 분류하여 내버리게 하고, 스타일 원칙을 교육시킨 후 참가자에게 신용카드를 주어 원하는 옷을 사게 한다. 첫날에는 참가자 스스로 5,000달러 정도의 옷을 산다. 그리고 다음날 전문 스타일리스트가 출연하여 원래의 습관을 고수하려는 이들을 인도하고 구제한다. 사람들은 옷을 잘 입고 자신의 스타일을 완성하는 과정을 보면서 즐거움과 대리만족을 느낀다.

트렌드 메모 3-3

### 우리나라 소비자의 의생활 유형

한국방송광고공사에서 1996년에 전국의 15세 이상 남여 8,145명을 대상으로 조사한 바에 의하면 우리나라 소비자의 의생활 스타일은 다음과 같은 5가지 유형으로 나뉜다. 가장 높은 비율을 차지하는 것은 실질중시형으로 전체의 23.6%가 이에 해당된다. 이들은 의복에 관심이 많으나 외관보다는 실용성과 편안함, 내구성을 강조한다. 두 번째로 많은 패션추구형은 23.1%로, 의복에 대한 관심이 많고 편암함보다 멋과 돌출성을 추구한다. 22.6%를 차지하는 상식준수형은 의복에 대한 관심이 낮으나 상식적인 의복규범을 준수하려는 성향이 강한 사람들이다. 20.7%를 차지하는 돌출지향형은 남들과 다른 차림을 하고 그로 인해 주목받는 것을 즐기는 타입이다. 젊은이 중 디자인 면에서 나이든 사람의 경우 가격이나 브랜드로 돌출되려는 성향을 보인다. 마지막으로 패션무감각형은 의복에 대한 관심도 낮고 아무런 지식과 의욕이 없는 사람들로 전체의 9.9%를 차지한다.

연령대별로는 젊은이일수록 패션추구형과 돌출지향형이 많았던 반면 상식준수형은 적었다. 패션무감각형과 실질중시형의 비율은 모든 연령 대에서 거의 비슷하였다. 성별로 비교하면 여성의 경우 패션중시형의 비율이, 남성의 경우 상식준수형과 패션무감각형의 비율이 각각 더 높은 것으로 나타났다.

자료 : 전국소비자의식조사, 한국방송광고공사, 1997

다행히도 대부분의 의복은 자동차나 주택만큼은 비싸지 않기 때문에 자신의 센스와 취향을 과시하기에 적절한 아이템으로 간주된다. 옷으로 자신의 개성과 취향을 표현하려는 추세는 과거 여성들에게 훨씬 강했으나 이젠 남성들에게도 보편적으로 나타난다. 과거 여성의 전유물이던 목걸이나 귀걸이, 꽃무늬 의복 등은 이제 남성들에게도 낯선 품목이 아니다.

#### (3) 의복의 다양화와 세분화

예전에 의복은 크게 연령대별, 성별, 직업별로 유형화되었다. 그러나 오늘날 의복만으로는 어떤 사람의 나이나 직업을 구분하기 어렵다. 사실 사람들은 자기 나이에 맞는 옷을 입기보다는 젊어 보이는 옷을 입고 싶어 한다. 또한 유니섹스 모드의 등장으로 옷만 보고는 남성용인지 여성용인지를 구분할 수 없는 경우도 많다. 사람들은 이제 지위나 신분을 나타내기 위해서라기보다 상황에 맞게 옷을 입는 자신의 센스를 보여주기 위해 의복을 입는다. 즉 의복에 관한 TPO(time, place, occasion)를 지키고 그것을 통해 자신의 우아함과 세련된 취향, 자신이 추구하는 가치를 표현한다.

이런 경향은 의복과 신발, 모자 등 여러 의생활 영역에서 색상과 소재, 디자인을 끊임없이 다양화시키고 있다. 일례로 신발의 경우를 보자. 대부분의 사람들은 계절별로 다른 종류의 신발을 신는다. 여름에는 슬리퍼나 샌들을 신고, 겨울에는 부츠를 신는다. 정장에는 하이힐이나 정장구두를 신고 캐주얼에는 펌프스나 로퍼를 신는다. 물론 신발의 색깔은 옷의 색깔과도 맞아야 한다. 운동할 때는 운동화를 신는다. 심지어 같은 운동화라도 달리기를 할 때는 조깅화나 마라톤화를, 골프를 할 때는 골프화를, 테니스를 할 때는 테니스화를, 등산을 할 때는 등산화를, 축구와 농구를 할 때 각각 축구화와 농구화를 신는다.

TPO에 맞게 의복을 착용하는 경향은 사람들의 생활이 다양해짐에 따라 더욱 강화될 것이다. 앞으로 축구화는 잔디용 축구화와 흙으로 된 운동장용 축구화로 나누어질 것이다. 또 사용자의 심리상태나 건강상태에 따라 잠옷의 소재와 디자인이 달라지는 등 소비자의 제반 특성별로 더욱 다양화된 소재와 디자인이 개발될 것으로 전망된다.

### (4) 잊혀진 세대 : 중·노년 시장

의복시장에서 대체로 35세 이상의 부유층 여성들, 돈도 있고 패션에 대한 관심도 아직 높은 세대는 패션산업이 자신들을 잊혀진 세대로 본다고 말한다. "오늘날 패션산업은 서른 살이 넘고 패션모델 몸매가 아닌 여성들을 소외시키고 있어요. 우리를 타깃으로 하는 광고도 없고요. 모든 의복광고는 오로지 젊은 세대에게만 호소하고 있죠. 패션은 너무나 유행을 타고 또 비현실적이에요. 우리들 대부분은 애를 낳고 나서 예전 같지가 않죠. 말라빠진 여성들을 위한 옷은 우리에게 맞질 않아요(Danziger, 2004)." 미국에서는 전체 여성 중 매우 소수의 여성만이 영화배우 사이즈인 2, 4, 6 사이즈를 입는다. 반면 오늘날 미국에서 가장 보편적인 사이즈는 14로 인구의 거의 60%가 이에 해당된다.

한 미국 여성의 이런 주장은 우리나라에서도 충분히 공감을 얻을 만하다. 우리나라의 의류도 대부분 44나 55에 해당하는 사이즈 위주로 디자인하고 제품을 출시한다. 사이즈가 66이거나 77인 30대 이후의 기혼여성들은 캐주얼 매장에서 자

그림 3-4 날씬한 소비자 중심의 여성의복시장
자료 : 네이버 포토

신에게 맞는 사이즈를 찾을 수 없다. 중년부인용 매장의 의복들은 디자인이 획일적이고 단순한 것뿐이다. 소위 '플러스 사이즈'에 맞는 스타일리시한 옷은 구하기가 힘들다.

다행히도 요즘 인터넷의 일부 점포에서는 뚱뚱한 소비자들을 위한 전문매장을 개설하고 있다. 문제는 이들이 원하는 것이 의복뿐만이 아니라는 것이며 또 소외된 계층이 뚱뚱한 소비자들만이 아니라는 것이다. 노인과 장애인 등 소위 평균적이지 않은 소비자들은 아직도 의복시장에서 소외되고 있다.

### (5) 기능성 의복의 등장과 보급

의생활 트렌드 사례 중의 다른 하나는 색상과 디자인에서 나아가 소재의 개발을 통해 기능성을 향상시키려는 트렌드이다. 의복 소재를 통해 달성하고자 하는 기능은 방수와 발수기능, 보온기능 외에도 흡습기능, 순간건조기능, 주름방지기능, 형상기억기능, 항균기능, 내열기능, 방염기능, 항취기능 등 다양하다. 극세사를 사용하여 옷감의 무게를 거의 느끼지 못하는 수준까지 줄인 소재도 개발되고 있다. 나아가 천연약재나 건강에 좋은 성분을 섬유에 넣어 건강보조 효과까지 내는 섬유도 시판되고 있다.

비중이 작아 가볍고 인장강도, 굴곡성, 내마모성, 내열성이 우수한 라이크라(lycra) 섬유는 기능성 의복에 이미 많이 사용되고 있다. 이 섬유로 제작된 직물은

트렌드 메모 3-4

## 옷 속에 초소형 컴퓨터 칩 내장

첨단 섬유의 대표주자로 섬유 속에 컴퓨터 칩이 내장된 스마트 의류를 들 수 있다. 2002년 개봉되어 전국적으로 400만 명의 관객을 끌어 모은 영화 마이너리티 리포트. 이 영화에서 주인공 톰 크루즈는 센서가 달린 장갑과 휴대형 무선통신 기기가 부착된 의복을 착용하고 있다. 또 손을 이리저리 움직이며 카메라에 감지된 디지털 화면의 가상현실을 통해 미래의 범인을 색출해나간다.

이처럼 옷 속에 초소형 컴퓨터 칩을 내장한 첨단의류는 결코 먼 미래의 얘기가 아니다. 미국과 유럽 등 선진국에서는 이미 옷이 PC이고 PC가 옷인 제품을 가리키는 웨어러블 PC(입는 PC)와 같은 다양한 형태의 스마트 웨어(Smart Wear) 관련 연구들이 가시화되고 있다. 입는 PC는 이제 몸에 착용해서 컴퓨터를 사용하는 수준에서 벗어나 유비쿼터스 시대의 첨병으로 개발되고 있다. 미국의 IT 컨설팅회사인 가트너 그룹은 최근 2007년까지 미국·유럽의 PC 사용자 중 하루 6시간 이상 입는 PC를 착용하고 다니는 사람이 60%에 이르고 2010년에는 75%에 달할 것으로 분석한 자료를 내놨다.

별도의 장치 없이 입기만 해도 MP3를 통한 음악 감상은 물론 휴대전화까지 받을 수 있는 옷도 나왔다.

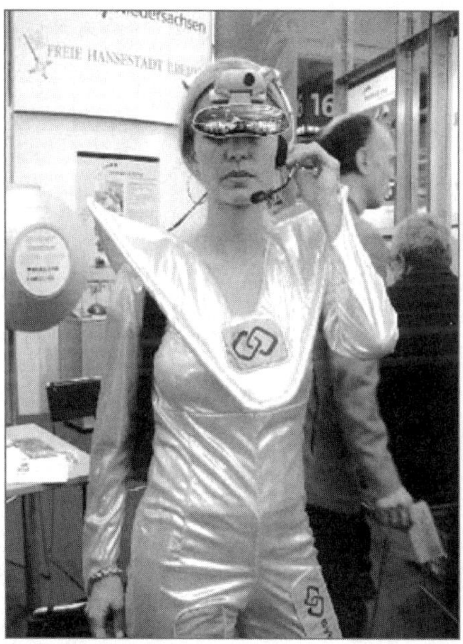

독일 반도체업체 인피니온과 독일 의류업체 로스너는 지난해 공동으로 'mp3 blue'라는 최신형 첨단 재킷을 선보였다. 특수섬유로 만들어진 이 옷은 소매에 있는 단추를 누르면 MP3로 음악도 듣고 옷깃에 달린 헤드셋을 통해 휴대전화 통화까지 가능하다. 가격은 한 벌에 600유로(약 76만원)다. 인피니온의 판매총책 디터 마이는 "이 옷은 기술적으로 가장 진보한 형태의 의류"라고 설명했다. 하이테크 의류시장은 지난해 3억 달러(약 3,043억원)였으며 2008년에는 5억 달러(약 5,072억원) 규모로 성장할 것으로 보인다. 스마트 섬유는 현재 스포츠웨어, 식탁보와 소파커버 등 인테리어용 직물, 유아용 보호복, 소방복, 환자복, 우주복 등 다양한 용도로 상품화되고 있다.

자료 : 주간조선, 2005년 8월 23일자

자동세탁기에서의 세탁이나 건조, 땀, 로션이나 화장품, 기름에도 별 영향을 받지 않아 외과 의료용 편성물, 탄성밴드, 수영복, 산업용, 군용으로 쓰인다. 이 외에도 물에 뜨는 부력(浮力)섬유, '더울 땐 시원하고 추우면 더워지는' 온도유지 기능성 섬유, 음이온 발생으로 피부 트러블을 방지하는 섬유, 세균도 못 뚫는 나노 섬유, 강철보다 5배 강한 섬유 등 다양한 신소재 섬유들이 개발되고 있는데, 이들이 의복과 결합될 경우 의복의 기능은 무한히 확대될 가능성이 있다.

## 3. 주생활 분야 트렌드

주택문제는 우리나라에서 부동산 투기문제와 관련해서 오랫동안 사회적 이슈가 되어 온 분야이다. 주택의 질적인 측면은 차치하고라도 우리나라의 가구 수 대비 주택보급률은 100%가 넘지만 한 가구당 여러 개의 주택을 소유하고 있는 경우가 많아 실제로 자가보유율은 100%가 아니다. 특히 수도권만으로 한정하면 그 비율이 80%대로 떨어지고 서울의 자가보유율은 50% 정도에 불과하다.

주거형태별로 보면 2004년을 기준으로 할 때 우리나라 총 주택 수는 1,236만 채이고 이 중 연립주택과 아파트 등 공동주택의 비율이 52%로 절반을 약간 넘는 수준이다. 아파트 거주자 중 국민주택 규모로 정한 전용면적 25.7평 이하인 주택의 비율은 67%로, 352만 9천 채에 해당한다.

주택시장의 경우 소득과 생활수준의 증가로 보안과 정보화 등 관련 첨단장비와 고급 인테리어에 대한 수요가 증가하고 있지만 한편에서는 최소한의 냉난방과 수도문제 등 기본적인 위생문제 해결에 대한 수요도 여전히 존재하고 있다.

### 1) 주생활 분야 소비지출 패턴

우리나라 도시가계의 소비지출액 중 주거비가 차지하는 비중은 1980년대와 1990년대에 비교적 높았다가 다시 감소하는 추세를 보이고 있다. 이는 가계소득의 상승으로 월세를 사는 가구가 많이 감소한 데에 기인한다. 표 3-6을 보면 주거비 중 월세의 비중은 1970년 76%에서 2004년 36%로 절반 이하로 감소했다. 광열수도비 비중은 70년대와 80년대에 높았다가 그 이후 감소하여 4~5%대를 유지

표 3-6 주거비 관련 소비지출 동향

| 구 분 | 1970년 | | 1980년 | | 1990년 | | 2000년 | | 2004년 | |
|---|---|---|---|---|---|---|---|---|---|---|
| | 지출액 (원) | 구성비 (%) | 지출액 (원) | 구성비 (%) | 지출액 (원) | 구성비 (%) | 지출액 (원) | 구성비 (%) | 지출액 (원) | 구성비 (%) |
| 주 거 | 580 | 100.00 | 8,155 | 100.00 | 31,943 | 100.00 | 57,026 | 100.00 | 66,631 | 100.00 |
| 월 세 | 440 | 75.86 | 5,297 | 64.95 | 14,724 | 46.09 | 18,567 | 32.56 | 24,296 | 36.46 |
| 주택설비 수선재료 | 140 | 24.14 | 2,598 | 31.86 | 14,500 | 45.39 | 25,843 | 45.32 | 18,277 | 27.43 |
| 기타 주거 | - | - | 260 | 3.19 | 2,720 | 8.52 | 12,616 | 22.12 | 24,059 | 36.11 |

자료 : 통계청, 도시가계연보

하고 있다. 70, 80년대 광열수도비의 비중이 높은 것은 70년대 중반과 후반에 있었던 오일쇼크의 영향으로 연료비가 많이 상승한 것과 관련이 있다. 가구집기 및 가사용품 비중도 80, 90년대에 높다가 다시 감소하고 있는데 이는 80년대부터 활발하게 보급되기 시작한 각종 가전제품에 대한 지출이 증가하고 또 가사 서비스에 대한 지출이 늘었기 때문이다.

표 3-7 광열 및 수도에 대한 소비지출 동향

| 구 분 | 1970년 | | 1980년 | | 1990년 | | 2000년 | | 2004년 | |
|---|---|---|---|---|---|---|---|---|---|---|
| | 지출액 (원) | 구성비 (%) | 지출액 (원) | 구성비 (%) | 지출액 (원) | 구성비 (%) | 지출액 (원) | 구성비 (%) | 지출액 (원) | 구성비 (%) |
| 광열수도 | 1,820 | 100.00 | 13,939 | 100.00 | 30,813 | 100.00 | 86,762 | 100.00 | 97,937 | 100.00 |
| 수도료 | 160 | 8.79 | 928 | 6.66 | 4,029 | 13.08 | 11,213 | 12.92 | 15,406 | 15.73 |
| 전기료 | 410 | 22.53 | 3,279 | 23.52 | 9,216 | 29.91 | 29,378 | 33.86 | 36,555 | 37.33 |
| 연 료 | 1,250 | 68.68 | 9,732 | 69.82 | 16,785 | 54.47 | 40,582 | 46.77 | 40,035 | 40.88 |
| 공동주택 난방비 | - | - | - | - | 784 | 2.54 | 5,591 | 6.44 | 5,942 | 6.07 |

자료 : 통계청, 도시가계연보

표 3-8 가구집기 및 가사용품에 대한 소비지출 동향

| 구 분 | 1970년 | | 1980년 | | 1990년 | | 2000년 | | 2004년 | |
|---|---|---|---|---|---|---|---|---|---|---|
| | 지출액 (원) | 구성비 (%) | 지출액 (원) | 구성비 (%) | 지출액 (원) | 구성비 (%) | 지출액 (원) | 구성비 (%) | 지출액 (원) | 구성비 (%) |
| 가구집기 가사용품 | 800 | 100.00 | 7,786 | 100.00 | 38,276 | 100.00 | 59,539 | 100.00 | 79,384 | 100.00 |
| 일반 가구 | - | - | - | - | 7,733 | 20.20 | 9,219 | 15.48 | 10,934 | 13.77 |
| 가정용 기기 | - | - | - | - | 10,107 | 26.41 | 15,713 | 26.39 | 19,045 | 23.99 |
| 식 기 주방용품 | - | - | - | - | 4,499 | 11.75 | 4,157 | 6.98 | 4,454 | 5.61 |
| 가사잡화 및 소모품 | - | - | - | - | 5,906 | 15.43 | 10,149 | 17.05 | 12,050 | 15.18 |
| 침구 및 직물제품 | - | - | - | - | 4,881 | 12.75 | 5,681 | 9.54 | 6,090 | 7.67 |
| 실내 장식품 | | - | | - | 1,100 | 2.87 | 1,034 | 1.74 | 890 | 1.12 |
| 가사 서비스 | - | - | - | - | 4,050 | 10.58 | 13,587 | 22.82 | 25,922 | 32.65 |

자료 : 통계청, 도시가계연보

## 2) 주생활 트렌드 사례 연구

소비자들이 좀 더 풍요롭고 안락한 주거생활을 추구하게 되면서 주생활에서도 생활의 질 향상욕구가 다양하게 나타나고 있다. 특히 주생활의 향상은 전기나 통신기술의 발전에 힘입은 바가 크다. 이 외에도 가족 구성상의 변화와 재택근무의 도래가 주생활 트렌드에 영향을 미치고 있다.

### (1) 주거문화의 변화

한국역사연구회(2002, p.188)에 따르면 대한제국 시기에 서울지역의 주택 수는 4만 2천여 호였으며 호당 인구수는 4명이었다. 총 호수 중 초가집이 2만 9천여 호로 약 70%를 차지했고 기와집이 20%, 반기와집이 10% 정도였다고 한다. 조선시대에는 신분에 따라 집의 규모와 장식을 규제했으나, 갑오개혁 이후 가사규제가 사라지면서 신분이 높은 사람보다는 재력을 가진 사람이 크고 호화로운 집을 지었다.

우리나라 최초로 건립된 양옥은 1884년 인천에 건립된 세창양행 사택이라고 한다. 이후 벽돌과 시멘트, 유리, 콘크리트 등을 이용한 양옥이 지어지기 시작해 1920년대 이후 서울에는 조선식보다는 일본식이나 서양식 주택이 더 많이 지어졌다. 중류층들은 기본적으로 한옥이면서도 간소하고 편리하게 지어진 개량 한옥을 선호하였다.

우리나라 주거문화가 그 어느 때보다 크게 변화한 것은 1970년대 이후 아파트가 보급되면서부터이다. 아파트의 보급은 인구의 도시집중과 연료의 개량, 핵가족화의 진전 등과 맞물려 진행되었다. 이후 연립주택과 주상복합, 오피스텔, 다세대주택 등 다양한 주택형태가 등장했지만, 아직도 아파트는 도시에서의 가장 보편적인 주거형태로 자리 잡고 있다.

아파트는 면적이 좁고 인구는 많은 우리나라 도시의 상황에 적절한 주거형태이기는 하나 한편으로 주거문화를 폐쇄적으로 바꾸는 등 부정적인 요소도 강화시켜 왔다고 할 수 있다. 아파트는 다수의 집단이 모여 살면서도 개인의 프라이버시를 지키기 적절한 구조로 되어 있어 사회와 가족, 가족과 가족간의 관계에서 공동체적 유대를 쌓기보다는 독립적이고 고립적인 생활을 하게 만드는 측면이 있다. 최근 아파트에서도 자연과의 접촉을 늘리고 공동체 문화를 활성화시키기 위한 다양한 노력들이 행해지고 있는데 그 결과가 주목된다.

### (2) 주거형태의 다양화

한옥과 개량 한옥, 양식 단독주택 그리고 아파트로 이어지던 보편적 주거형태가 최근 들어 매우 다양해지고 있다. 이는 주거의 물리적 형태에 관한 것 외에 거주하는 사람들의 속성 및 거주지역의 다양성, 주거공간 구조의 다양성 등과도 관련된 것이다. 지난 10여년에 걸쳐 보급이 확대된 주거형태로는 다세대주택, 주상복합, 오피스텔, 호텔식 주거, 전원주택, 실버타운, 공동주택(cohousing), 임대주택, 초고층 주택 등을 들 수 있다.

주거형태의 변화 중 오늘날 아주 뚜렷하게 나타나고 있는 집합주택에 대한 선호는 집합주택이 유지와 관리에 편한데다가 평면구조를 기본으로 하여 가사의 합리화에 유리하기 때문이다. 아파트는 우선 주부들의 가장 큰 업무 중 하나였던 냉난방 관리에 대한 부담을 줄여주었다. 또한 직장여성의 증가 등으로 집에 아무도

> **트렌드 메모 3-5**
>
> **새로운 대안으로서의 노인공동생활주택**
>
> 노인인구가 증가하면서 새로운 주거형태로서 노인공동생활주택이 부상하고 있다. 이는 자녀들과 떨어져 노인들끼리 살면서 공동의 운동시설과 의료시설 및 오락시설을 갖추고 일정한 비용을 공동으로 부담하는 형태로 이루어진다. 이미 수도권 근교에 좋은 시설을 갖춘 노인공동주택이 들어서고 있으며 일부는 노인들의 수요를 감안하여 서울시 안이나 대학 캠퍼스 내에 자리 잡기도 한다.
>
> 홍형옥(2001)은 서울과 수도권 거주자 30~60대 413명을 대상으로 노인공동생활주택에 대한 인식을 조사하였다. 그 결과를 보면 다음과 같다.
>
> 소규모 인원이 공동으로 생활하고 관리인이 있는 형태를 선호하는 비율이 13%인데 비해 지금 현재의 집을 노인들에게 편리하도록 개조하는 것을 선호하는 비율이 85%였다. 또한 공동생활시 운영비용은 입주금과 생활비를 정액으로 내고 추가 이용료는 없게 하는 것을 선호했다. 입주자는 부부나 독신 또는 남녀별 구분 없이 입주할 수 있기를 바랬고, 자원봉사자들의 서비스와 24시간 관리체제를 원하였다. 선호하는 위치는 공기 좋고 한적한 교외가 38.5%, 도심근처 쇼핑이나 문화생활이 편리한 곳이 32.4%였다. 고층 아파트형은 싫고 다세대나 원룸형 또는 마당을 공유한 단독주택형을 선호하였고 단위주택 수는 10가구 이내를 절반 이상이 선호하였다. 원하는 공유공간은 운동실(84%), 정원(79%), 치료실(76%), 취미실(70%), 엘리베이터(69%), 식당(48%) 순이었다. 응답자들의 노후예상소득은 평균 204만원이었는데 공동생활주택에서 지불할 의사가 있는 생활비용은 112만원에서 134만원 정도로 개인적으로 거주할 때의 예상 생활비보다 낮았다. 이 비용으로는 응답자들이 원하는 지역의 지가와 생활시설비 및 유지비 등을 감안할 때 원하는 선호를 맞추기 힘들 것으로 보인다.

없을 경우 안전문제를 해결하기가 용이하였다. 내부적으로는 과거 단독주택과 달리 부엌과 방, 거실의 바닥 높이를 같게 하고 각 실에서 입식 설비를 갖추어 여성의 가사노동 동선을 줄임으로써 가사노동 부담을 줄여주는 데 도움을 주었다. 이런 이유로 아파트 보급 초기에 아파트는 다른 어느 집단보다 여성 소비자들에게 많은 사랑을 받았다.

#### (3) 일터와 주거의 결합

주간 경제지 이코노미 플러스(2004년 11월호)는 219명의 전문가를 대상으로 10년 후 한국의 주요 시장변화를 예측하게 하였다. 그 결과 절반에 가까운 사람들이

> **트렌드 메모 3-6**
>
> **재택근무, 일도 놀이도 집에서 다 한다**
>
> 모 애니메이션 회사에 고용되어 인터넷상에서 영화제작 작업을 도와주고 있는 이모씨(40). 그의 아침은 골프와 함께 시작된다. 그러나 이씨에겐 시외로 나갈 수 있는 차도, 골프장 회원권도 없다. 그만의 골프장은 옥탑방 옆 간이 연습장. '필드에 나가본 적은 한두 번 정도'라고 말하는 이씨는 이곳에서 1년 2개월째 살고 있다. 이씨가 머물고 있는 서울 영등포 부근 옥탑방에는 골프 연습장뿐만 아니라 바비큐 파티를 할 수 있는 취사장이 마련돼 있다. 이씨는 이곳에서 회사 동료들과 모여 회식을 갖기도 한다고 했다. 그가 일하는 곳도 바로 이 곳 옥탑방이다. 옥상에서 재택근무, 레저, 접대활동까지 함께 하고 있는 것이다. 이씨는 '영화제작 작업 자체가 24시간 돌아가야 하는 일이라 퇴근시간이 따로 있는 게 아니다'라며 '일은 집에서 컴퓨터와 복합기, 전화 등을 이용해 처리하면서 자유롭게 쉬는 시간을 조절할 수 있다'고 말했다.
>
> 이씨와 같은 재택근무가 확산되고 있다. 이미 10여 년 전부터 기술 발달로 인해 재택근무가 활발해지리라는 예상은 팽배했었다. 그러나 최근의 재택근무는 집에서 일과 레저, 접대생활까지 함께하는 형식으로 일부 이루어지고 있다. 자연스럽게 영업사원 중에도 재택근무를 실시하는 기업도 하나둘씩 눈에 띈다. 재택근무의 확대에 대해 일부 회의적인 시각도 있으나 재택근무는 세계적 추세임에 틀림없는 것처럼 보인다. 재경부는 최근 국세심판원 직원 일부를 재택근무하게 하기로 결정하고 구체적 방법과 인원을 정하는 중이다. 특허청은 지난 3월부터 54명에 대해 재택근무를 시범실시하고 있다. 일본에서는 소니가 육아를 위해 여성들의 재택근무제도를 도입했다. 프랑스 정부는 최근 재택근무자들이 사회적으로 크게 늘자 법률적 대비책까지 마련하고 나섰다. 우리나라에서는 아직까지 텔레마케터와 영업직 사원을 대상으로 재택근무가 활발하게 이루어지고 있다.
>
> 자료 : 매일경제신문, 2005년 7월 11일자

미래에는 재택근무처럼 일터와 주거공간이 결합될 것이라고 전망했다. 이런 전망에 대해 회의적인 시각도 있으나 실제로 회사에서의 근무보다 재택근무를 허용 또는 권장하는 직장이 점차 늘고 있다. 이런 추세가 보편화되면 현재 침실과 부엌 그리고 가족의 공유 공간 위주로 지어진 주택구조에 큰 변화가 나타날 것이다.

또한 일터와 주거의 결합은 주택의 첨단화에 대한 욕구를 더욱 가속화시키고 있다. 무선통신과 화상통신 기능은 과거의 냉난방처럼 주택의 기본 기능이 될 것이다. 집에서 더 많은 시간을 보내게 되면 쾌적한 환경에 대한 요구도 더욱 커질 것이다. 예를 들어 공기청정 기능이나 자동 채광 및 온도조절 기능, 습도조절 기능에 대한 수요가 증가할 것이다. 주택의 첨단화는 주거를 사무실로서뿐만 아니라 교육의 장소나 교제의 장소로 기능하게 할 것이다. 여윤경(2001)은 미래의 주거는 통신 기능의 발달로 사무실 기능과 의료 기능 및 교육 기능이 결합된 다기능 복합체가 될 것이라고 전망하였다.

### (4) 인테리어 신드롬

주택의 내부와 외부를 꾸미고 장식하는, 주택의 패션화는 이미 90년대 이후부터 보편화된 현상이다. 주택은 의복과 마찬가지로 거주자의 개성과 취향, 이미지를 반영하는 수단이다. 댄자이거(Danziger, 2004)의 조사에 따르면, 미국에서 집 꾸미기는 사람들이 필요하지 않은 것을 사게 되는 이유 중 4번째 이유에 해당한다. 조사 대상자의 80%가 인테리어를 위해 꼭 필요하지 않은 물건을 산 적이 있다고 응답했다. 이러한 현상은 우리나라의 경우 더욱 두드러지게 나타난다.

집은 거주자의 정체성을 표현하는 수단이자 거주자가 담고 싶은 사랑과 애정을 표현하는 수단이므로 집을 아름답게 꾸미는 것은 사람들에게 대단히 중요한 문제이다. 사람들은 '집을 통해 나 자신을 표현하지요, 집은 나를 반영하는 그릇이에요'라고 말한다. 전업주부들의 경우 집 꾸미기의 중요성은 취업주부보다 훨씬 크다. "전업주부들은 자신의 능력을 발휘함으로써 자신이 가치 있는 존재라는 것을 확인할 직업을 갖지 않은 사람들이지요. 그래서 그들은 자신의 능력을 발휘할 분야의 하나로 집 꾸미기를 선택합니다. 전업주부들은 집에서 매일매일 같은 일을 하는데 일이 지겨워질 수 있잖아요. 그래서 집을 제대로 꾸미고 싶어 하고 또 변화시키고 싶어 하지요. 집은 그들에게 있어 쉼터이자 일터니까요." "집이 제대로 꾸며져 있지 않다면 우리는 엄마로서 또는 아내로서의 일을 완벽하게 해내기 어렵죠." "집이 어떻게 보이느냐는 우리의 책임입니다. 이 모든 게 우리를 드러내는 증거니까요."

코쿠닝 트렌드로 인해 가구 등의 인테리어 용품과 가사용품의 매출은 더욱 증가할 것으로 기대된다. 미국의 한 백화점업자는 앞으로 몇 년간 유통시장의 구세주는 가구와 가전부분에서 나올 것이라는 데에 회사의 성패를 걸고 있다. 가구는 대형가구나 장식용 액세서리에 국한된 문제가 아니다. 소비자들은 집안에서의 삶의 질을 향상시킬 수 있는 더 훌륭한 가구나 가전기기 및 인테리어에 점점 더 갈증을 느끼고 있다. 이 모든 욕구가 인테리어 추구 트렌드와 결합되면 앞으로 소비

트렌드 메모 3-7

### 우리나라 소비자의 주생활 유형

한국방송광고공사(1997)는 전국의 15세 이상 남여 8,145명을 대상으로 우리나라 소비자의 주생활 스타일을 조사하여 다음과 같은 4가지 유형으로 구분하였다. 가장 높은 비율을 차지하는 것은 편리 우선형으로 전체의 31.0%가 이에 해당된다. 이들은 좁더라도 교통이 편리한 주택을 선호하고 손이 많이 가지 않는 아파트를 선호한다. 주로 젊은 세대와 진보적인 라이프스타일을 가진 사람들이 이 유형에 속한다. 두 번째로 많은 내 집 고집형은 25.4%로 집을 가꾸거나 장식하는 데는 큰 관심이 없고 내 집을 소유한다는 데에 큰 의의를 두는 사람들이다. 젊은 세대보다는 중장년 세대에 이러한 유형이 많다. 24.5%를 차지하는 저택 갈망형은 자가 소유에 대한 갈망이 내 집 소유형보다 더 강하나 그들과 달리 번듯하고 잘 가꾸어진 집을 선호한다. 이들은 집 꾸미기에 가장 관심이 많고 큰 집을 위해 교통여건이 나쁜 것을 마다하지 않는다. 마지막으로 19.1%에 해당하는 탈 소유형은 자가 보유에 별 의미를 두지 않는 사람들이다. 교통문제나 인테리어, 심지어 주택의 유형에 대해서조차도 대체로 무관심한 것이 이들의 특징이다.

자료 : 전국소비자의식조사, 한국방송광고공사, 1997

자들은 주택 건축 재료와 바닥재, 벽지, 가구, 가전, 설비, 침구 등이 함께 어울리는 토털 인테리어를 지향하게 될 것이다.

#### (5) 주택설비의 첨단화

오늘날 새로 짓는 주택은 흔히 인텔리전트 주택이라 불린다. 여러 가지 첨단 시스템을 갖추고 냉난방과 보안, 조명 등을 자유로이 조절할 수 있는 기능을 갖고 있기 때문이다. 무선으로 주택 외부에서 내부의 조건을 조절하고, 내부에서 외부의 놀이터에서 놀고 있는 아이를 확인하거나 네트워크 된 상점에 물건을 주문하는 등의 기능을 갖춘 주택들이 선보여지고 있다. 강순주(2004)의 연구에 의하면 소비자들이 주택에서 원하는 첨단기능은 출입문이나 창문 자동개폐시스템, 가스누출이나 화재의 원격검침, 무인전자경비시스템 등 안전보안과 관련된 요구가 가장 높았다. 두 번째로 원하는 것은 주방 살균 및 공기정화 기능, 실내온도와 습도 자동 조절, 자동 환기 및 자동 조명 조절을 할 수 있는 실내 환경 조절시스템이었다. 이 외에 냉장고나 세탁기 등을 이용할 수 있는 프로그램을 다운로드하거나 원격

조정할 수 있는 가사지원 시스템, 원격의료와 교육, 문화생활 지원 시스템 등도 요구하는 것으로 나타났다.

## ♠ 참고문헌


강순주(2004). 주거가치관에 따른 인텔리전트 주택에 대한 선호도. 한국가정관리학회지 22권 5호.

구혜령 · 이기영(2001). 식생활과 의생활영역의 가사노동 상품대체와 그 영향요인. 한국가정관리학회지 19권 2호.

매일경제신문(2005). 재택근무, 일도 놀이도 집에서 다한다. 7월 11일자.

여윤경(2001). 소비자 트렌드 21세기. 시그마프레스.

이코노미 플러스(2004). 10대 시장 뉴트렌드. 11월호.

정은정 · 김정숙(2001). 제주도 대학생의 외식행동에 관한 연구. 대한가정학회지 39권 7호.

정준희 역(2001). 떠오르는 트렌드 사라지는 트렌드. 청림출판.

정진희 · 김선희(2001). 서울시내 고등학생의 식행동과 패스트푸드 소비실태. 대한가정학회지 39권 10호.

주간조선(2005). 옷 속에 초소형 컴퓨터칩 내장. 8월 23일자.

한국방송광고공사(1997). 전국소비자의식조사.

한국역사 연구회(2002). 우리는 지난 100년 동안 어떻게 살았을까? 역사비평사.

홍형옥(2001). 노인공동생활주택에 대한 인식 조사. 한국가정관리학회지 19권 5호.

Danziger(2004). Why People Buy Things They Don't Need? Dearborn Trade Publishing Company

# 제 4 장

# 여가 및 교육, 문화생활 분야의 트렌드

미국 소비자들의 소비생활을 연구한 댄자이거(Danziger, 2004)에 따르면 오늘날 소비자들이 소비하는 상품과 서비스는 소비자 스스로가 꼭 필요하지는 않다고 생각하는 상품, 즉 임의 소비재적인 성격을 가지고 있는 상품이라고 한다. 이는 우리나라의 경우도 마찬가지이며, 오락이나 레저 등 종래 사치품으로 분류되었던 영역뿐만 아니라 생활필수품의 성격이 강한 의식주 영역에서의 소비에도 적용된다.

지난 30여 년간 우리나라의 소비자 동향을 살펴보면 특히 교통통신 분야와 교육 분야 등에서 소비자들의 지출이 많이 증가한 것을 알 수 있다. 이들 분야는 단일 품목면에서 볼 때 아직은 총 소비지출에서 차지하는 비중이 식료품비보다 낮지만 그 증가 동향을 보면 수년 내에 식료품비 이상으로 지출이 많아질 수도 있는 분야라고 할 수 있다. 그렇다면 앞으로 이 분야에서의 주요 트렌드는 어떤 것일까? 오락 및 레저, 문화생활 분야, 자녀양육 및 교육 분야, 보건 및 의료 분야 그리고 교통 및 통신 분야로 나누어 살펴보기로 한다.

## 1. 오락 · 레저 · 문화생활 분야 트렌드

오락과 레저, 문화생활 분야는 소득이 증가하고 생활수준이 높아지면 소비가 증가하는 분야이다. 소득의 증가와 주 5일 근무제로 인한 시간적 여유 증가 그리고 교통과 레저산업의 발달로 오락과 레저, 문화생활에 쓰이는 비용은 점점 늘고 있다. 특히 요즘의 여가는 예전에 비해 그 절대적 시간이 증가하였을 뿐 아니라 내용도 다양해지고 있고 질적으로도 수준이 높아지고 있는 추세이다. 또한 단순히 일하고 남는 시간에 쉰다는 개념에서 벗어나 다양한 생산성과 즐거움을 창조해낸다는 개념으로 변화하고 있다.

### 1) 오락 · 레저 · 문화생활 분야 소비지출 패턴

우리나라 도시가계의 교양오락비 소비지출 동향은 표 4-1과 같다. 1970년부터 2004년 사이에 교양오락비는 그 지출액과 지출액의 비중 모두가 증가하였다. 교양오락비 지출의 대부분은 교양오락용 기구와 교양오락 서비스에 쓰이고 있다. 특히 교양오락 서비스 소비의 증가 추세가 두드러져 총 소비지출액 중 교양오락비의 비중은 34년 사이에 2배 이상 증가했다.

### 2) 오락 · 레저 · 문화생활 분야 트렌드 사례

#### (1) 생산적 여가시간의 증가

오늘날의 소비자들은 노동을 통해 소득을 올리는 것 이상으로 여가시간의 증가에 관심을 갖고 있다. 이들은 잠자는 시간이나 가사노동시간을 줄여 여가시간을 늘리기보다 노동시간을 줄여 여가시간을 늘리는 경향이 있다. 이는 오늘날의 여가가 단순히 일하고 남는 시간에 휴식하는 것 이상의 의미를 갖는 방향으로 변화하고 있기 때문이다. 오늘날 생존을 위한 욕구가 어느 정도 해결되고 나서 사회에서 두드러지고 있는 욕구는 보람과 자아성취 같은 고차원적 욕구와 즐거움과 기쁨 등의 쾌락을 위한 욕구이다. 최근 들어 소비자들은 이러한 고차원적 욕구를 충족시

표 4-1 우리나라의 교양오락비 소비지출 동향

| 구 분 | 1970년 | | 1980년 | | 1990년 | | 2000년 | | 2004년 | |
|---|---|---|---|---|---|---|---|---|---|---|
| | 지출액(원) | 구성비(%) | 지출액(원) | 구성비(%) | 지출액(원) | 구성비(%) | 지출액(원) | 구성비(%) | 지출액(원) | 구성비(%) |
| 교양 오락 | 550 | 100.00 | 3,285 | 100.00 | 32,201 | 100.00 | 84,481 | 100.00 | 97,981 | 100.00 |
| 서적 및 인쇄물 | - | - | - | - | 3,852 | 11.96 | 9,589 | 11.35 | 11,414 | 11.65 |
| 교양, 오락 용품 기구 | - | - | - | - | 17,067 | 53.00 | 35,239 | 41.71 | 35,261 | 41.55 |
| 교양, 오락 서비스 | - | - | - | - | 11,282 | 35.04 | 39,652 | 46.94 | 51,305 | 33.55 |

자료 : 통계청, 도시가계연보

키기 위해 여러 가지 문화와 교양프로그램 또는 직업과 관련된 이차적 훈련에 해당하는 자기개발프로그램에 몰입하고 있다. 전통문화와 예술, 외국어, 스포츠, 컴퓨터와 관련된 프로그램이 그 예이다. 이는 급변하는 사회에 살아가는 성인들을 위한 평생교육의 확대와 맞물려 빠른 속도로 증가하고 있다.

### (2) 시간소비형 레저

과거와 달리 오늘날 여가에서 나타나는 특징은 비용이 많이 드는 활동보다 시간이 많이 필요한 활동이 상대적으로 많아지고 있다는 점이다. 기초적 생활수준을 달성한 소비자들은 생산 활동과 무관한 시간을 즐기는 데서 여가활동의 의의를 찾는다. 특히 상류층이나 젊은 소비자층은 소득보다는 여가시간의 확보에 더 관심을 갖는 추세이다. 이에 따라 레저활동도 절대적 시간이 많이 필요한 활동, 즉 여행이나 시간이 많이 필요한 스포츠 그리고 즐기는 수준까지 도달하려면 상당한 비용과 시간을 투자해야 하는 활동들이 늘어나고 있다. 예를 들어 등산이나 독서, TV 시청 등 저비용, 단시간 소모형 레저가 해외여행이나 주말을 이용한 숙박여행, 골프나 스키, 그림을 배워 전시회에 참여하는 것 등 고비용 및 장시간을 소모하는 레저형태로 변화하고 있다.

트렌드 메모 4-1

## 지식사회에 평생교육 붐

'지식이 주자원인 시대에는 이미 고등교육을 받은 이들이 지식발전을 쫓아가는 만큼 평생교육이 붐을 이루며, 근로자는 이를 토대로 자신을 상품화할 수 있다'고 피터 드러커가 미국의 격주간 경제지 포브스를 통해 밝혔다. 드러커는 '이렇게 획득된 지식은 이동이나 이전이 가능하며 앞으로는 평생교육을 위한 인터넷 온라인시장이 폭발적으로 확대될 것'으로 내다봤다.

기존 학교 교육과 훈련이 미국 국내총생산(GDP)에서 차지하는 비율은 10%. 그러나 드러커는 '기술자들은 최소 2년에 한 차례씩 전문 분야에 대한 재교육이 필요하고 기초 분야는 최소 4년에 한번 재몰입이 필요하다고 토로한다'며 '이미 고등교육을 받고 성취도도 높은 이들이 사회의 심대한 변화를 쫓아가기 위해 노력하는 만큼 앞으로 온라인 교육이 급속도로 발전할 것'이라고 주장했다.

드러커는 미국 노동력의 40%를 차지하는 지식근로자가 습득해야 할 지식은 20세기 중반 노동력의 대부분을 차지했던 수작업 근로자들의 기술과는 변화의 속도가 다르다고 주장했다.

드러커는 자신의 네덜란드 조상들이 1517년부터 1730년까지 암스테르담에서 인쇄업을 하는 수세기 동안 새 기술을 배울 필요가 없었으며 의류 제조에서도 헝가리인들이 11세기 단추 구멍을 발명한 이래 새 기술이 필요하지 않았다고 말했다. 인류 역사의 대부분에서 숙련공은 배워야 할 것들을 18~19세의 도제 생활을 마칠 때쯤이면 다 배울 수 있었다. 그러나 현대의 지식근로자들은 상황이 다르고 많은 전문직 협회들이 지속적인 교육을 최대 목표 중 하나로 내세운다.

평생 교육이 필요한 또 다른 배경은 종신 고용 체제의 와해 때문이다. 오늘날에는 피고용자로서의 신분이 불안할 뿐 아니라 20년 이상 계속 살아남는 회사 자체가 별로 많지 않다고 드러커는 분석했다. 80년대 막을 자가 없었던 IBM사는 90년대에 10만여 명을 해고했다. 또 대기업들이 제조 부문을 외부계약(outsourcing)으로 넘기면서 이직률도 치솟고 있다. 드러커는 '현 세계에서는 개인이 자신들의 미래를 책임져야 하지만 지식의 최대 장점은 미국의 퇴직적립금제도처럼 이동-이전이 가능하고 고용주의 소유물이 아니어서 근로자가 상품화할 수 있다'고 밝혔다.

드러커는 그러나 노동력의 40%를 잠재적으로 흡수할 수 있는 지속적인 성인 교육 시장은 너무 비싸고 쉽게 접근할 수 없는 기존의 교육제도보다는 인터넷 온라인 교육에 훨씬 유리하다고 주장했다. 또 시간-비용면의 효율성 이외에 온라인 교육은 학생들이 이해 못한 부분을 되풀이해 배울 수 있어 교실 교육보다 탄력성이 있다.

드러커는 '인터넷 교육은 사실상 1 대 1, 교사 대 학생 비율을 통해 교육의 생산성을 개선할 수 있게 됐다'고 밝혔다. 그러나 그는 과거 TV가 라디오, 잡지, 도서들을 멸종시키지는 않았듯이 온라인 지속 교육은 기존 교육제도에 추가 보완적인 역할을 하면서 급증세를 보일 것으로 내다봤다.

자료 : 한국경제신문, 2005년 5월 3일자

트렌드 메모 4-2

### 우리나라 부부의 여가 생활

남녀의 여가시간 추이를 분석한 김외숙(1999)에 따르면 우리나라 부부의 여가시간은 평일의 경우 남편 151분, 부인 200분(부인의 경우 취업자는 125분, 비취업자는 281분)으로 아내의 여가시간이 남편보다 많다. 휴일에도 아내의 여가시간이 남편보다 많으나 그 격차는 평일보다 줄어든다.

사람들이 여가시간에 가장 많이 하는 활동은 TV와 라디오 등 대중매체 시청이다. 부부 모두 여가시간의 30% 이상을(남편 62분, 아내 89분) TV 시청과 라디오를 청취하며 보내는 것으로 나타났다. 남편의 경우 취미활동, 강습, 운동 등에 29분, 신문과 잡지 및 책 읽기에 23분, 모임과 교제에 18분, 가족간 담화에 13분, 사회활동이나 종교활동에 6분을 할애했다. 아내의 경우 취미활동, 강습, 운동 등에 32분, 신문과 잡지 및 책 읽기에 29분, 모임과 교제에 20분, 가족간 담화에 17분, 사회활동이나 종교활동에 13분을 소비하는 것으로 나타났다.

여가비용은 남편의 경우 월 27만 5천원, 아내의 경우 월 21만 7천원 정도를 쓴다고 응답하였다. 이 비용은 개인적으로 쓰는 비용이라기보다 부부가 공동으로 쓰거나 가족과 같이 쓰는 비용이 대부분이었다.

### (3) 오락산업의 성장

요즘 새로운 산업으로 부상하고 있는 산업 중 게임산업이 있다. 특히 어린이나 젊은이들을 대상으로 하는 이 산업은 게이머라는 신종 직업군을 만들어낼 정도로 급속하게 성장하고 있다. 재미나 즐거움을 추구하는 성향은 완전히 새로운 것은 아니다. 그러나 예전에 재미나 즐거움이 상품과 서비스의 본질적 기능에 부가되는 요소 정도로 간주되었다면, 요즘은 그 요소 자체가 상품과 서비스의 본질이 될 수 있는 시대로 변모했다. 이는 스포츠나 교육 분야 등 타 산업과도 결합되어 확대되고 있다. 가령 스포테인먼트(sports+entertainment)는 건강과 체력단련을 위한 스포츠적 요소와 재미적 요소를 더한 것으로 댄스 스포츠, 스포츠 게임 등의 형태로 다양해지고 있다.

또한 교육 분야에 오락적 요소를 더한 에듀테인먼트(education+entertainment) 산업은 유치원생이나 초·중등학생뿐만 아니라 대학가의 수업방식까지 바꾸어 놓을 정도로 영향을 미치고 있다.

트렌드 메모 4-3

### 청소년과 여가활동

우리나라 전국의 남녀 고등학생 1,125명을 조사한 박미석 등(2001)에 따르면 고등학생이 선호하는 여가활동과 현재 주로 하고 있는 여가활동 간에 괴리가 있는 것으로 나타났다. 응답자들은 컴퓨터 관련 활동 외에 스포츠 활동이나 사교 및 여행활동을 원하는 반면 실제로는 거의 컴퓨터 관련 활동이나 음악 또는 영화 등의 감상 및 관람활동을 하고 있었다. 특히 사교 및 여행을 원하는 비율은 21%였으나 실제로 그 활동을 하고 있는 비율은 1.6%에 불과하였다.

고등학생들이 지각한 여가의 장애요인은 여가를 보낼 장소와 시설 부족, 여가비용 부족이라는 경제적 장애, 학습시간 과다로 인한 시간적 장애요인 순으로 나타났다. 전체적인 여가 만족도는 높지도 낮지도 않은 중간수준이었다. 이러한 제한으로 인해 학생들은 주로 컴퓨터 게임을 하면서 시간을 보내게 되고 과도한 경우 중독현상까지 일으킬 우려가 있는 것으로 보고 되고 있다. 정유정 & 이숙(2001)의 조사에 따르면 중학교 남학생의 경우 1주일에 4일 이상 컴퓨터 게임을 하는 학생의 비율이 46.7%였고, 하루에 1~2 시간을 하는 사람은 40.7%로 나타났다.

| 구 분 | 여가 활동 | 비 율(%) | 구 분 | 여가 활동 | 비 율(%) |
|---|---|---|---|---|---|
| 선호하는 여가활동 | 컴퓨터 관련 활동<br>감상 및 관람활동<br>부정형 활동<br>교양학습활동<br>스포츠활동<br>사교 및 여행활동 | 21.4<br>9.9<br>17.0<br>11.6<br>19.2<br>20.9 | 현재의 주요 여가활동 | 컴퓨터 관련 활동<br>감상 및 관람활동<br>부정형활동<br>교양학습활동<br>스포츠 활동<br>사교 및 여행활동 | 37.3<br>26.9<br>13.7<br>11.2<br>9.2<br>1.6 |
| 여가비용 | 월 1만원 미만<br>1만원~3만원 미만<br>3만원~5만원 미만<br>5만원 이상 | 22.2<br>37.5<br>22.5<br>17.9 | 여가활동의 동반자 | 친구<br>혼자<br>가족<br>기타 | 78.6<br>12.9<br>5.7<br>2.8 |

## 2. 자녀양육 및 교육 분야 트렌드

### 1) 자녀양육 및 교육 분야 소비지출 패턴

우리나라의 교육비와 자녀양육비에 대한 지출은 지난 20~30년간 유례없이 높은 증가율을 보여 왔다. 통계청 자료에 따르면 1970년 교육비 지출액은 월평균

표 4-2 교육비 분야 소비지출 동향

| 구 분 | 1970년 | | 1980년 | | 1990년 | | 2000년 | | 2004년 | |
|---|---|---|---|---|---|---|---|---|---|---|
| | 지출액 (원) | 구성비 (%) | 지출액 (원) | 구성비 (%) | 지출액 (원) | 구성비 (%) | 지출액 (원) | 구성비 (%) | 지출액 (원) | 구성비 (%) |
| 교 육 | 1,980 | 100.00 | 11,274 | 100.00 | 57,641 | 100.00 | 182,370 | 100.00 | 235,813 | 100.00 |
| 납입금 | - | - | - | - | 25,302 | 43.90 | 75,861 | 41.60 | 84,479 | 35.82 |
| 교재비 | - | - | - | - | 6,650 | 11.54 | 23,550 | 12.91 | 9,083 | 3.85 |
| 보충 교육비 | - | - | - | - | 23,440 | 40.67 | 78,804 | 43.21 | 138,340 | 58.67 |
| 문구류 | 120 | 6.06 | 801 | 7.10 | 2,249 | 3.90 | 4,156 | 2.28 | 3,912 | 1.66 |

자료 : 통계청, 도시가계연보

1,980원이었으나 2004년 그 지출액은 월평균 23만원을 넘어, 총 가계지출의 12% 가량을 차지하고 있다. 특히 2004년의 경우 공교육비에 해당하는 납입금보다 사교육비에 해당하는 보충교육비에 대한 지출이 훨씬 더 많아 거의 1.6배 정도에 달한다. 이는 총 도시근로자 가계를 대상으로 한 경우이고, 중·고등학교나 대학생 자녀를 두고 있는 가계만을 대상으로 할 경우 교육비의 부담은 훨씬 증가한다.

한편 교육비 외에도 자녀양육에 드는 총체적 비용이 증가하고 있다. 자녀양육을 위한 가계 소비지출액을 측정한 허경옥(1997)에 따르면 자녀수에 따른 월평균 자녀양육비 지출액과 전체 소비지출액 중 차지하는 비용은 표 4-3과 같다. 한 자녀 가족일 경우 자녀에게 드는 비용은 월평균 53만원인데 이는 전체 소비지출액

표 4-3 자녀수에 따른 양육비 지출 (단위 : 만원, %)

| 구 분 | 한 자녀 가계 | 두 자녀 가계 | | | 세 자녀 가계 | | | |
|---|---|---|---|---|---|---|---|---|
| | | 첫째 | 둘째 | 소계 | 첫째 | 둘째 | 셋째 | 소계 |
| 지출액 | 53(37) | 42(26) | 33(20) | 75(46) | 37(23) | 30(18) | 26(15) | 93(56) |

* 괄호 안은 전체 소비지출액에서 자녀양육비가 차지하는 비중(%)

표 4-4 1~18세까지 자녀양육비 총 지출액 (단위 : 만원)

| 구 분 | 한 자녀 가계 | 두 자녀 가계 | | | 세 자녀 가계 | | | |
|---|---|---|---|---|---|---|---|---|
| | | 첫째 | 둘째 | 소계 | 첫째 | 둘째 | 셋째 | 소계 |
| **지출액** | 12,305 | 9,809 | 8,295 | 18,119 | 8,323 | 7,329 | 6,021 | 21,673 |

자료 : 허경옥, 1997

의 37% 정도에 해당한다. 두 자녀를 가지고 있을 경우 첫째 자녀에게는 월평균 42만원을, 둘째 자녀에게는 33만원을 쓰게 되며, 이 두 비용의 합은 전체 소비지출액의 46%에 해당한다. 전체 소비지출액에서 차지하는 자녀양육비 비율을 엔젤계수(Angel Coefficient)라고 부르는데 엔젤계수는 횡단적 자료에서는 자녀수가 많아질수록 증가하는 경향이 있다.

한 자녀를 18세까지 양육하는 데 드는 총비용은 1억 2,300만원 정도로 추산된다. 자녀수가 많아질수록 총 양육비도 늘어나지만 자녀 1인당 양육비는 줄어드는 것으로 나타난다. 이는 자녀수와 질의 상호작용을 설명한 베커(Becker, 1975)의 논리로 설명할 수 있는데, 그에 따르면 자녀의 질은 자녀수와 명확한 대체관계는 아니나 이와 유사한 형태를 지니고 있다. 가령 가계 내 자녀수가 증가하면 자녀의 질을 증가시키기 위한 자녀 한명 당 지출비용은 낮아질 수밖에 없고, 또 한 자녀 당 질을 증가시키기 위한 비용지출이 많으면 자녀수를 증가시킬 수 없으므로 자녀수와 자녀의 질은 상호 부-적인 관계를 갖게 된다는 것이다. 이 이론은 그 동안 여러 실증적 연구들에 의해 검증되어왔다.

특히 우리나라의 경우 자녀의 질에 대한 표준이 높은데다가 자녀양육의 기대편익은 낮아지고 자녀의 양육비용이 증가하여 자녀 수 감소현상이 가속화되고 있다. 대부분의 부모가 원하는 자녀의 교육수준이 대학졸업 또는 대학원 졸업일 정도로 자녀에 대한 부모들의 기대는 크다. 따라서 자녀의 교육 및 양육비용과 자녀의 질 향상비용은 급격하게 증가하고 있다. 이 비용에는 의식주 등을 해결하기 위한 비용과 교육비뿐만 아니라 주부가 자녀양육을 위해 포기해야 하는 취업의 이익, 즉 기회비용까지 포함된다. 반면 자녀양육으로부터 기대되는 이익-가령 가문의 대를 잇고, 부모의 노후를 부양하고, 가계생산을 위한 노동력을 제공하는 등-은 점차 감소하

표 4-5 우리나라의 출산율 변화 (단위 : %)

| 구 분 | 1970년 | 1980년 | 1990년 | 1995년 | 2000년 | 2001년 | 전 세계(2000년) |
|---|---|---|---|---|---|---|---|
| 합계출산율 | 4.5 | 2.8 | 1.6 | 1.7 | 1.5 | 1.3 | 3.0 |
| 조출산율 | 31.2 | 22.7 | 15.3 | 16.1 | 13.4 | 11.6 | 23.7 |

고 있다. 자녀의 수와 질의 상호작용, 자녀양육의 비용 증가와 기대편익 감소는 최근 우리나라의 출산율을 유례없이 낮춘 주요 원인으로 꼽힌다.

## 2) 자녀양육 및 교육 분야 트렌드 사례

### (1) 자녀귀족화 현상과 어린이 명품시장의 등장

지난 30여 년 간의 출산율 통계를 보면 자녀수가 급격하게 감소하고 있는 현상을 확인할 수 있다. 1960년대에 가족계획의 일환으로 피임약이 보급되고 '아들 딸 구별 말고 둘만 낳아 잘 기르자'는 운동이 도입되면서 자녀수는 1970년대 부부 당 4.5명에서 2001년 부부 당 1.3명으로 감소하였다. 자녀수의 감소는 위에서 설명한 대로 자녀양육으로 인한 기대이익은 감소한 반면 자녀양육 비용은 상대적으로 크게 증가한 데에 있다.

이러한 소자녀화 현상은 바로 어린이 시장의 고급화, 고가화로 연결되고 있다. 많은 자녀를 갖는 것보다 한 두 자녀를 낳아 잘 키우려는 현상이 발생하기 때문이다. 자녀수가 감소하면서 한 아이에게 지출할 수 있는 비용이 상대적으로 많아졌고 이에 따라 의류와 교육, 장난감, 여행 등의 분야에서 고품질의 어린이 관련 시장이 커지고 있으며 과거 성인 시장에서 볼 수 있던 명품 바람마저 불고 있다. 유명 의류브랜드에서의 어린이용 상품 출시, 어린이 전용 쇼핑몰의 등장, IMF 시기에도 불황을 겪지 않고 성인용품에 비해 바겐세일이 거의 없는 어린이 시장 등을 예로 들 수 있다.

### 트렌드 메모 4-4

## 중산층 부모까지 '제 자식 최고 만들기'

명품족 바람이 이제 어린이에게도 불고 있다. 해외 유명 보석브랜드 T사는 18만 원짜리 아이용 은제 딸랑이를 내놓아 선풍적인 인기를 끌고, 명품브랜드 G사는 24만 원짜리 보행기 신발로 돌풍을 일으켰다. 영국 M사에서 1,000대 한정으로 수공 생산했다는 300만 원짜리 유모차는 지난 봄 15대가 수입됐지만 1주일 만에 다 팔렸다.

자기 자녀를 명품족으로 만들려는 일부 부모의 욕구는 경기불황과 상관없다. 어린 시절 애완견을 치장해 온 세대들이 성장해 결혼한 뒤로 자기 자녀를 명품족으로 키우려는 욕망이 강하다는 전문가의 지적도 있다.

외국계 은행원인 남편을 둔 20대 후반 주부인 윤모씨는 무역센터 인근 백화점에서 딸을 위한 유아복, 양말, 모자 등 80만원어치를 신용카드로 구입했다. 그녀는 "아이를 명품으로 치장해주는 데서 정신적 만족을 느낀다"며 "돌 맞은 아이를 둔 친구에게 계 형식으로 돈을 모아 고가 명품 옷을 사주는 게 유행"이라고 말했다.

지난달 중순 서울시내 한 특급호텔 공연장에서는 색다른 '패션쇼'가 열렸다. 현란한 조명과 짙은 화장을 바른 모델들이 무대 위를 누비는 것까지는 기존 패션쇼와 다를 바 없었지만, 이날 주제는 '아동복'. 이탈리아 직수입 브랜드사에서 새롭게 명품 아동복들을 내놓고 고객들 반응을 살피는 자리였다. 모델들도 모두 키가 140cm도 채 못 되는 아이들이었고, 무대 주변에는 부모 손을 잡은 어린이들이 150여명 운집해 있었다.

어린이 명품족 바람은 경기 불황 속 백화점의 매상을 올려주고 있다. 서울 강남의 A백화점은 '명품 아동복 전문매장'을 150평 규모로 늘려 고급화했다. 페라가모, 버버리, 아르마니, 크리스티앙 디오르, 프라다, 페레 등 소위 명품브랜드의 '키즈(kids)'용 브랜드 20여 개가 입점한 것이다. 이 백화점 측은 "명품 마케팅은 불경기 속에서도 실패하지 않는다는 게 철칙"이라며 "기존 수입업체는 물론이고 국내 업체까지 어린이 명품 시장에 뛰어들었다"고 말했다.

명품 아동복은 어른의 정장가를 훌쩍 뛰어넘는다. 남자 정장이 60만~70만원, 여자 코트 60만~100만원, 원피스 30만~50만원이라면, 최근 아동복을 생산하기 시작한 국내 유명 디자이너의 키즈 브랜드는 정장 한 벌에 300만원을 웃돈다. 이 회사에서는 "명품 아동복 매출이 한 달 평균 3,000만원에서 많게는 6,000~7,000만원까지 달한다"며 "사회적 위화감에 대해서는 고객이 판단할 문제"라고 말했다.

이런 '어린이 명품족'을 만드는 계층은 일부 부유층에 한정되는 것이 아니라 중산층까지 확산되고 있는 중이다. H백화점 매장 직원은 "대기업 오너 집안, 부동산 재벌, 대형 음식점 사장 등 주로 강남에 근거지를 둔 부유층 부모들이 많지만, 평범한 샐러리맨들도 점차 이 열풍에 합류하고 있다"며 "자녀를 통해 욕구를 대리만족하려는 부모의 심리가 어린이 명품족을 만드는지도 모른다"고 말했다.

자료 : http://blog.naver.com

### (2) 어린이 소비자의 눈길 사로잡기

과거 어린이 용품의 대부분은 부모, 그 중에서도 어머니가 대리로 구매해 주는 경우가 대부분이었다. 어린이 용품을 구매할 때의 우선순위는 대부분 어린이의 건강이나 교육에 관련된 것이었고 이런 요소는 당사자인 어린이보다 부모들이 더 잘 파악할 수 있었기 때문이다. 그러나 요즘 어린이를 대상으로 하는 상품들은 부모보다는 어린이 소비자의 욕구를 충족시키고 그들의 눈길을 사로잡기 위해 더 많은 노력을 하고 있다. 어린이를 사로잡는 현란한 상품 디자인, 어린이가 좋아하는 요소를 강조한 포장, 어린이가 좋아하는 모델의 사용 등이 그 예이다.

어린이 용품을 구매하고 돈을 지불하는 사람은 부모이지만 최종적으로 그 물건을 소비하는 사람은 어린이이고 의사결정에서도 어린이 소비자의 영향력이 커지고 있는 것으로 나타나고 있기 때문이다. 어린 자녀가 있는 경우 외식을 하거나 여행을 할 때 또는 영화를 볼 때 부모보다도 어린이를 위주로 상품을 선택하는 것도 하나의 예이다.

### (3) 어른용품 같은 아이용품

어린이들이 가장 듣기 싫어하는 말은 '꼬마, 애기'라는 말이라고 한다. 태어나서부터 대중매체와 컴퓨터의 온갖 정보에 노출되어 자란 아이들은 신체적으로뿐만 아니라 정신적으로도 과거보다 훨씬 성장이 빨라지고 있어 나름대로 어른인 척 하기를 좋아한다. 아이 같은 어른을 키덜트(kids와 adult의 합성어)라고 하는 것과 구별해, 어른 흉내를 내는 아이를 어덜키드(adult와 kids의 합성어)라고 부르기도 한다.

유치원생은 초등학생 언니나 오빠를, 초등학생은 중·고등학생을, 중·고등학생은 20대 어른을 흉내 낸다. 사실 어떤 부분에서는 어린이들이 어른인 척 하기도 하지만 실제 어른의 안목을 가지게 되기도 한다. 이런 상향 모방현상은 의류나 문화용품 분야에서 특히 두드러지게 나타난다. 성인용 파티 드레스를 흉내 낸 어린아이 백일용 또는 첫 돌용 드레스나 연애 이야기가 등장하는 어린이용 도서나 영화 등이 그 예이다.

표 4-6 가계당 사교육비 지출액(2000년)

| 구 분 | 취학 전 | 초등 저학년 | 초등 고학년 | 중학생 | 고등학생 |
|---|---|---|---|---|---|
| 월평균 사교육비(원) | 129,300 | 118,300 | 137,900 | 174,600 | 217,100 |
| 사교육비/총지출(%) | 15 | 7 | 8 | 8 | 15 |

자료 : 이승신(2002)

### (4) 사교육비에 대한 의존 확대

우리나라에서 사교육 부담에 대한 논의는 새로운 것이 아니다. 그러나 사교육의 범위는 단순한 학업보충의 범위를 넘어 미술과 음악, 체육 등 예체능 분야로까지 점점 확대되고 있고 그 비용도 모두 합치면 공교육비를 능가할 정도로 커지고 있다. 한국은행 자료에 따르면 1998년 사교육비의 총규모는 29조 3,784억으로 GNP 대비 6.5%에 해당한다. 유학비용 8조원을 합치면 국내 공교육을 제외한 기타 교육비는 16조원 규모이다. 가계 소비지출 중 사교육비와 국외 교육비가 차지하는 비율은 2000년 33.3%에서 2004년 41.3%로 매년 꾸준히 늘고 있다.

우리나라의 사교육 실태를 연구한 이승신(2002)에 따르면 2000년에 사교육을 받을 연령대의 자녀가 있으면서도 사교육을 전혀 받지 않는다고 응답한 비율은

트렌드 메모 4-5

#### 소득계층과 사교육비

사교육비에 대한 지출은 저소득층에 비해 고소득계층에서 더 높다. 이성림(2002)에 따르면 최고 소득층의 경우 최저 소득층보다 초등학생의 경우 약 4배, 중·고등학생의 경우 약 7배 더 많은 사교육비를 지출하고 있다고 한다. 이는 고소득층이나 고학력층은 학력이 사회에서 소득이나 직업에 미치는 효과가 더 크다고 인식하기 때문일 것으로 추정할 수도 있는데 이것이 사실이라면 학력에 따른 소득격차나 계층격차는 앞으로 더 확대될 가능성이 있다.

2000년 소득 10분위별 1인당 사교육비 몫 (단위 : 월평균, 만원)

| 구 분 | 1분위 | 2분위 | 3분위 | 4분위 | 5분위 | 6분위 | 7분위 | 8분위 | 9분위 | 10분위 |
|---|---|---|---|---|---|---|---|---|---|---|
| 초등학생 | 4.13 | 6.35 | 7.44 | 8.67 | 9.57 | 10.49 | 10.38 | 12.45 | 13.27 | 17.25 |
| 중·고생 | 3.78 | 4.93 | 5.32 | 6.48 | 8.70 | 9.68 | 13.40 | 11.32 | 14.23 | 22.18 |

32.6%였고, 사교육을 받는 경우 월평균 사교육비 지출액은 14만 9천원이었다. 사교육비가 부담이 되는 정도를 질문한 결과 '부담이 되지 않는다'는 응답은 6.9%에 불과했고, '약간 또는 매우 부담이 된다'가 70%로 나타났다. 자녀 연령별로 보면 고등학생의 경우 사교육비 지출액도 가장 많고 총 소비지출액 대비 사교육비 지출액의 비율도 총 소비지출의 15%로 가장 높았다.

## 3. 보건 및 의료 분야 트렌드

보건 및 의료 분야는 인구의 고령화와 더불어 소비지출이 지속적으로 증가할 가능성이 높다. 또한 고령화 추세와 더불어 건강에 대한 관심이 높아지면서 젊을 때부터 건강을 관리하려는 보건 및 의료 분야 수요가 증가할 가능성도 높다. 그렇다면 보건 및 의료와 관련하며 어떠한 시장전망이 가능할까? 어느 주간 경제잡지는 관련 분야 전문가들의 인터뷰 결과를 종합해 향후 의료 분야의 핵심 키워드는 '유전자'와 '생명공학'이 될 것이라고 전망했다. 또한 10년 후 한국인의 사망원인 1순위는 암(폐암, 위암, 간암, 대장암 순)이고 그 다음은 뇌혈관 질환이 될 것이며 향후 10년 내 정복될 질병은 당뇨, 위암, 백혈병, 폐암 순일 것으로 전망했다.

의료시장 개방에 대해서는 개방은 대세이며 당분간 부분 개방이 될 것이라고

표 4-7 보건의료 분야 소비지출 동향

| 구 분 | 1970년 | | 1980년 | | 1990년 | | 2000년 | | 2004년 | |
|---|---|---|---|---|---|---|---|---|---|---|
| | 지출액(원) | 구성비(%) | 지출액(원) | 구성비(%) | 지출액(원) | 구성비(%) | 지출액(원) | 구성비(%) | 지출액(원) | 구성비(%) |
| 보건의료 | 920 | 100.00 | 11,217 | 100.00 | 34,629 | 100.00 | 70,606 | 100.00 | 94,494 | 100.00 |
| 의약품 | - | - | - | - | 16,568 | 47.84 | 22,969 | 32.53 | 25,907 | 27.42 |
| 보건의료 용품기구 | - | - | - | - | 1,769 | 5.11 | 3,974 | 5.63 | 9,912 | 10.49 |
| 보건의료 서비스 | - | - | - | - | 16,292 | 47.05 | 43,663 | 61.84 | 58,676 | 62.09 |

자료 : 통계청, 도시가계연보

응답했다. 가장 논란의 여지가 많은 인간복제에 대해서는 기술적으로는 가능할 것이나 법적, 윤리적 문제 해결이 쉽지 않아 상용화되기에는 어려울 것이라는 응답이 많았다.

### 1) 보건 및 의료 분야 소비지출 패턴

보건 및 의료 분야에 대한 소비지출은 지금까지 전체 소비지출에서 차지하는 비율이 4~6% 내외에 불과하나 앞으로 인구의 노령화와 소득증대에 힘입어 계속 증가할 것으로 전망되고 있다. 특히 현재 논의 중인 노인 요양급여, 즉 요양이나 치료를 목적으로 장기간 입원하는 노인들의 의료비에 대한 건강보험 적용이 개시되면 폭발적으로 늘어날 것으로 예상된다.

보건의료비 소비지출을 항목별로 보면 의약품비가 감소하고 보건의료용 기구나 의료 서비스의 지출 비중이 높아지고 있다. 2004년의 경우 전체 보건의료비 중 의료 서비스 지출의 비중은 전체 소비지출의 약 2/3에 달한다.

### 2) 보건 및 의료 분야 트렌드 사례

#### (1) 건강에 대한 관심 : 전 연령대로 보편화

오늘날 건강에 대한 관심은 노인들만의 것이 아니다. 건강은 젊어서부터 꾸준히 관리해야 한다는 인식이 퍼지면서 어린이부터(사실은 태아시절부터) 노인에 이르기까지 건강이라는 키워드는 생활의 모든 면에 영향을 미치고 있다. 이는 어린 시절부터 비만이나 소아당뇨 등 예전에 없던 질병이 부상하고 있기 때문이기도 하지만, 부분적으로는 환경오염의 증가, 외식 등으로 인한 유해요소에의 노출 증가, 젊은층에서의 음주와 흡연행동의 증가 등 생활의 일탈이 많아졌기 때문으로도 볼 수 있다.

건강에 대한 관심은 음식, 운동, 의류, 여행, 화장품 등에 이르기까지 적용되지 않는 곳이 없을 정도이다. 홈쇼핑에서는 체력강화를 위한 운동기구와 침구, 안마기와 마사지기, 녹즙기 등 건강 관련 제품이 꾸준히 사랑받고 있다. 또한 몸에 좋은 음식이라면 장소와 비용을 가리지 않고 찾아다니는 사람들이 늘어나고 각종 건강보조식품이 선물용으로 불티나게 팔리고 있다.

트렌드 메모 4-6

### 건강에 대한 소비자 태도

건강에 대한 관심이 높아가고 있음에도 불구하고 소비자들은 건강과 관련된 운동을 하기보다는 음식을 가려먹거나 건강상실과 치료를 대비한 보험을 드는 등 운동 외적 요인에 더 의존하는 것으로 나타나고 있다. 제일기획의 한국인 라이프스타일 조사에 따르면 건강과 관련된 태도와 행동 중 가장 많은 소비자들이 동의한 것은 '인공 조미료 줄이기', '생수 먹기', '노후보장을 위해 보험가입 등 구체적인 준비를 한다' 순으로 나타났다. '거의 정기적으로 운동을 한다'는 사람의 비율은 1992년 17.8%에서 2000년 21.7%로 증가하였지만 전체의 1/5선에 불과하였다.

건강에 대한 소비자 태도변화 (단위 : %)

| 항 목 | 1992년 | 1997년 | 2000년 |
|---|---|---|---|
| 거의 정기적으로 하는 운동이 있다. | 17.8 | 19.0 | 21.7 |
| 건강을 위해 음식을 가려 먹는다. | 17.8 | 19.0 | 19.1 |
| 건강식품을 애용한다. | - | 14.8 | 17.7 |
| 노후보장용 보험가입 등 구체적 준비를 한다. | - | 46.4 | 47.1 |
| 생수를 이용한다. | 36.4(1994) | 66.8(1998) | 70.7 |
| 조미료를 쓰고 있다. | 84.9(1994) | 81.1 | 73.6 |

자료 : 제일기획, 한국인 라이프스타일 조사(2000) (조은정, 2002에서 재인용)

### (2) 대통령도 성형수술 하는 나라

최근 외신보도를 보면 한국에서의 이상한 성형수술 열풍을 꼬집는 보도가 가끔 눈에 띈다. 경제적인 발전으로 전반적으로 사람들의 키가 커지고 피부상태가 좋아지는 등 원하는 방향으로의 변화가 나타나고 있음에도 불구하고 외모에 대한 관심은 식을 줄을 모르고 있다.

특히 우리나라의 외모 지상주의 트렌드에서는 남자든 여자든, 어리든 늙었든 그리고 직업이 무엇이든 간에 외모가 사람을 판단하는 주요 기준 중 하나가 되고 있다는 특징이 있다. 남자들도 정기적으로 피부 미용실을 찾고 남성용 색조 화장품을 바르며 취업면접을 앞두고는 성형을 하거나 마사지를 받는 경우가 늘어난다

트렌드 메모 4-7

## 역술인 대동 성형수술 붐

**- 골 깊은 불황, 일도 안 풀리고… 관상 바꾸면 인생 확~펴지려나 -**

대기업 직원 김모(38) 씨는 올해 줄기세포 관련 주식에 목돈을 투자했는데 '황우석 파문'으로 그만 낭패를 봤다. 지난주 받은 성과급을 들고 답답한 마음에 토정비결을 보러 갔을 때는 움푹 꺼진 이마가 부와 명예를 해친다는 말까지 들었다. 결국 지난주 말 역술가를 데리고 성형외과를 찾아 이마 성형수술을 받았다. 도톰해진 이마가 조기 퇴직이라도 막아줬으면 하는 바람에서다.

은행원인 임모(여 · 28) 씨는 오는 30일 오전 종무식을 마치는 대로 코 수술을 받을 예정이다. 내년 봄 결혼을 앞두고 있는 임씨의 경우 낮은 코가 늘 콤플렉스였는데 올해 성과급이 나온다는 말에 눈 딱 감고 수술비로 쓰기로 결심했다. 30일 오후 3시가 수술에 길하다고 말한 역술가를 데리고 병원을 찾을 생각이다.

연말 성과급을 들고 역술인과 함께 성형외과를 찾는 직장인이 늘고 있다. 그 바람에 '성형 1번지' 강남지역 성형외과가 특수를 누리고 있다. 골 깊은 불황 속에서 관상 변화로 운명을 바꿔보려는 이들 직장인은 역술가와 함께 병원을 찾으며 시술시간과 부위까지 미리 정해서 오는 경우가 많다. 시술 부위는 입신양명을 상징한다는 이마와 사람의 전체적인 인상과 재복을 좌지우지하는 코 그리고 빠른 회복이 가능한 쌍꺼풀 수술이 주류를 이룬다. 대부분 회복이 빠르면서도 티가 나지 않는 부위라는 게 공통점이다.

강남지역 성형외과 의사들의 얘기를 종합해 보면 이런 환자들은 연말 전체 시술 환자 중 20~30%를 차지하고 있다. 특히 20대 후반에서 30대 초반의 직장 여성과 남성이 1주일에 2회 이상 역술인과 함께 병원을 찾는다. 직장 동료와 함께 찾아와 할인 혜택을 요구하는 환자도 일부 눈에 띈다. 유상욱 그랜드성형외과 원장은 "자신이 시술받을 시간을 역술가로부터 받아오는 경우가 많은데 심지어 수술하는 의사와 궁합을 보기 위해 원장의 생년월일을 묻는 환자도 있다. 보통 의사와 역술인이 환자의 수술 부위에 대해 의견을 교환한 뒤 수술에 들어간다"고 말했다.

박귀호 코헨성형외과 원장도 "1주일에 2회 정도 역술가를 데리고 오는 환자를 볼 수 있다. 성과급 한도 내에서 가격이 저렴한 코나 눈 수술을 원하는 환자가 대부분으로, 경기침체로 자신의 미래에 대해 불안을 느끼는 사람이 그만큼 많다는 방증 아니냐?"고 말했다.

상황이 이렇게 되자 성형외과를 찾는 역술인을 대상으로 상담료를 받는 방안도 거론되고 있다. 강남지역의 성형외과 개원의는 "역술인의 성형외과 출입이 최근 많아지면서 학회나 대한성형외과개원의협의회 차원에서 역술인에게 상담료를 받는 문제에 대해 논의하고 있는 것으로 알고 있다"고 말했다.

자료 : 헤럴드경제 사회면, 2005년 12월 26일자

고 한다. 심지어 대통령도 이마 주름을 수술했다고 밝히고 이런 것이 별 이슈가 되지 않는 풍토가 대두되고 있다.

이는 후기 산업사회로 갈수록 자아 이미지의 창출이 소비의 큰 목적으로 대두되는 현상과 무관하지 않을 것이다. 그러나 유독 우리나라에서 이러한 현상이 두드러지는 것은 획일화된 미의 기준과 원래부터 강한 또래나 집단에 대한 동조욕구가 결합되었기 때문이라고 할 수 있다.

앞으로 미용관련 치료와 수술 분야의 수요가 지속될 것으로 전망되고 있다. 특히 이와 같은 현상은 얼굴에 대한 미용뿐만 아니라 다이어트, 피부 관리, 노화방지 등의 분야에 대한 보다 전문적이고 의료적인 처치의 증가를 예고하고 있다.

### (3) 마음의 건강 찾기

현대인들의 건강에 대한 관심은 신체 건강의 영역에만 국한되지 않는다. 바쁘고 경쟁적인 현대의 사회생활이 스트레스를 쌓이게 하고 스트레스가 각종 질병의 발병 내지 악화요소가 된다는 것이 알려지면서 마음의 건강을 추구하려는 트렌드가 부상하고 있다.

이들 트렌드 중 가장 두드러지는 것은 몸과 마음을 자연에 가장 가까운 상태로 있게 함으로써 마음의 안정을 찾으려는 시도이다. 가령 패스트푸드보다 자연친화적 식품인 슬로 푸드를 먹고 생활에서도 소득이나 지위보다 여유로운 시간의 확보와 마음의 평화를 우선시하며, 운동도 경쟁적이고 격렬한 것 대신 산책이나 명상 등을 즐기고, 여행도 관광을 위한 것보다 휴식을 위주로 하는 사람들이 늘어나고 있다. 아로마테라피나 요가처럼 마음의 수행을 위한 요소와 치료나 운동을 위한 요소를 결합시킨 사례들도 늘고 있다.

이들 마음의 건강과 관련된 소비는 특히 식료품과 관련된 분야에서 많이 늘어나고 있으나 앞으로는 생활의 다양한 방면에서 구현될 것이다. 무조건 기능이 많고 빠르고 편한 것 위주로 품질을 판단하고 제품을 선택하던 것에서 벗어나 새로운 기준으로 상품을 선택하게 될 것이다.

트렌드 메모 4-8

### 마음의 건강에 대한 자가 테스트

아래 15가지 질문 모두에 답을 하셔야 합니다.
이 테스트는 의사의 진단을 대체할 수 없는 참고용 테스트입니다.

| 일의 능률이 떨어지고 실수가 많아졌다. | 예 | 아니오 |
|---|---|---|
| 다른 직장(또는 직업)으로 바꾸고 싶다고 생각한다. | | |
| 몸 상태가 나빠서 결근하고 싶다. | | |
| 상사나 동료에게 불평, 불만을 느낀다. | | |
| 말다툼, 언쟁 등 주위에서 공격이 늘었다. | | |
| 책상 위가 흐트러진 채 있다. | | |
| 기력이 없어서 일을 할 수 없게 되었다. | | |
| 퇴근, 결근, 지각, 조퇴가 많아졌다. | | |
| 돈을 쓰는 일이 많아져서 빚이 늘었다. | | |
| 일에 대한 실수나 미처 생각되지 못한 일은 내 탓이 아니라고 생각한다. | | |
| 괜히 기분이 나빠져서 사소한 일에도 화를 잘 낸다. | | |
| 최근에 대인 관계가 몹시 나빠졌다. | | |
| 술을 마시면 무심코 푸념이 나온다. | | |
| 뒤에서 누가 자기 흉을 보는 것같이 생각한다. | | |
| 때와 장소는 잘 만나면 자기는 더 큰일을 할 것이라고 생각한다. | | |

자료 : 건강한 이웃 홈페이지, drug-info.co.kr

## 4. 교통 및 통신 분야 트렌드

지역간 이동성의 증가로 최근 들어 가장 큰 변화를 보이고 있는 분야가 교통 및 통신 분야이다. 취업과 교육 등 다양한 목적을 위해 지역간 이동이 심해지면서 상호교류를 위한 교통수단과 통신수단의 발달이 필요하게 되었다. 우리나라는 관련 산업 분야의 기술 발전과 더불어 공동주택의 비중이 많아 네트워크 통신 발달이 용이했던 주거 특성에 힘입어 세계 어느 나라에서도 유례를 찾을 수 없을 정도로 빠르게 발전했다.

표 4-8 교통 및 통신 분야 소비지출 동향

| 구 분 | 1970년 | | 1980년 | | 1990년 | | 2000년 | | 2004년 | |
|---|---|---|---|---|---|---|---|---|---|---|
| | 지출액 (원) | 구성비 (%) | 지출액 (원) | 구성비 (%) | 지출액 (원) | 구성비 (%) | 지출액 (원) | 구성비 (%) | 지출액 (원) | 구성비 (%) |
| 교통 · 통신 | 1,440 | 100.00 | 10,419 | 100.00 | 58,400 | 100.00 | 261,442 | 100.00 | 346,974 | 100.00 |
| 교 통 | - | - | - | - | 45,499 | 77.91 | 184,397 | 70.53 | 213,286 | 61.47 |
| 공공교통 | - | - | - | - | 20,880 | 35.75 | 49,940 | 19.10 | 57,069 | 16.45 |
| 개인교통 | - | - | - | - | 24,619 | 42.16 | 134,457 | 51.43 | 156,217 | 45.02 |
| 통 신 | - | - | - | - | 12,901 | 22.09 | 77,046 | 29.47 | 133,689 | 38.53 |

자료 : 통계청, 도시가계연보

이 분야는 자동차 보유율, 인터넷과 휴대전화 보급률 등에서 포화상태에 도달했다는 평가를 받고 있으나 관련 서비스 개발로 또 다른 시장개척에 성공한다면 무한한 성장이 기대되는 분야라고 할 수 있다.

## 1) 교통 및 통신 분야 소비지출 패턴

통계청 자료에 따르면 교통 및 통신 분야는 지난 10여 년간 소비지출 비중이 가장 급속하게 증가한 분야이다. 2004년 교통 · 통신비 지출은 월평균 총 35만원 정도로 전체 소비지출의 17.2%를 차지하며 10대 소비지출 비목 중 식료품비를 제외하고 기타 소비지출(17.3%)에 이어 근소한 차이로 두 번째로 높았다. 특히 교통비 중에서는 개인교통비가, 통신비 중에서는 이동전화 보급으로 인한 이동통신비가 많이 증가했다. 2004년의 경우 총 교통 · 통신비 중 교통비가 61%, 통신비가 39%를 차지하고 있는데 교통비 중 70% 이상이 자동차 구매와 유지 및 관리에 드는 개인교통비이다.

## 2) 교통 및 통신 분야 트렌드 사례

### (1) 유비쿼터스 통신시대

통신 서비스 시장은 지난 5년 사이에 급성장하였다. 컴퓨터 및 통신기술의 발달로 인터넷을 활용한 쇼핑, 학습, 자료검색, 정보공유 등이 가능해지면서 인터넷을 통한 다자간 통신은 모든 기관과 개인에게 생활의 일부가 되었다. 각종 통신 서비스 이용자수도 급증하고 있다. 인터넷 이용자수는 1996년 약 73만 명이었던 것이 2001년에는 3배 이상으로 증가, 그 수가 2,412만 명에 이르고 이동전화 서비스 시장은 1996년 가입자가 318만 명이던 것이 2001년에는 무려 9배가 증가한 2,904만 명에 달하고 있다. 이는 전 국민의 절반 이상이 이동전화를 사용하고 있음을 나타내는 것이다.

통신 서비스의 증가는 인터넷 서비스나 이동전화 서비스로 인하여 언제, 어느 곳에서나 사람들 간의 연결이 자유로워졌음을 의미하는 것만은 아니다. 이제 통신 서비스는 지리적, 시간적 한계를 넘어 언제 어디서나 서로간의 커뮤니케이션은 물론 음악과 영상, 게임 등을 즐기고 일반사무나 은행업무, 쇼핑 등을 가능하게 해주는 만능 시스템으로 진화하고 있다. 일부에서는 인터넷과 휴대전화의 보급이 포화상태에 이르렀다는 이유로 통신시장의 앞날을 우려하고 있기도 하나, 이렇게 새로운 서비스와 결합되면서 한편으로 새로운 시장을 끊임없이 개척해 나갈 것이라고 보는 긍정적인 시각도 있다.

### (2) 사이버 커뮤니티의 활성화

인터넷 보급 초기에는 온라인 통신으로 인하여 사람들 간의 사회적 상호작용이 감소할 것이라는 우려가 팽배하였다. 특히 어린 아이들의 경우 게임과 인터넷 통신에 몰두하여 바깥에서의 교류가 단절된다는 부정적인 평가가 많았다. 그러나 사이버 상의 통신 기능으로 인해 오히려 새로운 형태의 사회 구성원간 상호작용이 촉진된다는 주장이 나오고 있고 이는 적어도 어느 집단, 어느 영역에서는 사실로 나타나고 있다.

온라인상에서의 사회적 관계는 오프라인에서의 상호작용과 다소 다른 양상을 보인다. 우선 사이버 상호작용은 시간적, 공간적 제한을 초월한다. 밤늦은 시각

### 트렌드 메모 4-9

## 싸이월드 신드롬

요즘 닷컴업계의 최고 히트 상품은 단연 싸이월드(cyworld.com) '미니홈피'다. 폭발적인 인기로 '싸이질(싸이월드 하기)', '싸이홀릭(싸이월드 중독자)' 같은 신조어를 만들어내면서 회원수 600만 명을 돌파했고 월 페이지뷰도 78억 건을 넘어 다음 카페를 위협하고 있다. 지난 1, 2월 두 달간 매출만 50억원. 싸이월드를 운영하는 SK커뮤니케이션즈는 지난해(100억원)의 두 배로 잡았던 올해 매출 목표를 최근 500억원으로 대폭 상향 조정하기에 이르렀다. 싸이월드의 성공 스토리를 들어봤다.

1. 실패에서 배우다

싸이월드 미니홈피가 탄생한 것은 2001년 10월. 1인 1홈페이지 갖기 열풍이 사그라질 무렵이다. 포털 사이트마다 경쟁적으로 홈피 서비스를 선보이면서 2,000만 개가 넘는 개인 홈페이지가 생겨났지만 대부분 빈껍데기로 전락했다. 미니홈피의 탄생부터 지금까지 싸이월드를 이끌고 있는 한 관계자는 "힘들게 만들어도 찾아주는 사람 없는 홈페이지 대신 만들기 쉽고 여러 사람들과 관계 형성이 가능한 공간을 만들자는 게 미니홈피의 출발이었다"고 말했다.

2. 관계 마케팅의 성공

프로필과 다이어리, 사진첩, 게시판 등 겉보기엔 여타의 서비스들과 크게 다를 게 없어 보인다. 하지만 다른 곳에는 없는 결정적인 차이가 있다. 홈피를 방문하는 사람 중 자신과 친한 사람과 '1촌 맺기'로 끈을 맺어주는 것이다. 개인이 매몰된 커뮤니티, 단순한 1 : 1 채팅에 식상해하던 네티즌은 관계의 바다 속에서 무한한 재미를 발견했다. 친구의 1촌→그 1촌→그 1촌의 미니홈피를 연쇄 방문하는 '파도타기'가 유행하면서 최근 미니홈피 방문자들의 평균 체류시간은 1시간을 넘어섰다.

3. 비즈니스 모델 사수!

대부분 사이트들이 아바타 등 값비싼 아이템들을 팔아대기 급급할 때 오히려 초보 가입자들에겐 아이템 구매를 제한하는 '엉뚱한' 모델을 선택했다. 자신의 미니홈피에 방문한 사람이 일정 수준이 넘어야만 살 수 있는 아이템, 나는 살 수 없고 다른 사람에게 선물로 받을 수만 있는 아이템을 도입했다. 금세 질리는 서비스 대신 새록새록 재미를 느끼게 하기 위한 장치, 사용자 스스로 '관계'를 만들어내도록 유도하자는 의도였다. '나'의 개념이 강한 아바타도 팔지 않고 대신 방꾸미기 아이템을 판매했다. 때마침 디지털 카메라 열풍까지 불어 싸이월드는 불과 몇 달의 고전 끝에 대박신화를 창조해냈다

자료 : 투데이 뉴스, 2004년 3월 15일자

서로 멀리 떨어진 곳에서도 상호작용이 가능하다. 또한 연령이나 직업이 동일한 사람들 사이에서 주로 이루어지는 게 아니라 비슷한 취미나 가치관을 가진 사람들 간에 형성된다. 사이버 상에서 결성된 각종 동호회 모임들은 동일한 가치관과 취미를 바탕으로 수평적으로 이루어지는 관계이기 때문에 더 긴밀하고 오래 지속된다고도 한다. 사이버 상의 익명성으로 인해 부정적이거나 과도한 비판이 난무할 수 있다는 부정적 측면도 있지만 이 새로운 관계가 사람들에게 사이버 상의 새로운 가족을 결성하게 할 만큼 매력적이고 강한 어떤 유인동기를 가지고 있다는 것은 부정할 수 없다.

### (3) 새로운 필수품 : 세컨드 카

건설교통부에 따르면 2005년 3월 등록된 자동차수는 1,500만대를 넘어섰다고 한다. 이 중 71.3%가 승용차이고 휘발유를 사용하는 자동차가 51.5%로 조사됐다. 우리나라 가구의 자동차보유율은 2004년을 기준으로 62%로 나타났다. 이는 독신가구나 노인가구를 제외하면 거의 1가구당 1대 꼴에 해당하는 수치이다. 이 중 1가구 2차량 가구의 비율이 33.6%로 3가구당 1가구 꼴로 자동차를 두 대 가지고 있는 것으로 나타났는데, 이는 1993년에 10.2%였던 것에 비해 10년 사이에 세 배 이상이나 증가한 것이다.

자동차 보유가구수의 증가는 1962년 경제개발계획 시작 후 고속도로 개통 및 확장, 전철을 비롯한 대도시 공공교통망의 발전과 같은 물리적 환경요인, 취업이나 진학문제 등과 관련되어 기동성에 대한 요구가 증가된 사회적 요인, 자동차 산업의 발전으로 인한 자동차 실질가격의 하락과 가계의 소득증대 같은 경제적 요인에 기인한다. 조선일보의 1994년 조사에서 조사대상자의 80%가 승용차는 필수품이라고 응답한 결과에서 보듯이 자동차는 이제 사치품이 아닌 거의 필수품으로 인식되고 있다.

앞으로 자동차 보유율이 더 증가할 것인가에 대해서는 두 가지 상반된 견해가 존재한다. 하나는 자동차 보유율이 이미 실질적으로 거의 100%이고, 앞으로 유가 상승에 따라 개인교통의 절제가 필요하게 되리라는 점 그리고 사이버 공간의 활용으로 온라인 쇼핑이 오프라인 쇼핑을 대신하고 재택근무가 활성화될 것이라는 점 등에 근거해 자동차 수요가 앞으로는 줄어들 것이라는 입장이다. 다른 하나는 앞으로도 취업 및 진학문제 등으로 인해 인구의 지역간 이동이 계속 증가할 것이고 또한 세컨드 카(second car)에 대한 수요가 발생하여 자동차 수요가 계속 상승할 것이라는 입장이다. 각 입장이 나름대로의 근거를 제시하고 있으나 취업주부가 늘어나고 있는 점과 중간소득층 이상에서 실제 세컨드 카 구입이 늘어나고 있는 점 등을 감안할 때 가구당 자동차 보유대수가 2대 정도에 이를 때까지 자동차 관련 수요는 증가할 것으로 전망할 수 있다.

## ♠ 참고문헌

김외숙(1999). 부부의 여가시간과 여가비용 및 여가만족도에 관한 연구. 한국가정관리학회지 17권 2호.

박미석 외(2001). 새 밀레니엄에서의 청소년 문화 창조를 위한 생태학적 지원체계 : 청소년의 여가문화 실태 및 여가만족도. 대한가정학회지 39권 4호.

이코노미 플러스(2004). 10대 시장 뉴트렌드. 11월호.

이성림(2002). 가계의 소득계층별 사교육비 지출 불평등. 대한가정학회지 40권 9호.

이승신(2002). 가계의 사교육비 지출과 경제적 복지. 대한가정학회지 40권 7호.

정유정 · 이숙(2001). 남자 청소년의 컴퓨터 게임이용과 게임 중독성 및 공격성. 대한가정학회지 39권 8호.

조은정(2002). 한국이 15명의 시장이라면? 지식공작소.

투데이뉴스(2001). 싸이월드 신드롬. 3월 15일자.

한국경제신문(2000). 지식사회에 평생교육 붐. 5월 3일자.

허경옥(1997). 가계의 자녀양육에의 지출액 측정-출생부터 18세까지의 양육비. 소비자학연구 8권 2호.

헤럴드경제신문(2005). 역술인 대동 성형수술 붐. 12월 26일자.

Becker(1975). Treatise on the Family. Harvard Univ. Press.

Danziger(2004). Why People Buy Things They Don't Need? Dearborn Trade Publishing Company.

# 제 3 부

## 소비자트렌드의 실제

# 제 5 장

# 소비자트렌드와 사회변화

소비자의 삶은 사회적 활동이므로, 넓게는 생계방식의 변화에 따라 좁게는 사회 환경의 변화요소에 따라 삶의 양태가 변화된다. 특히 한 시대적 변화의 동인이 되는 요소는 다양한데, 이를 아는 것은 그 시대의 소비자트렌드 변화의 요소와 소비자의 가치를 파악하는 것이므로 중요하다.

우리 사회를 시대적으로 볼 때, 소비자트렌드를 읽을 수 있는 소비자의 변화요소는 대략 1990년 이후부터로 보인다. 혹자는 1950~1960년대가 기본적인 생계가 급한 시대였고, 1970~1980년대는 국가 중심의 발전 지향적인 시기로 소비자 개인의 저항을 불러일으킨 시대로 보고 있다. 반면, 1990년 이후부터는 급격한 우리사회의 변화로 인해 정치에 소외된 소비자가 소비로 표출하는 가치관과 시대적 삶의 저항이 자리 잡혀 가기 시작했다고 한다.

그러므로 본 장에서는 1990년대 이후를 중심으로 소비의 급격한 증가 및 다양화 현상을 몇 가지의 키워드, 즉 집단의 보편성보다는 개인의 개성발현, 권력에 대한 저항, 실용주의화 및 합리적 소비, 감성중심화 및 가치소비 · 맞춤소비, 편익추구 · 서비스화, 양극화, 개방화 · 글로벌화 그리고 소비시장의 양면성 등을 중심으로 소비자트렌드를 분석하고자 한다.

## 1. 소비자트렌드 변화의 요소

현대사회에서 소비는 일상적인 행위이다.

인류의 삶에서 소비자가 지금처럼 풍족하게 상품과 서비스를 사용한 적이 없을 정도로 현대사회는 대중소비 중심의 사회이다. 이러한 대중소비사회에서 소비자는 소비를 통해 기본적인 생활을 유지하는 동시에 사회에서 나타나는 여러 가지 긴장과 모순을 몸소 체험하고 있다. 소비와 관련된 담론 중에는 전통사회로부터 산업사회로의 전환과정, 산업사회에서 후기산업사회로의 전환과정에서 생긴 공백으로 소비가 발생하고, 소비자는 그 속에서의 주인이며, 따라서 소비는 현대문화의 커다란 생활양식이 되었다고 한다. 즉 소비자가 끊임없이 변화하는 것은 소비자를 둘러싼 시장과 사회 환경도 끊임없이 변화하기 때문이다. 이는 기본적으로 삶의 주체인 소비자와 삶의 환경이 서로 영향을 주고받는 쌍방향적 관계이기 때문이다.

일반적으로 어떠한 요소란 어떤 사물의 성립이나 효력 따위에 없어서는 안 될 근본적인 조건을 말한다. 그렇다면 소비자트렌드에 있어서 없어서는 안 될 근본적인 조건은 무엇일까?

우선, 거시적 측면에서 소비자트렌드 요소를 살펴보면 소비자트렌드의 첫 번째 요소는 근본적인 것으로 문화의 변화를 들 수 있다. 소비자가 만드는 문화의 뿌리는 사회를 형성하는 주체인 소비자의 욕구에서 출발한다. 이러한 욕구가 하부문화를 형성하는 근원이 되며, 소비자가 무엇을 얻거나 무슨 일을 하고자 바라는 마음으로부터 모든 소비가 시작되고 변화한다. 물론 이러한 욕구는 소비자와 환경인 문화와의 상호작용의 결과이다. 그러므로 오늘날 대부분의 기업들이 소비자의 욕구를 파악하기 위해 그리고 새로운 욕구를 창출하기 위해 부단히 노력하고 있다. 왜냐하면 이것이 바로 소비와 직결되어 기업의 이윤과 사회공헌에 연결되기 때문이다.

소비자트렌드의 두 번째 요소는 사회의 변화이며 시대적 배경과 시대적 변화에 따라 다양한 양상을 보인다. 시간이 흐르고, 시대가 변화하면서 세대는 진화하여 전체적인 맥락을 형성하지만, 변화하는 사회적 배경이 그 시대 소비자의 행동에 많은 영향을 미치게 된다.

소비자트렌드의 세 번째 요소는 소비자의 가치변화로, 소비자 개인의 가치관 변화이다. 가치관은 소비자 개인을 포함한 세계에 대한 평가의 근본적인 태도로, 이러한 태도는 바로 시대적 사회문화 배경과 깊은 관계를 지니고 있다.

소비자트렌드의 네 번째 요소는 네트워크의 근원인 시장의 변화를 가져오게 한 정보의 확산이라고 할 수 있다. 이는 시대적 배경에 따라 시장의 주요 생산이 어떤 것이냐는 것이고, 결국 그 사회가 어떠한 생계방식을 택하는가에 따라 시장이 변화된다는 사실을 가리킨다.

소비자트렌드 변화도 이러한 사회적 환경 속에서 나타나는 부분으로 우리 사회의 전반적인 현상에서 보면, 발전과 변화에 따른 실질적인 소득수준의 향상, 디지털 및 정보화 사회, 개인의 자아실현 중요시 등의 영향을 들 수 있다. 특히 산업과 사회문화의 변화, 인구의 변화, 경제의 변화, 실질적인 소득수준의 향상은 소비활동 자체에 많은 영향을 주었을 뿐만 아니라 소비자의 삶 전체를 변화시키기에 이르렀다. 이러한 변화를 중심으로 소비를 둘러싼 환경의 변화와 함께 소비 주체자의 변화가 동반된 것이다.

미시적 측면에서 소비자트렌드 변화의 요소를 지적한다면 다음과 같다.

첫째, 소비주체의 변화이다. 소비를 행동으로 옮기는 소비자의 변화를 들 수 있다.

둘째, 소비대상의 변화이다. 소비의 대상이 되는 상품과 서비스의 변화를 들 수 있다.

셋째, 소비방식의 변화이다. 소비자를 둘러싼 시장의 변화, 정보화의 영향 등을 들 수 있다

넷째, 소비의식의 변화이다. 소비자가 추구하는 가치의 변화를 들 수 있다.

물론 여기에는 소규모 가족화와 가족 형태의 다양화, 개인화, 경제활동 인구의 변화, 주 5일제 도입, 고령화, 인터넷 등의 미시적인 영향도 있었으며, 교육수준의 향상, 지역적 이동의 증대, 인구 통계적 요소, 과학 기술적 요소, 문화적 요소, 사회 이념적 요소 등의 거시적인 영향도 있다. 그리고 무엇보다도 실질적인 소득의 안정과 향상이 중요한 요소로 작용했다.

소비자트렌드는 소비자가 만들어 가는 것으로, 궁극적으로는 시대적·문화적 변화와 관련이 있다. 시대적 특성은 사회구조적 요소에 의한 영향으로 문화적 변

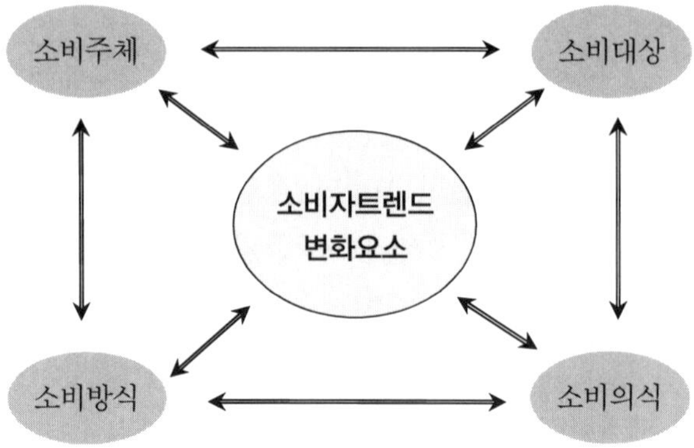


그림 5-1 **소비자트렌드 변화요소**

화에도 자연스럽게 영향을 주게 된다.

따라서 소비자트렌드는 소비자를 둘러싸고 있는 각종 환경인 경제적 환경, 사회적 환경, 생리적 환경의 변화에 의해 다양한 변화를 동반했다. 즉 소비형태, 구매 공간, 소비 주도층, 소비 정도, 상품의 가치 등이 변화한 것이다. 특히 최근 소비자트렌드 변화의 시각이 과거 집단적·전체적 변화 중심에서 개인적·개별적 변화 중심으로 방향이 전환되는 것으로 보인다. 그리고 최근 소비시장 변화의 주요 동인으로는 소비의 양적 확대와 질적 변화가 동시에 진행되었고 소비시장의 글로벌화 가속 및 정부의 경기 부양책이 소비시장을 자극했기 때문으로 분석된다. 또한 이러한 미시적·거시적 변화가 소득과 소비의 양극화를 초래했고 디지털화에 따른 소비자의 지적 능력이 성숙하면서 질적 풍요를 추구하는 가치관의 확산과 고령화·소자녀화 등에 따른 특정한 시장의 부상 등이 주요 원인으로 분석되고 있다.

## 2. 소비자트렌드의 변화

우리나라의 산업화 기점을 중심으로 시대적인 변화를 대략적으로 살펴보면, 1950년~1960년대는 먹고 살아야 하는 기본적인 생계가 급선무였던 시대였다. 따라서 이 시대의 소비자트렌드는 생리적 욕구에 근거를 둔 일률적이고 보편적인 경향이 강했으며, 세밀하게 분석할 수 있는 자료도 없을 뿐만 아니라, 어떤 측면에서는 그 의미도 찾아볼 수 없다.

1970년~1980년대에 이르러서는 먹고 사는 기본적인 문제에서 벗어나 눈부신 도약기를 이루었다. 그러나 그것은 정치적 무권리의 대가로 소비자 개인 중심보다는 집단 중심의 가치가 우선시 되었던 국가 중심의 발전 지향적·발전 중심적 시기로, 많은 저항을 불러일으킨 시대라고 볼 수 있다.

1990년~2000년대를 지나 현재에 이르기까지 급격한 사회변화로 인하여 정치에 대해 소외된 국민이 소비로 표출하는 불분명한 가치관과 삶의 저항 등이 자리잡아 가기 시작했으며, 동시에 고도의 소비의식의 변화로 인한 소비를 통해 자신의 표현 및 이미지를 추구하는 개성시대로 흘러가고 있다.

따라서 우리 사회의 소비자트렌드 변화의 분석은 '시대적 흐름을 언제부터 보는가'의 시기적 관점과 '어느 영역까지 보는가'의 영역 측면에서의 범위 구분이 중요하다.

그러므로 본 절에서는 산업화의 분기점과 생산 및 소비의 본격적인 기간을 중심으로 살펴보며, 소비자트렌드의 구체적인 변화를 알아보기 위해 근간 우리 사회에 나타난 현상을 몇 가지의 핵심적인 단어를 중심으로 풀어보고자 한다.

### 1) 집단의 보편성보다는 개인의 개성 발현 소비

근래의 소비자트렌드에서 읽을 수 있는 가장 큰 특징 중의 하나는 소비자의 개인화를 들 수 있다. 이러한 현상의 저변에는 집단보다는 개인, 무엇보다도 '나 자신에게 좋아야' 한다는 기본 원칙이 깔려 있다고 볼 수 있다. 이는 개인보다는 집단이 우선시 되고 개인의 개성, 특성, 능력이 희생되는 유교적 관점에서 보면 이기적이라고 할 수 있으나, 부정적인 이기심보다는 소비동기가 '타인', 즉 가족에서 '본인' 중심으로의 이동을 나타내는 것이라 판단된다.

또한 과거 10인 1색의 시대로부터, 1인 1색의 시대를 지나 1인 다색의 시대로 변화하면서 개인의 개성표출 방법의 증가, 이를 관조하는 사회적 시각의 변화 등이 개인 중심의 소비성향을 가능하게 하고 있다.

과거 우리의 귀속사회에서 소비자는 어떤 출신으로 출생하는가에 따라 그 소비자가 선택할 수 있는 여러 사회적·배경적·개인적 환경이 결정되었다. 그러나 자본주의 사회로 전환되면서 소비자는 개인이 지닌 능력과 잠재력 그리고 개성 발휘

등에 따라 다양한 환경을 선택할 수 있게 되었다. 자본주의 사회에서 소비자와 소비자 간에 연결된 고리는 이익을 함께하는 직업과 같은 영역을 중심으로 결합된 이익공동체적 집합의 성격이 강하다. 그러나 소비라는 영역에서는 소득과 소비가치, 소비성향 등 여러 관련 요인이 있으므로 극히 개별화되어 있다고 볼 수 있다. 특히 경제적 발전을 주된 목적으로 하여 가치관의 급격한 변화를 초래한 우리 사회에서는 서구의 교육관, 민주주의관, 사회관이 유입되면서 조직 중심의 집단사회에서 개인 중심의 사회로 진행하는 속도가 그 어느 사회보다 빨랐다. 이에 대부분의 소비자는 조직에 대한 개인의 희생보다는 개인의 가치를 우선시하는 사회를 쉽게 받아들이고 있다.

오늘날의 소비자에게는 '나 혼자 외톨이 소비자가 되기는 싫지만, 또 한편으로는 다른 사람들과 똑같은 소비자가 되어서는 안 된다'는 심리가 혼재한다. 즉 집단에서 소외되는 개인이 아니라 집단에 소속하면서 개인의 특성과 개성을 살리는 차별화를 요구하고 있는 것이다. 또한 집단이 하는 건 개인도 한다는 최근의 성향은 좀 더 구체적인 단계로 진보하여 '나만의 방식대로'라는 고유의 소비 경험을 선호하고 있다. 여기에는 '나'를 표현하고자 하는 차별화된 아이덴티티를 추구하는 동기가 내재해 있는 것을 알 수 있다. 즉 '남들이 하는 건 나도 하지만, 나만의 색깔이 있다'는 것이다. 또한 사회현상과 소비자의 심리측면에서 보면, 다수의 소비자가 구매하는 제품을 꺼리는 소비현상, 즉 속물효과(snob effect)와 자신은 남과 다르다는 생각을 갖는 것이 마치 백로 같다고 하는 백로효과도 이 시대에 동시에 작용하고 있는 것으로 분석된다.

### 2) 권력에 대한 저항 소비

소비자는 개인 단위의 다수이므로 수적인 측면에서는 다수이나 응집력이나 집단력에서는 기업과 많은 차이가 발생한다. 이에 기업과 소비자는 입장의 차이, 목표의 차이, 힘의 차이 등으로 인하여 소비자는 늘 수동적인 요구자였고, 기업은 능동적인 선구자 및 소비자의 요구 대응자로 인식되었다. 그러나 서구를 비롯한 많은 사회에서 소비자의 권리, 소비자의 욕구 파악, 프로슈머의 도입 등으로 인해 소비자의 의견이 다양한 방법으로 집합되고 있으며, 적극적으로 반영되고 있다.

오늘날은 오히려 이를 역이용하는 소비자, 예를 들면 체리피커형 소비자도 늘

> **트렌드 메모 5-1**
>
> **미끼 탐나지? vs 미끼만 냠냠!**
>
> 새 고객 유치를 위한 카드회사들의 '미끼 마케팅'과 서비스 혜택만 누리고 카드는 사용하지 않는 '체리피커'들 사이에 신경전이 계속되고 있다. 카드회사들은 체리피커를 골라내기 위해 까다로운 조건을 내걸지만 체리피커들은 할인 혜택만 누린 뒤 '카드 갈아타기'로 맞선다.
>
> **체리피커**(cherry picker) : 신 포도 대신 체리만 골라 먹는 사람.
>
> 신용카드사의 서비스 혜택만 누리고 카드는 사용하지 않는 고객을 가리킨다. 신용카드 회사들이 이들을 솎아내기 위해 서비스 제한 조건을 두고 있어 요즘에는 마이너스 수익 고객을 말하기도 한다.
>
> 자료 : 동아일보, 2005년 8월 4일자

고 있다. 이러한 소비자의 증가는 기존 기업에 대한 반론 혹은 저항인지를 차치하고서라도 또 다른 소비자에게 피해가 갈 수 있는 소지가 충분히 있다고 볼 수 있다. 이처럼 소비자의 기존 권력에 대한 저항은 다양한 유형으로 나타나고 있다.

예컨대, 특정 기업이나 제품에 피해를 본 소비자들이 온라인을 통해 뭉칠 뿐만 아니라 오프라인에서 만나 단체행동을 하는 사례가 늘고 있다. 게다가 무분별한 단순한 비난에서 탈피하여 뜻을 함께하는 소비자들이 오프라인에서 모여 미래지향적인 방향으로 활동을 전개하고 있다. 이러한 현명하고 책임 있는 행동을 하는 소비자의 등장을 가능하게 한 것은 인터넷을 포함한 정보통신의 기술혁명이었다고 볼 수 있다.

금속활자 발명에 비견할 만한 인터넷의 혁명 덕분에 소비자들은 역사상 그 어느 때보다 단시간에 많은 정보를 얻고 있다. 또한 다양성을 인정하는 사회·문화적 환경 역시 개성표현을 중시하는 소비성향이 확산되는 데 적지 않은 영향을 미쳤다고 전문가들은 분석하고 있다.

인터넷은 상품이나 기업에 대한 정보를 제공할 뿐 아니라 소비자들을 묶는 역할도 한다. 소비자들이 인터넷 커뮤니티를 만들어 기업에 대응할 수 있는 힘을 모은, '네트워크 효과' 때문에 인터넷의 영향은 더욱 확대되었다. 네트워크 효과는 커뮤니티에 가입하는 삶의 증가속도에 비해 회원 간의 정보교류 횟수가 기하급수

트렌드 메모 5-2

### 기업에서의 CI 소문자화 사례

일찍이 인텔이나 아이와, 시티은행, 휴렛팩커드 등이 선도적으로 소문자 'CI'를 사용해왔는데 요즘 들어 그러한 시도들이 늘어가고 있다. 지난해 노스웨스트항공에 이어 국내 기업들도 소문자로 'CI' 리뉴얼을 한 사례들을 발견할 수 있다. 코트라(KOTRA)가 42년 동안 사용해온 대문자 'CI'를 버렸고 삼양사도 창립 80주년을 맞아 참신한 심벌 디자인과 함께 'CI'에 소문자를 적용했다. 하나로텔레콤은 초고속 통신회사에서 종합멀티미디어 회사로 변신하면서 벌새를 소문자 'CI'에 곁들여 신속과 민첩함을 더욱 부각시켰다. 한화유통이 운영하는 갤러리아백화점 서울역점 콩코스(concos)도 그러한 사례 중 하나다.

적으로 증가하는 것이며 아울러 소비자 개인이 접할 수 있는 정보량이 엄청나게 빠른 속도로 증가한다는 것을 의미한다.

최근에는 유통업체 구매담당이나 판매점원보다 상품정보를 더 많이 아는 마니아들이 속속 등장하고 있다. 많은 연구자들은 '똑똑한 소비자를 만든 일등 공신은 인터넷'이라면서 '인터넷 오피니언 리더들이 생겨나면서 인터넷이 소비에 미치는 영향도 점점 더 커지고 있다'고 언급했다. 이와 같이 개성표현을 중시하는 소비성향의 등장은 다양성을 인정하는 사회·문화적인 분위기와 무관하지 않다.

경제성장률이 둔화되면서 소득이 예전처럼 크게 늘어나지 않는 것도 새로운 소비성향을 만드는 요인 중 하나이다. 이는 한정된 소득으로 더 많은 효용을 얻기 위해 자신이 좋아하는 상품만 집중적으로 소비하려는 성향이 나타난다고 볼 수 있다. 또한 소비자들의 이러한 권위에 대한 저항, 파괴에 부응하기 위해 권위를 벗는 자발적인 기업, 단체가 늘어나고 있다.

예를 들면 서구에서 대문자는 권위의 상징으로 받아들여진다. 알파벳 문화권이 아니더라도 대문자는 그 명칭이나 글자의 크기 때문에 소문자에 비해 위엄과 권위가 느껴지기 마련이다. 그래서 'CI(corporate identity)'와 'BI(brand identity)'에서는 대문자가 일반적으로 사용되었다. 선과 악, 미와 추, 남성과 여성 등 이분법으로 가치를 대립시켜 의미를 부여하는 것이 서구의 전통적인 사고방식이라, 여성해방론자를 비롯한 포스트모더니스트들은 위계를 타파하는 상징적인 제스처로 대·소문자를 구별하여 사용하는 방식에 반기를 들어 소문자만 사용하자는 운동을

### 트렌드 메모 5-3

#### 재벌들 안티사이트 싹쓸이

국내 주요 재벌들이 'anti'나 'no' 또는 한글 '안티', '반대' 등이 들어간 이른바 '안티사이트'를 무더기로 선점하고 있어 빈축을 사고 있다.

이는 소비자 불만과 비판을 사전에 차단하려는 의도로 풀이되며, 사이버 공간의 위축으로 건전한 기업 감시 활동마저 약화되는 게 아니냐는 지적이 나오고 있다.

업계의 관계자는 '악의적인 소문을 퍼트리거나 무분별한 비난의 공간으로 활용되는 것을 막기 위해 기업들이 안티사이트를 미리 사들여 관리하고 있는 것'이라며 '기업 입장에서는 공세적 안티세력에 대해 보다 적극적인 대응을 하고 있는 것으로 볼 수 있다'고 말했다.

그러나 이 관계자는 '이로 인해 건전한 비판을 통한 기업 발전의 계기마저 사라지고 있는 셈'이라며 '장기적으로 봤을 땐 기업 입장에서도 득이 될 게 없는 일'이라고 지적했다.

자료 : 세계일보, 2005년 4월 2일자

벌이기도 했다.

이와 비슷한 취지에서 요즘 'CI'와 'BI'에서도 소문자가 등장하고 있다. 권위의식이나 진지함, 무거움을 싫어하는 요즘 현대인의 경향이 반영된 것이다. 소문자 'CI'와 'BI'는 회사를 강조하여 알리는 기존의 커뮤니케이션 방식에서 벗어나 권위보다는 편안함으로 소비자들에게 다가갈 수 있는 장점이 있으며, 인지심리학적 측면에서도 대문자보다 가독성이 높다. 특히 역사가 오래되거나 이미 잘 알려진 기업 및 브랜드 리뉴얼에서 소문자는 기존의 낡은 이미지를 쇄신하는 데에 효과적인 장치이다.

대량생산체제에서의 규격화, 산업화, 기계화를 통한 의·식·주의 획일화 및 표준화는 산업사회에서의 기준이었다. 그러나 최근에는 맛의 표준화와 전체 지구적 미각의 동질화를 지양하고 나라별, 지역별 특성에 맞는 전통적이고 다양한 식생활 문화를 계승하고 발전시킬 목적으로 1986년부터 이탈리아의 작은 마을에서 시작된 '슬로 푸드'라는 식생활 운동에 주목할 필요가 있다.

특히 패스트푸드에 길들여진 소비자는 이러한 슬로 푸드를 주창하고 있다. 이와 마찬가지로 개발주의 열풍이 무분별할 정도로 몰아쳤던 지난 수십 년간, 최고의 미덕은 더 빨리, 더 많은 생산량을 올리는 것이었던 시기를 회한하면서 최근의 사람들은 '느리게 살자'를 외치고 있다.

예전에는 기업에 불만을 표하기 위해서 기업 홈페이지나 동호회의 공개게시판을 이용해야 했으나 홈페이지 제작이 용이해지면서 본격적인 안티사이트들이 등장하게 되었다. 처음에는 단순한 소비자운동 차원에서 안티사이트가 활발히 운영되다가 네티즌들의 참여가 활성화되면서 다양한 주제로 확산되었다.

### 3) 실용주의화 · 합리적 소비

소비자들의 실용주의화는 합리적 소비와 밀접한 관계가 있다. 마찬가지로 요즈음의 경기침체와도 관계가 있으며 건전한 삶을 살려고 하는 로하스적인 소비자 등장의 결과로 볼 수도 있다. 특히 요즈음은 값만 비싼 것보다는 고급스럽고 패션적인 성향이 가미된 세련된 디자인, 다양한 기능의 실용적인 제품이 인기가 있다.

최근의 소비자는 소비를 할 때에 필요성, 가격, 기능, 디자인, 유행 등 다양한 것을 고려하여 충동구매를 하지 않고 계획적인 구매를 한다. 소비자의 가치관, 소비자의 만족 등에 따라 개인차가 있으므로 실용적인 소비, 합리적인 소비를 단순하게 규정하기란 불가능하다. 따라서 실용적이고 합리적인 소비를 하는 소비자는 다양한 조건의 정보를 충분히 파악한 후 자신의 상황에 맞추어 계획적으로 구매하는 것이 중요하다고 생각하는 소비자로 볼 수 있다.

소비자의 비교 관찰, 정보탐색, 선택 등은 소비자의 특권이며 사회적 환경은 그것을 충분히 보조하고 있다. 예를 들면 알뜰구매를 위한 쇼핑가이드인 가격비교사이트를 들 수 있다.

최근 나타나는 실용적이고 합리적인 소비결과의 특징으로는 DIY(Do It Yourself), 중저가 상품의 다량 등장, 품목별 다양한 가격의 정장, 제3국에서의 제품생산을 이용한 저가 브랜드의 증가, 재봉틀 판매 급증, 리폼(reform)붐 등을 들 수 있다.

뿐만 아니라 기업이 제공하는 다양한 혜택을 세부적으로 분석하여 활용하는 소비자들도 증가하고 있다. 특히 개인에게 맞는 카드의 선택, 할인혜택의 분석, 소유에 연연하지 않고 리스나 렌탈을 통해 소비 목적을 달성하는 소비자, 즉 제품의 소유보다 소비의 효용성, 사용성에 목적을 둔 실용적이고 합리적인 소비자가 증가하고 있다.

이러한 실용적이고 합리적인 소비가 가능해진 원인으로는 정보화의 영향을 들

> 트렌드 메모 5-4
>
> **감성광고의 예**
>
> 1. 작은 철 끝으로 전하는 큰 사랑, 철의 마음은 따뜻합니다.
> 2. 아파트 광고의 변화
> 3. 스승을 찾아뵙는 건강음료 광고

수 있으며 이로 인해 소비자는 가격이 노출된 상황에서 손쉽게 비교검색을 할 수 있는 것이다. 예를 들면 관련 단체 혹은 개인이 형성한 가격비교사이트의 등장, 소비자 스스로가 작성한 제품의 장·단점에 대한 분석 등이 널리 퍼지고 있다. 이와 같은 현실에서 소비자는 실용적이고 합리적인 소비를 지향하지 않을 수 없다.

### 4) 감성 중심화 · 가치소비 · 맞춤소비

인간은 이성적인 존재이면서 동시에 감성적인 존재이다. 경제학에서는 인간을 '합리적, 계획적, 이성적인 경제인'으로 가정한다. 이성적인 소비자는 상품을 구매하는 과정이 계획적이며, 여러 상품들을 비교해 보고 가장 가치 있는 상표를 선택하게 된다는 것이다. 여기에서 말하는 '가치'는 단지 상품의 물적 사용가치로써 상품의 기능, 즉 품질과 가격에 의해 결정된다. 그러나 풍요로운 시대인 요즈음에 완벽한 이성적 소비를 보이는 소비자는 거의 없으며, 어쩌면 그러한 이성소비 자체가 불가능할지도 모른다. 왜냐하면 다양한 환경으로 인하여 상품과 서비스의 혁명 그리고 무엇보다 소비자의 소비가치가 변화했기 때문이다.

감성소비란 소비의 다양화, 개성화, 분산화 경향이 높아짐에 따라 단순히 좋고 싫음이라는 감성에 의해 선택하는 소비행동을 의미한다. 특히 값싸고 질이 좋은 제품을 찾아다니면서 구매하는 이성소비와는 상반되는 개념으로 감성이 지나치면 흔히 충동소비로 이어지기도 한다.

오늘날은 '감성소비의 시대'라고 일컬어진다. 특히 '나는 소비한다, 고로 존재한다'는 다비트 보스하르트(David Bosshart)의 주장처럼 현대사회는 소비를 통해서 자신의 정체성을 파악하는, 소비가 만연된 사회라고 볼 수 있다. 경제적 풍요가

> 트렌드 메모 5-5
>
> **맞춤 소비의 예**
>
> 1. 단순한 핸드폰 튜닝, 다양한 토핑 수준으로
> 2. 아파트 평면의 다양화
> 3. 퀼리아 : SONY
> 4. 나이키의 10달러 추가로 다양화
> 5. VVIP 고객 마케팅 : 맞춤 정보 제공, 로열 골드 상품권, 귀족고객을 위한 신용카드
> 6. 신세계백화점 : 고객 불만 예고제
> 7. 현대백화점 : 최근 고객조사 결과가 눈길을 끈다. 고객들이 백화점에 불만을 제기하면 이후 상품 구입단가가 오히려 10만원 정도 높아졌다. 이는 고객이 건의한 사항을 즉각 반영한 백화점의 조치에 신뢰도가 높아졌기 때문이다.
> 8. 케이블 TV : 채널 디바이드(channel devide)-시청자의 성별, 소득수준, 사회문화적 차이와 성향에 따라 TV 채널 선택

가져다준 사회문화의 새로운 변화에는 소득 수준의 향상, 정신적 욕구의 증가도 큰 영향을 끼쳤으며, 이를 통해 변화를 구현할 수 있는 물질적·정신적 여유가 생긴 것이다. 즉 성장만을 추구하던 '근검-절약의 미덕' 사회에서 '소비를 통한 존재 발견'의 시대로 변화한 것이다.

이러한 소비현상을 번트 슈미트(Bernd H. Schmitt)는 '소비자들은 이성으로 상품을 비교 분석한 후에 감성과 체험으로 상품을 선택한다'고 설명했다. 이러한 현상으로 인하여 기업은 지금까지 주목되었던 경쟁력의 관점을 '가격'에서 '가치'로 전환하고 있다. 즉 기업의 브랜드에 대한 관심과 투자가 높아지고 있으며, 광고를 통한 활동의 증가도 볼 수 있다.

특히 이미지와 미적인 측면을 중요시하는 소비생활의 감성화, 패션화가 진행되고 있다. 소비자들이 가격, 품질 등 기본적 속성 외에 브랜드, 디자인, 이미지와 같은 감성적 요소를 함께 고려하고 있으며, 통신기기, 가전제품, 아파트 등 기능 위주의 상품에서도 미적 요소의 비중이 점점 높아져가고 있는 추세다.

이러한 현상은 소비자의 연령이 어릴수록 상품의 브랜드, 이미지와 상징성을 더욱 중요시하는 경향을 보인다.

트렌드 메모 5-6

### 한국이 곧 세계

한국에서 통하면 세계에서 성공한다(로레알 코리아 클라우스 파스벤더 사장).

한국의 소비자들은 어느 나라 소비자보다 똑똑하고 까다롭다(P&G 밥 맥도널드 부회장).

한국 시장을 다루는 외국계 기업 최고경영자들은 대체로 한국 소비자에 대해 이런 평가를 내린다. '다들 똑똑하다'는 말에는 '여간해선 한국에서 물건 팔기 힘들다'라는 뜻이 숨어 있다. 도대체 얼마나 똑똑하기에……. 어디서나 접속 가능한 초고속 인터넷망, 신제품이 나오면 재빠르게 수용하는 개방성, 정보 공유 욕구가 어우러지면서 소비자의 힘은 지금 그 어느 때보다도 강력해지고 있다.

개인의 개성을 추구하는 개인화 경향과 욕구의 다양화가 뚜렷해지면서 개별 소비자의 니즈에 대응한 '나만을 위한 상품'을 소비하는 경우의 맞춤소비가 증가하고 있다.

가치 소비자들은 자신의 주관적 가치 만족을 꾀하는 더없이 합리적인 시장 참여자들이다. 그렇다면 기존 시장에서의 고객 세분화가 소득, 연령 등의 기준으로 세분화하는 것은 타당한가? 또한 가치 소비자들에게 기존의 고객 시장 세분화가 여전히 의미가 있는가?

가치 소비자에게 상당한 의미를 주고 있는 제품의 상징성, 내구성 등 제품의 이면 속성을 경시해서는 안 될 것이다. 이와 같은 현상은 소비자들이 날로 현명해지고, 주관이 뚜렷해지며 솔직하게 표현한다는 것을 반증한다. 소비자는 주관적 가치 만족을 주는 제품에 대해서는 주변의 시선을 개의치 않는다. 마찬가지로 자신이 중요하게 생각하는 가치에 근거한 더없이 합리적인 소비 행태들이 곳곳에서 나타나고 있다.

일찍이 장 보드리야르는 현대자본주의 사회를 실제 사물의 세계가 아닌 자본주의와 인간의 욕망에 의해 만들어진 가상의 세계이며 현대인들은 물질이 아닌 이 가상성의 이미지를 소비한다고 주장했다. 이러한 현대사회의 소비 양상에 기반을 두어, 가치 심화는 기존 시장에서 제공하던 가치를 더욱 풍부하고 깊이 있게 하는 전략으로 바뀌었다.

트렌드 메모 5-7

### 고급소비 해외탈출 언제까지
- 교육, 관광, 의료 등 서비스수지 상반기 61억 달러 적자 -

대한상공회의소는 최근 '의료 및 교육 서비스업의 글로벌 산업화 전략보고서'에서 지난해 해외 유학 및 연수 지급액 2조 8000억원과 의료 관련 해외 지출 1조원(추산)을 한국에서 지출했다면서, 각각 9만 5,000명과 2만 5,000명 등 모두 12만 명의 일자리 창출 효과가 있다고 분석했다.

전문가들은 고급 서비스산업 육성을 더는 미룰 수 없다고 강조한다. 특히 한국의 '지나친 평등주의' 추구가 고급소비를 막아 전체 경제에도 악영향을 준다고 지적한다.

이에 '고급소비의 해외탈출로 국내 소비 침체의 골이 더욱 깊어지고 있으며 가진 사람이 돈을 쓸 수 있는 제도적 장치와 분위기를 서둘러 만들어야 한다'는 의견과 '해외에서 이루어지는 고급소비를 국내로 흡수하기 위해서는 교육, 의료, 관광 분야에서의 과감한 개방과 규제 완화를 통해 경쟁력을 높이고 다양한 상품 개발로 소비자가 자신의 수준에 맞는 서비스를 자유롭게 선택할 수 있게 해야 한다'는 의견이 지배적이다.

자료 : 동아일보, 2005년 8월 5일자

이러한 점을 인지한 기업들은 새로운 가치와의 융합이나 제품 자체의 혁신을 통해 소비자가 받게 되는 가치를 심화·확장시킴으로써 기업의 시장 내 경쟁력을 강화했다고 볼 수 있다.

따라서 기업은 현재의 소비자에게 가치를 전달하는 노력과 함께 미래를 위한 새로운 가치를 창출할 의무가 있다. 다시 말해 소비자 중심적인 자신만의 고유한 가치를 창출해 내는 것이 성공하는 기업 경영의 충분조건이라고 할 수 있다.

## 5) 편익추구·서비스화 소비

소비자의 생활에서 물질적 풍요, 심리적 변화, 사회적 욕구의 증가는 가족구조의 간편화, 집단에서 개인적인 성향으로의 전이 등을 가져왔을 뿐만 아니라 편의추구성향이 더욱 강해지고, 소비의 서비스화도 무르익어 가고 있다. 즉 소비자의 편의추구성향이 소비의 서비스화에 많은 영향을 끼친 것이다.

일반적으로 서비스는 '소비자의 편익이나 만족을 목적으로 인간 또는 설비와의 상호작용을 통해 제공되는 무형의 행위'로 설명된다. 즉 서비스는 소비자가 요구

트렌드 메모 5-8

### 종업원이 브랜드 마케팅 선두자

스타벅스는 파트타임 사원들에게도 포괄적인 의료보험을 제공하는 파격적인 프로그램을 발전시켰으며, 모든 사원들에게 소유권을 주는 스톡옵션으로까지 확대했다. 이를 통해 스타벅스 직원들 하나하나는 그들이 하는 일에 대해 높은 자부심과 열정을 가질 수 있었다. 비교적 이직률이 높은 파트타임 종업원의 경우도 스타벅스의 이직률은 전체 업계 평균의 절반 수준에도 못 미친다. 이러한 점은 궁극적으로 비용절감뿐만 아니라 고객들과의 유대관계를 강화해 주는 원동력이 되었다.

그 외에도 일본의 MK 택시의 내부소비자인 직원에 대한 가족화, 가족기업으로서의 자긍심 고취 등의 예를 들 수 있다.

하는 주관적 효용인 만족이나 편익을 제공하는 흐름(flow)의 개념인 행위로서, 결과(stock)로 파악되는 재화와는 구별된다. 따라서 서비스가 행위라는 개념으로부터 서비스의 소멸성, 무형성과 같은 주요 특징이 파생된다. 그리고 서비스의 소비자와 제공자 또는 설비(시스템 포함)와의 상호작용은 서비스의 정의에서 가장 중요한 특징이 될 수 있다. 서비스의 창출과정은 상호작용이므로 서비스의 생산과정에 소비자가 필수적으로 참여하게 된다. 그리고 상황에 따라 소비자별로 이질적인 서비스가 창출될 수밖에 없으며, 이에 소비자는 더 높은 서비스를 위하여 국내보다는 국제, 내수 상품보다는 수입품 등에 눈을 돌리게 된다.

최근에는 소비의 서비스화 추세가 가속화되고 있고 서비스 소비의 높은 한계소비성향을 볼 수 있는 반면 내구재 소비지출 비중의 지속적인 감소와 정보통신비 지출의 급속한 증가를 볼 수 있다. 그리고 소비의 고급화와 대형화 추세(예를 들면, 주요 대형가전제품 보유 비중의 증가, 주요 소비재 승용차, 모피의류, 의류, 음료 및 주류의 증가)의 증가, 외환위기 이후 고소득 계층 중심의 소비 증가(예를 들면, 소득계층별 소비지출 비중의 추이가 5분위 계층에서 상승하고 있음) 등을 들 수 있다.

특히 소비의 서비스화는 소득수준이 높아질수록 빠른 속도로 진전되고 있으며, 소득의 향상에 따른 시간의 부족과 맞물려 현대사회의 화두로 부각되고 있는 추세이다. 또한 경제규모가 확대되고 전문성과 편의성을 추구하는 경향과 금융, 유통,

정보처리, 문예, 오락 등 서비스에 대한 수요가 지속적으로 증가하고 있다. 우리 사회의 변화를 상품 및 서비스 소비와 연결해 보면, 일반적으로 1970년대는 생활 필수품의 소비, 1980년대는 내구재 소비, 1990년대 이후는 서비스에 대한 소비의 증가를 들 수 있다.

소비자트렌드 측면에서 보면, 라이프스타일이 세분화됨에 따라 개인용 상품에 대한 수요가 증가하고 있으며, 앞으로도 더욱 증가할 것으로 예상된다. 즉 가족이 쓰는 가전에서 개인이 쓰는 개전으로 제품 관심이 이동하고 있으며, 가정 단위의 오디오, 홈시어터 개념에서 개인이 네트워크를 완성하는 룸시어터 개념으로 전환되고 있다. 이 외에도 싱글을 주 대상으로 하는 1인용 미니화 제품, 1인용 금융 서비스, 고급 원룸, 식생활 건강 관련 식품의 배달 서비스, 테이크아웃 식품 등의 시장이 점점 더 확대될 것으로 보인다. 이는 단지 상품에서만 개인별 맞춤화 상품 개발이 아니라 서비스의 고품질화 및 상품화가 이루어지고 있음을 보여준다.

소비자는 개인이 원하는 휴대전화기로 개인이 원하는 서비스를 받을 수 있기를 기대한다. 최근 이동통신업계에서는 이러한 소비자들의 바람을 반영하듯 '프로슈머(prosumer) 마케팅' 바람이 거세게 일고 있다. 이는 제품과 서비스의 생산, 기획 과정에서 소비자들에게 참여 기회를 주고 이들의 의견을 적극 반영하는 것을 뜻한다. 이를 증명하듯 소비자 검증단인 체험단 운영, 소비자를 대상으로 한 반짝 아이디어 공모 등 다양한 시도들이 행해지고 있다. 이처럼 앞으로는 인구의 노령화, 여성의 경제활동 참여 증가, 독신가구의 증가와 같은 변화들이 서비스에 더 많은 영향을 줄 것으로 보인다.

요즈음의 소비자들은 단순한 제품만이 아니라 제품과 서비스의 체험을 함께 구매하고 있다. 이러한 시대적 배경을 고려하여 오늘날 기업에는 최종 생산품의 구매 소비층인 외부소비자에 대한 교육만이 아니라, 기업의 조직원인 내부 소비자에 대한 교육도 필요하다. 내부 소비자인 기업 구성원의 교육은 좁게는 기업 구성원으로의 자부심 함양만이 아니라 간접적인 기업 홍보 및 사회 이윤의 확대를 꾀할 수 있게 한다.

### 6) 양극화 소비

모든 소비자의 일상적인 소비 행위는 만족감을 최대화하기 위한 것이다. 일반적으로 오프라인 및 온라인 쇼핑몰에 대한 관찰조사와 소비자 인터뷰 등을 실시한 결과, 새로운 시대의 소비패턴을 일곱 가지로 요약하고 있다.

첫째, 아낄 때는 아끼고 쓸 땐 쓴다(소비의 양면화).

둘째, 함께 구매하면 즐겁다(소비의 공동화).

셋째, 더 이상 현금을 쓰지 않는다(소비의 신용화).

넷째, 명품 브랜드는 거부할 수 없다(소비의 명품화).

다섯째, 소비는 점점 더 양극화된다(소비의 양극화).

여섯째, 몸에 대한 소비는 아깝지 않다(소비의 건강 추구화).

일곱째, 나만을 위해 소비한다(소비의 개인화).

이 중에서 소비의 양극화는 여러 가지 측면에서 나타난다. 계층 간의 소득 및 소비 격차가 커지면서 소비액이 많은 사람과 적은 사람의 양극화가 심해지고 있다. 뿐만 아니라 특정 개인의 소비에서도 중가 상품보다는 고가 및 저가 상품의 비중이 늘어나는 방향으로 개인 소비의 양극화가 가속화되고 있다.

'쓸 때는 쓰고, 아낄 때는 아낀다'는 가치소비의 변화와 개인소비의 양면화, 양극화 현상은 최근 소비자트렌드로 주목받고 있다. 이러한 경향은 대기업에서조차 고가의 브랜드와 저가의 브랜드를 함께 생산 및 판매하는 실정이 대변해 준다고 볼 수 있다.

특히 소액의 지출들을 아껴서 값 비싼 물건을 하나 사는 것은 앞에서 설명한 감성 중심의 개인화 현상과 맞물려 개인 소비의 양극화의 한 단면을 보여준다. 개인 소비의 양극화는 넓게 보면, 개인 소비가치와 사회 환경 변화의 접목으로 인해 생성되었다. 즉 시대적 변화는 개인 소비의 욕망을 다양하게 했으며, 개인 소비의 욕망으로부터의 진화는 다양한 제품들의 세분화를 가져왔을 뿐만 아니라 그것을 충족할 소비자 개인의 다양한 테크닉 변화를 야기한 것이라 할 수 있다.

반면, 소비의 양극화 현상은 소비의 고급화 양상을 더욱 심화시키고 있다. 지난해 백화점 총매출이 전년 대비 3%가 감소한 반면, 명품매출은 1% 증가한 것으로 조사됐다. 이처럼 계층간 소득이 양분화 되는 가운데 인구 고령화의 급진전 등에 따른 노후생활에 대한 불안심리 증대, 소비시장 글로벌화, 여성과 신세대 주도의 소비고급화 등 소비환경이 변화하고 있다.

이러한 변화에 대해서 연구자들은 '한 사람의 소비자가 돌출적인 소비와 절약이라는 두 가지 영역으로 양극화 되고 있는 것은 평균적인 소비자의 소멸을 의미한

트렌드 메모 5-9

### 고령화, 소득격차 심화로 소비지출 구조의 변화

해외골프 관광을 위한 출국자가 연간 50만 명에 이르고, 양질의 해외 의료 서비스를 찾아 국외로 빠져 나가는 돈이 연간 1조원으로 추정된다. 특히 해외유학, 연수생이 크게 늘면서 가계의 교육비 지출에서 해외교육비 비중이 사상 처음으로 10% 선에 올라섰다.

이러한 현상은 계층간 소득 양극화의 심화와 고령화의 급진전, 소비의 글로벌화 등으로 소비지출구조가 크게 변화하는 가운데 소비의 고급화 추세를 국내 소비구조가 제대로 흡수하지 못하고 해외소비지출 증가로만 이어지고 있는 데 따른 것으로 분석되고 있다.

이러한 추세를 계속 방치할 경우 국내 소비증가가 생산, 고용, 소득 증가로 이루어지는 '소비의 선순환 구조'가 붕괴될 수 있어 대책마련이 시급한 것으로 지적되었다.

1. 알뜰족 대 전자명품족
2. 웰빙형 고가제품 대 알뜰제품
3. 핸드백은 명품, 코트는 기성복
4. 1억 원대 호텔 멤버십 상품
5. 미국 : 중저가차 안 팔리고 고급차는 불티
6. 영국 : 런던에 노숙자 10만 명으로 증가
7. 한국 : 중간임금 일자리 10년간 3만개 줄어

자료 : 한국은행, 소비구조의 변화와 향후 정책대응 방향 보고서, 2003

다'고 분석하고 있다. 이는 생산기술의 혁신으로 인한 가격 하락과 전반적인 품질의 향상이 주요 원인으로 지적되고 있다. 그리고 제조공정의 자동화, 온라인화를 통한 대량구매, 마케팅 비용의 절감 등으로 업체들이 원가를 낮추면서 품질을 높이고 있어 소비자 입장에서는 관심이 덜한 제품을 구입할 때 그만큼 절약을 할 수 있게 된다. 즉 관심과 애정을 갖고 있는 제품을 많은 비용을 들여 구매함으로써 만족도를 더 높이는 소비형태는 결국 가치 지향적 소비라고 할 수 있다. 전문가들은 불황이라는 변수에 웰빙 등의 사회트렌드가 맞물려 개인 소비양극화로 대변되는 가치 지향적 소비추구 현상이 앞으로도 더욱 심화될 것으로 진단하고 있다.

일반적으로 욕망을 창조하는 경로를 보면 오래 전부터 계층 간의 소비패턴 차이가 활용되어 왔다. 고소득층의 소비문화가 일반 대중의 욕망을 자극하여, 점차적으로 소비가 고도화되어 왔던 것이다. 최근 우리나라에서 심화되고 있는 소비

트렌드 메모 5-10

### 자동차보다 비싼 오토바이

회사원 서○○(37)씨의 애마는 BMW 오토바이다. 보통 오토바이보다 몇 십 배나 비싸다. 그는 이 오토바이를 갖기 위해 2년 동안 돈을 모았다. 술값과 용돈 등 생활비를 악착같이 절약했다. 서씨는 오토바이를 타면서 '자유'를 느낀다. 어디든지 마음대로 달리 수 있는 오토바이를 사랑한다고 말한다. 이처럼 '스스로의 존재 가치를 높여주는 상품'이라고 판단되면 과감하게 지갑을 여는 소비자가 늘고 있다. 생활필수품은 조금이라도 싸게 사려 하면서 자신의 정체성을 표현해 주는 제품은 아무리 비싸도 갖고야 만다. 소비의 양극화다.

자료 : 동아일보, 2005년 5월 30일자

양극화는 소비에 부정적으로 작용하는 것이 사실이지만, 문제는 기업이 판매촉진을 위해 이를 적극적으로 활용하고 있다는 점이다. 때문에 소비자 문제적인 관점인 소비의 부정적인 면에서 봤을 때, 소비자는 자신의 소비수준보다 고소득층인 소비를 지향하는 현대소비사회에서의 부분적인 '소비의 상향평준화' 현상을 직시해야 하며, 이를 중심으로 자신의 상황에 맞는 합리적인 소비를 지향해야 한다.

최근에는 가격이 비싼 인기상품을 저렴한 가격의 상품으로 새로 만들어 대중에게 보급하는, 이를테면 유명 디자이너 브랜드나 명품 브랜드의 인기요소를 찾아내 상품화 하는 경향이 있다. 즉 디자인은 마음에 드나 너무나 고가인 상품에 대한

표 5-1 고가제품 판매가 늘고 있는 사례

| 제품군 | 고가 제품 | 일반 제품 |
|---|---|---|
| 화장품 | 백화점에서 판매되는 고가 브랜드 매출 증가 | 매출 지속적으로 감소 |
| 가전제품 | 양문형 냉장고와 드럼세탁기 판매 증가 | 일반 냉장고와 세탁기 판매 비중 감소 |
| 청바지 | 30만원이 넘는 고가 청바지 인기 | 백화점에서 중저가 청바지 매장이 없어지는 추세 |
| 자동차 | 내수 부진에도 수입차 판매증가 두드러짐 | 국내 소형차 판매 부진 지속 |

트렌드 메모 5-11

### 고가 아니면 저가

'아주 비싸거나, 아주 싼' 제품의 구매를 늘리는 소비패턴은 해외에서도 쉽게 찾아볼 수 있다. 갭사(社)는 고가, 중가, 저가 브랜드를 모두 갖추고 있는 미국의 대표적 의류업체, 최근 5년(1999~2003) 동안 가격대별 대표 브랜드의 연평균 매출 성장률을 조사한 결과 뚜렷한 차이를 보였다.

저가 브랜드 '올드 네이비'와 고가 브랜드 '바나나 리퍼블릭'은 각각 연평균 13%, 9% 가량 성장한 반면 중가 제품인 갭은 평균 2% 성장에 그쳤다. 옷 입는 데 가치를 두는 소비자는 바나나 리퍼블릭에서 만족을 얻었고 옷을 생활필수품처럼 여기는 소비자는 올드 네이비를 구매한 것으로 조사됐다.

화장품도 고가와 저가 브랜드가 잘 팔리는 반면 중가 브랜드는 매출이 줄어드는 추세다. 슈퍼마켓에서 살 수 있는 미국의 저가 화장품 '커버 걸'은 1999~2002년 연평균 4.3%의 성장세를 보였다. 고가 화장품 '크리니크'는 같은 기간 7.6% 성장했다. 반면 중가 제품인 '레블론'은 매출이 5.2% 감소했다.

중산층 소비자까지 명품 구매에 합류하면서 매스티지(masstige, 대중 명품) 브랜드도 호황을 누리고 있다. 경제적 부담 때문에 명품을 사지 못하지만 고급스러운 제품을 원하는 중산층 소비자를 겨냥한 것이다.

속옷 브랜드 '빅토리아 시크릿'은 최고가 제품 '라펠라'와 중가 제품 '메이든 폼' 사이의 매스티지 브랜드로 세련된 매장의 실내장식과 고품질, 감성을 추구해 인기를 얻었다.

중저가 스웨덴 의류업체 'H&M'이 '샤넬'의 수석디자이너 칼 라거펠트와 손잡고 지난해 11월 선보인 준명품 '라거펠트 멀렉션'은 발매 30분 만에 모두 팔렸다.

소비자를 만족시키기 위한 전략으로 트리클 다운이론(trickle-down theory)도 등장했다.

## 7) 개방화 · 글로벌화 소비

현대사회의 소비자들은 과거보다 적극적이고 솔직담백하며, 개방적이고 대범하기까지 하다. 그 이유는 과거에는 우리의 유교적인 관점에서 타인에게 비추어지는 나, 사회에서 정형적으로 필요한 이상적인 유형이 요구되고 강요된 반면 요즈음은 국제화, 개방화, 주관적 만족의 중요성 등으로 인해 스스로의 의견이나 판단이 중

트렌드 메모 5-12

### 만인 아티스트 시대 활짝

바야흐로 '예술가 민주주의 시대'가 무르익고 있다. 예술은 고귀한 것이고 따라서 창작 활동은 전문적인 교육을 받은 소수의 전유물이라고 생각했던 시절이 있었다.

그러나 이제는 옛말이다. 인터넷 개인 블로그와 싸이월드가 만인 저널리즘 시대를 열었듯, 이제는 예술의 생산자와 소비자의 구분이 모호해지는 '만인 아티스트' 시대가 꽃피고 있다.

자료 : 동아일보, 2005년 6월 6일자

요한 관점으로 부각되었기 때문이다. 구체적으로는 소비시장의 개방화와 소비의 글로벌화의 영향으로 인해 소비자는 직접적인 체험과 경험을 중시하는 역동성 있게 직접 참여해보는 적극적인 소비 패러다임으로 변화되고 있다.

이와 같은 소비의 솔직·담백화는 우리의 전통적 가치관과 어느 정도 마찰은 있지만, 글로벌화와 맞물려 개방적 사고 차원에서 차츰 긍정적으로 받아들여지면서 작용하고 있다. 특히 개방화에 있어 중요한 것은 다국적 기업의 활발한 활동이 소비자 그리고 우리의 소비생활에 가까이 다가와 있다는 것이며, 이는 의식주 등 모든 소비생활에서의 문제도 내포하고 있다. 다국적 기업이 경쟁을 촉진하고 소비자 선택의 권리실현에 다양한 긍정적인 역할을 하는 것은 사실이지만, 고유문화나 전통에 미치는 부정적인 영향은 소비자보호 차원을 넘어서서 간과할 수 없는 문제라고 할 수 있다. 예를 들면 많은 아동소비자들이 피자, 햄버거 등의 패스트푸드를 선호해 우리나라 고유의 음식문화가 사라진다는 우려가 이에 해당하는 대표적인 문제이다. 또한 국제적인 소비자문제의 확대도 우려된다.

이러한 개방화, 글로벌화는 시대, 시간, 장소를 넘나드는 빠른 정보의 획득, 판단, 결과 창출 등 일련 과정의 투명성, 개방성을 의미한다. 때문에 이에 대한 소비자의 개별 적응 능력에 따라 소비자의 다양한 분포는 심화될 것으로 보인다. 그러므로 다양한 유형의 소비자를 반영하지 못하면 소비자 간의 차이는 결국 갈등과 문제를 야기할 소지가 있다. 이에 소비자 스스로 사회현상을 직시할 개별적 능력 함양과 사회변화에 관심을 기울여야 할 것이다.

## 3. 소비시장의 양면성

국내 소비를 둘러싼 환경의 변화는 소비시장의 글로벌화, 정부의 경기부양책인 소비시장 자극, 소득양극화에 따른 소비양극화, 디지털화에 따른 소비능력 성숙, 삶의 질을 추구하는 가치관의 확산, 고령화 및 소수의 자녀에 따른 특정 시장의 부상 등으로 요약될 수 있다. 2002년 6월 삼성경제연구소가 발표한 보고서에 따르면 국내 소비시장의 5대 소비자트렌드를 고급 지향 소비의 증가, 편의성과 신속성을 추구하는 유목적 성향의 확산, 상품 이미지와 브랜드에 따라 구매를 결정하고 상품과 관련된 서비스와 문화적 체험을 중시하는 감성 중시 소비의 정착, 상품정보를 능동적으로 수집하고 합리적으로 판단하며 제품의 소유보다는 사용을 우선하는 스마트 소비의 일반화 등으로 규정하고 있다.

### 1) 군중화와 차별화 추구

최근 소비시장을 나타내는 키워드는 양면가치의 공존이 그 중심에 있는 것 같다. 이는 집단적인 군중의 소비행태와 개인 중심의 차별화 소비가 동시에 존재하는 것과 일맥상통한다. 즉 유행을 쫓는 모방소비, 소비를 통한 집단 형성도 존재하지만, 자기중심적 사고의 확산과 개성의 추구, 타인과 차별화를 지향하는 '남들과 달라야 하는 나만의 소비'의 추구인 것이다. 다시 말해 남들과 다르면 왠지 불안하고, 사회 어디엔가 소속하고 싶은 준거집단 속성도 있으면서, 중요한 관점은 '자신'에서 출발하는 양면성을 가진다는 것이다.

그러나 이것이 확산되면, 맹목적 모방소비를 초래할 수도 있다. 최근에도 연예인에 대한 단순한 동경 등은 이미 상품 생산, 유행 창조, 상품의 라이프 사이클 변화 등을 초래하고 있다.

사회심리학자 스나이더와 프롬킨은 '사람은 누구나 사회적 비교과정을 통해 일정 수준의 동질성과 차별성에 대한 니즈를 함께 보유하고 있다'고 지적했다. 동질성은 집단과의 동조, 규칙과 규범, 사회에 대한 책임 등이며, 차별성은 집단에서의 일탈, 개인적 자유, 눈에 띄는 행동 등을 포함하고 있다. 이러한 것은 지속적인 사회 학습경험을 통해 개인의 독특성 차원이 형성되고 동질성과 차별성에 대한 소비자의 수용 정도가 결정된다고 할 수 있다.

반면에 최근에는 가족을 우선시하던 전통적인 '집' 중심의 사고에서 탈피하여 '자기 자신'에 대한 관심이 최대의 화두로 변화되고 있다. 특히 자기중심적인 사고방식의 라이프스타일 변화는 결혼연령의 고령화, 무자녀화 혹은 소수의 자녀화, 결혼의 보류, 싱글족의 증가 등을 들 수 있으며, 극히 개인 중심의 상품과 서비스를 증가시키고 있다.

이는 전체적 유행을 따르면서도 차별화된 자신만의 개성을 연출하고자 하는 소비자 가치의 변화로 볼 수 있다. 즉 생은 타의에 의해 주어졌지만, 삶은 스스로 창조하고 연출하는 시대로 변화한 것이다.

현대사회는 유행을 좇는 모방소비, 집단적 소비가 유지되는 한편 자기중심적인 사고가 확산되고 개성을 표현하는 라이프스타일이 공존하고 있다. 이러한 현상은 이동통신시장에서 특히 두드러지게 나타나고 있는데, 젊은층을 시작으로 빠르게 확산되고 있는 벨소리 다운로드, 컬러링, 컬러폰의 초기화면, 아바타 등은 유행의 큰 흐름이면서도 다양한 콘텐츠들 중 자신의 취향에 맞는 멜로디나 그림, 사진 등을 선택함으로써 자신의 개성을 표현한다. 또한 최근 급속하게 확산되고 있는 카메라 폰과 디지털 카메라는 자신의 개성을 표출할 수 있는 콘텐츠 제작 도구의 확산이라고 할 수 있다.

### 2) 호기심과 익숙함 추구

소비자의 양면성, 소비의 양면성은 소비시장 환경의 변화로부터 야기된다. 특히 급속한 디지털화로 인해 소비자가 지적으로 성숙하고, 글로벌화가 급진전됨에 따라 소비자의 이분화가 진행되었다. 즉 소비시장의 변화로 인한 라이프스타일의 변화, 소비자의 변화로 인한 시장의 변화 등이 양면적으로 관계되어 있다. 이러한 양면가치, 이중경향이 소비시장에 공존하는 형태, 그중의 하나가 이동과 속도에 따라 구분되는 유목성향 대 정착성향이라고 볼 수 있다. 모바일 라이프스타일을 꿈꾸고 이동의 편의성을 중요시하며, 기술적 우월성과 호기심을 강조하는 것이 유목성향이라면 과거로의 회귀 욕구, 인간적인 따뜻함, 익숙함을 고루 갖춘 것을 강조하는 것은 정착성향이라 규정지을 수 있다.

여기에서 유목은 호기심, 도전, 이동, 변화, 순례, 예술, 탐험, 수평적 인간관계 등이 중심이며 정착은 토지, 정착성, 서열화, 상관관계, 전통성, 익숙함 등이 중심이 된다. 이즈음 디지털 노마드의 가장 대표적인 예로는 얼리어답터를 들 수 있다. 얼리어답터는 미국 뉴멕시코 대학의 에버렛 로저스 교수가 그의 저서 『혁신의 확산』에서 새로운 제품을 채택하는 소비자의 행동양식을 그룹화 하는 설명에서 비롯되었다.

- 이노베이터(innovators) : 소비자 전체의 2.5% 정도로 대단히 도전적인 사람들이다. 모험을 즐기며, 신제품을 먼저 받아들이는 것을 즐긴다. 가격이나 외부평가에 무관심하며, 대부분 경제적으로 풍요롭고 관련 지식이 많다.
- 얼리어답터(early adopters) : 소비자 전체의 13.5% 정도로 진취적 기질을 가진 현실론자로서, 주변 사람의 구매행동에 많은 영향을 미친다. 한마디로 오피니언 리더다.
- 얼리머조리티(early majority) : 소비자 전체의 34% 정도로 신중하고 전체 소비자 평균보다 조금 빨리 신제품을 받아들인다. 모험심은 적지만, 유행에 뒤지는 편은 아니다.
- 레이트머조리티(late majority) : 소비자 전체의 34% 정도로 의심이 많고 보수적 행동을 취한다. 환경변화에 경계를 늦추지 않고, 신제품을 소비자의 반 이상이 받아들이기 전까지 구매하지 않는다.
- 래거드(laggards) : 소비자 전체의 16% 정도로 전통적인 사고의 소유자로, 혁신이나 새로운 사물, 사고를 완강히 거부한다.

이 중에서도 특히 얼리어답터는 소비시장의 거대한 트렌드를 형성하며, 재빠르게 새로운 기기에 적응하면서 정착하지도 않고 끊임없는 모험의 세계로 떠난다. 이러한 디지털 노마드의 출현은 신용카드 시장의 확대, 패스트푸드와 테이크아웃 음식점의 확산, 휴대전화 판매량의 급증과 부가 서비스 이용 증가, 네비게이션 등 다양한 정보를 빠르게 제공하는 사회시스템이 큰 영향을 차지했다고 할 수 있다.

반면 디지털 노마드와 대조되는 정착성향의 그룹도 존재하며 통상 '코쿤족'이라고 지칭한다. 이들은 급격한 사회변화와 범죄 증가에 대응하여 안정적인 삶을 지향한다. 가족, 안전, 인간에 대한 소중함을 중시하며, 새로운 기술과 상품이 쏟아지지만, 그 가운데서도 익숙함과 편안함을 추구하며, 과거를 회상시켜 주고 자연친화적인 상품에 애착을 느끼는 것이다. 흥미로운 것은 코쿤족의 대부분도 젊은층이라는 것이다. 따라서 인터넷을 중심으로 디지털 기반의 생활환경과 독신환경이 젊은층 중심으로 퍼지는 상황 하에서 그들은 자신만의 세계에서 모든 것을 해결하고 싶어 한다.

이처럼 현대사회는 소비의 양면성이 함께 공존하기 때문에 소비자는 실로 복잡한 존재이며 또한 그럴 수밖에 없는 면도 적지 않다. 다양성과 단순함이 공존하고 유목과 정착이 공존하며, 또한 내가 나를 모를 수 있는 멀티 플레이어적인 특성을 지니고 있다.

현대사회는 소비자가 추구하는 자유로운 이동성을 중시하는 유목성향과 안정 및 정착을 중시하는 농경민적 정착성향이 상존하고 있다. 모바일 도구를 사용하며 빠르고 간편하게 움직이는 역동적인 삶을 추구하면서 한편으로는 가정과 안전, 환경 등 전통적인 생활을 지향하는 상반된 측면에서도 잘 나타나고 있다. 특히 언제 어디서든 정보처리가 가능한 유비쿼터스 시대가 열리면서 관련 제품들 역시 고성장을 예고하고 있다. 이러한 제품은 가전, 자동차 등에도 모바일 제품으로 확산되고 있어 21세기형 유목민인 노마드족이 향후 소비자트렌드를 주도할 것으로 예측된다. 노마드족은 자유와 개방, 홀가분하고 쾌적한 삶을 추구하면서 모바일 커머스 시장을 주도하는 소비층을 의미한다.

### 3) 이성과 감성 추구

경제학에서 모든 소비자는 이성적·합리적이라는 가정에서 출발하지만, 진리불변의 원칙은 소비자는 감성적이라는 것이다. 왜 소비자들이 감성적으로 변화하고 있는 걸까? 이는 다양한 사회가치의 변화, 매스미디어의 발달에 따라 타인과 동일하게 평가받지 않으려는 개인의 개성이 중요시되면서 '개인의 감정과 경험'에 충실한 결과의 표출로 보인다.

마크 고베는 감성마케팅 시대에는 이제까지 개인이 가지지 못했던 감정과 경험에 충실한 '개인화된 관계의 차원'을 고려해야 한다고 주장하면서 전통적 마케팅과 감성마케팅의 차이점을 다음과 같이 설명하고 있다.

- 소비자에서 사람으로의 변화
- 상품에서 경험으로의 변화

- 아이덴티티에서 개성으로의 변화
- 기능에서 느낌으로의 변화
- 커뮤니케이션(신문, 광고)에서 대화(구전)로의 변화
- 서비스에서 관계로의 변화

'소비자들은 이성으로 상품을 비교 분석한 후, 감성과 체험으로 상품을 선택한다'고 슈미트는 지적했지만, 부분적으로는 '감성으로 선택한 상품이라도 다시 한 번 생각한다'는 소비자도 있다. 마케팅 측면에서 보면, 과거의 소비자들은 그 속을 모르는 면이 많았지만, 현재의 소비자들은 너무 솔직하고, 너무 대범하지만, 모두 소중하다.

제일기획(2005)은 서울에 사는 13~49세 남녀 800명을 대상으로 사회변화에 대한 태도를 심층 조사한 『디지털 문화가 만들어내는 지금까지와는 다른 시대 그리고 그 시대의 주역』이란 제목의 보고서에서 '1324' 세대를 다른 세대와 차별화된 특성을 갖는 '포스트 디지털 세대(PDG; post digital generation)'로 규정했다.

여기에서 포스트 디지털 세대는 13~24세로 현재 중·고교와 대학에 재학 중이며 다른 세대와는 차별화된 성향을 지닌 세대라고 분석했다. 이들은 차가운 기계적 디지털 환경에서 자랐으나, 인간적·아날로그적 감성과 함께 주체적이고 낙천적 성격을 가진 새 세대라는 특징을 지니는 것으로 나타났다.

포스트 디지털 세대는 갖고 싶은 물건에 대한 충동구매 경향이 높지만 쿠폰, 할인카드 등의 할인 혜택을 적극 활용하는 등 계획구매 경향도 높은 '야누스적 소비행태'를 보인다. 이는 설문조사에서 '정말 갖고 싶은 것은 일단 사고 본다'고 응답한 비율이 44.3%나 된 반면 '할인 혜택을 적극 활용한다'는 비율도 58.2%나 되었다는 것을 통해 알 수 있다.

이 보고서는 이들을 규정하는 키워드로 'H, E, A, R, T, S'를 제시했다.

- H(human relationship) : 인간관계를 위한 디지털
- E(expressionism) : 표현을 위한 디지털
- A(anti-laterality) : 시각적 라이프스타일
- R(relaxed mildest) : 낙천적 라이프스타일
- T(trend-independence) : 트렌드의 주체적 수용태도
- S(speed) : 즉시성

트렌드 메모 5-13

### 포스트 디지털 세대의 특징

1. 디지털 기기 사용도
   - 소유 및 활용 욕구 강함
   - 기기 사용의 생활화를 통해 상호 의사소통 활발
   - 새로운 용도 및 사용방법 창출
2. 디지털 기기에 대한 인식과 강점
   - 원래부터 있던 자연스러운 것
   - 누리고 향유하는 것
   - 없으면 안 되고 불안
   - 인간관계를 위한 매개체
3. 커뮤니케이션
   - 새로운 언어 사용(의성어, 의태어 많이 활용)
   - 텍스트보다 이미지 선호
   - '온라인상의 나'와 '현실의 나'는 분리되지 않음
4. 의식과 행동
   - 불편한 것을 못 참고 적극적으로 해결
   - 자기욕구 중시
   - 쉽게 싫증내고 지루하면 쉽게 포기
   - 동시다발적, 멀티형
5. 소비관
   - 비용이 걱정돼도 갖고 싶은 것은 일단 구매
   - 최신 제품 소유에 대한 강한 욕구
   - 아르바이트 활용한 경제적 독립 추구
   - 포인트 적립카드, 인터넷 통한 할인정보 수집

즉 포스트 디지털 세대는 인간적인 정감에 애착을 갖고 실패를 두려워하지 않는 등 합리적이면서 인간적인 면모를 보여주는 세대로 인간의 얼굴을 한 디지털 세대로 보면 된다(동아일보, 2005년 5월 2일자).

현대사회에서 소비는 일상적인 행위로 생활양식이 되었으며, 이러한 소비중심 사회에서는 생산을 통해 직접적인 소득을 갖지 않는 청소년들 또한 소비사회의 중심에 놓여있다. 따라서 '필요에 의한 소비'를 넘어서 과시적이고 현시적인 소비가

트렌드 메모 5-14

### 골반 바지 아주머니, 꽃무늬 셔츠 아저씨
- 40~50대, 1020세대와 유행 공감 -

1. 아주머니, 아저씨는 싫다.

최근 인터넷쇼핑몰 인터파크는 15~25세를 타깃으로 발행되는 여성잡지 '쎄씨', '보그걸'의 구독자 연령층을 조사했다. 결과는 의외였다. 30대 이상 독자 비중이 각각 42%와 41.5%나 되었다. 또한 서울 시내 S백화점 강남점의 영캐주얼 매장에서 40대 이상 고객 매출 비중은 51%로 절반을 웃돈다. H백화점 서울 압구정 본점 영캐주얼 매장은 매출액의 41.8%, L백화점 소공동 본점은 31%를 40대 이상 고객이 차지했다. 소비취향이 어려지는 것은 남자도 마찬가지다.

2. 사회적 잣대보다 '나'를 위해 산다.

나이에 구애받지 않고 소비하는 현상은 젊은이들의 유행에 동참하려는 욕구 때문이다. 참살이(웰빙)나 몸짱 열풍도 소비의 세대 차이를 줄이는 데 한 몫 했다. 소비행태가 사회적 잣대를 맞추기보다는 '내가 원하는 것'을 구매하는 쪽으로 바뀌고 있다. 인터넷의 보편화로 세대간 소비성향이 동질화되고 있다는 분석도 있다.

자료 : 동아일보, 2005년 5월 17일자

증가하는 것은 또 다른 측면에서 소비자문제를 야기하고 있다. 예를 들면 '지름족'을 들 수 있다. 지름족은 신제품을 먼저 써보려는 고소득 전문직의 얼리어답터와는 사뭇 다르다. 얼리어답터는 구매력 있는 오피니언 리더 계층으로 '남과 다른 물건을 소유하는 것' 자체를 즐긴다. 그러나 지름족은 얼리어답터가 되고 싶은 '얼리어답터 워너비'로 금전적으로 뒷받침되지 않아도 이런 저런 방법을 통해 첨단기기를 일단 사고 보는 소비문화를 지닌 디지털 세대를 말한다. 이들은 디지털 세대의 소비문화현상을 주도하며 인터넷을 통해 각종 할인 정보를 수집하는 합리적인 측면도 지니고 있다.

삼성 패션연구소가 2005년 6월 5일 전국 13세 이상 남녀 1,400명을 대상으로 패션 감성을 조사한 '2005년 대한민국 소비자 감성 세분화 보고서'에 따르면 패션 얼리어답터는 4명 중 1명꼴인 25.4%로 나타났다. 이 보고서는 '패션에 무관심한 것으로 여겨졌던 남성 소비자들이 패션 얼리어답터로 이동하는 추세이며, 세계적으로 불고 있는 꽃미남신드롬, 약한 남자신드롬 등이 퍼지면서 패션 및 성에 개방

> **트렌드 메모 5-15**
>
> **지름신 관련 패러디**
>
> - 짐이 곧 지름신
> - 돈다발이 새 뭉치라도 질러야 보배
> - 사재기도 지름이다
> - 돈이 다 떨어져도 지를 구멍은 있다
> - 파산하지 않은 자 지름을 논하지 말라
> - 오늘 지름을 내일로 미루지 말라
> - 지름은 길고 인생은 짧다
> - 지름은 결코 끝나지 않는다. 다만 파산할 뿐이다
> - 한 쪽 통장이 비거든 다른 통장도 지르거라
> - 물품을 보고 지르지 않는 것은 용기가 없는 것이다
> - 하늘은 지르는 자를 돕는다
> - 모로 가도 지르기만 하면 된다
> - 지름은 저축보다 강하다
> - 질러라, 그러면 열릴 것이다
> - 나는 지른다, 고로 존재한다
> - No girum, No gain
> - 저축하는 자 위에 소비자 있고, 소비자 위에 지름신 있다
> - 질러라, 그러면 얻을 지어다

적인 남성소비자들이 증가하고 있다'고 분석하고 있다. 실제로 미국 마케팅 조사회사인 NPD 그룹에 따르면 남성 소비자가 여성 동반자 없이 스스로 고른 남성복 비중이 2000년 26%에서 2004년 45%로 늘어났다고 했다(동아일보, 2005년 6월 6일자).

이에 김상일(2005)은 한국형 소비자트렌드의 5가지 신조류를 요약하고 있다. 그의 분석 결과를 보면 첫째, 철저히 이기적인 소비 득세를 주장하면서 소비자의 이기심이 시장을 주도한다고 강조했다. 둘째, 소비자의 자긍심 제고가 화두라고 언급하면서 다양한 유형의 자긍심을 제공할 대안들에 대해 기업이 고려해야 한다고 강조했다. 셋째, 'or'가 아닌 'and'의 가치를 제공해야 한다고 강조하면서 다양한 'and'의 조건들을, 예컨대 웰빙 제품의 경우에는 건강, 감성, 가격, 브랜드, 신뢰 등으로 확대될 것이라고 언급했다. 넷째, 소비 패턴 예측의 어려움을 강조하여

트렌드 메모 5-16

### 나는 어떤 패션 유형에 속할까

1. 얼리어답터형
- 유행에 민감하고 쇼핑 자체를 즐기는 타입
- 취향에 맞으면 비싸도 구입하지만 마음에 안 들면 신경도 안 씀
- 특정 브랜드를 선호하는 '충성도'가 높음

2. 액티브형
- 충동구매나 과시소비를 하지 않는 합리적인 소비자 타입
- 유행을 선도하지 않더라도 관심이 높은 편
- 남성은 강한 스타일, 여성은 편안한 스타일 선호

3. 중도형
- 패션에 민감하지도 무관심하지도 않은 유형
- 남성은 '패션은 최소한의 체면 유지만 하면 된다'고 생각
- 여성은 가족을 먼저 생각하는 알뜰한 타입

4. 무관심형
- 패션에 대해 전혀 관심이 없는 유형
- 남녀 모두 화려하고 섹시한 이미지를 좋아하지 않음

자료 : 동아일보, 2005년 6월 6일자

소비자의 솔직함, 대범함 그리고 나의 소중함의 성향이 강조되고 있다고 주장했다. 마지막으로 소비 대상의 세대간 격차가 사라질 것이라는 점을 강조했다.

결론적으로 소비사회가 다양해짐에 따라 소비를 통해서 존재가치를 구현하는 소비자 자신도 다양해졌다는 것이다. 사회 및 타인 중심에서 개인 중심으로, 연령 중심에서 라이프스타일 중심으로, 즉 개인의 소비가치가 소비행동의 중요한 기준 및 관점이 되고 있다. 이는 앞에서 언급했던, 우리 사회 전체의 변화, 소비사회의 변화, 개인의 변화와 연결된다.

## ♠ 참고문헌


구자룡(2003). 한국형 포지셔닝. 원앤원북스.

김경훈・김정홍・이우형(2004). 한국인 트렌드. 책바치.

김난도・김선옥(2003). 소비자 안티사이트에 대한 연구: 평가모형 개발, 평가 및 방전방안의 모색. 정보화정책 제10권, 제4호; 53~72.

김상일(2005). 한국형 소비트렌드의 5가지 신조류. 주간경제 828호.

김영세(2005). 트렌드를 창조하는 자 이노베이터. 랜덤하우스중앙.

김재문(2004). 미래 소비의 선두자, 마니아를 잡아라. 주간경제 789호.

대니얼 핑크 지음, 석기용 역(2004). 프리 에이전트의 시대. 에코리브르.

데이비드 루이스・대런 브리저 지음, 삼성전자 글로벌 마케팅연구소 역(2001). 디지털 시대의 신소비자 혁명. 위즈덤하우스.

로타르 J. 자이베르트 지음, 이은주 역(2005). 자이베르트 시간관리. 한스미디어.

마이클 마자르 지음, 김승욱 역(2000). 트렌드 2005. 경영정신.

멜린다 데이비스 지음, 박윤식 역(2003). 욕망의 진화. 21세기북스.

문숙재・여윤경(2005). 소비자트렌드와 마케팅. 신정.

삼성경제연구소(2002). 소비시장의 양면성과 기업의 대응. 삼성경제연구소.

삼성경제연구소(2002). 시장에서 무슨 일이 일어나고 있나-5대 소비트렌드와 기업의 대응-, 삼성경제연구소.

스탠 데이비스 지음, 김승욱 역(2002). 미래의 지배. 경영정신.

이지평(2003). 주 5일 트렌드. 21세기 북스.

이승신・김시월(2004). 소비자 그리고 소비문화. 도서출판 신정.

일본경제신문사 지음, 이정환 역(2002). 2002 세계경제트렌드. 위즈덤하우스.

장 보드리야르 지음, 이상률 역(1996). 소비의 사회. 문예출판사.

장 보드리야르 지음, 이상률 역(1997). 문화와 소비. 문예출판사.

제임스 서로위키 지음, 홍대운・이창근 역(2005). 대중의 지혜. 랜덤하우스중앙.

조은정(2002). 15명의 시장. 지식공작소.

최순화(2003). 고객 마음을 읽는 마케팅 조사기법. CEO information 제 405호, 삼성경제연구소.

통계청(2004). 한국의 사회지표. 통계청.

파멜라 댄자이거 지음, 최경남 역(2005). 사람들은 왜 소비하는가(Why People But Things They Don't Need). 거름.

페이스 팝콘 · 리스 매리골드 지음, 김영신 역(2001). 클릭! 이브 속으로. 21세기북스.
페이스 팝콘 · 애덤 한프트 지음, 인트랜스번역원 역(2002). 미래생활사전(Dictionary of the Future). 을유문화사.
폴리 토인비 지음, 이창신 역(2004). 거세된 희망. 개마고원.
프라할라드 · 벤카트 라마스와미 지음, 김성수 역(2004). 경쟁의 미래. 세종서적.
피터 슈워츠 지음, 우태정 · 이주명 역(2005). 이미 시작된 20년. 필맥.
하우석(2004). 기획 천재가 된 홍대리. 다산북스.
C. 브릿 비머 · 로버트 L. 슈크 지음, 정준희 역(2002). 떠오르는 트렌드 사라지는 트렌드. 청림출판.
Don E. Schultz · Heidi F. Schultz 지음, 오리콤브랜드전략연구소 · 문달주 · 김태원 역(2005). 브랜드 배블. 이치.
LG 경제연구원(2005). 2010 대한민국 트렌드. 한국경제신문.
Zaltman. G(2003), How customers think : Essential Insights into the Mind of the Market. Harvard Business School.
內田陸三(1988). 消費社會ど權力. 岩波書店.
井原哲夫(1995). 時間支配の時代. 同文書院.
增田津朗(2000). 觀光の文化經濟學. 刊初塔書房出版.
淸家馬(2002). 勞動經濟. 東洋經濟新聞社.
坂井素思(1994). 經濟文明論. 放送大學教育振興會.
飽戶弘 編著(1996). 消費行動の社會心理學. 福村出版.
戶崎契昏(2000). 旅行産業の文化經濟學. 刊初塔書房出版.
間田孝夫(2000). 消費社會論. l 有斐閣コンパクト.
中谷武雄·後藤和子 監訳(2002). 文化經濟學入門. 日本經濟新聞社.

# 제 6 장

# 소비자트렌드와 사회현상

소비자는 소비자트렌드를 만들고 형성하는 주체이지만, 사회에서 형성된 소비자트렌드에 영향을 받기도 한다. 소비자 자신이 트렌드 변화의 주류가 되고 안 되고는 소비자의 선택이지만 어떠한 트렌드가 형성되어 유지 혹은 변화되는가에 대해서는 관심을 가져야 한다.

본 장에서는 소비자트렌드를 사회현상 속에서 찾기 위해 구체적으로 소비의 상징성, 명품 브랜드, 히트상품, 웰빙, 디지털, 사이버 공간, 얼짱문화 그리고 환경과 소비자트렌드를 중심으로 살펴보고자 한다. 이러한 소비자트렌드와 사회현상을 분석하는 것은 과거의 트렌드와 현재의 트렌드를 통해 미래의 소비자트렌드를 예측하기 위함이다. 이것은 다양한 사회의 변화 속에서 소비자 스스로 자신의 위상을 파악하여 합리적인 소비를 구축하고, 오래 지속될 수 있는 소비문화 여건을 형성함은 물론, 소비자의 삶을 향상시키는 소비자트렌드를 형성하기 위함이다.

## 1. 소비의 상징성과 소비자트렌드

오늘날 소비자는 구매의 효용성을 극대화하고 소유에 연연하지 않으면서도 감각적인 즐거움과 상품이 지닌 사회적 상징성을 중요하게 생각한다. 예를 들면 이동통신 서비스의 경우, 이용자의 계층별 그리고 라이프스타일에 따라, 효율적인 요금제도와 각 이용자층이 선호하는 부가 서비스 및 제휴 업체들을 연계하여 상품을 차별화하고 있다. 또한 이를 소비의 상징이나 이미지와 결합시켜 하나의 상품으로 구성하고 있다. 10대는 귀엽고 깜찍하고 발랄한 이미지, 여성은 아름답고 여성스러운 이미지, 비즈니스맨은 전문적이고 고급스러운 이미지를 구매하면서도 자신의 라이프스타일에 맞는 요금 및 부가 서비스를 구매하게 되는 경향이 있는 것으로 나타나고 있다. 이러한 경향은 소비의 상징성과 맞물린다.

장 보드리야르는 『소비의 사회』에서 사물들은 기호이며 그 각각의 의미와 기능을 전체 기호체계 안에서 정합적으로 부여받는다면 소비의 개념도 역시 그 기호체계 안에서만 이해될 수 있을 것이며, 그럴 경우에 '소비는 하나의 사회적 언어가 된다'고 밝혔다. 생산자는 더 이상 소비자의 필수품을 만들어내는 것이 아니라 소비자들의 욕망을 자극하는 물건들을 생산한다. 생산이 소비의 논리에 의해 움직이게 됨에 따라 대중매체는 소비자의 욕망을 불러일으키기 위해서 광고를 통한 기호의 창출에 나선다. 결과적으로 소비자가 원하는 것은 광고상품이 아니라 기호, 그 자체로 변모해 가는 것이다. 이에 장 보드리야르는 구성원들이 기호를 욕망하고 기호를 소비하고 있는 새로운 자본주의 사회가 바로 '소비의 사회'라고 주장했다.

오늘날 우리가 소비하는 것은 재화의 사용가치가 아니라 강렬하고 지속적인 기호의 세뇌작용에 반응하여 상징적인 기호를 소비하는 것이라고 볼 수 있다. 장 보드리야르는 유행을 타는 것은 내용의 진보가 아니라 기호의 거부할 수 없는 힘에 소비자가 놀아나는 것이라고 문제를 제기했다.

소비는 인간이 자신을 표현하는 형식이자 기호이며 상징이다. 소비가 의미작용이라는 것은 이것이 교환임을 의미하는 것이다. 소비는 하나의 기호이며 이러한 기호를 둘러싼 소비자의 행위는 자본주의 사회에서 생산자, 소비자, 판매자 등의 시각에 따라 다양한 목적으로 분석되는 대상이 되고 있다.

## 2. 명품 브랜드와 소비자트렌드

최근 국내 소비시장에서 나타나고 있는 특징적인 소비행태 중의 하나가 고급 브랜드에 대한 소비의 증가이다. 명품은 나라마다 그 정의가 각각 다르다. 미국에서는 최고급품 혹은 고급품이란 의미로 사용되고, 일본에서는 장인이 만든 훌륭한 물건을 의미한다. 우리나라의 경우 국어사전에서 뛰어난 물건이나 작품으로 정의되는 명품은 현재까지 엄격한 학문적인 정의 및 판단기준이 제시되지 않는 상태이다.

일반적으로 명품이란 사물 자체가 자기 스스로에게 부여하는 가치이자, 실질적인 사용가치를 상회하는 아우라(Aura, 독일 벤야민의 예술이론으로 흉내 낼 수 없는 고고학적인 분위기를 뜻하며, 예술작품 등을 표현하는 것)를 지닌 물건을 일컫는다. 진정한 명품은 오래 숙성된 브랜드의 이념 속에서 세대를 뛰어 넘는 자신만의 향기와 가치를 일관되게 갖는 것이며, 단지 값이 비싼 제품이 아니라 아버지가 아들에게, 어머니가 딸에게 대물림 할 수 있는 '질'을 담보하는 것이다. 즉 남이 따를 수 없는 기술과 기획력으로 전통과 함께 불멸의 가치를 지니는 것, 희소성의 논리가 정당하게 대접 받는 것, 쓰면 쓸수록 빛을 발하며 무엇보다도 쓰는 이가 만든 사람의 마음을 이해할 때에 그 진가를 발휘하는 하나의 예술품, 그것이 바로 명품이다.

명품이 국내에서 소비자에게 선호되는 이유에 대해서는 IMF 외환위기 이후 나타난 소득과 소비수준 양극화 현상의 심화, 체면문화에 의한 과시적 소비현상, 소비에 있어서의 목표의식과 사회의 동질성 등으로 설명될 수 있을 것이다. 소득 양극화 속에서 과시적 소비에 대한 모방소비, 특정 브랜드를 꼭 소비해야 한다는 강한 소비자 욕구 및 남들이 소비하는 브랜드에 대한 동질적인 소비가 명품에 대한 소비 증가를 낳고 있다.

2004년 대학생을 대상으로 '명품구입 여부'에 대한 질문을 한 결과 응답자의 33.2%(712명)가 '구입경험이 있다'고 밝혔으며, 모조품을 구입한 경험이 있다고 밝힌 응답자는 62.4%인 1,118명이었다. 명품 구입 이유에 대해서 '질이 좋기 때문'이라는 답변이 가장 많았고, 이어 '명품의 이미지와 디자인', '유행', '사회적 지위' 등의 순으로 응답했다.

특히 명품 구입 경험이 있는 712명 중에서 약 84%의 학생들은 '명품 구입 후 만족했다'라고 응답했으며, 불만족했다는 학생은 3%에 그쳤다. 그리고 향후 명품 구입 의사를 묻는 질문에서 절반에 가까운 45%가 '필요하면 구입할 것'이라고 응답했고 38%는 '돈이 있다면 구입할 것', 2%는 '앞으로 명품만 구입할 것'이라고 응답했다. 그리고 '구입할 생각이 없다'는 생각을 가진 학생들의 비율은 12%로 나타났고, '돈이 없을 때 사고 싶은 명품이 있다면 어떻게 하겠느냐'라는 질문에는 43%가 포기한다고 응답했지만 20%는 '살 때까지 돈을 모은다'라고 말했으며 4%는 '신용카드로 일단 구입한다'라고 응답했다(연합뉴스, 2002).

한국여성단체협의회(2003)가 명품을 산 경험이 있는 20~30대 여성 399명을 대상으로 실시한 조사에 의하면, 20~30대 여성 상당수는 명품소비를 개성표현을 위한 하나의 방법으로 여기는 것으로 나타났다. 또한 응답자의 41.6%는 '명품이 계층간 차별과 위화감을 형성한다'고 답한데 비해, 58.4%는 '개성표현의 하나라면 문제가 되지 않는다'고 답했다.

이들이 명품을 구입하는 이유는 63.9%가 '품질이나 디자인이 우수하기 때문'이라고 답했고, 14.5%가 '남들이 알아주는 유명 브랜드이기 때문', 10.5%가 '그 브랜드에서만 판매하는 특별함 때문에' 등으로 나타났다. 그럼에도 불구하고 응답자들은 명품 소비가 '과시 모방으로 인한 사치와 낭비풍조(43.4%)', '무분별한 신용카드사용으로 인한 신용불량자 양산(26.2%)', '외관으로 사람을 평가하는 왜곡된 가치관'(22.5%) 등의 문제를 일으키고 있다고 생각하고 있었다. 명품 소비가 늘어나는 이유로는 '외관을 중시하는 사회적 분위기(54.9%)'가 가장 많았으며, 두 명 중 한 명이 '브랜드에 따라 대우가 달라지므로 브랜드의 명성을 중시한다'고 응답했다.

실제로 명품 구입시 70% 이상이 신용카드를 사용하고 있으며, 명품 브랜드에 대한 정보는 대부분이 TV(34.5%), 친구나 주변사람들을 통한(30.1%) 것으로, 구체적인 정보보다는 동경을 통해 명품 구입으로 이어지는 경우도 상당한 것으로 나타났다.

한국여성단체협의회는 세미나를 통해 '고가품=명품'이라는 잘못된 인식을 바로잡기 위해 용어 사용의 정상화와 소비자 자신들의 의식변화가 필요하다고 지적했다. 동시에 '소비자단체는 대중매체의 광고나 드라마 등을 지속적으로 모니터링하

### 트렌드 메모 6-1

## 명품브랜드와 소비자 분류

자기 과시에서 자기만족으로, 진짜 명품족은 브랜드 로고에 열광하던 초기의 명품 소비행태를 벗어나고 있다.

1. 서브 브랜드도 인기

과거 럭셔리 브랜드의 주 소비층은 중장년 상류층이었다. 그러나 세계적으로 명품을 소비하는 연령층이 낮아지고 있다. 이에 따라 많은 브랜드가 서브 브랜드(sub brand)를 개발해 내놓고 있다.

2. 나만의 명품 찾기

명품이 대중화되면서 진짜 명품족은 남과 달라지려고 진정한 마니아 모습을 찾기에도 열심이다. 널리 알려진 인기 브랜드나 품목보다는 국내에 잘 알려지지 않은 브랜드를 선호하는 것도 요즘 명품족의 소비 특징이다. 특히 시계나 보석 등에서 그런 성향이 두드러진다.

3. 자기 만족형

20, 30대 젊은이들 사이에서도 명품 소비는 이제 더 이상 먼 나라 이야기만은 아니다.

4. 인터넷형

인터넷 포털 사이트 다음(www.daum.net)에는 명품 관련 커뮤니티가 400여 개가 있고, 프리챌(www.freechal.com)에도 200여 개가 개설되어 있다.

5. 해외 원정형

해외 쇼핑몰을 통해 명품을 구입하는 경우도 있다.

해외 쇼핑 대행 사이트인 위즈위드(www.wizwid.com)에서 지난 한 달 외국산 브랜드를 구입한 사람은 1만 2,000여명. 이 중 100만~200만원을 쓴 사람이 2,300명(19%)이고, 200만~300만원 구매자도 350명(2.9%)에 달했다. 하지만 일부 젊은이들이 자신의 수입에 걸맞지 않게 너무 비싼 물건을 구입하는 소비행태에 대해서는 우려가 많다. 이에 많은 사람은 특정 계층의 소비행태를 따라가기보다는 자신에게 맞는 합리적인 소비를 하는 지혜가 필요하다고 말하고 있다.

고 그 내용을 개선하려는 소비자의 목소리를 대변하는 일에 적극적으로 활동해야 할 것'이라고 밝혔다.

결국 명품에 대한 의식, 자부심, 선호 등의 모든 것은 소비자에 의해 좌우되며, 최종 선택 또한 소비자의 몫이다. 특히 '남들과 다른 나', '차별화', '독특화' 등 소비자들이 원하는 가치의 변화가 이에 동조하고 있다. 그러나 소비 문화적 측면에서 명품은 기본적으로 소비자의 욕구, 선호의 만족이기는 하지만 기업이나 매스컴에서 전파된 광고가 불균형적인 명품선호 의식을 부추기는 것은 계층 간의 위화

> **트렌드 메모 6-2**
>
> **명품 지우개**
>
> 이탈리아 명품 브랜드 구찌에서 출시된 14만원 상당의 초고가 지우개가 국내에 상륙, 충격을 주고 있다. 구찌 지우개는 국내에서 정식으로 선을 보이지 않았지만, 해외 매장에서 선물용으로 구입되어, 이를 사용하는 서울 강남의 일부 초등학생들이 부러움과 질시의 대상으로 떠오르고 있으며 위화감과 사행심을 초래하고 있다.
>
> 자료 : 연합신문, 2004년 3월 31일자

감을 조장하며 국제시장에서 우리의 시장을 무시하는 결과를 초래할 수도 있을 것이다.

일반적으로 개발도상국에서 명품 브랜드는 중요한 소비현상이다. 이를 활용하여 최근의 아시아 국가에서 명품 브랜드에 대한 전략적인 마케팅과 구매가 활발하게 이루어진다는 점은 주목할 만한 일이다. 이러한 사회적 배경에 따라 농수산물에도 명품이 도입되고 있으며, 또 한편으로는 매스티지의 확산을 볼 수도 있다. 뿐만 아니라 소비현상이 점점 고급화되는 것을 볼 때, 소비자의 역할이 중요해짐을 알 수 있다.

## 3. 히트상품과 소비자트렌드

일반적으로 히트상품이란 '고객에게 기대 이상의 가치를 제공하여 폭발적 수요를 창출함으로써 기업에게 높은 이윤을 가져다주는 상품'을 일컫는다. 히트상품은 다양한 유형을 보이지만, 시장에 성공적으로 진입하여 초기의 성공이 이후까지 지속적으로 이어져야만 진정한 히트상품이라고 할 수 있다. 특히 히트상품은 소비자에게는 사용의 즐거움을 제공하고, 사회에는 새로운 유행이나 소비문화를 형성하는 데 일조를 하고 있다. 따라서 반짝하는 상품, 장수상품, 실패상품과 차별된다.

1980년대에는 상품구색이 한정되고 품질의 차이도 크지 않아 소비자들은 가격과 품질을 중요시했다. 1990년대의 소비자는 자신의 의식과 가치관에 따라 독특한 개성과 다양한 니즈를 추구했으며 기업은 체계적인 시장 세그먼테이션을 통해 경쟁력을 확보할 수 있었다. 그러나 외환위기 이후 2000년대에 들어서면서부터는 빠른 경제 환경의 변화와 소비자의 심리적·정서적 특성이 복합적으로 소비행태에 영향을 줌으로써 여러 소비행태가 단순히 믹스되어 나타나는 퓨전현상과는 다른 다변적인 선택의 특성을 보여준다.

대학생 연합 문화 창조 동아리에서 2004년 11월 2일부터 28일까지 서울·경기 지역 16개 대학 2,400명의 대학생들을 대상으로 실시한 히트상품 실태조사에 의하면, 2004년 대학생들이 뽑은 2004년 최대의 히트 상품은 싸이월드 미니홈피였다. 그리고 606명이 응답한 로또, 509명이 답한 카메라폰, 배용준(467명), 파리의 연인(311명), 아테네 올림픽(200명), 매운 음식(156명), 요가(145명), 태극기 휘날리며(112명)의 순으로 나타났다. 그렇다면 10년 전인 1994년에 대학생들이 뽑은 최대의 히트 상품은 무엇이었을까? 바로 모토로라 호출기라고 한다. 이와 같은 조사 결과는 대학생들이 세월의 흐름에 상관없이 첨단 제품과 새로운 미디어 그리고 대중문화를 선호하고 있다는 사실을 보여준다.

2005년 상반기 '탑 프라이드 상품'으로 선정된 제품들은 크게 세 가지 특징을 갖고 있다. 첫째, 가전, 자동차 등 내구재 업종에서는 패밀리 브랜드를 중심으로 꾸준하게 마케팅 활동을 해 온 확장형 신기술 브랜드가 두드러졌다. 둘째, 전자·정보통신 기기는 시대의 요구를 반영한 신제품들이 소비자의 좋은 반응을 얻으며 선정되었다. 셋째, 생활문화·식음료 서비스 부문에서는 웰빙 트렌드를 반영하듯 소비자의 건강과 개인적인 요구를 반영한 브랜드가 주로 뽑혔다.

사실 기업에서 히트상품을 만들어 내기란 쉬운 일이 아니다. 미국 등 선진국에서도 출시된 신제품이 시장에서 살아남는 비율은 30~40%에 그치고 있다. 결국 소비자들의 새로운 필요성을 간파하고 독특한 아이디어와 기술을 접목한 제품을 만드는 것이 핵심이다. 이를 위해서는 제품 아이디어에서부터 마케팅에 이르기까지 철저한 사전조사와 분석이 있어야 한다. 이에 각 기업들은 상품별로 전담 매니저를 두거나 팀을 꾸려 시장, 고객, 경쟁사, 자사에 관한 모든 정보를 철저히 분석하고 이를 토대로 수년에 걸친 연구, 개발을 통해 신제품을 출시하고 있으며, 소비자의 동향 파악은 그 기초가 되고 있다.

세계 일류기업은 세계시장에 통용되는 장수상품을 갖고 있으며 히트상품으로 경영위기를 극복한 경험을 보유하고 있다. 보스턴 컨설팅에 의하면 히트상품을 잘

표 6-1 시대별 우리나라의 히트상품

| 구 분 | 특 성 | 1970년대 | 1980년대 | 1990년대 |
|---|---|---|---|---|
| 제조상품 | 비내구재 | 모나미 153볼펜<br>박카스, 칠성사이다<br>새우깡, 우황청심환<br>이명래 고약, 쭈쭈바<br>초코파이, 브라보콘<br>하이타이, 해표식용유 | 다시다, 동원참치<br>모닝글로리(문구)<br>맥콜, 신라면<br>불티나 라이터 | 머드팩, 비락식혜<br>참나무통 맑은 소주<br>죽염치약, 컨디션<br>풀무원 다이어트<br>하이트 맥주 |
| | 내구재 | 에이스침대 | 쏘나타<br>이랜드<br>귀뚜라미 보일러<br>봉고(승합차) | 공기방울세탁기, 피코<br>매직 스테이션, 애니콜<br>김장독냉장고<br>닉스청바지<br>인버터 램프<br>아싸 노래방<br>플러스원 TV<br>보디가드 내의 |
| 서비스상품 | | 여로(연속극),<br>로봇 태권브이<br>(만화영화) | 흔글(SW), 에버랜드<br>외인구단(만화)<br>조용필(음반)<br>태백산맥(소설) | 차세대종합통장<br>서편제<br>모래시계(연속극)<br>서태지와 아이들(음반) |

만들어내는 세계 10대 회사는 혼다, 컴팩, 모토로라, 소니, 캐논, 보잉, 머크, MS, 인텔, 도요타라고 한다. 시간 단축형 가전제품, 핸드폰이나 삐삐와 같은 정보통신상품 등에서 볼 수 있듯이 히트상품은 소비자의 행동 패턴을 변화시키며 워크맨과 같은 신영역 개척 상품이나 로봇 태권브이, 모래시계 같은 문화 창조 상품은 사회 전반에 걸쳐 광범위한 영향을 미친다.

히트상품을 보면 시대가 보이는 것은 사실이다. 이는 히트상품이 단순히 소비의 현주소를 반영하는 게 아니라 사회상은 물론 심지어 국민 정서, 소비심리 등도 포함하고 있기 때문이다. 즉 소비를 통해 사회를 읽을 뿐만 아니라 부분적인 소비문화도 파악할 수 있는 것이다.

반면에 히트상품은 소비자 문제를 야기하기도 한다. 한국소비자보호원이 2004년 7월부터 두 달간 주요 일간지에 실린 히트상품, 인증획득 관련 제품 광고를 분석한 결과, 선정기관을 밝히지 않거나 사실을 왜곡, 과장한 사례가 다수 발견되어

표 6-2 1992~2004년 한국과 일본의 주요 히트 상품

| 년도 | 국 가 | |
|---|---|---|
| | 한 국 | 일 본 |
| 1992 | LDP(레이저디스크 플레이어), 엘란트라<br>차세대주택종합통장, 공기방울 세탁기<br>비트(세제) | 겉절이 양념, GPS 카 네비게이션<br>오토캠프(RV로 가는 캠프)<br>U 시버(소전력 무전기) |
| 1993 | 하이트 맥주, 김장독 냉장고, 쏘나타 II, 녹즙기<br>죽염치약, 미에로 화이바, 머드팩, 그린 컴퓨터 | J 리그, 아울렛, 윈도우즈 3.1,<br>쥐라기 공원, 가정용 정수기, 짱구는 못 말려 |
| 1994 | 명품 TV, 마몽드 트래픽, 오렌지, 비락식혜<br>할인점, 컨디션(숙취 해소 음료), 입체냉장고 탱크 | 이치로(야구 선수), 휴대전화, 간사이 신공항<br>PB(자체 브랜드), 생수, 오에 겐자부로(소설가) |
| 1995 | 애니콜, 테크론휘발유, 펜티엄 멀티미디어 III<br>아반떼, 제크 크래커, 뉴임팩 정수기 | 멀티미디어 PC, 반 지진 아파트(흔들림 흡수공법)<br>디오르스 벨트(살 빠지는 크림), 플레이스테이션 |
| 1996 | 쏘나타 III, 참나무통 맑은 소주, 비과세 저축<br>식물나라, 메치니코프, 아하프리(카세트) | 인터넷, 이태리 수입 브랜드, 디지털 카메라<br>휴대정보 단말기, 프린트 클럽(즉석 사진) |
| 1997 | 햇반, 뉴 OB 라거, 드림시스, 레간자, 패스카드<br>사과요구르트, 레티놀 화장품, PCS 016 | 다마고찌, 디지털 비디오카메라, 포켓몬스터<br>작은 얼굴화장품, 자일리톨 껌<br>가드닝(정원 가꾸기) |
| 1998 | 참진 이슬로, 여성시대, 건강보험, 딤채, 마티즈<br>백세주, 지펠 냉장고, 광수 생각, 헤라 화장품 | iMac, VAIO, NTT 포켓보드, 타이타닉<br>복숭아 천연수, 헬로 키티, 맥도널드 65엔 햄버거 |
| 1999 | 아침햇살, 깨끗한 나라(화장지)<br>바이오에어컨, 애니콜 폴더, ADSL | 오체불만족(장애인 에세이)<br>우타다 히카루(고교생 가수), iMode<br>AIBO, 케어 가든(체취 제거제) |
| 2000 | 아이러브스쿨, 애니콜 듀얼 폴더<br>드라마 허준, 신용카드, 공동경비구역 JSA<br>초록매실, 킥보드, 딤채<br>엔크린 보너스카드, 메가패스 | 유니크로(저가의류), 북 오프(고서체인)<br>쇼핑몰(아웃렛 몰), 타임즈(무인주차장)<br>오데 & 다카하시(마라톤감독과 선수)<br>DVD / 플레이스테이션 2, 인터넷 옥션<br>다나카(작가 출신 정치인), 아스쿠르(통신판매)<br>돗도코 하무타로(햄스터 만화) |
| 2001 | 영화 친구, SK OK 캐쉬백, 롯데 자일리톨 껌<br>삼성전자 콤보, TV 홈쇼핑, 르노삼성 SM5<br>대형평면 TV, 아바타, 종신보험, 브랜드 쌀 | 센과 치히로의 행방불명(만화 영화), ADSL<br>디지털 카메라, 맥주서버(거품맥주 제조도구)<br>280엔 소고기덮밥, 배기차단 청소기<br>DVD 플레이어 / 레코더, 알루미늄캔 보틀 음료<br>도쿄 디즈니 씨(테마 파크), 스타벅스 |
| 2002 | 월드컵, 컬러휴대폰, 메이드인 차이나<br>주상복합 APT, 홈시어터, 영어 학습<br>take out, 짝퉁, 한방품 | 100엔 숍, 마루 빌딩, 카메라 폰<br>해리포터, 월드컵, 180엔 스니커즈 |
| 2003 | 디지털, 로또, 신가전, 웰빙, 퓨전 사극<br>재테크 서적, 수입차, 지하철 신문<br>지식검색, 이민 상품, 누드, 이효리, 강남, 부자 | 아미노산 음료, 메가픽셀 카메라, 도시형 온천<br>테마 파크, 한신 타이거즈, 녹차, 용기면 gotta<br>록본기 hills, 춤추는 대수사선, 파나소닉<br>DVD recorder, 도요타 하이브리드 |
| 2004 | 싸이월드, 복합기능휴대폰, 비타 500, 한류스타<br>대용량 MP3, 저가 화장품, 드라마 파리의 연인<br>마법 천자문, 주택장기대출, 매운 음식 | 식초음료, 겨울연가<br>세상의 중심에서 사랑을 외치다, 지사약 스톨파<br>액정 TV, 드럼 세탁기(경사), ipod mini(MP3)<br>녹차 음료, 동물원, 롱다리 슈트, 니모를 찾아서 |

**트렌드 메모 6-3**

**히트상품의 성공학**

1. 트렌드는 좋은 정보 원천이지만 쉽게 모방될 수 있다. 따라서 Trend Follower(단지 트렌드를 쫓아가기만 하는 것)가 아닌 Trend Hunter가 되어야 한다.
2. 기존 제품을 백지에서 재구성하라. 따라서 새로운 기능 확대 가능성을 탐색하고, 경우에 따라서는 기능의 축소도 고려해야 한다.
3. 소비자의 체험을 중시하라. 소비상황을 철저히 분석하고, 보기 좋은 떡이 먹기에도 좋다는 것을 명심해야 한다.
4. 히트상품은 타이밍의 미학이 있다. 속도와 티핑 포인트가 중요하다.
5. 조기에 교두보를 확보하라. 메인 시장의 디딤돌을 찾아야 한다.

자료 : 이상규. 『히트상품의 성공학』, 주간경제, 2004

제도개선이 시급한 것으로 나타났다. 뿐만 아니라 '최고의 히트상품'이 좋은 품질로써 소비자에게 큰 만족을 주는 경우가 많기는 하지만, 그렇다고 해서 '최고의 히트상품'이 항상 '최고의 품질'을 가지는 것은 아니다. 광고와 마케팅의 절묘한 효과로 히트상품이 되는 경우도 간과할 수 없다.

## 4. 웰빙과 소비자트렌드

얼마 전부터 사회적 이슈로 등장하고 있는 것이 '웰빙(참살이)'이다. 하지만 요즈음은 웰빙의 이기적 컨셉 덕분에 웰빙보다는 똑똑한 소비자가 공동체적인 삶을 더 지향한다고 볼 수 있다. 즉 '남과 더불어 우리 모두 잘 먹고 잘 살자'의 로하스(LOHAS, lifestyles of health and substantiality)는 그 영역이 문화 전반으로 확장되고 있다.

현대인의 바쁜 일상 그리고 기름진 패스트푸드나 음식, 잘못된 식습관, 무질서한 집안, 현실사회에서 탈피하고자 하는 소비자의 욕구가 증가하는 시대적 환경과 맞물려 웰빙은 히트를 불러온 관심사였다. 즉 산업의 고도화는 인간에게 물질적 풍요를 제공함과 동시에 정신적 여유와 안정을 앗아간 면도 적지 않다. 현대 산업

트렌드 메모 6-4

### 로하스 삶

얼마 전부터 포스트 웰빙 트렌드로 거론되는 로하스(LOHAS)에 대한 관심을 들 수 있다. 일반적으로 웰빙이 나와 내 가족을 우선시 하는 개인적인 관점이 특징이라면, 로하스는 타인과 사회를 중심으로 한 이타적인 소비가 특징이다.

미국의 내추럴 비즈니스 커뮤니케이션에서는 로하스 소비특성 조사를 위해 12개의 핵심 질문을 던지고 있는데, 구체적인 항목을 보면 다음과 같다.

1. 친환경적인 제품을 선택한다.
2. 환경보호에 적극적이다.
3. 재생원료를 사용한 제품을 구매한다.
4. 지속 가능성을 고려해 만든 제품에 20%의 추가비용을 지불할 용의가 있다.
5. 주변에 친환경 제품의 기대효과를 적극 홍보한다.
6. 지구환경에 미칠 영향을 고려해 구매를 결정한다.
7. 재생 가능한 원료를 이용한다.
8. 타성적 소비를 지양하고 지속 가능한 재료를 이용한 제품을 선호한다.
9. 전체 사회를 생각하는 의식 있는 삶을 영위한다.
10. 지속 가능한 기법으로 생산된 제품을 선호한다.
11. 지속 가능한 농법으로 생산된 제품을 선호한다.
12. 로하스 소비자의 가치를 공유하는 기업의 제품을 선호한다.

사회는 구조적으로 사람들에게 물질적 부를 강요하는 시스템을 갖추고 있어서 대부분의 사람들은 부를 축적하는 데에 시간을 소비하고 있다고 볼 수 있다. 따라서 물질적 부에 비해 정신 건강을 가볍게 여기는 경향이 있고, 심한 경우에는 정신적 공황으로까지 발전하기도 한다.

이러한 사회적 여건과 관련하여 웰빙은 현대 산업사회의 병폐를 인식하고 육체적 · 정신적 건강의 조화를 통해 행복하고 아름다운 삶을 영위하려는 사람들이 늘어나면서 나타나기 시작한 새로운 삶의 문화 또는 양식을 말한다. 1980년대 중반 유럽에서 시작한 슬로 푸드(slow food)운동, 1990년대 초반 느리게 살자는 가치를 내걸고 등장한 스로비족(slow but better working people), 부르주아의 물질적 실리와 보헤미안의 정신적 풍요를 동시에 추구하는 보보스족(bobos) 등도 웰

표 6-3 한국과 외국의 웰빙 비교

| 구 분 | 구 미 | 일 본 | 한 국 |
|---|---|---|---|
| 본격적 등장시기 | 1990년대 이후 | 1990년대 이후 | 2000년대 이후 |
| 등장배경 | 사회대안 운동 확산과 함께 생활 속에서 웰빙 개념 체득 | 건강 붐 조성 | 대중매체의 적극적 개입 황사, 광우병 등 환경재해에 대한 공포 |
| 사회적 웰빙과의 관련성 | 여성건강과 복지와 관련 | 고령자, 장애인 등 복지와 관련 | 복지와는 무관 개인적 웰빙 추구에 집중 |
| 웰빙 시장의 범위 | 요가 관련 상품 유기농 자연식품 | 건강식품 중심 | 식품, 가전, 섬유, 건설 등 전 분야에 영향 |

빙의 한 형태라고 볼 수 있다.

우리나라의 경우, 웰빙이라는 용어가 본격적으로 나타나기 시작한 것은 2000년 이후의 일이다. 웰빙은 구미에서 사회 대안운동으로 활발히 전개된 채식주의, 생태주의, 히피 등의 영향으로 1990년대 이후 자연스럽게 생활 속에 파고들었다. 우리나라에서는 2000년대 이후 대중매체를 통해 웰빙 개념이 도입되었고, 같은 시기에 불어 닥친 황사, 광우병 등의 환경재해에 대한 공포로 소비자에게 더 급속히 확산되었다고 볼 수 있다. 구미 및 일본에서는 고령자, 여성, 장애인 등의 복지와 관련된 사회적 웰빙도 중요하지만, 한국에서는 복지와는 무관하게 개인적 웰빙을 추구하기 위한 상품구매에 집중하고 있다. 특히 한국에서 웰빙 열풍이 형성되는 과정을 단계별로 구분하여 구체적인 특성을 보면 다음과 같다.

첫째, 도입단계. 대중매체의 적극적 개입으로 인해 철학적 사고 혹은 사회 대안운동으로 존재하던 웰빙이라는 용어의 대중화가 성공한 단계이다. 이 시기는 2001년 이후 '웰빙족', '웰빙 라이프스타일'에 대한 대중매체의 집중적인 소개로 생활의 전체 영역에 폭넓게 사용된 시기이다.

둘째, 확산단계. 웰빙을 적극적으로 활용하기 위한 기업의 마케팅 전략에 따라 기존의 건강식품, 공기청정기 등을 중심으로 홍보한 단계로, 기존의 공기청정기를 웰빙 가전으로 마케팅 하여 국내 시장규모가 2000년 1,070억 원에서 2003년 3,200억 원으로 성장했다. 그리고 기능상 차별화가 수반되지 않은 상황에서 웰빙 개념

**트렌드 메모 6-5**

### 블랙 푸드(black food) 붐

1. 검정색 식음료는 입맛을 떨어뜨린다는 이유로 금기시되어 왔으나, 2003년 일본에서 블랙 푸드 건강법이 확산되면서 건강식품으로 새롭게 등장
2. 검은콩, 검은깨, 검은 쌀은 골다공증, 탈모, 노화 등을 방지하는 안토시아닌(anthocyanin) 성분을 다량 함유
3. 우리나라에서는 흑미밥, 흑미쌀, 흑미찜만두, 검정콩우유, 오징어 먹물 스파게티, 오징어 먹물 빵 등이 출시되어 좋은 반응을 얻음

을 차용한 마케팅 사례도 급증했다.

셋째, 활용단계. 기업의 웰빙 전략은 마케팅 차원에 그치지 않고 기존 제품에 웰빙 기능을 부가한 신상품 개발로 이어졌다. 그리고 블랙 푸드, 은나노 기술을 바탕으로 한 웰빙 가전, 고기능성 섬유 소재, 친환경 마감재를 사용한 주택 등이 도입되었다.

웰빙 자체는 소비자가 추구하는 트렌드로 인정되지만, 휩쓸리는 웰빙, 인위적인 웰빙, 고가의 웰빙, 상업적 마케팅의 결과로 인한 웰빙, 저소득층에 위협적인 웰빙은 소비 문화적 측면에서 문제가 될 수 있다. 가령 다양한 개념의 웰빙이 상업적인 차원에서 너무 극단화되어 웰빙 본연의 모습과는 전혀 다른 모습으로 변형되었고 서로 상충적인 의미로까지 이해되는 현상이 벌어지게 되었다. 이에 대한 반발 작용으로 최근에는 웰빙의 이해수준과는 다소 차이가 있는 웰빙에 대한 재해석과 진화가 다른 용어들로 명명되면서 또 다른 트렌드로 자리 잡아가고 있다. 다시 말해 웰빙은 소비자의 사회적인 공감대를 형성하는 웰빙, 소비자 주변 변화의 필요로서의 웰빙, 소비자 자신을 위한 투자로서의 웰빙, 소비자에게 정신적인 만족감을 주는 웰빙, 소비자의 조화로운 삶으로서의 웰빙 등으로 승화되어가는 추세이다.

최근에는 웰빙에 환경개념을 더한 로하스 상품이 새로운 소비자트렌드를 형성하고 있다. 특히 웰빙을 개인에서 사회적 차원으로 확대한 로하스는 미국에서는 이미 80년대 이후 주요한 소비자트렌드로 자리 잡고 있으며, 미국인의 30% 이상

이 로하스적인 라이프스타일을 보이고 있다고 알려져 있다. 또한 미래 소비환경의 변화로 장소에 관계없이 네트워크 접속이 가능한 유비쿼터스 시대가 오는 한편, 제품 간의 다기능 복합화가 활발히 진행되고, 신제품 출시 간격이 좁아짐에 따라 구매 전 렌탈에 의한 체험소비가 주류를 이룰 것으로 전망되고 있다.

사실 웰빙의 진정한 의미는 바쁜 일상과 스트레스, 인공적인 것에서 벗어나 몸과 마음의 안정과 건강을 추구하는 것이다. 이런 관점에서 요즈음 '웰빙 스타일'로 제시되고 있는 요가나 스파, 유기농 음식이나 휴대폰으로 제공되는 웰빙 콘텐츠와 같은 여러 상품들이 실상은 웰빙이라는 트렌드를 이용한 상업적 전략이 아니냐는 우려의 목소리도 많다.

삶의 질에 대한 태도 변화가 일부 의식 있는 계층이나 부유층에 국한된 것이 아닌 중산층 전반에 걸쳐 형성되고 있다는 점에서 웰빙은 일시적으로 유행하다 사라질 트렌드로 끝나지 않을 것이다. 현재 우리나라에서 유행하는 웰빙은 자신과 가족은 물론 사회적인 건강까지 염려하는 로하스와는 달리 이기적인 수준에 머물러 있다는 것이 중론이다. 또한 겉모양만 웰빙을 표방, 지나치게 상업적인 전략으로 이용하려는 경우도 많다. 이젠 '참살이'라는 우리말까지 등장할 정도로 우리의 생활 속에 자연스럽게 자리 잡은 상황에서 웰빙의 차별화가 이루어질 단계에 이른 것이다. 이를 주도할 계층이 바로 소비자이며, 이러한 주도를 하느냐 안하느냐는 바로 소비자의 몫이다.

## 5. 디지털과 소비자트렌드

디지털은 전자기기 등에 자료를 인식하고 저장하는 방식의 하나로 아날로그와 대비되는 말이다. 즉 0과 1의 조합을 통해 모든 정보를 표현하며, 연속적인 신호나 현상을 그 자체의 물리량으로 나타내는 아날로그에 비해, 디지털은 인접의 수치에 대응시켜 개별적인 수량으로 취급한다. 이러한 사회에서 사회경제환경의 변화를 보면, 획일적 측면에서 다원화로의 변화, 일방적 수용에서 쌍방향 커뮤니케이션의 증가, 가치관과 행동 일치에서 다면화 및 이원화, 세대별 평행선 분리에서 교차하는 다중곡선으로의 회귀, 단일기능에서 다기능으로의 전환 등을 꼽을 수 있다.

이로 인해 세대별 특성도 '10대는 순간, 20대 초반은 빠른 스피드, 30대 초반은 생활 중시, 30대 후반은 정착화, 40대 이후는 자기만의 안으로'라고 표현하고 있다. 따라서 현대사회는 다원화, 다기능이 공존하는 컨버전스 시대라고 볼 수 있다. 특히 지금의 행복을 중요시하는 현재의 중요함, 신기술·신지식, 새로움에 대한 갈구, 나를 중심으로 하는 나만의 세계 추구, 서양식과 세계화를 추구하는 글로벌화, 멋지게 즐기고 보자는 소비중심주의 그리고 그에 따른 사회구조적인 고물가와 경제 불황과 관련된 경제문제 등을 들 수 있다. 그렇다면 많은 변화를 가져온 디지털의 종착역은 어디인가? 소비자가 디지털사회에서 궁극적으로 원하는 것은 무엇인가?

디지털사회에서 가져오는 투명성, 개방성, 윤리성, 창의성 등을 통해 인간 중심의 감성이 강조되고 오프라인 커뮤니티 등도 새롭게 등장하고 있다. 따라서 디지털시대를 거친 인간적인 아날로그 감성이야말로 우리 미래의 소비자가 추구해야 할 측면일 것이다.

최근에는 유비쿼터스화에 많은 관심이 몰리고 있다. 유비쿼터스화는 물리공간에 펼쳐져 있는 각종 사물에 센서와 컴퓨팅 기능을 심고 이를 네트워크로 연결시켜 실시간 유용한 상황정보가 자동으로 생성되고 활용될 수 있도록 사용자에게 전달하는 환경을 지향한다. 그러나 진정한 소비자를 위한 유비쿼터스화가 정착되기 위해서 소비자는 어떻게 해야 하는가? 우선 변화로 인한 생활의 편리함도 좋지만, 그에 따른 부작용이나 정신적인 피폐감을 고려해야 할 것이다. 이는 소비자가 추구하는 궁극적인 목적이 생활의 만족과 복지의 향상이기 때문이다.

기업은 고객만족 경영 전략으로 소비자의 상품개발 요구나 아이디어를 적극 수용하여 신제품을 개발하는데, 이를 '프로슈머 마케팅'이라고 한다. 프로슈머 마케팅을 잘 활용하면 소비자가 제품개발에 참여하여 요구사항을 그대로 반영, 고객만족도를 증대시킬 수 있으며, 신상품 개발을 위한 비용도 절감할 수 있다. 또한 특정 제품 개발에 참여한 소비자는 탄탄한 단골고객으로 확보할 수 있고, 고객 불만이나 안전사고 등도 미연에 방지할 수 있다. 특히 IT 관련 제품에서 발 빠른 우리나라 소비자는 사용 후의 면밀한 분석 및 사이트 운영을 통해 관련 제품을 생산하는 기업에게 중요한 얼리어답터의 조언자로 작용하고 있다.

프로슈머는 현재 얼리어답터들이 그 역할을 하고 있으나, 향후에는 지름족, 즉 포스트 디지털 세대들이 그 연결을 이어받아 프로슈머로서의 역할을 할 것으로 기

> 트렌드 메모 6-6
>
> **지름 십계명**
>
> 1. 지름 이외의 다른 지출은 생각지 말라.
> 2. 지름신님의 이름을 망령되이 부르지 말라.
> 3. 출사일을 거룩히 지키라.
> 4. 너희 지른 물건을 공경하라.
> 5. 신용불량을 두려워하지 말라.
> 6. 저금하지 말라.
> 7. 망설이지 말라.
> 8. 눈치 보지 말라.
> 9. 이웃에게 저금을 권하지 말라.
> 10. 네 이웃의 지름을 탐내지 말라.

대되고 있다. 특히 지름족들은 대다수가 한 두 개 이상의 커뮤니티 활동을 하고 있기 때문에 이들이 얻고 생산해내는 정보가 다른 지름족들과 공유되어 그 파급효과가 크다. 지름으로 인하여 신용불량자가 되는 사람도 있지만 사고 되팔기를 통해 현명한 소비를 하는 사람들도 있기에 지름 소비트렌드를 부정적으로만 볼 수는 없다.

디지털 세대의 특징은 외형적인 말보다는 채팅 그리고 편지보다는 이모티콘, 문자메시지 등을 선호하는 점을 들 수 있다. 이처럼 '말이 없어져 가는 사회'가 인간소외와 사회의 폐쇄성을 가속화하지는 않을까 우려하는 목소리가 많다. 그러나 전문가들은 '커뮤니케이션의 방식이 면대면 방식에서 다른 방식으로 변화되었을 뿐, 의사소통의 물꼬가 막혀있는 것은 아니기 때문에 비판적인 시각에서 바라볼 필요는 없다'는 입장이다. 그리고 '소통양식의 변화로 세대나 계급 간의 소통격차가 있을 수는 있지만, 어른들이 문자메시지를 배우는 것처럼 아랫세대의 문화를 윗세대가 따라가는 세대 덮기(generation lap), 역소비자 사회화 등의 현상이 자연스레 이루어지고 있기 때문에 큰 문제가 되지 않는다'는 입장도 있다.

기성세대가 감정이 담긴 말을 선호하는 반면 신세대는 감정을 자제하면서 간단명료하게 의사를 밝히는 방식을 선호하기 때문에 주로 문자로 대화를 나눈다. 따

> **트렌드 메모 6-7**
>
> ### 입 다문 디지털 세상
> **- 대학생 오○○씨의 말 없는 하루 -**
>
> 08:00 "빰빠 빰빠빰~ 기상! 일어나요." 알람 소리에 부스스 일어나 화장실로.
> 08:50 엘리베이터를 기다리며 131에 전화 걸어 날씨 확인. 앗, 비가 온다네.
> 09:00 엘리베이터에 올라타자마자 마주친 청소부 아줌마. 고개 끄떡하고 휴대전화로 MP3 음악 파일을 듣는다.
> 09:10 지하철, 교통카드로 가볍게 통과!
> 10:00 조모임에 또 지각. 친구에게 문자를 날린다. '○○아, 자다가 또 늦었다 우~~ㅠㅠ 막 날아갈게……~.^'
> 10:30 조모임 도착. 리포트 주제만 정하고 세부 내용은 밤에 채팅하기로.
> 11:00 학교 도서관. 학생증을 좌석배치기에 찍으니 5층 열람실에 빈자리 하나가 보인다.
> 13:00 컴퓨터실. 노트북을 켜고 무선 랜을 연결. 한동안 뜸했던 친구들 홈피를 순시한다.
> 15:20 집으로 가는 버스 안. 휴대폰으로 '내 이름은 김삼순'을 다시 본다.
> 16:10 어, 드라마 보다 정류장을 지나쳤네. 처음으로 휴대폰 '길 안내' 서비스에 접속.
> 20:00 온라인 조모임 시작. MSN에 접속해 조원 3명을 '초대'한다. 20분 만에 회의 끝.
>
> 자료 : 조선일보, 2005년 7월 30일자

라서 기성세대의 입장에서는 디지털 세대가 '짧은 것을 선호하고, 입 다문 세대'로 보인다.

LG 애드에 의하면 소비자 조사 결과 10대 가운데 39.2%는 신제품을 사용하는 최초의 사람이 되고 싶다고 하며, 37.9%는 현재 사용하고 있는 제품을 버리고 신제품을 사용하고 싶다고 응답했다. 즉 모바일 기기가 중심이 되는 디지털시대의 새로운 흐름으로 뿌리 내리고 있는 것 중 즉석에서 간편하면서도 쉽게 접할 수 있는 빠름을 선호하는 특징을 들 수 있다. 이는 인터넷을 이용해 클릭 몇 번으로 원하는 정보를 찾는 데 길들여져 가는 소비자들이 더 이상 오랜 시간이 요구되는 긴 것을 선호하지 않기 때문이다.

## 6. 사이버공간과 소비자트렌드

21세기는 디지털 네트워크 안에서 모든 것이 이루어지는 전자기호들의 세계가 될 것이다. 영상, 화상, 텍스트, 음성이 디지털 신호를 거쳐 자유롭게 변화, 복제, 카피, 유통되는 시대이자 현실과 가상이 혼동되는 매트릭스 시대는 영원히 지속될 것으로 보인다.

커뮤니티는 네티즌들의 공동체로, 이는 커뮤니케이션과 유닛의 합성어이다. 1968년 프랑스 혁명 시절의 '파리코뮌' 또는 시민혁명 이후 미디어를 중심으로 한 커뮤니케이션 집단(민족, 국가)을 의미하던 이 용어가 이제는 네티즌들의 유유상종 모임을 일컫는 고유명사처럼 쓰이고 있다. 인터넷 사용인구가 급격히 증가한 현재, 인터넷 사용자 중심으로 가장 많이 하는 일은 커뮤니티 가입이라고 할 수 있다. 연예인, 운동선수, 안티커뮤니티, 연구소의 커뮤니티, 얼리어답터 커뮤니티, 패션과 유행에 민감한 커뮤니티, NGO를 포함한 정치, 환경, 사회 이슈를 생산하는 커뮤니티 등 실로 그 종류와 규모는 상당하다.

블로그는 인터넷을 의미하는 웹과 항해일지를 뜻하는 로그가 합쳐진 신조어로 인터넷 일기, 인터넷 항해일지라는 뜻이며 궁극적인 목적은 인터넷이라는 매체를 사용하여 자신의 알림, 자신의 만족, 정보의 제공 등에 있다.

이처럼 유행, 취향 또는 다양한 이슈에 민감하며 통합하는 네티즌들은 현대판 '유목민', '수렵 채집인'이라고 불리기도 한다. 신선하고 생생한 이슈와 뉴스, '꺼리'를 찾아 사이버 공간을 옮겨 다니는 습성이 일종의 유목민이나 수렵 채집인을 닮았다는 데서 연유했으며 커뮤니티는 이러한 현대판 수렵 채집인, 유목민의 광장이며 공동체라고 할 수 있다.

커뮤니티에서는 소비자 개인을 드러내지 않고도 자유로운 표현이 가능한데서 오는 해방감, 서로의 나이와 지위에 상관없는 존중과 배려 등 현실 사회에서는 맛볼 수 없는 정서적·심리적 만족감을 얻을 수 있는 특징이 있다. 특히 10대들이 중심이 된 커뮤니티 중에는 자기의 기분이나 생각 따위를 자유롭게 표출하고 싶은 욕구의 산물도 있으며, 한글 파괴, 대화 단절을 염려하는 경우도 있으나, 다양한 언어 능력의 발휘, 인터넷상에서 축약어와 합성기호에 민감하게 반응하고, 가능한 자신의 힘으로 창조, 개발하는 성향을 보고 '언어문화의 확장, 업그레이드'로 평하는 이도 있다.

싸이월드에서는 커뮤니티 형성에 있어서 일촌관계의 승인을 얻는 등의 어떤 제약을 두고 있으며, 승인을 받은 일촌 간에도 다시 단계를 두어 스스로 관계를 유지하고, 사생활 보호를 할 수 있도록 하는 장치를 두고 있다. 가상공간에서의 커뮤니티 형성에 있어서 소비자의 균등하고 민주적인 의사결정 절차 존중, 개방적 권력의 지향, 정보의 효율적이고 지속적인 공유 등은 커뮤니티 파워를 지속적이며 강력하게 만드는 힘이다. 이는 오프라인에서 정보접근이 위계적이고 독점적인 면과 계급적이고 위계적인 권력의 병폐에 대한 일종의 저항이라고 볼 수 있다. 그러나 가상공간에서의 커뮤니티 형성이 범죄화의 도구가 된다거나, 공동의 이익을 목적으로 하더라도 일탈행동으로 변모하거나 폭력적인 언어문화로 확산되는 것은 문제가 된다.

커뮤니티는 다양한 영역에서 출현하고 있는데, 예를 들면 '육아교육, 엄마들의 힘으로'도 하나의 트렌드로 나타나고 있다. 즉 육아와 교육 때문에 어느 정도 소외된 엄마들이 온라인과 오프라인을 드나들며 모이고 있다. 이들은 단순히 온라인에서 육아 및 교육정보를 나누는 데 그치지 않고 실제로 체험학습장과 공연장으로 '공간'을 확대하고 있으며, 온라인 커뮤니티 교육, 공연, 체험학습 등을 목적으로 '육아공동체'도 자리 잡아 가는 추세이다.

그러므로 사이버 공간은 소비자의 소비패턴을 변화시키고 있다. 각 가정이 홈네트워크를 구비하면서 외출의 필요성도 적어지고 있다. 앞으로는 게임, 인터넷, 홈시어터 등을 통해 집안에서 웬만한 기호를 모두 충족하는 디지털 코쿤족(누에고치족)이 증가할 것이다.

그렇다면 편리함의 추구는 어디까지 갈까? 앞으로는 이혼을 비롯한 모든 절차를 대행해 주거나 노인과 말벗을 해주는 등의 다양한 서비스가 등장할 것이다. 뿐만 아니라 집안일을 대신해 주는 로봇 가정부 산업은 '1가구 1로봇' 시대의 도래와 함께 황금알을 낳는 산업으로 뜰지도 모르며, 자동차는 첨단지능을 갖춘 전자제품으로 탈바꿈할 것이다. 그리고 더 깨끗하고 안전하고 똑똑한 차를 만들기 위해 세계 자동차업계는 치열한 레이스를 펼칠 것이다. 토마호크 미사일처럼 환부를 자동 추적해 찾아가는 알약인 스마트 필은 질병의 원인을 획기적으로 규명할 것이며, 노화는 자연현상이 아니라 예방 가능한 질병이 될지도 모른다.

**트렌드 메모 6-8**

### 트위스트 김의 눈물

핵폭탄만 대량 살상무기가 아니다.

보통사람에겐 남의 입에 오르내리는 구설수만큼 겁나는 무기도 드물다. 특히 컴퓨터로 순식간에 퍼지는 인터넷 구설수는 사이버 대량 살상무기나 다름없다. 지하철에서 애완견의 배설물을 치우지 않고 내렸다가 '개똥녀'로 낙인찍힌 여성의 영상 및 기사엔 3만 건이 넘는 댓글이 달렸다. 도둑으로 몰린 여고생이 자살하자 가해 학생들의 이름과 사진이 인터넷에 떠다녀 이들은 전학도 못 갈 상황이 되었다.

군중의 익명성과 사이버 공간의 익명성 속에선 멀쩡한 사람도 '테크노 폭민'으로 변신한다. 언어적 공격행동, 즉 욕설은 하면 할수록 공격성이 높아져 인터넷은 추악한 전쟁터가 된다. 상대에게 죄가 있든 없든, 일단 공격을 시작하면 적개심이 더욱 증폭되어 무차별로 공격성을 발휘한다는 인간심리가 이처럼 적나라하게 드러나는 공간도 없다.

1960년대 영화 '맨발의 청춘'에서 트위스트 춤으로 사랑 받았던 노배우 트위스트 김이 사이버 테러 때문에 자살기도까지 했다며 눈물을 흘렸다. 연예인에게 예명이란 본명보다 큰 의미가 있다. 그 예명이 불법 성인사이트 제목이나 인터넷 주소로 쓰여 손녀딸이 놀림당하고 아내는 우울증에 걸렸다니, 얼마나 기가 막혔을까. 사법기관은 애매한 법률 뒤에 손놓고 있어선 안 된다. 누리꾼(네티즌)도 정신 차릴 때가 됐다. 더는 인터넷 명예살인이 일어나지 않게 자발적 인터넷 양심운동이라도 펼쳐야 한다.

자료 : 동아일보, 2005년 6월 17일자

지난해 인터넷을 이용한 전자상거래 규모가 314조원을 기록해 처음으로 300조원을 넘어섰다. 지난 4월 통계청 자료에 따르면 사이버 쇼핑몰 거래액은 1조 8천 799억 원으로 전년 동기 대비 8.7%, 전 분기보다 2.7% 증가한 것으로 나타났다.

이처럼 국내 온라인 쇼핑몰은 1990년대 후반부터 급속히 증가한 인터넷 이용 인구와 더불어 빠르게 성장해 왔으나, 최근 인터넷 이용 인구증가의 둔화와 타 무점포소매업은 물론 전통적 오프라인 소매업과의 경쟁이 본격화됨에 따라 그 성장 잠재력에 대한 분석의 필요성이 제기되고 있다. 특히 의류 및 잡화를 전문적으로 판매하는 온라인 쇼핑몰 수가 이제는 컴퓨터 및 가전제품 업종을 앞지를 정도로 크게 증가하고 있다. 이는 온라인 쇼핑몰의 편리성과 온라인 쇼핑몰에 대한 신뢰도가 점차 높아지고 있는 한편, 경기침체로 판매가격이 상대적으로 저렴한 온라인

트렌드 메모 6-9

### 컴퓨터 안에 내 집 장만하셨어요

가상공간인 인터넷이 어느새 우리 삶의 한 공간으로 자리 잡아, 소비자의 입장에 따라 여러 가지의 동기로 사용되고 있다. 과거 단순한 친구와의 만남에서 벗어나 온라인을 통한 사업 확장이나 시나 소설을 써서 신춘문예에 당선되기도 하는 등 재주를 발견하고 실현하는 공간으로 자리 잡아 가고 있다. 뿐만 아니라 자녀를 양육하기 위한 교육 방안을 공유하는 것에서 요리의 레시피를 공유하는 개방적인 정보 제공으로도 확장되고 있다.

쇼핑몰을 이용하는 사례가 늘어난 것이 원인으로 분석된다.

국내 온라인 쇼핑몰은 2003년 약 7조원에서 2010년에는 약 19조원으로 증가할 것으로 전망된다. 국내 온라인 쇼핑몰의 연평균 성장률은 전체 소매유통업보다 높은 15.2%를 기록했으며 전체 소매유통 시장에서 차지하는 비중도 2003년 5%에서 2010년 8%로 증가할 것으로 예상된다. 품목별로는 예약 서비스, 아동·유아용품, 스포츠·레저용품 등이 빠르게 성장할 것으로 분석된다.

또한 향후 국내 온라인 쇼핑몰은 인터넷 신규 이용자의 증가에 의한 시장 확대보다는 기존 인터넷 이용자의 쇼핑 비율 증가와 구매 횟수 증가에 더 크게 의존할 것으로 보인다. 연령대별로는 20대 여성 비중이 높은 것으로 나타났다. 과거에는 남성 이용자가 여성에 비해 월등히 높았으나 인터넷 사용의 보급화가 본격적으로 이뤄진 2000년을 기점으로 여성 비중이 급격히 높아져 2003년에는 53%로 남성을 추월했다.

소비자 형태 및 쇼핑채널의 전환요인을 분석한 결과에 따르면 가격의 저렴성, 상품 정보의 풍부함 그리고 품목의 다양성에 기인하여 인터넷 쇼핑채널로의 소비자 전환이 이루어지고 있는 것으로 나타났다. 또 온라인 쇼핑몰에 대한 소비자의 충성도 또한 높은 것으로 나타나 향후 인터넷 쇼핑 채널로의 전환은 당분간 지속될 전망이다. 인터넷 쇼핑 채널의 전환은 TV 홈쇼핑과 같은 무점포 채널로부터의 전환보다는 주로 오프라인 채널로부터의 전환이 두드러지고 있으며, 특히 백화점으로부터의 고객 이탈이 점차 증가하는 추세이다.

온라인 쇼핑몰의 경쟁요인을 분석한 결과에 따르면 선도업체의 선점효과 및 대형몰의 경제효과가 두드러진 것으로 나타났다. 이와 더불어 대형 종합몰로의 시장 집중화 현상이 가속화되고 있다. 판매 및 비용 시너지 효과에 힘입어 최근 들어 온라인과 오프라인을 병행하는 쇼핑몰이 부상하여 순수 온라인 업체와 온·오프라인 병행 업체간 경쟁이 심화될 것으로 전망된다.

종합 온라인 쇼핑몰은 연간 적게는 4천억 대에서 1조원에 이르는 외형 매출과 1천 명 가량의 회원 보유 그리고 일일 평균 방문자 수가 100만 명에 달하는 등 엄청난 파워를 가지고 있다. 단독 온라인 쇼핑몰, 홈쇼핑 기반 쇼핑몰, 백화점 계열 쇼핑몰, 오픈마켓 쇼핑몰 등으로 구분되며 최근에는 백화점 계열 쇼핑몰과 오픈마켓 쇼핑몰들의 성장세가 두드러지고 있는 추세다. 패션 전문 쇼핑몰은 현재 그동안 우후죽순 생겨나던 것에서 어느 정도 정리가 되어 재편될 움직임을 보이고 있다. 하프클럽, 패션플러스, 위즈위드, 동대문클럽 등이 각각 패션전문 쇼핑몰로서 차별화를 내세우며 입지를 굳히고 있다. 이와 함께 쿠아, 써스데이 아일랜드, 플랫폼 등의 몇몇 브랜드들의 자체 온라인 쇼핑몰의 인기가 높아지고 있다.

이처럼 온라인 쇼핑몰 시장은 매년 15% 이상 지속적인 성장을 할 것으로 전망되는 가운데 업체들 간의 경쟁도 매우 치열해질 것으로 전망된다. 인터넷 쇼핑시장의 지속적 성장을 위해서는 시장의 본원적 경쟁력인 저가격정책의 유지가 필수적이며 이와 더불어 인터넷 시장만이 창출할 수 있는 부가가치의 모색, 사용자 친화적인 쇼핑몰 구축 그리고 제품 및 서비스에 대한 객관적 정보의 제공 등이 요구된다. 인터넷 시장의 내부적 견고성을 유지하기 위해서는 반품, AS, 환불의 신속성 등 친절한 사후 고객관리가 필요하며 시스템의 고품질화 및 안정화를 통해 고객의 편의성을 제고하기 위한 노력이 필요한 것으로 분석된다.

특히 사이버공간이 하나의 삶의 영역으로 자리 잡아 가는 요즘, 소비자는 새로운 사이버 매너를 기본적으로 자각해야 할 것이다. 왜냐하면 사이버공간 문화는 바로 소비자 자신이 만들고 가꾸기 때문이다.

## 7. 얼짱문화와 소비자트렌드

과거 소비자는 감추고 숨기는 겸양의 미덕이 존중되었다면, 최근에는 '드러내고 널리 알리는 미덕'으로 바뀌고 있다. 여기에 발맞추어 소비자 자신이 지닌 능력이나 재능보다 외모인 얼굴과 몸매를 다듬고, 가꾸며 심지어 변형까지 시키고 있다. 소비자 자신의 장점을 잘 전달하려는 문화, 자신을 원래 이상으로 보이려는 문화, 그것을 통해서 만족을 얻으려는 문화, 이것은 어떤 영향 요인으로부터 비롯되는 것인가?

일단 디지털과 관련된 사이버 공간에서의 자유롭고 적극적인 참여, 스스로를 알리려는 분위기, 외모를 중요시하는 사회적 분위기, 쉽게 변화 및 변형이 가능한 사회적 환경의 다양화 그리고 무엇보다 신체발부수지부모(身體髮膚受之父母) 등의 유교적 관습의 변화가 가져온 것으로 볼 수 있다. 이러한 것은 솔직담백하고, 개방적인 사회적 환경의 변화로 인해 파생된 것이라 할 수 있다. 그러나 문제는 자기만족만이 아니라 그로 인하여 파생되는 사회문화적 문제이다. 예컨대 심한 다이어트로 인한 건강 악화, 성형 중독, 일반인들의 스타가능성 의식, 이를 따르려는 과소비, 그로 인한 심리적 상처 등을 들 수 있다. 얼마 전 얼짱 강도에 대한 네티즌의 반응에서 나타난, 얼짱이면 강도행위도 용납될 수 있는 도덕적·윤리적 판단 기준의 모호함은 얼짱문화로 인한 잘못된 단면을 여실히 보여주고 있다.

최근에는 얼짱과 더불어 '몸짱의 전성시대'로 표현되는 몸의 반란 현상을 볼 수 있다. 특히 뚱뚱한 것이 당당한 하나의 문화코드로 자리매김하고 있다. 이는 갈수록 치열한 경쟁에 내몰린 현대인들의 자신에 대한 신뢰성, 관념과 이상주의가 난무하지만 결국 알맹이는 없는 정치 문화에 대한 혐오, 장수에 대한 관심이 늘면서 안 먹고 아프면서 오래 사느니 날씬하진 않아도 건강이 우선이라는 실용주의적 사고 그리고 영혼이 지친 현대인들이 따뜻한 스킨십을 그리워하는 아날로그적 향수 등이 몸짱에 대한 저항이라고 볼 수 있다. 혹자는 '사회의 주류 담론은 결코 목소리를 높여서 주장하지 않는 법이며, 뚱뚱한 사람이 마른 사람을 풍자하는 설정 자체가 이미 날씬함이 우리 사회의 주류가 되었음을 증명하는 것'이라고 표현하기도 한다. 그러나 소비자의 시대에 대한 저항감, 실용주의적 사고, 아날로그에 대한 향수 등이 여러 트렌드가 존립하는 데 기여하고 있음은 부정할 수 없는 사실이다.

얼짱문화를 가능하게 한 시대의 변화 중에서 주목할 것은 신세대가 들고 다니는 디지털카메라의 유용화를 들 수 있다. 디지털카메라의 하드웨어가 문화라는 소프트웨어를 바꾸고 있다. 그 거대한 흐름을 한눈에 읽을 수 있는 기상천외한 이슈가 지난 한 해 동안 인터넷을 달구었는데, 그것이 바로 '얼짱'이다. 얼마든지 예쁜 표정을 잡아내어 쉽게 찍을 수 있고, 컴퓨터로 깎고 높이고 만지면 누구나 '얼짱'

이 될 수 있는 시대가 왔기 때문이다.

일반적으로 '얼짱'은 '얼굴 짱'의 줄임말이며, 인터넷 신조어이자 은어이다.

여러 가지 복잡다단하고 가슴 아픈 일이 많았던 2003년을 돌이켜볼 때, 그래도 웃음 짓게 했던 이슈가 바로 얼짱이었다. 굳이 루키즘(lookism, 외모차별주의) 운운하며, 외모지상주의의 폐해에 대해 논할 필요는 없을 것 같다. 지나치게 교과서적인 잣대로 트렌드를 논하기에는 우리 시대는 너무나 다양하기 때문이다. 또한 어떻게 보면 '얼짱'은 외모지상주의와는 확연히 차별되는 적극적인 자기표현이며, 타인에 대한 애정이 기본적으로 배어있는 문화라고 할 수 있다.

게다가 2003년의 '얼짱'은 과거의 '잘생긴 외모 짱'과는 개념이 다르다. 연예기획사나 영화제작 관련자, 광고제작자의 눈에 든 TTL 소녀처럼 어느 날 갑자기 신데렐라가 되는 경우와는 히스토리가 전혀 다르기 때문이다. 디지털카메라로 가장 예쁜 모습을 잡아내어, 더 아름답게 다듬어 인터넷에 올리면, 수많은 네티즌들이 열광하며 서로 얼짱으로 추켜 세워주는 문화, 실력 있는 성형외과 의사에 의해 재탄생된 수동적이고 인공적인 아름다움과도 전혀 다르다.

'얼짱'은 역기능도 있지만 순기능도 많다. 기획사와 특정 매니저에 의해 만들어진 스타가 아니라, 네티즌들에 의한 자발적인 스타 탄생을 가능하게 하기 때문이다. 오늘날의 네티즌들은 '내 손으로 뽑고 내 손으로 추천하고 내 손으로 홍보한' 스타가 각종 미디어들을 종횡무진 누비게 하는 막강한 힘을 과시하고 있다.

일반적으로 한국인들은 유행에 민감한 편이고, 새로운 것에 호기심이 많으며 빠른 기질로 인해 기기의 변경 욕구도 강하다. 이를 뒷받침하는 것이 바로 정보화의 확산이다. 특히 초고속 인터넷으로 인해 무엇인가 좋다는 정보가 해당 커뮤니티나 사이트를 통해 빠르게 확산되어 '소비의 동질화'가 일어나면서 인터넷이 새로운 지름신 역할을 하고 있다.

우리 사회에서 다양한 트렌드는 늘 존재하지만, 기본적인 윤리의식·도덕의식인 사회의 핵은 유지되어야 할 것이다. 특히 사이버로 인한 즉시성이 빠름을 강조하는 우리 사회성과 맞물려 일어나는 위험성 있는 변화는 우리 소비자가 늘 경계해야 할 부분이다.

## 8. 환경과 소비자트렌드

환경은 일시적 트렌드를 넘어선 트렌드이다. 이는 선택이 아닌 생존의 문제이기 때문이다. 이미 유럽에서는 환경을 고려하지 않는 기업이나 제품에 대해 소비자의 관점에서 배척하는 등 전통적인 굴뚝산업 제품에 대한 규제 수위를 점점 높이고 있다. 환경문제가 지구의 생존이 아닌 기업의 생존을 위협하고 있는 셈이다. 더구나 나와 가족의 안위뿐만 아니라 사회의 미래까지 염려하는 현명한 소비자들이 친환경적인 제품을 선호하고, 나아가 기업에 대해 환경의 의무를 적극적으로 요구하면서 환경에 대한 기업의 태도에도 변화의 움직임이 일어나고 있다.

이에 따라 피할 수 없다면 맞서는 것으로 방향을 선회한 기업들은 환경을 규제의 대상이 아니라 마케팅 전략으로 전환하는 묘수를 내고 있다. 예컨대 일본 도요타의 호황은 어찌 보면, 1992년부터 진행해 온 그린 마케팅이 한 몫을 했을 지도 모른다.

그린 마케팅의 선두주자이자 모범적인 사례로 평가받는 도요타의 에코 프로젝트는 기업 이미지 광고이면서 동시에 하이브리드 자동차를 출시하기 위한 일종의 밑그림이라고 할 수 있었다. 특히 "'EGO'에서 'ECO'로 내일을 위해 지금 시작합시다" 등의 캐치프레이즈를 내세운 시리즈 광고로 소비자들의 기업 호감도를 높일 수 있었고, 이후에 출시된 하이브리드 카 프리우스의 높은 판매고가 그 효력을 발휘한 결과로 볼 수 있다.

최근에 우리나라에서도 자동차나 전자제품, 화학 회사 등 업종상 환경을 고려하지 않을 수 없는 기업들이 친환경 기술 개발에 힘쓰고 환경 경영이나 환경 관련 브랜드 전략 개발에 나서고 있는 실정이다.

이처럼 기업은 소비자의 생활 향상 및 경제발전을 도모하면서도 한편으로는 환경을 보전 및 유지해야 하는 양 측면에서의 고려가 현대사회에서 피할 수 없는 문제로 남아있다. 현대사회는 더 이상 맹목적으로 소비자의 생활 향상만을 요구하지 않으며 따라서 소비자의 상품 및 서비스 선택에는 다양한 측면이 작용하고 있는 것이다.

결론적으로 소비자의 사회현상에서 나타나는 소비자트렌드는 소비자의 삶의 변화 속에서 나타나는 하나의 과정이다. 이러한 과정을 다수의 소비자가 어떻게 받아들이고, 어떻게 적응하고, 어떻게 극복하고 전개하는가에 따라 앞으로의 소비자 트렌드는 변화할 것이다.

이 변화의 주체는 바로 소비자이다.

## ♠ 참고문헌

김경훈(2005). 미래를 읽는 9가지 기술 트렌드 워칭. 한국트렌드연구소.

김경훈 · 김정홍 · 이우형(2004). 한국인 트렌드. 책바치.

김난도 · 김선옥(2003). 소비자 안티사이트에 대한 연구: 평가모형 개발, 평가 및 방전방안의 모색. 정보화정책 제 10권 제 4호; 53~72.

김상일(2005). 한국형 소비트렌드의 5가지 신조류. 주간경제 828호.

김영세(2005). 트렌드를 창조하는 자 이노베이터. 랜덤하우스중앙.

김재문(2004). 미래 소비의 선두자, 마니아를 잡아라. 주간경제 789호.

대니얼 핑크 지음, 석기용 역(2004). 프리 에이전트의 시대. 에코리브르.

데이비드 루이스 · 대런 브리저 지음, 삼성전자 글로벌 마케팅연구소 역(2001). 디지털 시대의 신소비자 혁명. 위즈덤하우스.

로버트 볼독 지음, 신근수 역(2001). 예측의 기술; 기업 환경 시뮬레이션. 시유시.

로타르 J. 자이베르트 지음, 이은주 역(2005). 자이베르트 시간관리. 한스미디어.

마이클 마자르 지음, 김승욱 역(2000). 트렌드 2005. 경영정신.

문숙재 · 여윤경(2005). 소비자트렌드와 마케팅. 신정.

삼성경제연구소(2005). 웰빙 문화의 등장과 향후 전망. 삼성경제연구소.

삼성경제연구소(2002). 소비시장의 양면성과 기업의 대응. 삼성경제연구소.

삼성경제연구소(2002). 시장에서 무슨 일이 일어나고 있나-5대 소비트렌드와 기업의 대응-. 삼성경제연구소.

스탠 데이비스 지음, 김승욱 역(2002). 미래의 지배. 경영정신.

야마자키 에리코 지음, 이근아 역(2004). 자연주의 절약생활. 이아소.

이승신 · 김시월(2004). 소비자 그리고 소비문화. 도서출판 신정.

이지평(2003). 주 5일 트렌드. 21세기북스.

일본경제신문사 지음, 이정환 역(2002). 2002 세계경제트렌드. 위즈덤하우스.

장 보드리야르 지음, 이상률 역(1996). 소비의 사회. 문예출판사.

장 보드리야르 지음, 이상률 역(1997). 문화와 소비. 문예출판사.

제임스 서로위키 지음, 홍대운 · 이창근 역(2005). 대중의 지혜. 랜덤하우스중앙.

조은정(2002). 15명의 시장. 지식공작소.

최순화(2003). 고객 마음을 읽는 마케팅 조사기법, CEO information 제 405호. 삼성경제연구소.

통계청(2004). 한국의 사회지표. 통계청.

파멜라 댄자이거 지음, 최경남 역(2005). 사람들은 왜 소비하는가(Why People But Things They Don't Need). 거름.

페이스 팝콘 · 리스 매리골드 지음, 김영신 역(2001). 클릭! 이브 속으로. 21세기북스.

페이스 팝콘 · 애덤 한프트 지음, 인트랜스번역원 역(2002). 미래생활사전(Dicitionary of the Future). 을유문화사.

폴리 토인비 지음, 이창신 역(2004). 거세된 희망. 개마고원.

프라할라드 · 벤카트 라마스와미 지음, 김성수 역(2004). 경쟁의 미래. 세종서적.

피터 슈워츠 지음, 우태정 · 이주명 역(2005). 이미 시작된 20년. 필맥

피터 콜릿 지음, 이윤식 역(1997). 습관을 알면 문화가 보인다. 청림출판.

C. 브릿 비머 · 로버트 L. 슈크 지음, 정준희 역(2002). 떠오르는 트렌드 사라지는 트렌드. 청림출판.

Don E.Schultz · Heidi F. Schultz 지음, 오리콤브랜드전략연구소 · 문달주 · 김태원 역(2005). 브랜드 배블. 이치.

LG 경제연구원(2005). 2010 대한민국 트렌드. 한국경제신문.

Zaltman. G(2003). How customers think: Essential Insights into the Mind of the Market. Harvard Business School.

及川昭伍·森島昭夫 監修, 國民生活センター 編輯(2000). 消費社會の 暮らしとrule. 中央法規.

內田陸三(1988). 消費社會ど權力. 岩波書店.

大石友子(2001). 女性の働き方. 財團法人 經濟産業調査會.

日本消費者敎育學會編(1998). 新・消費者保護論. 光生館.

井原哲夫(1995). 時間支配の時代. 同文書院.

增田津朗(2000). 觀光の文化經濟學. 刊初塔書房出版.

樋口美雄(2001). 雇用と失業の經濟學. 日本經濟新聞社.

坂井素思(1999). 經濟社會の現代. 放送大學敎育振興會.

飽戶弘 編著(1996). 消費行動の社會心理學. 福村出版.

戶崎契唇(2000). 旅行産業の文化經濟學. 刊初塔書房出版.

間田孝夫(2000). 消費社會論. l 有斐閣コンパクト.

中谷武雄·後藤和子 監訳(2002). 文化經濟學入門. 日本經濟新聞社.

# 제 7 장

# 한국의 소비자트렌드

우리나라 소비시장이 최근처럼 다양하고 빠르게 변화한 적은 없다. 언제 어떻게 변할지 모르는 소비자의 감정과 생각, 행동을 예측하고 반영하지 못하는 기업은 생존할 수 없게 되었다. 소비자트렌드는 경제 환경, 정보기술 환경, 사회 인구학적 환경 변화와 밀접한 관련을 갖는다. 80년대 초에는 소비에서도 권위주의, 형식주의가 팽배했고, 80년대 후반에는 가볍고 콤팩트한 제품들이 인기를 끌었으며, 90년대가 되면서 감성, 창조성 등을 중시하게 되었고, 90년대 후반에는 단순함, 개성 속의 조화를 선호하는 성향이 나타난 것 등은 시대적, 사회적 변화와 무관하지 않다. 본 장에서는 현재 한국 사회에서 나타나고 있는 소비자트렌드에 대해 집중적으로 살펴보고, 한국형 소비자트렌드가 갖는 의미에 대해 생각해 보기로 하겠다.

## 1. 한국형 소비자트렌드 읽기

마케팅의 노스트라다무스라고 불리는 트렌드 연구가 페이스 팝콘(Faith Popcorn)은 1998년 발간한 저서 『*Clicking : 17 Trends that drive your business and your life*』(우리나라에서는 2000년 『클릭! 미래 속으로』라는 제목으로 번역됨)에서 미래 사회를 움직일 17가지 트렌드에 대해 제시한 바 있다. 저자는 클릭(click)이라는 단어 안에 변화하는 세계를 받아들이는 용기(courage), 두려움과 불안을 떨쳐버리는 행동(letting go), 독창적인 것을 보는 통찰력(insight), 내면의 의지와 능력(commitment) 그리고 경쟁력을 갖도록 해주는 노하우(know-how)의 다섯 가지 의미를 담아냈다.

조은정(2002)은 페이스 팝콘의 『팝콘 리포트』에서 기본적인 틀을 빌려와 한국

표 7-1 팝콘의 17가지 트렌드와 한국의 15가지 트렌드

| 클릭! 미래 속으로 (Faith Popcorn, 1998) | 한국이 15명의 시장이라면? (조은정, 2002) |
|---|---|
| -코쿠닝(Cocooning)<br>-유유상종(Clanning)<br>-환상모험(Fantasy Adventure)<br>-반항적 쾌락(Pleasure Revenge)<br>-작은 사치(Small Indulgence)<br>-마음의 안식처(Anchoring)<br>-개성 찾기(EGOnomics)<br>-여성적 사고(Female Thinking)<br>-남성해방(Mancipation)<br>-99가지 생활(99 lives)<br>-행복 찾기 변신(Cashing Out)<br>-건강장수(Being Alive)<br>-젊어지기(Down-Aging)<br>-소비자 감시(Vigilante Consumer)<br>-우상 파괴(Icon Toppling)<br>-우리 사회를 구하라(Save Our Society)<br>-공포의 기류(Atmos Fear) | **나는 표현하고 산다**<br>-끼리끼리 커뮤니티<br>-옛날이 좋았지<br>-뭐 재미있는 거 없니?<br>-나도 부자이고 싶다<br>-나는 나<br>-예쁘게 더 예쁘게<br>**나는 합리적인 경제인이다**<br>-오염된 지구를 지켜라<br>-방콕스타일<br>-누가 진정한 위인인가?<br>-이젠 너무 똑똑한 소비자<br>**나는 행복해야 산다**<br>-바쁘다 바빠<br>-몸과 마음이 모두 건강하게<br>-이제 더 이상 무기력한 노인은 없다<br>-키드짱<br>-여자 세상 |

표 7-2 2010년 대한민국 트렌드

| 소비트렌드 | 산업트렌드 |
|---|---|
| -최고를 찾아 떠나는 서비스 투어리즘<br>-느린 삶이 더 좋은 다운시프트<br>-두 마리 토끼를 원하는 가치 소비<br>-안전하게 즐기는 디지털 코쿠닝<br>-문화를 파는 컬덕<br>-사이버 세상의 자아, 웹 아이덴티티<br>-갈등을 없애주는 소비 큐레이터<br>-적은 비용으로 큰 만족을 찾는 작은 사치<br>-하얀 얼굴이 좋은 메트로 섹슈얼리즘<br>-바쁨을 먹고사는 도우미<br>-움직이는 소비자, 트랜슈머 | -시공간에서 자유로운 유비티즌의 하루<br>-신용카드를 밀어내는 전자화폐<br>-궂은일도 마다않는 로봇 가정부<br>-자동차의 개념을 바꾸는 e-car<br>-피부처럼 예민한 지능형 소재<br>-150살도 거뜬한 인체부품<br>-토마호크보다 정확한 스마트 필<br>-젊게 늙고 싶은 샹그릴라 신드롬<br>-연금술사도 울고 갈 나노 테크놀로지<br>-산소보다 귀한 수소<br>-방송과 통신의 만남, TPS<br>-통신시장을 뒤흔들 인터넷 전화<br>-단말기가 기지국이 되는 바이러스 이동통신<br>-나눌수록 더 커지는 그리드 컴퓨팅 |
| **사회문화트렌드** | **인구트렌드** |
| -전염병처럼 퍼지는 소송만능주의<br>-새로운 관계 맺기 사이버레이션<br>-더 이상 안전하지 못한 전문직<br>-외설로도 부족한 역치 상승의 시대<br>-다중 작업에 능한 디지털 네이티브<br>-세대를 가르는 인터넷 랭귀지<br>-다시 분출되는 여성해방<br>-개인주의와 뭉치는 자기중심적 웰빙<br>-호모 후모아의 전성시대<br>-디지털 디바이드의 그림자, IT 낙오자<br>-확장되는 외인지대<br>-모자라는 신입생, 망하는 대학들 | -나이가 두렵지 않은 액티브 시니어<br>-가치관 변화에 따른 핵가족의 재분열<br>-고령화 충격을 해소하는 단계적 퇴직제도<br>-하나뿐이기에 더 소중한 코리안 소황제<br>-합리적 개인주의를 추구하는 포스트 386 |

자료 : LG경제연구원. 『2010 대한민국 트렌드』, 2005

의 소비자트렌드 15가지를 예측했다. 그의 저서 『한국이 15명의 시장이라면?』은 소비자의 특성을 감성표현, 합리성 회복, 행복 추구라는 세 가지 축으로 분류하여 그 카테고리 하에 15가지 트렌드를 제시했다. 표 7-1은 페이스 팝콘(1998)이 제시한 17가지의 미래 트렌드와 조은정(2002)이 제시한 15가지 한국의 트렌드를 정리하여 비교한 것이다.

최근 소비자트렌드에 대한 관심이 급증하면서 다양한 트렌드를 분석하고 예측

표 7-3 대한민국 소비트렌드

| 21세기 소비시장의 보편적 코드 | 한국 소비시장 구조를 읽는 12개의 코드 |
|---|---|
| -잉여소비를 넘어 장기 디플레이션 시대로<br>-소비시장에서 보는 글로벌화<br>-시장 그리고 소비의 양극화 | **시장 인프라트렌드**<br>-한국인 소비의 새로운 중심축, 정보화<br>-대출형 소비사회 가속화<br>-대한민국 인구 지도가 바뀐다<br>-유통구조의 지각변동<br>**소비자트렌드**<br>-소비 동질화의 시대<br>-충성도 제로 소비자<br>-신세대 소비자의 파워<br>-모순의 소비코드<br>**기업트렌드**<br>-제품, 서비스 평준화<br>-마케팅 강국의 코리아<br>-시장 균형의 이단아들<br>-글로벌 기업의 토종화, 한국기업의 세계화 |
| **한국 시장에서 진행 중인 3가지 소비코드** | |
| -오로지 새로운 것만이 이긴다<br>-중저가 명품시장의 트레이딩 업, 그 이후<br>-웰빙 열풍은 계속된다 | |

자료 : 김상일. 『대한민국 소비트렌드』, 2004

한 저서 및 연구보고서들이 출판되고 있다. 그 중 상당수는 외국의 도서를 번역하여 우리나라 실정에 맞게 적용, 해석한 것이고, 마케터의 입장에서 비즈니스트렌드 및 마케팅 전략을 주로 제시한 것들이다. 표 7-2에 제시된 42가지의 트렌드는 LG경제연구원(2005)에서 2010년의 대한민국 트렌드를 예측하여 제시한 책 『2010 대한민국 트렌드』 중 일부이다. 또한 표 7-3에 제시된 18가지의 트렌드는 김상일(2004)의 『대한민국 소비트렌드』라는 저서에서 발췌한 내용이다.

위에 언급한 표 7-1, 표 7-2, 표 7-3의 내용을 살펴보고, 한국의 소비자트렌드 읽기를 시작해 보기 바란다. 페이스 팝콘이 예측한 미래 트렌드들은 현재 우리 사회에서 얼마나 맞아 떨어지고 있는지, 대한민국 트렌드를 제시한 각각의 책들은 어떠한 공통점을 담아내고 있는지, 한국 시장의 소비자트렌드는 어떠한 특수성을 가지고 있는지, 표에 제시된 트렌드들은 진정한 트렌드로 볼 수 있는지, 어떠한 트렌드를 더 추가할 수 있는지 등 우리에게 주어진 질문과 과제는 무궁무진하다.

## 2. 한국형 소비자트렌드

### 1) 코쿠닝과 디지털 코쿠닝

현재 대중적으로 사용되는 코쿠닝(cocooning)이라는 단어는 페이스 팝콘이 처음으로 만들어낸 말이며, 누에고치(cocoon)처럼 보호막 안으로 칩거하려는 경향, 자신의 안식처에 숨어 있으려는 성향을 의미한다. 사람들은 위험하고 복잡한 외부의 현실세계로부터 자신을 보호하기 위해 안전하고 포근한 '가정 같은' 환경 속으로 파고들려고 한다. 코쿠닝은 자신의 집을 보금자리로 삼아 정원의 잡초를 뽑고 애완동물을 키우며 평화롭게 사는 모습을 연상시킨다. 그러나 현대사회에서는 그러한 평화와 재미를 위해서라기보다는 외부의 불안과 두려움을 피하기 위해 코쿤을 떠나지 않는 사람들이 늘고 있다.

디지털의 발전은 현대사회에서 새로운 코쿠닝을 가능하게 해 주었다. 디지털 코쿠닝(digital cocooning)은 최첨단 디지털 기술과 코쿠닝이 결합한 것이다. 현재 우리나라에서 인기가 높은 유비쿼터스, 인텔리전트 아파트, 주택 내에 프로그램이 입력되어 있어 편리한 생활을 가능하게 해주는 홈 네트워크 시스템, 급속도로 성장하는 보안시스템 산업, 집 안에서 손쉽게 쇼핑할 수 있는 TV 홈쇼핑이나 인터넷쇼핑의 성장은 디지털 코쿠닝을 설명해 준다. 뿐만 아니라 예전의 코쿠닝이 주로 단순히 집에 틀어박혀 있는 것이었다면, 디지털 코쿠닝은 즐거움을 가져다주는 능동적인 것으로 변화했다. 최근의 소비자들은 가정이라는 안락한 누에고치 속에서 게임과 MP3 음악, 홈시어터 등 화려한 디지털 문화를 즐긴다. 특히 디지털 세대인 10대, 20대들은 기술적으로 뛰어난 영화, 게임, 오락 등을 저렴하게 즐길 수 있다는 점에서 디지털 코쿠닝을 선호한다.

디지털 코쿠닝은 실내 여가활동을 선호하는 트렌드와도 관련이 있다. 주 5일 근무제의 시행과 더불어 야외활동이 증가할 것이라는 예상과는 달리, 2004년 제일기획이 발표한 소비자조사 결과를 보면 '휴가 때 집에서 쉬고 싶다'는 응답이나 '활동적인 취미보다 앉아서 하는 취미활동이 좋다'는 응답이 증가하고 있음을 알 수 있다. 특히 19세~25세의 젊은층에서 비활동적인 취미생활을 더 선호하는 것으로 나타났다.

최근 영국에서는 '밖에서 하던 활동을 집 안으로 끌어들여와 즐기는 성향'을 나타내는 말로 인스피어리언스(insperience; indoor 와 experience가 결합된 신조어)라는 새로운 개념을 소개했다(LG경제연구원, 2005). 그리고 인스피어리언스의 예로는 최첨단의 홈시어터나 운동시설을 집에 갖추는 것, 가정용 고급커피 제조기, 출장파티 등의 유행을 제시했다. 우리나라에서도 홈시어터, 가정용 스파 욕조, 홈 바(home bar)가 있는 부엌, 아파트 건물 내 체육시설 등은 이미 유행처럼 번지고 있다. 점점 더 복잡해지고 공해가 심해지는 바깥세상에서 스트레스를 느끼는 사람들이 쾌적함을 찾아 누에고치 안으로 들어가는 것은 어쩌면 당연한 트렌드인 것처럼 보인다. 앞으로 보다 더 쾌적하고 즐거운 누에고치를 만들기 위해 얼마나 더 많은 첨단기술과 첨단 아이디어가 개발될 것인지 기대된다.

## 2) 트레이딩 업 : 비싸도 잘 팔린다

최근 우리나라뿐 아니라, 전 세계 소비자들 사이에서 트레이딩 업(trading up)이라는 새로운 소비현상이 나타나고 있다. 트레이딩 업이란 중가제품을 주로 구입하던 중산층 이상의 소비자가 품질이나 감성적인 만족을 얻기 위해 비싼 제품에도 기꺼이 높은 가격을 지불하는 소비패턴을 일컫는 표현이다.

트레이딩 업의 물결을 주도하고 있는 뉴 럭셔리 제품들은 기존의 고급 상품들과는 그 성격이 다르다. 뉴 럭셔리 제품과 서비스는 일반 상품보다 품질, 품격 및 소비자가 느끼는 감정적 만족감의 수준이 훨씬 높고, 가격은 고가로 책정되어 있지만 중가시장 소비자들의 구매가 가능한 범위다. 뉴 럭셔리 제품은 우리가 익히 알고 있는 가격-수요 곡선을 탈피해 있다. 그것은 가격이 높으면서 판매량도 높은, 이제껏 보지 못한 새로운 현상을 보여주고 있다. 뉴 럭셔리 제품은 다음과 같은 세 가지 주요 항목으로 구분할 수 있다(Silverstein & Fiske, 2003).

첫째, 대중성 있는 슈퍼 프리미엄(accessible superpremium) 제품은 해당 카테고리에서 최상급 또는 그 바로 아래 가격대로 책정되어 있다. 기존의 일반 상품보다는 월등히 높은 가격으로 판매되지만, 고급 상품들과 비교할 때 저렴하기 때문에 중가시장 소비자가 구매할 수 있는 수준이다.

둘째, 대중성이 강화된 올드 럭셔리(brand extension) 제품은 전통적으로 최고 부유층만 구매할 수 있었던 브랜드를 저가형 버전으로 만든 것이다. 예를 들어 자동차 회사 벤츠(Mercedes-Benz)는 저가형 버전인 C-클래스 쿠페(C-Class Coupe)의 가격을 지속적으로 인하했고, 이 모델은 꾸준한 증가세를 기록하고 있다. 그러나 벤츠가 저가형 자동차 출시에만 집중한 것은 결코 아니며, 대형의 고급 시장으로도 확장을 계속하여 브랜드 가치를 유지했다. 실제로 C-클래스 쿠페는 우리나라 거리에서도 종종 볼 수 있는데, 최근 벤츠, BMW, 아우디 등의 유명 브랜드 수입 자동차 회사가 저가형 버전을 경쟁적으로 출시함에 따라, 통념적 기대치보다 적은 비용을 내고 최고급 브랜드의 수입 자동차를 탈 수 있다는 것에 매력을 느끼는 한국 소비자들이 늘고 있는 것이다.

셋째, 매스티지(masstige) 제품은 대중을 의미하는 'mass'와 품격을 뜻하는 'prestige'의 합성어로써, 대중상품과 고가품 사이의 틈새를 공략하는 제품이다. 매스티지 제품은 일반상품보다 높은 가격에 판매되지만, 올드 럭셔리 상품에 비해서는 저렴하다. 우리나라에서도 매스티지, 트레이딩 업 등의 용어가 많이 사용되고 있다. 대표적인 예로 세탁기 시장의 트롬(TROMM)이 제시되곤 하는데, 과거 드럼형 세탁기는 수백만 원대 고가 가전품목이었다. 그런데 수년 전 국내 가전 회사들이 드럼 세탁기를 생산하면서부터 수입품보다 탁월한 성능, 세련된 디자인 등 고품질과 고감각성을 갖추고도 100만 원 이하의 가격으로 구입이 가능하게 되자 중저가 명품의 대표주자로 대중화 된 것이다.

### 3) 감성과 가격을 둘 다 원하는 소비자

우리 사회에서 본격적으로 브랜드가 위세를 떨치기 시작한 것은 1980년대 초반부터이다. 그 당시부터 소득수준이 빠르게 높아지기 시작했고, 4,000~5,000원 가량의 평범한 운동화 시장에 2만원 가까이 하는 나이키 운동화 열풍이 불기 시작했다. 나이키 열풍으로부터 시작된 한국인의 브랜드 선호 경향은 2000년대에 명품족이 등장하면서 극에 달했다. 사실 명품이란 소수의 고소득계층에서 향유할 수 있는 희소성을 갖춘 제품을 의미한다. 그러나 유명 브랜드를 지나치게 선호한 한국의 소비자들은 '명품의 대중화'라는 모순된 개념을 만들어 냈다. 우리나라 20~30대 여성소비자들 사이에서 더 이상 명품은 없는 것처럼 보인다. 누구나 가지고 있는 구두나 핸드백이 희소성 있는 명품이 될 수는 없지 않은가?

**트렌드 메모 7-1**

### 어느 하나도 포기할 수 없어!

대기업 기획실에 근무하는 김세련씨는 사내에서 옷 잘 입기로 소문난 멋쟁이다. 결혼 적령기를 맞은 그녀는 이번 주말 근사한 신랑감 후보를 소개받기로 했다. 귀한 자리에 아무렇게나 나갈 수는 없다고 생각한 그녀는 우아하고 유행에 맞는 핸드백을 하나 사기로 마음먹었다. 머리 속에는 벌써 이름만 대면 알만한 핸드백 브랜드들이 아른거린다.

'A브랜드, 지구촌에서 알아주는 명품이지. 하지만 가격이 좀 비싸서 마음에 걸리네. A보다는 조금 못한 B브랜드. 국내 최고 제품이기는 하지만 가격은 A 브랜드의 3분의 1에 불과해. 디자인이나 색상, 기능적인 면에서도 A, B 둘 다 마음에 드는데……'

한참을 고민하던 김세련씨는 마침내 합리적인 소비자이기를 포기했다. A 브랜드를 사기로 마음먹은 것.

"왜? 난 소중하니까."

'자, 이걸 어떻게 산다?' 머리 속이 복잡해진다. 나른한 오후의 사무실에서 김세련씨의 마우스 클릭 횟수가 잦아진다. 이곳저곳 온라인 명품 가게들을 종횡무진 한다. 김씨는 여기에 그치지 않고 신용카드사에서 제공한 우수고객할인 혜택을 챙겨보고, 며칠 전 백화점에서 배달된 특별행사 쿠폰까지, 온갖 경우의 수를 가늠해 본다. 단돈 1원도 더 비싸게 살 수는 없다.

"왜? 난 바보가 아니니까."

자료 : LG경제연구원. 『2010 대한민국 트렌드』, 2005

브랜드 감성과 합리적 가격을 중시하는 가치 소비자(value consumer)는 세련된 디자인, 고상한 브랜드 가치는 유지하면서 가격은 더 저렴하게 되기를 바라며 소비의 트레이딩 업 그 이후를 향해 계속 진군하고 있다. 프리미엄급 브랜드 가치와 저렴한 가격의 결합을 원하는 것이다. 사실 과거에는 최고의 브랜드 가치에 비싼 값어치를 치르는 일을 당연한 것으로 여겼다. 기업의 입장에서 보면 브랜드 감성을 유지하면서 낮은 가격을 제시할 수 있는 역량을 동시에 가지는 것은 어려운 일이 아닐 수 없다. 그럼에도 불구하고 치열한 경쟁 구조에서 거의 완전한 정보를 가지고 있는 소비자들로부터 버림을 받지 않기 위해서, 기업은 두 마리의 토끼를 모두 소홀히 할 수 없다.

## 4) 작은 사치 : 때로는 부자처럼 산다

소비의 성취욕구 중에서 가장 두드러지는 것은 고급품이나 사치품에 대한 열망이다. 부유층에게는 사치품의 소비가 문제될 것이 없으나, 중산층 이하 대부분의 평범한 사람들은 현실적인 경제적 제약에 부딪히게 된다. 이처럼 사치품에 대한 욕구와 현실적 제약이 맞물리면서 등장한 소비자트렌드가 '작은 사치'이다. 현대인들은 자신의 능력 범위 안에서 사치를 누림으로써 자기만족을 경험하고 자기 보상을 하고자 한다. 일정 부분에 대해서는 무리하게 소비지출을 하더라도 스스로에게 관대하게 면죄부(indulgence)를 주며, 그 구매와 소비를 통해 즐거움을 느끼는 것이다. 우리 생활에서 소비가 차지하는 비중이 커짐에 따라, 특정한 소비행위가 삶의 즐거움과 만족을 주는 하나의 동인이 되고 있다.

최고급 브랜드 중에서 낮은 가격대의 제품을 구매하는 것도 작은 사치의 욕구를 보여주는 것이다. 몇 천만 원 하는 값비싼 가구를 사지는 못하지만, 같은 브랜드의 장식 소품을 산다든지, 다이아몬드가 박힌 목걸이는 못 사지만 같은 브랜드의 은제품을 구매하여 만족감을 얻는 것이 그러한 예이다. 우리나라에서 몇 해 전부터 유행하는 올리브유나 유기농 야채는 기존 대두유나 일반 야채에 비해 적게는 3배에서 많게는 10배까지 비싸지만 가격 자체가 가계경제에 큰 영향을 미칠 만큼 높지 않기 때문에 건강에 민감한 사람들 사이에서 작은 사치로 자리 잡았다.

또한 최근 유행하고 있는 와인 열풍이나 식사보다 비싼 디저트, 애완동물에 대한 사치소비, 고급 목욕용품이나 금가루 섞인 화장품 등의 수요 확대도 작은 사치의 트렌드를 반영하는 것이라고 볼 수 있다. 작은 사치는 어떤 과시욕이나 복수심이 내재된 행위가 아니라, 자기 자신을 대접하고 보상하려는 트렌드이다. 큰 사치를 즐길 수 없는 사람들에게 작은 사치는 마음의 안정을 주는 기제가 되기 때문에 앞으로도 작은 사치의 트렌드는 어떤 형태로든 지속될 것으로 보인다.

## 5) 나만을 위한 삶

사람들은 행복을 얻기 위해 산다. 행복해지기 위해서 각종 제품과 서비스를 소유하려고 노력한다. 그러나 물질이 풍요하면 과연 행복해질 수 있을까? 세계 54

### 트렌드 메모 7-2

## 느린 삶이 더 좋은 다운시프트 : 무엇을 위해 사는가

한 미국인 관광객이 멕시코 작은 어촌에 도착했다. 그는 마을 어부들이 크고 싱싱한 물고기를 잡는 것을 보고 감탄했다.

미국인 : 그거 잡는데 얼마나 걸렸나요?

어부 : 별로 오래 걸리진 않았어요.

미국인 : 왜 좀 더 시간을 들여 물고기를 잡지 않나요? 더 많이 잡을 수 있을 텐데…….

어부 : 이만큼으로도 우리 가족 먹기에 충분해요.

미국인 : 그럼 남은 시간에 뭐하세요?

어부 : 늦잠 자고, 취미로 낚시하고, 애들이랑 놀고, 낮잠도 자구요. 밤에는 친구들이랑 술도 한 잔 해요. 기타치고 노래도 하고, 바쁘지요.

미국인 : 저는 하버드 MBA입니다. 제 말을 들어 보세요. 당신은 더 많은 시간을 들여서 고기를 잡으셔야 합니다. 그럼 훨씬 더 많이 돈을 벌고, 더 큰 배를 살 수 있겠죠. 큰 배로 더 많은 돈을 벌 수 있어요. 그러면 배를 몇 척 더 살 수도 있을 것이고, 나중에는 수산회사도 세울 수 있어요. 그러면 당신은 이 작은 마을을 떠나 LA나 뉴욕으로 이사를 할 수도 있어요!

어부 : 그렇게 되려면 시간이 얼마나 걸리죠?

미국인 : 20년. 아니 25년 정도요.

어부 : 그럼 그 다음에는요?

미국인 : 당신 사업이 진짜로 번창했을 때는 주식을 팔아서 백만장자가 되는 거죠.

어부 : 백만장자? 그럼 그 다음에는요?

미국인 : 그 땐 은퇴를 해서, 바다가 보이는 한적한 작은 마을에 살면서 늦잠도 자고 취미로 낚시도 하고, 아이들이랑 놀고, 남는 시간에는 친구들이랑 여유롭게 술도 한잔 하며 노는 거예요!

자료 : LG경제연구원. 『2010 대한민국 트렌드』, 2005

개국을 대상으로 한 국민행복도 조사에서 미국을 비롯한 일본, 캐나다, 독일 등 G7 국가는 40위 안에 한 나라도 들지 못했다고 한다. 반면 국민 행복도가 높은 나라는 방글라데시, 나이지리아 등 제3세계의 후진국이었다. 잘 사는 나라의 사람들이 오히려 더 잘 살기 위해 경쟁적으로 치열하게 살기 때문에 행복하지 못하다는 의미일 것이다.

최근 현대사회에서는 스트레스에 지친 사람들이 조직보다는 나를 위해 살고 싶어 하고, 직함, 명예, 승진보다 생활의 질을 중시하는 경향이 생겨났다. 월급을 받기 위해서나 혹은 그런 일을 하도록 교육받았기 때문에 일하기보다는, 자기가 좋아하는 일을 하는 것이 결과적으로 더 행복해지는 길이라는 것을 알게 된 것이다. 페이스 팝콘은 그의 저서 『*Clicking*(클릭! 미래 속으로)』에서 이러한 트렌드를 행복 찾기 변신(cashing out)이라고 이름 붙였다. 많은 사람들이 보다 손쉽고, 즐겁고, 더욱 소박한 삶을 추구하게 되었다는 것이다. 즉 목적을 위해 수단을 가리지 않는 책략을 중시하던 시대가 끝나고, 보다 소박한 생활 속에서 진정한 자기만족을 찾는 시대가 왔음을 의미한다.

우리나라에서도 유명한 의사가 병원을 그만두고 권투선수가 되었다든지, 사회적으로 인정을 받던 CEO가 제빵기술을 배워 제과점을 열었다든지 또는 박사 부부가 시골에서 농사일을 배우며 새로운 삶을 시작했다는 등의 신문기사를 종종 보게 된다. 최근 열풍처럼 퍼지고 있는 전원생활이나 농장경영 등은 자기만을 위한 삶을 찾는 행보이다.

다운시프트(down-shift)라는 용어도 자기만의 행복을 찾고 삶의 질을 높이려는 경향을 반영하는 개념이다. 다운시프트의 사전적 의미는 자동차의 기어를 고단에서 저단으로 바꾸어 속도를 줄이는 것이다. 삶에서의 다운시프트는 인생의 기어를 낮추는 것이다. 즉 긴장을 줄이고 여유를 갖고 사는 인생을 의미한다. 관료조직이나 경쟁적인 승진체계에 적응해야 하는 대기업을 그만두고, 자기가 좋아하는 일을 원하는 시간만큼 하기 위해 홈 오피스에서 일하는 소호(SOHO)족이나 프리랜서로 변신하는 사람들은 삶에서의 다운시프트를 실현하는 사람들이다.

그러나 다운시프트나 행복 찾기를 위한 변신이 중도 포기나 도피를 뜻하는 것은 아니다. 재미없는 일, 지겨운 일, 싫은 사람들로부터 벗어나고, 자유로운 성향을 인정하지 않는 조직으로부터 벗어나 자기만의 행복과 만족을 찾는다는 차원에서 페이스 팝콘은 이를 자발적 이탈(opting out)이라는 말로 표현하기도 했다.

### 6) 건강한 삶 : 웰빙과 로하스

평균 수명이 길어진 오늘날에는 단지 오래 사는 것이 중요한 것이 아니라 건강하게 오래 사는 것이 더욱 중요해졌다. 죽는 날까지 건강하고 싶어서 장수와 건강을 위한 투자를 아끼지 않으며 전반적인 삶의 질을 높이기 위해 노력한다. 최근 몇 년간 우리 사회의 최고 유행어는 단연 웰빙(well-being)이다. 행복하고 아름다운 삶을 영위하려는 사람들이 늘어나면서 복지, 행복, 안녕을 뜻하는 웰빙이라는 용어가 본격적으로 등장하기 시작한 것은 2000년 이후의 일이다. 1980년대 중반 유럽에서 시작된 슬로 푸드(slow food)운동이나 1990년대 초 느리게 잘 살자는 기치를 내걸고 나온 스로비족(slow but better working people) 등이 웰빙 문화의 기초가 된 것으로 보인다.

우리나라에서도 건강을 지키기 위한 각양각색의 비법들이 소개되고 있다. 채식위주의 식습관, 건강에 좋다는 식단, 건강에 좋은 천연약초, 손님의 취향과 체질을 고려하여 음식처방을 제공하는 레스토랑에 이르기까지 웰빙을 위한 노력은 다양하고 광범위하게 이루어지고 있다. 최근에는 뇌도 하나의 근육처럼 사용하면 할수록 더 강해지기 때문에 노년기에도 뇌가 발달하고 변화에 적응하는 능력을 가진다는 연구 결과에 힘입어 노인들의 뇌기능 발달을 돕는 게임이 등장하기도 했다. 또한 자연 치료제를 사용하는 대체의학이 인기를 끌고, 건강장수의 비법을 소개하는 TV 프로그램이나 도서 등이 끊임없이 출시되는 것도 건강하게 오래 살려는 사람들의 욕구를 반영하는 것이다. 그러나 소박한 정신적 행복의 가치를 기치로 하여 세계적으로 유행중인 웰빙의 트렌드가 우리나라에서는 상업성에 영합하여 고가품을 소비하는 것으로 그 의미가 변질되어 가는 경향이 있다.

웰빙 트렌드는 근본적인 삶의 방식의 변화이기 때문에 당분간 지속될 가능성이 높다. 그러나 웰빙은 경기침체와 상호작용하여 보다 현실적인 방향으로 전환될 가능성이 높다. 즉 건강에 도움이 되는 것뿐만 아니라, 합리적인 가격 요소가 더해져야 한다는 것이다. 미국의 내추럴마케팅연구소가 2000년 처음 발표한 로하스는 '건강과 지속성장성을 추구하는 라이프스타일(LOHAS; lifestyles of health and sustainability)'의 약자로 친환경적이고 합리적인 소비패턴을 지향하는 경향을 일컫는다. 로하스는 개인의 건강과 함께 환경까지 고려하는 한 단계 업그레이드된 문화현상인 것이다.

## 7) 소중한 나의 표현

몰개성적인 정보화 시대에서 소외감을 느낀 사람들은 자신의 개성을 표현할 수 있는 제품과 서비스를 찾는다. 나, 나 자신(I, me, myself, ego)이라는 단어들이 개성 찾기(EGOnomics) 트렌드를 이끄는 추진력이다. 수많은 소비자 중 한 명이 아니라 남들과 차별화된 이름을 갖는 소비자로서, 개인적 관심과 인격적 서비스를 받고 나의 주문에 의해 맞춤 제작된 제품과 서비스를 향유하는 특별한 소비자이기를 원하는 것이다. 이는 대중 속에서 별 것 아닌 존재로 여겨지는 스스로를 존중해 주고 싶어 하는 욕구의 발현이다. 사람들은 획일화되고 시스템화된 세계 속에서 나만의 개성을 찾고 싶어 하고, 세상에 하나뿐인 나를 표현하기 위해 소비하는 것을 아까워하지 않는다.

최근 우리나라에서 유행하고 있는 맞춤형 청바지, 맞춤형 화장품이나 향수, 스스로 조리를 해서 먹는 음식점, 자신의 필체를 컴퓨터 글씨체로 만들어 주는 서비스 등은 소비자들의 개성 찾기 트렌드를 제대로 읽고 있는 마케팅 전략이다. 자동차나 핸드폰을 개성에 따라 튜닝 하는 것이나 리폼(Reform)을 통해 개성 넘치는 옷을 만들어 입는 트렌드, 가구나 소품을 스스로 만드는 DIY(Do It Yourself) 제품 등이 인기를 얻는 것도 같은 맥락이다. 또한 사이버 상에서 자신의 분신으로 여겨지는 아바타를 꾸미기 위해 옷과 장신구를 구매하는 데 돈을 아끼지 않은 청소년들의 성향 역시 자신의 개성을 표출하려는 욕구라고 할 수 있다.

### 8) 유유상종 커뮤니티

페이스 팝콘은 유유상종(clanning)의 트렌드를 예측한 바 있다. 'Clan'이라는 말은 씨족이나 당파를 뜻한다. 사람들은 가치관이나 신념이 같거나 서로 관심사가 일치하는 이들과 어울려 안락함과 든든함을 느끼고 싶어 한다. 유유상종은 서로의 취미나 생각, 열망이 같은 사람들을 이어주는 연결고리이다. 어떤 집단에 소속되기를 바라는 마음은 매슬로우의 욕구 5단계 중에서 3단계에 속하는 사회적 욕구(social needs)와 상통한다. 유유상종 트렌드는 어쩌면 코쿠닝에 의해 고립감을 느끼게 된 사람들이 사회적 접촉을 갈망하면서 만들어진 것일 수 있다. 외부 세상은 두렵고 위협이 가득하기 때문에 관심사나 취미, 생각이 같은 사람들과 어울리면서 마음의 안정을 찾는 것이다. 또한 현대사회 핵가족 구조가 갖는 부족함을 보완하고자 하는 열망의 반영일 수도 있다. 취미와 생각을 공유하는 각종 온라인, 오프라인 동호회, 연예인이나 유명인 팬클럽, 대학 동아리 모임, 다양한 협회나 공동체, 시민모임 등이 끊임없이 생겨나고 활성화되는 것은 유유상종의 트렌드를 보여주는 것이다. 이러한 유유상종의 트렌드는 우리 사회의 정체성을 파악하고,

문화를 이해하는 데 도움을 준다.

## 9) 짜릿하지만 안전한 모험

페이스 팝콘이 예측한 환상모험(fantasy adventure)은 지나친 위험에 노출되지 않으면서, 일상을 벗어나 스릴을 느끼고자 하는 욕구를 말한다. 사람들은 스트레스를 풀고 무료함을 달래기 위해 놀이공원을 찾는데, 롤러코스터와 같은 각종 놀이기구들은 등골이 오싹할 만큼 스릴 있고 무섭지만 분명한 안전장치가 있기 때문에 즐거움을 준다. 사람들은 자신이 용감하다고 느낄 만큼 높이 띄워 주는 신나는 자극을 원하며, 동시에 다시 안전하게 땅으로 내려주기를 원하는 것이다. 현대인들은 모험을 갈망하지만 그에 따르는 위험은 피하고 싶어 하기 때문에 안전장치 있는 일탈을 선호한다. '안락의자 속의 탐험가'라는 표현은 본질적으로 큰 위험성 없는 모험을 통해 틀에 박힌 일상에서 벗어나 흥분과 자극을 찾는 현대인들의 특성을 잘 보여준다.

놀이공원뿐 아니라, 최근 우리나라에서 번성하고 있는 퓨전 푸드, 이국문화를 체험할 수 있는 각종 테마레스토랑 또는 환상적인 체험이 가능한 사이버 게임 등은 위험 부담 없이 새로운 모험을 경험하여 현실로부터의 탈출구를 찾으려는 트렌드를 보여주고 있다. 이러한 새로운 것에 대한 모험은 특히 젊은 소비자층을 중심으로 활발하게 확산되고 있다.

## 10) 여성의 힘

여성이 남성보다 감각적 식별 능력이 더 뛰어나다는 사실은 익히 알려져 있다. 예를 들면 여성은 남성보다 더 정확하고 손쉽게 사람들의 감정상태를 읽을 수 있으며, 관찰력이 더 뛰어나고 자신의 감정에 더 충실하며 동정심도 더 많다. 또한 여성들은 사물을 있는 그대로 보지 않고, 여성적 관점에 비추어서 본다. 여성의 사회적 지위 향상과 함께 소비생활에서 여성이 차지하는 비중이 높아짐에 따라, 기존 남성 중심의 마케팅이 여성 중심의 마케팅으로 변화하고 있다. 기업들이 단순히 새로운 구매층, 새로운 목표고객이라는 개념을 넘어서 여성의 언어와 논리로 다가가는 방법에 대해 관심을 갖게 된 것이다. 여성들에게는 무엇을 파는가 못지 않게 어떻게 파는가도 중요하다. 여성들은 무엇을 사기 전에 특별한 관계를 추구하며, 물건을 사고 나면 어떤 지원과 서비스가 있을지, 문제가 있을 때 연락을 할 수 있는 누군가가 있는지 등에 대해 알고 싶어 한다. 여성들은 브랜드 자체를 구매하기보다는 문화에 동참하기를 원한다. 여성용 제품뿐 아니라 대부분의 제품이나 서비스 영역의 구매결정에서 여성의 영향력이 커지고, 소비시장에서 여성의 주도권이 점차 확대됨에 따라 여성 소비자의 심리와 특성을 이해하는 것은 마케터들에게 매우 중요한 과제가 되었다. 최근의 광고를 보면, 제품의 기능을 강조하기보다는 제품이 만들어 내는 관계를 중시하고, 감성적인 부분을 자극하여 여성적 사고에 호소하는 경향을 나타내고 있다.

여성적 감수성은 소비형태뿐 아니라 조직형태도 좌우한다. 여성이 생각하고 행동하는 방식이 중요하게 여겨짐에 따라 비즈니스도 계급서열로부터 인간관계 모델로 변화하며, 위계가 아닌 연대, 친밀성을 강조하는 신경영이 대두하고 있다. 또한 조직구조에서도 수직적 명령이 아닌 수평적 관계를 중시하며 어떤 제안이나 불만사항에도 반드시 반응을 보이는 여성적 리더십으로 변화해 가는 모습을 볼 수 있다.

페이스 팝콘은 『*EVEolution*(2001)』이라는 저서에서 시장 변화의 바람을 여성이 주도하고 있음을 강조했다. 이브(Eve)의 진화(Evolution) 또는 이브의 혁명(Revolution)이라는 의미를 담고 있는 '이브올루션'이라는 신조어는 남성과 여성의 생물학적 차이만큼이나 실제 소비생활과 소비심리에서 남녀 간에 차이가 난다는 사실을 바탕으로 한다. 여성은 분명 새로운 소비문화를 형성하고 미래 시장의 변화를 주도하는 주체이다. 여성적 소비패턴이 비단 여성만의 것이 아니며, 현대사회에서 젊은 남성들도 점차 여성적 소비 경향을 보이는 추세임을 감안할 때, 여성 소비자의 마음을 읽는 것은 미래의 소비사회를 이해하는 데 있어 매우 중요하다. 왜 여성소비자의 소비트렌드에 관심을 집중해야 하며, 여성소비자에게 어떻게 접근해야 하는가에 대해서는 8장에서 보다 자세하게 다루도록 하겠다.

### 11) 꽃미남 · 젠틀맨 열풍

현대사회의 남성들은 전통적인 역할을 거부하고, 새로 얻은 자유를 만끽하면서 스스로 원하는 삶을 살고자 하는 경향을 보인다. 맨시페이션(MANcipation)은 이

> **트렌드 메모 7-3**
>
> ### 메트로섹슈얼리즘 트렌드
>
> 요즘 '메트로섹슈얼리즘'이라는 단어를 많이 사용한다. 메트로섹슈얼리즘(metro-sexualism)은 도시(metropolitan)에 살고 있는 남성들이 패션, 미용, 인테리어, 요리 등 여성적 라이프스타일에 관심을 기울이는 현상을 의미한다. 기존의 '남자다운' 남성상과는 많이 다른, 이런 새로운 변화로 인해 패션이나 화장품 등의 분야에서 이 트렌드를 활용하는 기업들도 늘어나고 있다. 예쁜 것을 좋아하는 남자들의 모습이 TV 등을 통해 자주 등장하고 있다. 아직도 상당수의 사람들은 메트로섹슈얼리즘을 생소하게 생각하고 있는 것이 사실이지만 이제 남성상도 다양한 모습이 혼재하는 시대로 접어든 것은 분명하다. 메트로섹슈얼리즘의 반대에 남성다운 외모와 행동이 매우 강한 마초(macho)라는 단어가 있듯이 말이다. 비즈니스에 관심이 있는 마케터나 경영자라면 이런 트렌드도 놓쳐서는 안 될 것이다. 생활양식의 변화와 다양화가 이런 트렌드로 나타나고 있고, 이는 당연히 남성 관련 비즈니스에 새로운 시장을 만들어주고 있기 때문이다. 메트로섹슈얼리즘이 언제까지 주목받을지는 모르지만, 비즈니스맨이라면 이런 트렌드에 안테나를 쫑긋 세우고 어떻게 활용할지 고민해야 할 것이다.
>
> 자료 : LG경제연구원, 메트로섹슈얼의 시장 잠재력, 2005년 4월 25일

러한 경향을 반영하여, 해방(emancipation)이라는 단어로부터 새롭게 만들어진 말이다. 남성답다는 것은 이제 더 이상 강인하고 점잖고, 감정이 없고 분석적인 것을 의미하지 않는다. 남성들도 두려움이나 나약함을 드러내며, 때로는 울 수 있는 감성적인 인간이라는 것이다. 이는 고착화된 사고방식을 거부하고, 모든 사람이 각기 고유한 존재임을 인정하는 것이다. 자신의 감정을 자유롭게 표현하고, 부드럽고 배려할 줄 아는 사람이 되는 것이 기분 좋은 일이라는 것을 깨닫게 되면서, 과거의 남성답다고 여겨진 굴레로부터 해방되기를 원하게 되었다. 우리나라에서도 몇 해 전부터 꽃미남, 젠틀맨의 열풍이 불고 있으며, 메트로섹슈얼리즘(metro sexualism)이라는 말도 공공연히 사용된다. 자동차, 가전제품 혹은 화장품 등 각양각색의 제품 광고에 부드럽고 섬세한 이미지의 남성모델이 등장하며, 남성 전용 화장품이나 피부 관리 서비스 등이 늘어가고 있다. 오늘날의 젊은 한국 남성들은 가부장적인 전통사회에서 그들의 할아버지, 아버지가 졌던 짐들을 지고 싶어 하지 않는다. 이 시대의 남성상은 모성 보호본능을 일으키는 미소년, 아내를 존중하고 배려하는 남편 그리고 다정다감한 아빠의 모습으로 변하고 있는 것이다.

## 12) 바쁘고 바쁜 삶

갈수록 점점 바빠지는 생활 속에서 대부분의 사람들은 일인다역을 소화해 내며 살고 있다. 지나치게 많은 스케줄 때문에 항상 시간에 쫓기다 보니 사람들은 시간을 쪼개 쓰고 아주 짧은 시간이라도 단축하고 싶어 하며, 짧은 시간 안에 많은 일을 하기를 원하게 되었다. 간편하게 빨리 끝내는 것 혹은 여러 가지 일을 동시에 처리하는 것이 트렌드가 된 것이다.

즉석음식이나 테이크 아웃(take-out) 음식점, 드라이브 트루(drive-thru) 서비스 이용이 급증하고, 가전제품에서부터 식료품에 이르기까지 모든 제품을 구비하고 있는 대형마켓, 24시간 운영하는 편의점, 비디오를 대여하는 빨래방 등 시간절약 비즈니스가 증가하는 것은 이러한 트렌드를 반영하는 것이다. 뿐만 아니라 가사노동도 아웃소싱을 넘어 기업형 대행 서비스로 바뀌고 있다. 고객의 주문에 따라 아침, 저녁 식사를 배달해 주고, 다이어트, 당뇨 등을 고려하여 다양한 식단을 제공하며, 반가공한 식자재를 배달해 주는 등의 사업이 활성화되고 있으며, 명절에 제사 음식을 대신 만들어서 배달해 주기도 하고, 성묘 벌초를 대행해 주는 사업체도 있다. 심지어는 이혼에 필요한 각종 서류를 준비해 주고, 협의이혼의 경우 증인을 구하지 못한 부부들에게 증인 역할을 대신 해주기도 할 정도이다. 최근에는 대신 해주기에 불가능한 일이 없는 것처럼 보인다. 그만큼 현대인들에게 시간은 그 무엇보다 중요한 자원이기 때문이다.

이러한 트렌드에 따라 트랜슈머(transumer; trans+consumer)라는 신조어가 등장했다. 트렌슈머는 때와 장소를 가리지 않고 움직이면서 쇼핑을 하는 소비자를 일컫는다. 트랜슈머가 탄생한 배경은 바쁜 일상 속에서 시간을 알차게 사용하려는 소비자들의 욕구에 기인한다. 초기의 트랜슈머는 공항의 대기 시간을 쪼개서 면세점에서 쇼핑하는 사람들을 일컫는 말에서 출발했는데, 최근에는 소비자가 휴대폰을 이용해 모바일 쇼핑방송에 접속을 해서 구매를 하고 모바일 뱅킹으로 결제를 하며, 쇼핑방송에서는 위치추적 서비스를 통해 소비자의 현 위치를 파악하여 바로 배송을 해주는 서비스로까지 발전했다. 그러나 아흔 아홉 가지 생활–페이스 팝콘은 현대인의 바쁜 생활을 일컫는 트렌드를 '99 lives'라고 칭하였다–을 위해 돈을 주고 시간을 사야만 하는 것이 현대사회의 현실일지라도, 너무 바쁘고 시간이 없을수록 우리는 생활의 속도를 적절히 통제하는 방법을 찾아야만 할 것이다. 그것이 진정한 의미의 시테크일 것이다.

## 3. 한국형 소비자트렌드의 신조류

최근 우리나라 소비시장에서는 다양한 트렌드가 나타나고 있다. 구체적인 트렌드들은 기존의 시장 구조, 소비자 특성을 반영하고 있기 때문에 공통분모를 가지기 마련이다. 김상일(2005)은 한국형 소비자트렌드의 큰 뼈대를 구성하는 5가지 신조류를 다음과 같이 설명하였다.

### 1) 이기적인 소비자

최근 소비자트렌드에서 볼 수 있는 가장 큰 특징은 소비자들의 이기심이다. 명품족, 매스티지, 웰빙 등 제반 소비자트렌드의 기저에는 '나에게 좋아야' 한다는 기본 원칙이 깔려있다. 명품족은 자신의 소비 만족을 위해서라면 상식을 벗어난 비용 지출도 기꺼이 감내한다. 3배 이상 비싼 가격을 주고 유기농 식품을 구입하는 웰빙트렌드의 확산 역시 자신과 가족의 건강을 그만큼 소중하게 생각하기 때문이다. 일반적으로 이기적이라고 하면 부정적인 인식이 앞서지만, 소비시장에서는 오히려 긍정적으로 작용하는 경우가 더 많다.

이기적인 소비자는 두 가지 조건을 갖추고 있다. 첫째, 어떤 제품이 나에게 최고로 좋은지, 차선은 무엇인지 정확하게 알고 있다. 둘째, 나를 위한 최고의 제품을 획득하기 위해 매우 적극적이다. 이기적인 소비는 당분간 시장을 견인하는 주요한 소비자 니즈가 될 것으로 예측된다. 세계 최고의 정보화 네트워크를 기반으로 하여 다양한 가격 비교 사이트의 활용, 지식 검색을 통한 제품 정보 획득이 매우 수월한 우리나라에서 자신에게 최고로 좋은 것을 적극적으로 찾는 이기적인 소비는 별로 어렵지 않은 일로 보인다.

### 2) 자긍심을 원하는 소비자

모든 소비는 욕구를 충족하고 만족감을 극대화하기 위한 것이다. 그러나 단순히 욕구를 충족시켜 주는 것만으로는 오늘날의 소비자를 충분히 만족시킬 수 없다. 오히려 그보다 더 중요한 부분이 '나는 특별해' 혹은 '적어도 이 정도는 되어야지' 하는 식으로 자긍심을 높여주는 일이다. 과거에 소비자의 자긍심 충족 방식은 제품의 희소성에 있었다. 소수의 선택된 혹은 과감한 지출을 단행하는 소비자들만이 누리는 제품의 희소성이 그들의 자긍심을 한껏 높여 주었다.

그러나 최근에 들어서는 희소성 이외에도 자긍심을 높여주는 다양한 대안들이 등장하고 있다. 빼어난 제품 디자인, 실내 인테리어, 막대한 비용이 투입되는 화려한 광고 등도 자칫 중저가 이미지가 줄 수 있는 소비자 자긍심의 훼손을 미연에 방지하고 있다. 더 페이스 샵, 미샤 등 3천 원대 저가 화장품 브랜드를 판매하면서도 수억 원대 모델들을 TV 광고에 등장시키는 것은 고가 브랜드 못지않은 제품 이미지 구축을 하기 위한 노력이다. 제품의 정가는 유지하면서 대형 할인점이나 제휴 마케팅을 통해 실제 지불하는 가격을 낮추는 방식도 소비자 자긍심을 유지하는 방안이 될 수 있다.

아무리 가격이 저렴하고 품질과 서비스가 좋더라도 소비자의 자긍심을 소홀히 하는 기업은 성공하기 어렵다. 향후에도 소비자의 자긍심을 높이는 일은 기업이 관심을 가져야 하는 중요한 덕목이 될 것이다.

### 3) OR가 아닌 AND를 요구하는 소비자

or가 아닌 and의 대응 방식은 한국의 소비시장에서 이미 불문율이 된지 오래이다. 가장 대표적인 유형이 매스티지, 초저가 히트 상품 등에서 볼 수 있는 프리미엄급 브랜드 가치와 저렴한 가격의 결합이다. 사실 그 이전에는 최고의 브랜드 가치에 기꺼이 비싼 값을 치르는 일은 당연한 것으로 통했다. 값싼 제품을 사면서 브랜드가 무엇인지를 따지는 경우도 없었다. 하지만 이제 경쟁적인 시장 상황에서 한껏 목소리가 커진 소비자들에게 양자택일을 하라는 것은 무리한 요구가 되었다.

or를 넘어 and 조건의 요구는 폭 넓게 심화되어 나타나고 있다. 웰빙 열풍의 초기에 많은 새로운 제품들이 건강에 이롭다는 구호를 내세우며 시장에 뛰어들었다. 하지만 모든 제품이 성공하지는 못했다. 현재까지 성공한 웰빙 제품들은 브랜드 이미지, 디자인 등 감성적으로도 빼어난 경우가 대부분이다. 공기 청정기, 비데 등 웰빙 가전에서도 기능적인 측면 못지않게 세련된 미관의 디자인이 구매에 결정적인 요소로 작용한 예가 많다. 또한 앞으로 and의 조건은 건강, 감성뿐 아니라 가격, 브랜드 신뢰도 등으로 더욱 확대될 것이다.

### 4) 예측이 어려운 소비 패턴

10평 남짓 좁은 원룸에 살면서 최고급 홈시어터를 갖춘다든지, 소득이 전혀 없는 청소년들이 수십만 원대 휴대폰을 1년이 멀다 하고 바꾼다든지, 내 집 마련도 못한 젊은 부부가 외제 자동차를 구입하는 등 상식에서 벗어나 보이는 소비패턴을 우리 주변에서 쉽게 찾아 볼 수 있다. 오늘날의 소비자들은 솔직하고 대범하다. 자신의 소비 만족을 위해서라면 주변의 시선을 아랑곳하지 않으며, 과감한 지출을 서슴지 않는다. 소비 만족이라는 것이 지극히 주관적인 것임을 감안할 때, 소득이 얼마인지 그리고 남의 시선이 어떠한지는 잣대가 될 수 없는 것이다.

우리 사회의 인구 통계적 변화도 소득, 연령에 따른 소비패턴의 고정된 시각을 바꾸어 놓았다. 맞벌이부부가 증가하고 자녀 출산율이 세계 최저 수준이 되면서, 상대적으로 젊은 나이에 소득수준이 높아진 부모들은 하나 밖에 없는 자녀를 위해 아낌없이 지출을 하고 있다. 소비자들의 성향이 변하고 있는 만큼 기업은 발 빠르게 대응하는 유연한 시장 전략이 필요할 것이다.

### 5) 세대 격차 없는 소비자 집단

인터넷의 카페에는 30대 직장인들이 주류인 인라인 스케이팅 동호회가 많이 있다. 40대 주부도 싸이월드 미니홈피를 관리하고, 50대 임원과 20대 신입사원이 메신저를 통해 농담을 주고받는다. 소비 대상의 세대간 구분이 없어지면서 대형 히트 상품의 경우, 과거에는 상상하기 힘들었던 규모의 히트 기록을 내기도 한다. 이미 싸이월드는 1천만 이용자를 넘어섰고, 태극기 휘날리며, 실미도 등 두 편의 한국 영화는 10대에서 60~70대에 이르는 1천만 이상의 관객을 동원했으며, 휴대폰 사용자 비중은 전체 인구의 3분의 2를 넘고 있다.

그러나 대부분의 소비 흐름은 신세대가 주도해 오고 있음을 간과할 수 없다. 세대를 넘어 인기를 얻는 히트 제품들의 경우, 신세대 소비자들이 다분히 얼리어답터(Early Adapter)의 역할을 하고 있음을 알 수 있다. 일정 수준 이상으로 신세대 소비자의 수가 늘어나고, 제품 사용이 지속성을 가지게 되어야 아래, 윗세대로 전파가 이어지는 것이 보통이기 때문이다. 따라서 실버 제품, 유아용품 등 특정 소비자에 한정된 시장이 아니라면 시장 초기의 타깃은 신세대들에 맞추어지는 것이 일반적이다. 그러므로 청소년이나 20대 소비자들의 소비행태를 파악하고 그들의 소비심리를 이해하는 것이 미래 소비자트렌드의 큰 그림을 예측하는 데 도움이 될 것이다.

## ♠ 참고문헌

김상일(2004). 대한민국 소비트렌드. 원앤원북스.

김상일(2005). 한국형 소비트렌드의 신조류. Weekly Report, 162.

마이클 실버스타인 · 닐 피스크 지음. 보스턴컨설팅그룹 역(2005). 소비의 새물결 트레이딩 업. 세종서적.

메리 루 퀸랜 지음, 이계정 역(2004). 여자에게 물어라. 한언.

샘 힐 지음, 형선호 역(2004). 60 Trend 60 Chance. 한국경제신문.

조은정(2002). 한국이 15명의 시장이라면? 지식공작소.

중앙일보 미디어마케팅 연구소(2005). 소비의 새물결 트레이딩 업. http://ad.joins.com

중앙일보 미디어마케팅 연구소(2005). 소비자 시장의 2010 메가트렌드. http://ad.joins.com

토만스 하인 지음, 김종식 역(2003). 쇼핑의 유혹. 세종서적.

파멜라 댄자이거 지음, 최경남 역(2005). 사람들은 왜 소비하는가. 거름.

파코 언더힐 지음, 신현승 역(2000). 쇼핑의 과학. 세종서적.

페이스 팝콘 · 리스 마리골드 지음, 김영신 역(2001). 클릭 이브 속으로. 21세기북스.

페이스 팝콘 · 리스 마리골드 지음, 김영신 · 조은정 역(2000). 클릭! 미래 속으로. 21세기북스.

LG경제연구원(2005). 메트로섹슈얼의 시장 잠재력. 4월 25일.

LG경제연구원(2005). 2010 대한민국 트렌드. 한국경제신문.

Danziger, P.(2004). Why people buy things they don't need. Dearborm Publishing Inc.

Hill, S.(2002). 60 Trends in 60 minutes. John Wiley & Sons, Inc.

Hine T.(2002). I want it. Harper Collins Publishers, Inc.

Popcorn, F. & Marigold, L(1998). Clicking: 17 trends that drive your business and your life. Harper.

Popcorn, F. & Marigold, L.(2000). EVEolution. Hyperion.

Silverstein, M. & Fiske, N.(2003). Trading up. Portfolio, a division of Penguin Group.

Underhill. P.(1999). Why we buy: The Science of shopping. Simon & Schuster.

# 제 8 장

# 소비자 유형별 소비자트렌드

모든 인간이 소비자이기 때문에 소비자의 심리나 특성을 일괄적으로 규정짓는 것은 불가능하다. 그러므로 나름대로의 기준을 가지고 소비자의 유형을 분류하고, 각각의 유형에 대한 특성과 공통점을 분석하여 그들을 이해하는 것이 소비자의 심리를 이해하고 트렌드를 분석하는 방법이 된다. 본 장에서는 소비자의 유형을 분류하는 기초적인 방법에 대한 설명을 시작으로, 성별, 연령 및 세대에 따른 소비자의 특성을 구체적으로 살펴보고, 각 집단이 가지고 있는 소비특성과 소비패턴, 소비자트렌드에 대해 분석하고자 한다.

## 1. 성별에 따른 소비자트렌드

### 1) 여성소비자

21세기 메가트렌드 중 하나는 여성적 사고(feminie thinking)의 확대이다. 논리적 사고보다는 감성과 유연성을 중시하는 사회적 흐름 속에서 여성이 생각하고 행동하는 방식이 사회 전반에 큰 영향을 준다는 것이다. 이성이 아닌 감성이 디지털시대의 문화를 주도하는 주요 요인으로 작용하며, 사회조직의 원리가 수직적 피라미드 구조에서 수평적 네트워크형으로 바뀌고 있다. 이에 따라 마케팅도 계급서열 모델로부터 인간관계 모델로 변화하고 있으며, 위계보다는 연대나 친밀성을 강조하는 신경영이 대두하는 것도 같은 맥락의 변화라 할 수 있다.

실제로 제품을 구매하고 소비하는 역할을 하는 소비자의 대부분이 여성이라고 해도 과언이 아닐 만큼 여성소비자가 소비시장에서 차지하는 비중은 매우 크다. 여성마켓은 여성이 소비자로서 차지하는 영역뿐 아니라 소비활동에 여성의 영향력이 미치는 모든 범위를 포함한다. 가족 구성원의 공동소비를 위한 가계소비의 대부분을 주부가 결정하고, 가전제품이나 가구, 자동차 등 고가의 내구소비재도 주부의 영향력이 강하게 반영된다. 또한 점차적으로 여성 자신을 위한 소비와 투자도 증대되고 있다. 특히 취업여성의 증가로 인한 여성 소득의 증가는 여성의 파워를 신장시켰다. 따라서 상품이나 서비스를 제공하는 많은 기업들이 여성소비자의 취향이나 요구에 더욱 귀를 기울이게 되었다. '여성의 감수성이 세상을 바꾼다', '여심(女心)을 읽는 기업이 미래를 지배한다'는 말이 나올 정도로 여성이 갖는 생각 그리고 여성이 주도하는 시장에 대한 관심이 증대되고 있다.

#### (1) 여성소비자의 특성

여성소비자 중에서도 최근 시장을 선도하고 있는 계층은 경제력이 있는 미혼 취업여성이다. 주부와 달리 이들은 소득의 대부분을 자신을 위해 소비하는 경향이 강하며, 경제력과 행동력은 여성시장에서 이들의 지위를 확고하게 해 주고 있다. 미혼 취업여성들의 소비행태는 대개 신분 지향적이고 실질적이라는 특징을 보인다. 자신의 신분에 맞는 제품을 선호하는 경향이 강하고, 사회생활을 유지하기 위해 자기계발을 위한 교육, 교양프로그램이나 취미생활 등에 많은 소비지출을 하며, 자신의 건강추구에 관심을 가지고 있어서 여성전용 헬스클럽이나 스포츠센터 등을 활발하게 이용한다. 또한 이들은 유행을 따를 수 있는 경제력을 가지고 있기 때문에, 이들을 주요 타깃으로 하는 패션, 음식, 레저산업 등이 호황을 누리고 있다.

한편 기혼여성의 취업 증가는 주부 자신의 가처분 소득을 증가시킴으로써 경제적 자립을 강화시켰고 나아가 가계 내 의사결정에 있어서도 파워를 증대시키고 있다. 취업주부 소비자는 개인의 경제력뿐 아니라 가계의 대부분 구매의사결정권을 동시에 가지고 있으므로 소비시장에서 매우 중요한 위치를 차지한다. 그러나 취업주부 소비자는 무엇보다 시간적 여유가 부족하기 때문에 시간을 절약하고 노동량을 감소시킬 수 있는 편의성 중심의 제품이나 서비스를 선호한다. 또한 주중에 바쁜 맞벌이부부들이 주말을 이용해 가족 중심의 쇼핑, 여행, 외식 등을 즐기기 때문에 이와 관련된 업종의 확대를 유발시킨다. 그리고 소자녀화와 더불어 취업주부들은 자녀와 함께 많은 시간을 보내지 못하는 것에 대한 미안함을 경제적인 측면에서 보상하려는 경향이 있기 때문에 아동소비시장에도 중요한 영향을 미친다.

반면 전업주부 소비자들은 취업여성에 비해서 자유재량 시간이 상대적으로 많다. 특히 미취학 연령의 자녀가 없는 전업주부의 경우에는 다양한 문화생활을 즐기거나 봉사활동 등을 통해 사회에 참여하고 자기계발에 노력한다. 전업주부 소비자들은 주로 소비를 통해 타인과의 교류나 활동 영역을 넓히는 경향이 있으며, 문화적·정신적 욕구의 충족을 위한 소비활동에 적극적인 태도를 보인다. 이들은 주로 건강과 환경의 쾌적함을 지향하며, 생활시간과 생활공간 등에서의 효율성을 위해 합리적인 소비를 지향한다.

### (2) 여성 소비자트렌드 분석의 중요성

여성의 사회적 참여가 활발해지면서, 소비 주체이자 유행을 창조하고 선도하는 경제 활동 주체로서 여성이 부상하고 있다. 일본에서는 장기 불황으로 인해 소비수요가 침체된 가운데에서도 10대 여성 의류 산업이 지속적인 성장세를 보이고 있고, 우리나라에서도 대형 인터넷 쇼핑몰에서 여성 의류가 매출 1위를 차지하고 있다. 또한 인터넷상의 각종 이벤트 행사에서도 가전제품이나 다이어트, 성형수술 등 여성의 선호도가 높은 경품이 대다수이며, 화장품이나 향수 등에 적용되는 여성들만의 마일리지가 생기고 있다. 여성소비자를 중심으로 하는 마케팅은 인터넷에서뿐만 아니라 금융, 이동 통신 및 유통 분야에서도 보편화되고 있다. 특히 최근에는 기존에 남성 중심 상품으로 여겨졌던 자동차 같은 상품에서도 여성소비자를 고려한 마케팅이 증가하고 있다. 예컨대 신규 출시되는 자동차 중 상당수가 여성 취향을 고려한 경쾌한 색상, 디자인 그리고 하이힐 수납함이나 쇼핑백 걸이 등 여성을 배려한 기능들을 가지고 있다. 이처럼 최근 몇 년 사이에 여성소비자들에 대한 관심이 급증하는 이유를 살펴보면 다음과 같다(중앙일보 미디어마케팅연구소, 2004).

첫째, 여성소비자가 새롭게 재조명되는 일차적인 원인은 경제적인 측면에 있다. 여성의 사회 진출이 어느 때보다 빠르게 증가하고 있으며, 맞벌이 형태의 가족 구조가 일반화되면서 여성의 구매력이 증가한 것이다. 아직 선진국 수준에 미치지는 못하지만 우리나라 여성들의 경제 참여율은 50% 내외로 꾸준히 상승하고 있는 추세이다. 여성의 사회적 참여가 늘어남에 따라 일하는 엄마, 싱글족, 딩크족 등 다양한 생활패턴이 등장하고, 이러한 생활패턴에 적합한 새로운 제품과 서비스를 원하는 여성이 증가하고 있다. 이러한 수요 증가가 여성소비자를 중심으로 하는 새로운 트렌드를 형성하는 것이다.

둘째, 여성소비자들의 까다로운 구매 성향이 기업에게 오히려 득이 된다는 점이다. 특히 주부는 가장 까다로운 소비계층으로 알려져 있다. 품질, 가격, 디자인뿐만 아니라 부대 서비스까지 조목조목 따져가면서 구입하기 때문이다. 그러나 여성소비자들은 남성소비자에 비해 세심하게 구매 결정을 내리는 대신, 제품 및 브랜드 충성도가 높아 한번 만족한 상품에 대해서는 지속적인 재구매로 이어진다는 특성을 보인다. 이러한 점에서 까다로운 여성소비자들에게 인정을 받은 기업은 시장에서 살아남을 가능성이 높은 것이다.

셋째, 여성소비자들은 동반 소비를 유발하는 효과가 있다. 엄마 마케팅(mom marketing)의 선구자인 마리아 베일리는 『엄마를 잡아라(*marketing to mom*)』라는 저서에서 기혼여성의 경우 가족에게 필요한 모든 생활용품이나 살림살이를 구입하기 때문에 엄마의 소비 성향이 가족 구성원들의 소비 습관 형성 및 구매 결정에 영향을 미친다고 설명했다. 그러므로 엄마를 만족시키는 사업이 성공할 확률이 높다고 주장했다. 또한 엄마들은 어린 자녀들의 브랜드 인지도 및 선호도에 영향을 주므로 미래 소비자의 소비행태에 결정적인 영향을 미친다는 것이다.

트렌드 메모 8-1

### 구매결정권 83%가 여성, 여성마케팅을 펼쳐라

미국 전체 소비재의 83%를 여성이 구매한다(여기서 돈의 출처는 중요하지 않다). 가구의 94%, 휴가·여행 관련 상품의 92%, 주택의 91%, 가전제품의 51%, 자동차의 60%를 여성이 구매하며, 새로운 은행계좌를 선택하는 일도 89%는 여성이 한다.

건강관리에 대한 의사결정도 80%는 여성의 몫이다. 그러나 '여성시장'의 존재를 알고 이를 공략해서 돈을 번 기업은 채 5%도 되지 않는다. 구매결정은 사회적 가치관·자극에 대한 반응, 삶의 양상과 시간활용·커뮤니케이션 양태 등의 종속함수이기 때문에 여성의 구매결정을 좌우하기 위해선 여성의 특징을 정확하게 파악해야 하는 것이다.

여성은 남성이 편안하게 느끼는 소리 절반의 크기에도 불편함을 느낀다. 후각, 미각, 촉각도 발달해 있다. 여성은 멀티태스킹(multitasking)의 귀재이지만, 언제나 완전한 해답과 깔끔한 마무리를 추구한다. 이렇게 아담과 이브 때부터 달랐던 남녀 간의 차이를 인식했다면 이제 여성고객을 특화한 새로운 마케팅믹스와 포지셔닝, 브랜드 아이덴티티 확립 등, 여성마케팅을 위한 구체적인 전략·전술 수립 및 적용단계에 돌입해야 한다. 그렇다고 너무 '여성'만을 강조하면 안 된다. '여성만을 위한 것'을 팔라는 게 아니다. '남성을 위한 상품'을 팔아도 된다. 대신 여성고객에게 어필하라는 것이다. '왜 은행을 터느냐'는 질문에 미국의 악명 높은 은행 강도 윌리 서튼은 '거기에 돈이 있으니까'라고 답했다. '왜 여성마케팅이어야 하는가'에 대한 답도 마찬가지다.

"결국 그들이 돈을 쓰니까."

자료 : 서울경제신문, 2003년 4월 27일자

넷째, 여성들의 '입소문(word of mouth)'은 강력한 홍보 수단이 될 수 있다. 일반적으로 여성소비자들은 구매결정을 할 때 소비자 원천정보, 즉 주변인의 의견이나 추천 등에 의해 크게 영향을 받는다. 따라서 기업의 입장에서는 여성소비자들 사이에서 긍정적인 입소문을 유포시키면 제품 홍보에 좋은 효과를 얻을 수 있다. 또한 여성소비자들 사이에 입소문이 어떻게 형성되는가에 따라 제품이나 서비스의 성패를 가늠할 수 있으므로 여성소비자들을 테스트 마켓으로 활용할 수도 있다. 백화점이나 인터넷사이트에서 주부모니터를 모집, 활용하는 것도 이와 같은 맥락이다.

다섯째, 여성소비자들은 트렌드 창조자(trend inventor)의 역할을 한다. 여성소비자들은 유행에 민감할 뿐 아니라 유행을 직접 만들고 선도하는 데 본능적으로 남성보다 뛰어난 능력을 가지고 있다. 최근 우리나라에서 유행하고 있는 웰빙 트렌드나 매스티지(masstige; 명품의 대중화), 머츄리얼리즘(maturialism; 새로운 중년의 삶을 추구하는 성향), 걸리쉬 소비자(girlish consumer; 소녀적 감성을 추구하는 성인소비계층) 등을 이끈 주역도 모두 여성소비자라고 할 수 있다.

### (3) 여성마케팅의 원칙

미국의 유명한 트렌드 연구가 페이스 팝콘과 리스 마리골드는 그들의 저서 『클릭! 미래 속으로』(원제: *Clilcking*)에서 미래를 좌우할 주요 트렌드 17가지를 제시했고, 그 중 하나가 여성적 사고(female thinking)였다. 또한 그들은 여성이 생각하고 행동하는 방식이 비즈니스뿐 아니라 전 영역에 영향을 미칠 것이라는 예측하에 『클릭! 이브 속으로』(원제: *EVEolution*)라는 저서를 발간했다. 이 책의 원제 이브올루션(*EVEolution*)은 이브(Eve)와 진화(Evolution) 혹은 혁명(Revolution)의 합성어로서 21세기의 키워드가 여성이 될 것이라는 의미를 담고 있다. 페이스 팝콘과 리스 마리골드는 이 책에서 여성마케팅의 8가지 원칙을 다음과 같이 설명하고 있다.

#### ① 연결-친구를 만들어 주라

남성에게 있어서 연결(network)은 필요에 의해 형성되는 경우가 많지만, 여성에게 있어서 연결은 본능이라는 것이다. 실제로 많은 여성들이 자발적 공동체 형성을 주도하고 있으며, 인터넷상의 여성 커뮤니티는 남성 커뮤니티에 비해 폭발적인 인기를 끌고 있다. 이러한 측면에서 볼 때, 여성에게 아름다운 커뮤니티를 만들어 주는 기업은 주목을 받을 수 있다. 실제로 미국의 제과기업인 스낵 웰스는 엄마와 사춘기 딸을 연결해주는 워크숍을 열어 평생 여성고객을 확보하기도 했다. 기업들이 제품과 서비스 체험단 및 평가단을 만들어 커뮤니티를 구성해 주고, 신세대 여성소비자를 겨냥하여 인터넷상에 브랜드 샵(brand shop)을 개설하는 것 등은 연결을 중시하는 여성소비자의 특성을 이용하여 입소문 홍보 효과를 거두려는 마케팅 노력으로 보인다.

#### ② 일인 다역-여성의 99가지 생활을 지원하라

여성은 아내이든 엄마이든 전업 주부이든 직장인이든 일인 다역의 생활을 하는 경우가 많은데, 여성들은 남성에 비해 그물망 사고(web thinking)가 가능하기 때문에 한꺼번에 여러 가지 일을 하는(multi-tasking) 능력 또한 탁월하다. 그러므로 99가지의 생활을 하는 여성들에게 단 10분이라도 돌려줄 수 있는 생활의 편리를 제공하는 것이 중요하다. 시간에 쫓기는 현대 여성들을 위해 짧은 시간에 많은 것을 해낼 수 있도록 지원한다면 여성들의 관심을 받을 수 있다는 것이다. 해스브로라는 미국의 장난감 기업은 엄마가 집에서 일하는 동안 자녀들이 몰입할 수 있는 장난감을 판매하여 크게 성공한 바 있다. 최근에는 여성들의 일인다역 생활을 지원해 주는 즉석음식점, 반조리식품 배달, 다양한 가사노동 대체 서비스 등이 각광을 받고 있다.

**③ 예측-여성의 마음을 한발 앞서라**

여성은 '어떤 것을 원한다'라고 쉽게 말하지 않는 경향이 있다. 이는 아마도 어려서부터 여성답게 사회화되도록 교육받았기 때문일 것이다. 많은 여성소비자들이 맛도 없고 서비스도 좋지 않은 식당에 갔을 때, 주인이 의견을 물어도 대부분은 '괜찮습니다'라고 말하지만 다시는 그 식당을 찾지 않는다는 것이다. 이는 바꾸어 말하면 여성의 마음을 미리 예측할 수 있다면 세상 모든 고객의 마음을 읽을 수 있다는 뜻이 될 것이다.

**④ 관찰력-시선이 닿는 모든 곳을 점령하라**

여성은 우뇌, 좌뇌, 신체까지 사용해서 사물을 본다고 한다. 여성들은 주변을 보는 관찰력이 뛰어나기 때문에 남성과 여성이 같이 뉴스 프로그램을 시청하더라도 남성은 뉴스만을 듣는데 반해, 여성은 뉴스는 물론 앵커의 머리, 옷, 화장 상태까지도 모두 다 보는 능력이 있다는 것이다.

여성은 온몸을 사용해 사물을 인식하기 때문에 일면적인 광고로는 여성의 시선을 끌기 힘들다. 스타벅스 커피숍은 여성의 이런 관찰력을 이용하여 매장의 곳곳을 세심하게 꾸미는 노력을 한 결과, 커피뿐 아니라 문화를 전파하는 마케팅으로 성공했다는 평을 듣는다. 또한 여성소비자들은 남성에 비해 오감이 더 발달한 것으로 알려져 있다. 여성소비자들은 작은 물건 하나를 구입하더라도 보고 듣고 만지는 등 오감을 통해 확인하고 경험하려는 욕구가 강하다. 이미 여성을 주요 고객으로 하는 의류, 향수, 화장품 매장에서는 직접 제품을 체험할 수 있는 테스터 상품들을 구비하는 것이 보편화되어 있다.

### ⑤ 편한 생활-걸어서든 뛰어서든 다가가라

방문판매가 인기를 끄는 것은 가정과 직장의 업무에 시달리는 여성들이 편한 생활을 가능하게 하는 제품과 서비스를 원하기 때문이다. 온라인 쇼핑몰이나 TV 홈쇼핑 구매자의 절대다수가 여성 소비자들이고, 매출이 높은 품목들 역시 여성 관련 용품이라는 점도 많은 여성들이 편하게 쇼핑을 즐기고 싶어 하기 때문이다. 기업은 이제 더 이상 소비자들이 찾아오기만을 기다려서는 안 되며, 시간 절약과 편리성을 제공하기 위해 적극적으로 다가가야 한다. 최근 기업에서 소비자들을 직접 찾아나서는 아웃 바운드(out-bound) 개념의 마케팅이 확산되는 것 역시 소비자들에게 직접 다가가야만 성공할 수 있음을 의미하는 것이며, 이러한 마케팅 전략은 특히 여성소비자들에게 더 효과가 있다.

### ⑥ 브랜드 물려주기-엄마가 쓰면 아이도 쓴다

여성은 자신이 쓰는 물건을 아이에게 물려주고자 하는 욕구를 가지고 있다. 엄마와 함께 했던 시간 속에서 추억과 함께 브랜드가 세대를 이어 전수될 수 있다는 것이다. 최근 엄마를 잡으라는 맘 마케팅(mom maketing)이 활발하게 이루어지는 것은 엄마가 가족생활에 필요한 대부분의 소비재 구매를 대행하기 때문이기도 하지만 엄마가 좋아하는 브랜드를 자녀들도 좋아하게 되어 세대에 걸친 고객을 확보할 수 있기 때문이다. 특히 여성들은 남성들에 비해 브랜드 충성도가 높은 것으로 알려져 있기 때문에 엄마 고객을 만족시킴으로써 딸 고객까지 평생고객화 하는 것이 가능하다. 따라서 여성에게 다가갈 때는 그 여성의 아이와 가족까지도 함께 생각해야 한다.

최근 우리나라의 한 스튜디오에서는 예비엄마를 대상으로 임신초기 모습부터 출산하러 가는 모습 등을 사진에 담아, 출산 후 자녀의 백일, 돌 사진과 함께 히스토리앨범을 만들어 주는 서비스를 제공한다. 예비 엄마 때부터 미리 고객을 확보하여 훗날 가족사진을 찍을 때도 그 곳을 찾도록 유도하는 것이다. 또한 소형가전제품 업체에서는 중년 여성들을 대상으로 그들이 10~20대에 사용하던 가전제품에 얽힌 사연을 공모한 후, 사연이 채택된 고객에게는 10~20대 딸들과 함께 쓸 수 있는 신상품을 선물로 제공하기도 한다.

트렌드 메모 8-2

## 여성, 소비자, 감성

세계적인 브랜드 이미지 전문회사인 d/g* 월드와이드의 CEO인 마크 고베(Mark Gobe)는 '감성 디자인, 감성 브랜딩(원제; Emotional Branding)'에서 감성적 브랜딩의 중요성을 강조했다. 그는 또 소비자로서의 여성을 이해하는 5가지 핵심 요소인 존중, 개성, 스트레스 해소, 연결, 관계에 대해서 다음과 같이 언급했다.

1. 존 중

여성들은 제품에 대해 잘 알고 있으며, 구매에 앞서 먼저 상품에 대한 조사를 실시한다. 여성들은 상품에 해로운 성분이 없는지 확인하기 위해 남성보다 훨씬 더 자세하게 성분을 살펴보며, 최종 구매결정에 이르기까지 매우 신중하게 행동한다. 여성소비자들은 매우 영리하며, 제품에 대해 잘 알고 있다는 것을 인정해야 한다. 그러면 여성들도 그 브랜드를 존중할 것이다.

2. 개 성

여성들은 여러 가지 역할을 맡고 있으며, 오직 한 가지 좁은 측면으로 자신이 얘기되기를 원하지 않는다. 그들은 여성적이며, 영향력이 있고, 자녀를 돌보는 어머니이며, 독립적이고, 섹시하며, 현명하고 다양성을 지닌 존재로 인정받기를 원한다. 마케터들은 여성들이 가진 다양성을 가능한 한 많이 인정하고, 여성을 전형적인 하나의 타입으로 규정하지 말아야 한다.

3. 스트레스 해소

스트레스는 여성에게 최고의 적(敵)으로 간주된다. 오늘날 여성들은 한 가족을 부양하면서 동시에 살림까지 책임져야 하는 이중의 역할을 떠맡게 됨으로써 스트레스에 시달리고 있다. 마케터들은 이에 대한 해결책을 여성들에게 제시하거나 적어도 여성들이 일상에서 겪는 긴장을 이해하고 있다는 점을 드러낼 필요가 있다.

4. 연 결

여성들은 어떤 결정을 내리는 데 있어 합리적이라기보다는 감성적이다. 여성들은 제품의 기술적 특성을 설명해 놓은 자료를 별로 좋아하지 않는다. 여성들은 단지 그 상품이 자신에게 무엇을 해줄 수 있는지를 알고 싶어 할 뿐이다. 마케터들은 제품 또는 서비스의 어떤 점이 여성 고객의 마음을 움직일 수 있는지를 찾아내야 한다.

5. 관 계

여성들은 거래만이 아닌 진정한 대화를 원한다. 여성들은 신뢰할 만한 브랜드를 찾고 있으며, 자신과 지속적으로 신뢰를 쌓아 온 브랜드에 대해서는 놀라울 정도의 충성도(loyalty)를 보인다. 여성들이 브랜드와 형성하는 관계 중 일부는 브랜드가 자신들의 삶에서 중요한 의미를 갖는 어떤 것을 대변한다는 것과 관련이 있다. 또한 여성들은 다른 사람들을 돌보거나 양육하고 있으며 또한 자신을 그렇게 간주하며, 친밀감과 폭넓은 인간애가 있다.

자료 : 마크 고베.『감성 디자인 감성 브랜딩』, 2001

#### ⑦ 공동양육-함께 키우는 브랜드가 되어라

여성들은 아이를 낳고 기르는 것에 애착을 가지며, 다른 사람들을 돌보거나 양육하는 것을 좋아하는 본능이 있고, 친밀감과 폭넓은 인간애가 있다. 그러므로 여성에게 일방적으로 제품을 팔기보다는 함께 기르는 브랜드를 만들면 성공할 수 있다는 것이다. 예컨대, 미국의 자동차 회사 포드의 미니밴 '윈드스타'는 초기 단계부터 엄마들의 의견을 반영하여 디자인한 자동차이다. 엄마들의 생각이 반영되었기 때문에 가족편의를 위주로 설계되었고, 큰 인기를 얻었으며 가족을 위한 자동차의 대명사가 되었다.

#### ⑧ 투명한 브랜드-아무 것도 숨기지 마라

앞서 말했듯이 여성의 눈은 모든 것을 꿰뚫어 본다. 여성들에게는 모든 것이 중요하기 때문에 주변의 사소한 것도 매우 주의 깊게 관찰하며, 물건 하나를 사더라도 꼼꼼하게 요모조모 따진다. 여성들은 제품 자체의 기능, 디자인, 색상뿐 아니라 제품 원료의 원산지, 그 제품을 만든 기업의 윤리, 고용정책, 심지어는 경영자의 사생활에까지도 관심을 갖는다. 그러므로 기업은 브랜드 뒤에 아무것도 숨겨놓아서는 안 된다. 바꾸어 말하면, 제품 자체는 물론이고 기업윤리, 기업의 투명성, 기업의 좋은 이미지가 여성소비자들의 관심을 끌 수 있는 마케팅 대상이 된다는 얘기이기도 하다.

## 2) 남성소비자

### (1) 남성소비자의 특성

전통적으로 남성에 대한 성역할 기대는 분석적이고 이성적이며 합리적인 것이었다. '남자답다'는 것은 점잖고, 감정이 없고, 강인한 것을 의미했기 때문에 남성들은 그렇게 생각하고 행동하도록 사회화되어 왔다. 즉 감성적이고 관계 지향적이고 두려움이나 나약함을 드러내는 것은 다분히 여성적인 성향인 동시에 남성답지 못한 것으로 여겨졌다. 또한 남성들은 소비보다는 생산을 하는 주체로 여겨졌으며, 소비란 여성에게 어울리는 활동으로 이해되어 왔다. 이러한 이유로 인해 남성들은 큰 구매력을 가지고 있음에도 불구하고 소비의 주체로서는 큰 관심을 받지 못했다.

실제로 패션업계에서도 남성시장은 성장 잠재력이 작고 변동성이 낮다는 통념 때문에 남성을 대상으로 하는 소비자조사는 미진했다. 남성의복을 판매하면서도 구매계층을 단순히 연령대에 의해 구분하거나 학생, 전문직, 사무직 정도의 직업 분류로만 적용해 왔다. 기존의 소비시장은 남성제품과 여성제품을 획일적으로 구분해 왔으며, 특히 남성시장은 대한민국 표준 남성을 대상으로 한 경우가 많았다. 남성의 라이프스타일을 정형화된 것으로 여겨왔기 때문이다.

그러나 최근 들어 남성소비자의 모습이 변화하고 있다. 생활양식과 소비패턴이 다양해지고 복잡해짐에 따라 남성소비자들도 다양화된 특성을 보이고 있으며, 성 정체성(gender identity)의 다양성을 받아들이는 문화가 확산되면서 남성들의 성향 자체가 변화하고 있다. 2000년대 이후 급속하게 확산되고 있는 메트로섹슈얼리즘(metro-sexualism) 트렌드는 현대사회에서 나타나고 있는 남성 변화의 모습을 확실하게 보여주고 있다. 메트로섹슈얼리즘과 함께 남성들은 소비시장의 새로운 주체로 재발견되고 있다.

### (2) 남성성의 탈피-메트로섹슈얼리즘

메트로섹슈얼리즘(metro-sexualism)은 도시(metropolitan)에 살고 있는 남성들이 패션, 미용, 인테리어, 요리 등 여성적 라이프스타일에 관심을 기울이는 현상을 의미하는 신조어이다. 최근 젊은층을 중심으로 전통적인 남성의 이미지에서 벗어나 외모를 가꾸는 데 신경을 쓰고, 동시에 내면적으로도 부드럽고 유약한 여성의 이미지를 긍정적으로 받아들이는, 변화된 남성상이 나타나고 있다. 2004년 광고대행사 대홍기획이 15~39세 남성 500명을 대상으로 실시한 조사에 의하면 '요즘 남성은 여성화 되고 있다'라고 응답한 비율이 75%이며, '남자도 화장, 액세서리 등을 할 수 있다'라고 응답한 비율이 40%를 넘었고, '외모는 남성의 경쟁력을 높일 수 있는 수단'이라고 생각하는 비율도 86%에 달하는 것으로 나타났다. 최근 국내 화장품 업체들이 남성용 기능성 화장품을 경쟁적으로 출시하는 것도 같은 맥락에서 이해할 수 있다.

현대사회의 남성들은 전통적인 역할을 거부하고, 새로 얻은 자유를 만끽하면서 스스로 원하는 삶을 살고자 하는 경향을 보인다. 과거 남성답다고 여겨진 굴레로부터 해방되기를 원하는 것이다. 사람에게는 기본적으로 남성성과 여성성이 공존하는데, 과거에는 사회적인 규범과 시선 때문에 남성들이 자신 안에 있는 여성성을 과감하게 표현하지 못했다. 그러나 현대사회에서 자기표현의 욕구가 두드러지고, 성 정체성의 다양성을 받아들이는 문화가 확산되면서 남성들이 가지고 있던 여성성이 표출되기 시작한 것으로 보인다. 또한 직업이 다양화되고 직업에 성역이 사라지면서 직업상 여성성을 살려야 하는 남성들이 늘고 있으며, 독신가구와 맞벌이가구가 늘어나면서 가사노동의 역할 부담이 남성들에게 늘어나고 있다.

메트로섹슈얼리즘은 소비패턴에 직접적으로 반영되어 나타나기 때문에 기업에 있어서는 새롭고 중요한 기회이다. 기존 남성의 라이프스타일은 정형화되어 있다고 여겨졌기 때문에 대부분의 기업들은 여성 라이프스타일에 초점을 맞추고 주로 이에 대한 조사를 수행해왔다. 그러나 최근 메트로섹슈얼리즘의 부각과 더불어 남성 또한 여성 못지않은 다양한 라이프스타일을 보이고 있음을 알 수 있다. 예컨대, 오전에 가사 일을 하고 오후에는 쇼핑을 즐기며 저녁 늦게 재택근무를 하는 남성이라든지, 퇴근 후에 요가나 댄스를 배우고 요리 학원을 다니는 남성들을 어렵지 않게 찾아볼 수 있게 된 것이다.

메트로섹슈얼리즘의 트렌드는 제품 디자인에 있어서도 변화를 이끌어 낸다. 이제 더 이상 남성제품이 투박해야 될 이유는 없다. 남성들도 여성들과 마찬가지로 예쁜 디자인의 제품을 원한다. 또한 여성의 분위기가 지배하는 점포에서 쇼핑하는 것 자체를 부자연스러워 하던 남성들은 점차 줄어들고 그에 반해 자유롭고 편하게 쇼핑을 즐기며 자신이 원하는 상품을 직접 고르는 재미를 누리는 남성들이 늘고 있다.

최근 남성들은 여성성을 드러내면서 내면적 본질을 찾고 궁극적으로는 심리적인 안정감을 얻고자 하는 경향이 높아지고 있다. 남성들에게도 과도한 업무나 승진, 출세의 부담으로부터 벗어나 정신적인 안식처가 필요하다는 것이다. 유럽의 광고 대행사 EURO RSCG는 영국 남성 900명을 대상으로 한 설문조사를 통해 메트로섹슈얼리즘 트렌드를 추출했는데, 75%의 남성이 명예보다는 가족을 우선시한다는 결과를 발표하였다. 현대사회 남성들이 바라는 남성상은 가족을 사랑하는 아빠, 다정다감한 남편의 모습인 것이다.

## 2. 연령에 따른 소비자트렌드

연령은 대표적인 인구사회학적 요인으로서, 사회 내에서 집단을 구분하는 데 있어 가장 많이 사용되는 기준이다. 연령에 따라 사회화의 수준이 다르고, 관심사나 행동 역할 등이 다르기 때문에 소비자트렌드를 분석하는 데 있어서도 연령에 따른 다양한 접근이 필요하다.

### 1) 아동소비자

#### (1) 아동소비자의 특성

아동소비자는 일반적으로 유아기를 포함하여 만 2세 말부터 12세에 해당하는 소비자를 말한다. 과거에는 독자적인 경제력이 없는 아동들을 독립된 소비자로 인식하기보다는 가계소비의 의존자로 인식해 왔다. 그러나 현대사회에서 아동의 소비영역이 점차 확대됨에 따라 아동은 미래의 소비자로서뿐만 아니라 현재의 소비자로서도 중요한 역할을 담당하고 있다.

아동소비자들이 갖는 특성 중 하나는 자기과시욕구로서, 다른 사람들이 자신에게 주의를 집중해 주기를 원하는 것이다. 또한 아동소비자들은 호기심과 탐색의 욕구를 갖고 있으며, 타인의 행동을 모방하기도 한다. 그러므로 아동을 대상으로 하는 특정한 캐릭터나 이를 상품화한 제품들에 많은 관심을 보인다.

후기 아동기에 속하는 아동소비자들은 작은 규모이지만, 자신의 용돈을 관리할 수 있는 능력이 생기므로 부모는 자녀에게 돈에 대한 올바른 인식과 관리 방법, 저축과 소비에 대한 올바른 가치관을 교육하는 것이 중요하다.

#### (2) 아동소비자 시장의 특성

제임스 맥닐(James McNeal)은 저서 『키즈 마케팅』(원제: *Kids As Customers*)에서 아동소비자의 시장을 세 가지로 나누어 살펴보았다. 즉 아동이 직접적인 구매자 역할을 하는 1차 시장(primary market), 구매 주체인 부모에게 영향력을 행사하는 영향력 시장(influence market) 그리고 아동들이 성장해서 만들어질 미래

시장(future market)이 그것이다. 모든 아동들은 세 가지 시장에서의 역할을 동시에 수행한다고 볼 수 있는데, 그 특성은 다음과 같다.

① 1차 시장

아동소비자들은 자신의 필요와 욕구를 충족시키는 데 돈을 지출할 수 있는 권리와 의사를 갖고 있기 때문에 그 자체로써 하나의 1차적인 시장을 형성한다. 1990년 미국 4~12세 아동들의 연간 총수입은 86억 달러였고, 이 중 60억 달러 정도를 장난감과 같이 자신이 좋아하는 제품이나 서비스 등을 구입하는 데 지출하고 나머지 26억 달러는 저축을 한 것으로 나타났다. 또한 아동들의 연간 지출액은 지속적으로 증가하고 있다. 특히 눈에 띄는 시장은 부자 아동들이 있는 시장이었는데, 이들의 용돈은 평균적인 아이들보다 두 배 이상 많았으며, 대개가 맞벌이 부모를 두고 있고, 그들 부모는 전문직에 종사하는 경우가 많았다. 이들 부자 아동들은 디자이너 브랜드 의류나 가전제품, 스포츠 용품을 더 많이 구입하며, 전문점이나 백화점을 많이 이용하는 것으로 나타났다.

② 영향력 시장

영향력 시장은 아동들이 부모의 구매행위에 직접적 혹은 간접적으로 영향력을 행사하는 시장을 말한다. 직접적인 영향은 외식장소를 추천하거나 특정 브랜드의 과자를 사달라고 하는 경우 또는 가족이 함께 쇼핑할 때 아동이 제품이나 서비스의 구매를 요청하는 것이다. 간접적인 영향은 부모가 물건을 구매할 때 자녀의 취향을 고려해서 구입하는 것을 말한다.

미국에서 실시한 한 조사연구에 따르면 아동들은 소매점 1회 방문시 부모에게 평균 15번 가량이나 무엇을 사달라고 조르는 것으로 조사됐다. 미국에서 아동들이 구매에 중대한 영향력을 행사하기 시작한 것은 1980년대 이후인데, 이는 자녀의 수가 감소하면서 부모들이 자녀에게 물건을 더 많이 사주고, 구매결정에서 자녀의 의견을 더 많이 반영했기 때문으로 분석된다. 또한 초혼 연령이나 자녀출산 연령이 증가하면서 늦둥이를 갖게 된 부모들이 자녀에게 극진한 관심을 쏟고, 상품구매에 있어서도 아동을 많이 고려하는 것으로 나타났다. 맞벌이부부가 증가한 것도 하나의 원인으로 보이는데, 구매력이 커진 부모들이 자녀에게 더 많은 소비지출을 하기 때문이다. 또한 맞벌이부부의 자녀가 집안일을 더 많이 하기 때문에 그만큼 가족 내 역할비중이 커지고 구매결정에서도 영향력이 커지는 것이라고도 볼 수 있다. 우리나라에서도 아동소비자의 영향력 시장이 확대되는 경향은 1990년대 후반 이후 확연하게 나타나고 있다.

#### ③ 미래 시장

미래 시장은 아동들이 성장함에 따라 앞으로 모든 상품과 서비스의 소비자가 될 것이므로 가장 잠재력이 큰 시장이라고 할 수 있다. 많은 기업들은 10~20년 후 아동고객들이 시장활동 연령(market age)에 이르렀을 때, 자사 고객으로 보다 쉽게 전환시키기 위해 많은 투자를 하고 있다. 아동들이 1차 고객인 동시에 영향력을 행사하는 고객이며, 나아가 미래의 고객이라는 통합적 관점에서 기업들은 아동소비자에 많은 관심을 가지고 있으며, 특히 특정 기업이나 브랜드에 대한 충성도를 쌓도록 하기 위해 노력한다.

### (3) 키즈마케팅

2000년 인구주택 총 조사 자료에 따르면 우리나라의 14세 이하 유소년 인구는 총 인구 가운데 21.0%를 차지하고 있으며, 이는 1995년 조사 때보다 2% 감소한 수치이다. 그러나 아동 인구의 감소에도 불구하고 의류나 완구·학습지 등 아동을 대상으로 하는 소비시장의 규모는 오히려 커지고 있다. 다양한 품목에서 아동 전용상품이나 매장이 늘어나고 있는 추세이며, 컴퓨터나 자동차 등 고가품 구매에 미치는 아동의 영향력도 증가하고 있는 것으로 나타났다. 최근 들어 '키즈마케팅', '엔젤산업'이라 불리는 아동 대상의 소비시장이 큰 성과를 올리는 일차적인 요인은 자녀수가 절대적으로 감소한 데 따른 것이다. 아이를 적게 낳는 사회가 되면서 부모들이 한 두 명의 자녀를 위해 아낌없이 소비하고 투자하기 때문이다. 자기 자녀만큼은 누구보다 예쁘고 귀하다는 '고슴도치형' 부모가 늘고 있으며, 가족이 함께 사용하는 제품을 구매할 때도 자녀의 뜻을 중시하는 경향이 증가하고 있다. 이에 따라 아동이 갖는 소비자로서의 역할 비중이 커졌으며, 이를 이용하여 기업은 다양한 키즈마케팅 전략들을 마련하고 있다.

키즈마케팅은 불황도 피해간다고 한다. 2003년을 기준으로 전체 의류시장에서 유아복시장의 점유율은 10%가 넘었으며, 완구업체의 매출액도 전년보다 20% 가량 늘어났다. 백화점들은 주말마다 뮤지컬과 인형극을 공연하고, 아동복 패션쇼

등 이색 이벤트를 수시로 열고 있으며, 패밀리레스토랑도 아동을 대상으로 하는 다양한 이벤트를 마련하고 있다. 과자나 음료업체들은 아동이 좋아하는 캐릭터를 이용하여 아동소비자들의 마음잡기에 노력하고 있다. 일본에서는 어린이 전용 미용실이 성황이다. 일본 고베시의 어린이 전용 미용실에서는 어린이를 인형과 똑같이 변신시켜 주는데, 파마, 염색, 손톱손질까지 해준다고 한다. 우리나라에서도 만화비디오, 캐릭터상품 및 장남감 등을 고루 갖춘 어린이 전용 미용실이 고가에도 불구하고 인기를 끌고 있다. 또한 일본의 한 화장품회사는 어린이전용 화장품을 출시하여 10개월 만에 40만개를 판매한 바 있다. 아기와 함께 쇼핑하는 30대 주부들을 위해 아기가 탄 차가 우선적으로 주차할 수 있게 도와주는 백화점도 있고, 산부인과 의사를 초청해 산모교실을 운영하는 백화점도 있다. 여성 화장실에 남아용 소변기를 설치해 엄마가 남자아이를 데리고 갈 수 있도록 배려하는 것도 정성에 감동받게 하는 일종의 키즈마케팅이다.

키즈마케팅 전문가인 진 델 베키오(Gene Del Vecchio)는 아동의 변하지 않는 감정적 욕구를 충족시키되, 유행의 변화를 이해해야만 파워 브랜드가 될 것이라고 설명했다. 이는 아동의 욕구가 무엇인지에 대해 철저히 조사하고, 아동의 심리를 파악해야만 키즈마케팅이 성공할 수 있다는 의미이다. 키즈마케팅에서는 아동의 성장 단계에서의 욕구, 즉 남아, 여아의 선호도, 발달단계에 따른 차이와 심리를 이해하고 그들의 가치관과 연계해 호의적인 관계를 형성하는 것이 가장 중요하다.

또한 키즈마케팅에서는 아동에게 가장 큰 영향력을 줄 수 있는 부모의 심리를 파악하는 것 역시 중요하다. 부모의 심리를 공략하기 위해서는 자녀의 교육과 상상력을 향상시킬 수 있는 요소를 가지고 있어야 한다. 이는 자녀의 교육적 측면을 중시하는 부모의 욕구를 충족시켜 브랜드에 대한 신뢰를 구축하는 좋은 방법이 되기 때문이다.

최근 인기를 얻고 있는 에듀테인먼트(Edutainment; education+entertainment)는 바로 이러한 부모의 심리를 잘 파악한 사례이다. 뿐만 아니라 부모의 내면에 자리하고 있는 키덜트(Kidult; kid+adult) 성향, 즉 어린시절을 기억하며 즐기고자 하는 심리를 활용해서 자녀에게 권유하거나 함께 체험하게 하는 것도 중요하다. 부모들이 어린 시절 체험했던 추억을 자녀와 함께 공유함으로써 만족을 느끼기 때문이다. 결국 키즈마케팅은 아동의 감성을 자극해서 평생 동안 호의적인 관계를 형성하고, 부모에게 신뢰를 형성하여 소비의 동기를 부여하는 복합적인 과정으로 보인다.

## 2) 청소년소비자

### (1) 청소년소비자의 특성

청소년기는 발달단계상 아동에서 성인으로 넘어가는 과도기로, 신체적·심리적으로 많은 변화를 경험하는 시기이며, 일반적으로는 중·고등학생을 일컫는다. 청소년기는 감정이 풍부하며 미적 욕구, 이성에 대한 관심과 동경, 그리움 등의 정서가 고조되었다가, 이성의 발달로 감정을 통제하는 능력을 가지게 되면 허탈감과 실망감으로 돌변하기도 한다. 타인의 존재를 인식하고 자아가 발달함에 따라 집단에 대한 통합감이 생기고, 소속집단으로부터 승인되고자 하는 욕구가 강해진다. 때문에 청소년소비자는 아동소비자보다 부모의 영향을 덜 받고, 자립의욕의 증대를 통해 독립적으로 소비하게 된다.

청소년기는 소비자 사회화의 결정적인 시기이며, 이 시기의 소비습관이 성인기의 소비생활에 중대한 영향을 미치므로, 이 시기에 올바른 소비 가치관을 형성하고 바람직한 소비생활의 기틀을 마련하는 것이 매우 중요하다. 오늘날의 청소년들은 과거 부모 세대와는 달리 풍부한 물질적 지원을 받고 자라난 세대이며, 특히 정보화의 급속한 진행의 한 가운데에서 인터넷과 여러 가지 영상매체들을 통해 서구의 다양한 문물과 문화를 동 시간에 접하는 네트워크 세대이다. 그러나 청소년들이 접하고 있는 이러한 사회·문화적 환경은 때때로 미숙하고 충동적이며 비합리적인 소비자 행동을 초래하기도 한다.

청소년기에는 독립된 소비자로서의 행동이 증가하고, 또래집단의 영향을 많이 받는다. 많은 청소년소비자들은 친구나 대중스타를 모방하는 동조소비를 하기도 하고 자신의 신분을 과시하려는 과시소비의 성향을 보이기도 하며, 소비행동의 전 과정을 충동적이고 직관적인 판단에 의존하는 충동구매의 경향을 보이기도 한다.

### (2) 청소년의 소비자트렌드

청소년소비자들의 소비규모는 날로 급증하고 있다. 이들의 구매력 증가는 그들의 소득이 높아졌기 때문이라기보다는 가계경제에서 이들이 차지하는 비중이 커짐에 따라 더 많은 책임과 자율권이 주어졌기 때문이다. 또한 청소년들은 미래의 잠재적인 소비력이기 때문에 마케터들의 표적시장이 되며 광고와 대중매체에 의해 영향을 많이 받는다. 소비시장에서 발휘하는 힘이 점차 증대되고 있는 청소년 소비문화의 특징을 살펴보면 다음과 같다.

#### ① 개성표현과 유행추구

청소년 소비자들은 자기만의 개성을 추구하면서도 한편으로는 대중매체나 또래 집단의 영향을 받아 타인의 외모나 행동을 모방하고, 타인을 의식하며 유행을 추종하는 경향을 보인다. 청소년들은 눈에 띄는 옷이라도 자기 마음에 들면 입는다고 말하고 자기 하고 싶은 대로 하는 것에 높은 가치를 두면서도, 한편으로는 다른 사람들이 어떻게 생각하는지, 남들은 어떤 옷을 입고 다니는지에 대해 높은 관심을 보이는 이중적인 성향을 가지고 있다. 청소년들은 성인이나 아동집단과 구별되는 독특한 개성을 표현하고 싶어 하는 반면, 청소년 집단 내에서는 그들만의 유행을 따르고자 한다. 또한 청소년들은 유명상표의 옷을 입어야 자신감이 생기고 친구들로부터 인정을 받는다고 생각하는 경향이 있으며, 친구들과의 소속감을 유지하기 위해 주변 친구들이 가지고 있는 옷이나 신발, 학용품 등을 따라 사는 경우가 많다. 청소년들은 또래집단의 영향을 많이 받기 때문에 친구나 대중 스타를 모방하는 동조소비를 한다.

#### ② 감각적, 외모 지향적 소비

청소년들은 제품을 선택할 때 어느 연령층보다도 외관을 중시하며 자기표현을 지향한다. 옷을 선택할 때 몸에 편한 것보다는 디자인과 색상을 중시하며, 음식을 선택할 때도 맛보다 분위기를 중시하는 경향을 보인다. 이들이 상품을 평가하는 기준은 품질보다는 자신이 좋아하는 것을 선택하는 주관적인 성향에 따른 것이며, 제품이 마음에 들면 가격에도 큰 영향을 받지 않는 것으로 보인다. 즉 기능적인 품질보다 감각적 기준에 의해 제품을 선택한다는 것이다. 또한 외모에 대한 관심이 급증하여 특히 여학생들 같은 경우에는 외모를 가꾸는 데 많은 소비지출을 하며, 유행이라는 표면적 변화에 민감한 반응을 보이고 유행이 아닌 것은 가치를 인정하지 않으려 한다.

#### ③ 소비의 향유

다른 연령층에 비해 청소년들은 소비를 당연시하고, 소비 그 자체를 즐거움으로 여기는 경향이 있다. YWCA에서 실시한 조사결과에 따르면 청소년들의 45% 가량이 생활을 즐기기 위해 어느 정도의 낭비가 필요하다고 응답했다. 청소년들은 식품, 음료수, 의복과 전자제품, 음반 등 여가 관련 제품에 소비지출을 하는 비중이 매우 높다. 이미 10대 청소년들은 게임, 음반, 영화 등 주요 대중문화 상품의 중요한 고객으로 자리 잡고 있으며, 패션, 음식, 이동통신 산업에 있어서도 10대의 막강한 구매력이 나타나고 있다. 용돈 없이는 친구를 사귈 수 없다고 생각하는 10대의 놀이문화가 소비문화로 나타나고 있는 것이다. 또한 청소년들은 소비행위를 통해 정체성을 찾으려는 경향이 강한 것으로 보인다. 요즈음 청소년소비자들에게 있어서는 최신 유행하는 mp3, 최신형 휴대폰 그리고 특정 모델의 나이키 운동화, 특정 타입의 리바이스 청바지 등을 소유하고 소비하는 것이 청소년 집단의 규범적 표준처럼 여겨진다. 이는 소비가 사회적 관계를 규정하는 사회문화적 현상으로 작용하고 있음을 의미하는 것이다.

### ④ 사이버 소비문화

최근 청소년들은 소비와 관련된 모든 과정을 사이버 상에서 해결한다. 청소년들이 추구하는 것은 광고와 같은 일방적 정보가 아니라 쌍방향의 커뮤니케이션을 통해 자신들만의 언어로 자신들만의 정보를 얻는 것이다. 그들 나름대로의 네트워크를 통해 가장 인기 있는 제품, 최신 유행하는 제품에 대한 정보를 공유하고 그 제품을 가장 싸게 살 수 있는 방법을 찾으며, 온라인 쇼핑몰을 통해 구매한 후 온라인 커뮤니티에서 자신의 구매행위에 대해 평가를 받기도 한다. 인터넷에서 청소년들이 주로 이용하는 패션과 유행 정보 사이트를 찾는 것은 어렵지 않다. 이러한 사이트의 게시판은 주로 상품에 대한 정보 교환이 주를 이룬다. 자신이 제대로 된 상품을 구매했는지, 상품에 어울리는 패션이 무엇인지 혹은 어디로 가야 싸게 살 수 있는지 등에 대한 정보가 가득하다. 또한 중고 제품의 교환 판매도 이루어진다. 사이버 상에서 청소년들만의 소비세계가 형성되고 있는 것이다. 굳이 구매행위에 국한하지 않더라도 청소년들은 인터넷을 통해 같은 게임을 즐기고 채팅을 하고 커뮤니티를 형성하며, 휴대폰을 통해 문자 메시지를 보내면서 그들만의 사이버 문화를 한껏 누리고 있다.

트렌드 메모 8-3

## 소비의 핵, 1318세대 - 마우스족

### 10대의 정체성 - 컴퓨터, 휴대폰, 힙합

대한민국의 10대는 무엇을 꿈꾸며 무엇에 열광하며 살까? 근래에 마케팅 계에서는 10대의 움직임에 촉각을 곤두세우고 있다. 불과 10년 전까지만 하더라도 기껏해야 과자나 음료수, 학생복 광고가 10대를 타깃으로 한 광고의 대표 주자였다. 그들을 아이 취급했다는 얘기다. 그러나 지금의 10대는 완전히 다르다. 그들은 21세기 한국 사회의 소비의 핵으로 부상하고 있다. 이들은 돈벌 능력이 있는 경제 인구가 아니지만, 언제라도 부모의 지갑을 열 수 있는 소비 인구이기에 마케팅의 표적이 되고 있는 것이다. 자식의 요구 앞에 무릎 꿇지 않는 부모가 어디 있을 것인가?

특히 마케팅 계에선 이들 10대를 1318세대로 특화하여 구체적인 마케팅 전략을 수립하고 있다. 1318세대란 용어는 13살부터 18살에 이르는 청소년, 즉 대한민국의 중·고등학생을 지칭한다. 대개 1980년대에서 1990년대에 걸쳐 태어난 이들은 컴퓨터 문화가 일반화된 첫 세대이자 PC통신과 휴대폰을 통해 사람과 대화하는 법을 배워 온 디지털 세대다. 또한 이들은 자녀수가 가구당 1~2명인 소가족의 틀 안에서 국민소득 1만 달러를 목전에 두고 고도의 경제성장을 구가하던 시대에 유년을 맞이하며 자란, 소비의 맛에 길들여진 세대다.

이들 10대를 정의하는 키워드는 아마 컴퓨터, 휴대폰, 힙합이 될 것이다. 그들은 마우스족 이자 엄지족이며 힙합으로 하나 되어 뭉친 힙합 공화국의 아이들이다. 제일기획의 2001년 전국 소비자조사(ACR)에서 알 수 있듯이 이들은 새로운 유행을 빨리 받아들이고 즐거움을 위해 끊임없이 새로운 방식을 추구하는 비율이 그 어느 세대보다 높다. 이런 성향을 가진 그들에게 인터넷과 휴대폰을 통해 또래의 커뮤니케이션 문화를 형성해가도록 유도하는 것은 정말이지 돈이 되는 사업이 아닐 수 없다. 또한 규칙이나 규범에 얽매이길 싫어하는 비율이 가장 높은 세대인 이들에게 자유와 즉흥성의 정신을 전파하는 힙합 문화 역시 충분한 매력 포인트가 된다.

이제 이들의 눈 밖에 난다면 당장의 돈벌이는 차치하고라도 미래의 주 소비층으로 자리 잡을 이들에게 장기적 안목의 이미지를 심어줄 수도 없게 되었다. 좋은 것에 몰입하는 강도가 큰 만큼 싫은 것을 왕따시켜 버리는 집단적 이지메의 습성도 가지고 있기 때문에 광고계에서는 어떻게 이들에게 효과적으로 구애할 수 있을 것인가에 대해 머리를 싸매고 있다. 더욱이 광고를 보고 제품을 사고 싶다는 충동을 느낀다는 10대들의 비율이 60%로 여러 세대 중 단연 으뜸이기에 그 압박은 더욱 커질 수밖에 없다.

자료 : 김홍탁, 광고정보. www.advertising.co.kr(한국방송광고공사), 2004

### 3) 20대 · 30대 소비자

20대 소비자들은 패션이나 유행을 선도하는 계층으로 시장 구매력이 지속적으로 확대되고 있다. 20대 초반의 소비자들은 독립적인 경제능력은 미약하지만 부모의 높은 관심과 배려 속에 높은 가처분소득을 유지하며, 이 중 대부분을 소비지출에 할애하여 매우 높은 소비성향을 보여준다.

20대 후반의 직장에 다니는 미혼 소비자들은 기혼 소비자들에 비해 비소비 지출부담이 적고 자기 자신을 위해 많은 돈을 투자하는 성향을 보인다. 또한 초혼연령이 증가하고 혼인율이 감소하여 30대 싱글족들이 급증하면서 30대 소비자들의 시장 구매력도 지속적으로 증가하고 있다.

현재 20대와 30대 소비자들은 상당히 풍요로운 시대를 살아온 세대이다. 부모세대의 경제력을 바탕으로 명품의 대중화를 이끌어 온 세대이고, 휴대폰과 인터넷을 통한 디지털문화의 혜택을 가장 많이 받은 세대이다. 또한 외국 문화를 받아들이는데 거부감이 없으며, 질적인 소비를 중시하기 때문에 20~30대는 이 시대의 막강한 소비 주체임에 틀림이 없다.

최근 광고대행사 LG애드는 4개월 동안 심층 인터뷰, 텍스트 분석, 현장 관찰 등을 통해 적극적이고 자유로운 삶을 추구하는 2033세대(20~33세, 일명 포스트 386세대)가 여러 세대 중 가장 역동적인 소비자층이라는 분석보고서를 발표했다. 이 보고서는 소비자의 중심에 있는 2033세대의 특징을 보여주는 새로운 트렌드를 정리했다. 2033세대의 생활과 소비문화 등을 바탕으로 도출한 9개의 키워드는 행복한 싱글(happy miss old), 데이트 친구(datemate), 반(反)트렌드 라이프스타일(anti-trend lifestyle), 적극적 자기계발(self-promotion), 전략적 인간관리(strategic human netwoking), 창조적 소비자(cresumer), 나도 연예인(star wannabe), 아날로그 향수(analogue nostalgia), 제3의 취향(the third taste) 등이다.

20~33세의 소비자들은 나만의 개성을 중시한다. 맹목적으로 유행을 따라 하거나 남들에게 휩쓸리기를 거부하고 자신만의 스타일을 가꾸는 '반 트렌드' 경향을 지니고 있다. 또 과거처럼 연예인을 흉내 내고 따라 하던 정도에서 머물지 않고 디지털수단을 통해 자신을 연예인처럼 대중 앞에 연출하는 경향이 확대되고 있다.

### 트렌드 메모 8-4

## 30대 여성은 쇼핑 왕

우리나라의 10세 이상 국민 가운데 23%가 하루 평균 44분 동안 구매행동을 하는 것으로 나타났다. 성별로는 남자보다 여자가 구매활동을 하는 비율도 높고, 구매행동 시간도 길었다. 연령별로는 30대 여자의 구매행동이 가장 두드러졌다. 이는 통계청이 1999년 10세 이상 국민 4만 6천명을 대상으로 실시한 생활시간조사에서 드러난 쇼핑행태이다.

조사결과에 따르면 평균적으로 하루에 남자의 9.8%가 39분, 여자의 36%가 45분간 구매행동을 하는 것으로 나타났다. 연령별·성별로 나눠 자세히 보면 여자는 중·장년층(30대, 40대, 50대)에서 하루 평균 구매행동을 하는 사람의 비율이 비교적 높은 데 반해 남자는 청·장년층(10대, 20대, 30대)에서의 비율이 더 높았다.

10대 청소년의 구매행동을 살펴보면 남자의 10.5%가 평균 29분, 여자의 19.5%가 평균 41분 동안 구매행동을 하는 것으로 나타났다. 일요일에는 좀더 높아져 청소년 남자의 19%가 40분, 여자의 28.9%가 59분의 시간을 구매에 보내는 것으로 나왔다. 구매행위 비율이 11.1%로 가장 높은 20대의 경우에는 하루 평균 38분을 구매행동에 쓰고 있는 것으로 나타나 남자 중에는 구매활동이 가장 활발했다.

20세 이상 성인 가운데 가장 활발한 구매행동을 하는 집단은 30대 여자로, 하루 평균 절반 이상(52.2%)이 구매행동을 하는 것으로 나타나 가장 눈에 띄었다. 하지만 30대 여성의 하루 평균 구매행동 시간은 42분으로, 여자 전체의 하루 평균 구매행동 시간인 45분에 못 미치는 것으로 나와 30대 여성이 다른 연령대의 여성보다 상대적으로 구매는 활발하지만 구매시간은 짧은 것으로 조사됐다. 50대 여자는 평균 구매행동 시간이 49분으로 가장 길었다. 한편 우리나라 사람들이 구매행동을 많이 하는 시간대로는 평일과 토요일은 오후 4시 10분에서 5시 40분 사이, 일요일은 3시 10분에서 6시 20분 사이인 것으로 나타났다. 좀 더 넓게 보면 일주일을 통틀어 전체적으로 오후 3시부터 7시 사이에 쇼핑을 하는 사람이 가장 많았다.

자료 : 『1999 생활시간조사』, 통계청, 2000

이와 함께 아프리카, 그리스, 인도 등 제3세계의 문화를 즐기는 개성적인 소비경향이 나타난다. 여기에 디지털 미디어 생활에 대한 반항이 아날로그에 대한 향수로 표출되어 친구에게 전하는 편지나 일기를 친필로 쓰기도 한다.

2033세대의 소비자들은 특히 능동적 소비자로서 프로슈머(prosumer)를 넘어 크리슈머(cresumer; 창조적인 소비자)로 진화하고 있는 것으로 조사되었다. 크리슈머는 음악, 미술, 문학 등 창작 분야에서 디지털기술을 보다 적극적으로 이용하면서 생산에 참여하고 있는 현상을 가리킨다. 영화제작 투자에 직접 참여한다든지 특정 연극에 매료되어 직접 참여하는 것 등이 크리슈머의 사례로 꼽힌다.

또한 20~33세 소비자들은 적극적 자기계발과 전략적 인간관리에 노력을 기울인다. 취업 이전은 물론이거니와 취업이 된 후에도 자기계발에 지속적인 노력을 한다. 또 과거처럼 학연이나 지연과 같은 주어진 관계에서 탈피하고, 디지털 네트워크를 기반으로 하는 목적 지향적인 인간관계, 즉 전략적 인간관계를 형성하고 관리해나가는 치밀한 경향이 있다. 그에 반해 결혼에 구속되기를 싫어하고 자신의 경제력을 기반으로 자유로운 생활을 즐기고 싶어 한다. 또 연애 형태도 과거와 달리 상대방에 얽매이려 하지 않는다. 그들은 결혼을 전제로 한 심각한 관계도 아니면서 단순한 이성친구도 아닌 데이트 친구를 만들어 독신생활을 즐기려는 경향이 있는 것으로 나타났다(한국경제, 2005년 12월 18일자; 서울경제 2005년 12월 18일자).

### 4) 중장년층 소비자

중장년층으로 불리는 40대와 50대 소비자들은 주로 가족생활에 있어서나 직업생활에 있어서 안정적인 상태에 있고, 사회적으로도 여러 곳에 소속되어 있으며, 특별한 변화나 변동을 경험하지 않기 때문에 큰 구매력을 가지고 있음에도 불구하고 소비자 집단으로써 큰 주목을 받지 못해왔다. 특히 실버(silver)세대로 가는 전환기에 있다고 해서 회색(gray)세대라고 불리는 50대 소비자들은 은퇴를 눈앞에 둔 보수적이고 변화를 싫어하는 계층으로 특징지어져 왔다. 때문에 기업들에게는 구매력이 떨어지는 세대로 취급되어 관심 밖의 대상이었다. 이는 우리나라뿐만 아니라 미국과 유럽 등 선진국에서도 마찬가지의 일반적인 상황이었다. 그러나 40대와 50대 중장년층 소비자에 대한 시각이 점차 변화하고 있다. 사회가 노령화되면서 이들이 전체 인구에서 차지하는 비중이 커졌고 이들의 경제력을 무시할 수 없게 되었기 때문이다.

특히 50대 소비자들은 자녀 교육과 주택마련 대출금 상환 혹은 빠른 경우에는 자녀결혼이라는 무거운 짐까지도 덜었기 때문에 어느 연령대보다 경제적으로 여유가 있으며, 젊어서부터 경제관리를 잘 해왔다면 어느 정도 풍족한 자산을 가질 수 있는 연령대이기도 하다. 또한 의학의 발달로 평균수명이 길어지고 건강도 뒷받침되기 때문에 이제 50대는 시간과 돈을 갖추고 인생을 즐기는 세대로 변화했

트렌드 메모 8-5

## S세대 노인들이 바꾸는 미래사 : S세대 특징과 역할

몇 해 전 외국에서 중장년 여성(45~66세) 11명의 누드사진이 담긴 달력이 제작됐다. 기존 통념을 깨는 일들이 일어나고 있다. 우리나라에서도 환갑이 넘은 할머니가 젊은 세대가 즐기는 온라인 게임에서 최고점수를 기록했다. 이 게임의 이용자는 140여만 명에 이르지만 최고 점수에 도달한 사람은 174명에 불과하다고 한다. 과거 노인들에게서 기대하기 힘든 일이 일어나고 있다. 그만큼 세상이 변하고 있으며 그 변화의 바람을 일으키는 노인이 많아지고 있는 것이다.

과거, 노인은 무조건적인 경로 대상으로 여겨졌고, 세심한 대우와 보호를 받아야 되는 사회 구성층으로 인식되어 왔다. 고령자 라이프스타일에 대한 여러 보고서를 보면 과거 노인들은 보수적이며 자녀에게 의존적이고 주로 노인끼리 어울리며 유행에 둔감한 것으로 기록되어 있다. 동시에 노인들은 삶에 있어서 미래 지향적인 요소가 결여된 문화를 형성하고 있다고 여겨졌다.

그러나 미래의 노인들은 과거의 노인과 같지 않다. 우리사회에 새로운 노인 세대, 즉 S세대가 탄생하고 있는 것이다. 과거 회자되던 X세대 · Y세대가 젊은 신세대에 대한 지칭이라면 S세대는 신노인층에 대한 지칭이다. S세대가 신세대보다 더 중요한 이유는 그들이 우리사회 중심에 서 있으며 미래에는 다수가 되기 때문이다. 대표적인 S세대는 베이비붐 시대에 태어나 현대사의 발전을 이룩했으며 현재 사회에서 중추적인 역할을 하는 연령층이라고 할 수 있는데 이들은 과거의 노인들과는 매우 다른 특징을 보인다. 급변하는 사회 시스템을 잘 받아들이고 경제적으로 여유가 있으며 전문적 지식과 다양한 문화교류로 사회 참여에 대한 많은 욕구를 갖고 있다. 이들은 건강과 취미 생활에 대해 과감한 투자를 하며 나이와 젊음은 별개라고 생각하는 경향이 있다.

이런 변화를 재빨리 활용하는 곳이 산업계의 마케팅 분야이다. 최근 기업들의 두드러진 특징 중 하나는 S세대에 대한 실버마케팅이다. 광고 예산의 95% 이상을 차지하던 젊은 세대 중심의 마케팅이 노인대상 마케팅으로 옮겨가고 있다. 기업들은 S세대 노인들이 경제적 여유가 있으며 자신을 위해 많은 투자를 한다는 점을 간파한 것이다. 선진국의 경우 새롭게 출시된 고급 자동차의 절반 정도를 노인들이 구입한다는 통계가 있다. 우리나라에서도 적극적인 실버마케팅에 힘입어 노인용 휴대폰 시장이 급속히 증가하고 있다.

우리는 미래사회의 다수를 차지하며 사회의 많은 지식과 부를 소유하게 될 S세대의 능력과 자원을 잘 활용해야 할 것이다. 이를 위해서는 우리사회 시스템이 S세대를 최고의 소비자와 최고의 생산자로서 활동할 수 있도록 변화되어야 한다. S세대의 출현은 고령화에 대한 자연스런 사회현상이지만 국가발전을 위해 우리는 S세대의 탄생과 진화속도를 높이는 노력을 기울여야 한다. 이 변화를 가속시켜줄 사회 인프라 구축과 필요기술을 개발해야 할 것이다. S세대에 대한 치밀한 연구도 필요하다. 우리 중장년들이 경쟁력 갖춘 미래의 S세대가 되도록 해야 한다.

자료 : 김선일, 전자신문, 2002년 10월 21일자.

다. 특히 미국에서 현재의 50대는 베이비붐 세대에 속한다. 베이비붐 세대는 10대 때인 1960년대부터 유행을 선도하는 가장 중요한 소비계층으로 주목받아 왔으며, 이들이 50대에 접어들었다고 해서 하루아침에 그 성향이 바뀌는 것은 아니라는 평가이다.

우리나라에서도 중년층 소비자들의 움직임은 눈에 띄게 달라지고 있다. 2004년 한국 영화 '실미도'나 '태극기 휘날리며'가 1,000만 관객 시대를 열 수 있었던 것은 40대, 50대 중년 소비자들을 극장으로 불러들였기 때문이라고 분석되었다. 이를 계기로 최근 중장년층을 대상으로 그들의 향수를 불러일으키는 뮤지컬이나 콘서트가 급증했고 또 대다수 성공하고 있다. 중장년층 소비자들을 대상으로 하는 마케팅이 실효를 거두고 있는 것이다. 이렇듯 젊은 세대가 주도하는 기존의 소비시장에 만족하지 않은 중년층이 자신의 삶을 적극적으로 가꾸기 위한 제품이나 서비스 등을 찾는 소비패턴을 머츄리얼리즘(maturialism)이라고 한다.

머츄리얼리즘은 중년층의 자아실현에 대한 욕구가 증대됨에 따라 이를 충족시키고자 나타난 현상이다. 자신만의 품격을 유지하고 여가를 즐기며 취미를 개발하는 등 그 동안 등한시했던 자신의 삶을 가꾸는 것이다. 이러한 삶의 방식 변화는 고급제품을 소비하는 것으로 표출되기도 하지만, 이는 기존의 명품 소비가 주로 과시욕구에 기반을 두었던 것과는 다르다. 머츄리얼리즘은 삶의 질을 높이기 위해 자신에게 투자하는 것이기 때문이다. 최근 해외에서는 중장년층 소비자의 니즈를 파악하여 성공한 사례가 많이 있다. 미국의 대형 할인점 홈데포는 전문가용으로만 판매되었던 고급 전동공구세트를 중년층의 DIY(Do It Yourself)족을 위해 출시하여 인기를 모았다. 또한 독일의 전자기업인 지멘스는 버튼 조작만으로도 전문가 수준의 효과를 낼 수 있는 고급 가정용 다리미, 고급 가정용 믹서기 등을 출시하여 판매 수익을 냈다(박정현, 2004). 20~30대보다 가용자산이 많은 중장년층이 젊음을 누리고 삶의 질을 높이고자 하는 욕구를 발현함에 따라 기업들이 이들의 소비행보에 큰 관심을 기울이게 된 것이다.

## 5) 노인소비자

### (1) 노인소비자의 특성

노인소비자는 생활주기상 노년기 또는 은퇴기에 있는 65세 이상의 인구로서,

스스로 시장에서 구매의사 결정 및 사용, 처분 등의 역할을 수행할 수 있는 인구이다. 노인소비자는 주로 세심한 대우와 보호를 받아야 하는 사회 구성원으로 인식되어 왔다. 과거 노인들은 노화에 따른 신체기능의 저하 및 역할상실과 사회적·심리적 고립감에 따른 정신적 노화로 인해 사회의 빠른 변화에 민감하게 반응하지 못했다. 또한 노인들은 보수적이고 자녀에게 의존적이며 주로 노인들끼리 어울리고, 독립성이 약한 존재로 인식되었으며, 은퇴로 인한 경제력의 상실을 경험하고, 은퇴 후 상당히 오랜 기간 동안 빈곤한 생활을 강요받았던 것도 사실이다.

그러나 의료기술과 과학기술의 발달에 따른 평균수명의 연장은 현대사회를 고령화 사회로 만들어 가고 있으며, 이에 따라 노인들의 라이프스타일도 변화되었다. 오늘날의 노인들은 은퇴 후에도 건강하고 밝으며, 미래지향적인 인생관을 가지고 제 3의 인생을 준비한다. 과거에 비해 독립성이 강해졌으며, 계획적인 노후설계를 통해 자녀에게 의존하지 않고 독립성을 유지한다. 여가를 즐기고 취미생활을 다양하게 경험할 뿐 아니라 다른 세대와의 교류도 즐거워하며 유행에 둔감하지 않은 노인들이 증가했다. 또한 미리미리 노후설계를 준비해 온 노인들이 늘어나고, 사회복지제도 확대에 따라 과거에 비해 노인의 경제상태가 개선되었으며, 이에 따라 노인소비자들의 구매력이 커졌다. 노인 단독가구의 증가로 인해 스스로 소비생활을 관리하는 노인들도 많아졌다. 과거의 노인소비자들은 소비자보호의 대상에 불과했으나, 오늘날의 노인소비자들은 새로운 소비계층으로 마케팅의 대상이 되고 있다. 물론 모든 노인소비자 계층이 충분한 경제력을 가지고 있는 것은 아니지만 과거에 비해 건강한 노인소비자의 비중이 늘어감에 따라 그들의 소비력이 확대되고 있는 것만은 분명하며, 또 앞으로도 이러한 추세는 지속될 것이다.

### (2) 실버시장의 성장

노인인구가 늘어나면서 그동안 신세대에 가려져 있던 노인소비자들이 새로운 소비계층으로 부각되기 시작했다. 이른바 실버시장(silver market)이라고 불리는 노인소비자층은 이미 구매 잠재력이 충분한 소비시장으로 인식되고 있으며, 노인들의 건강 및 의료 서비스, 여행, 레저활동, 주택관리 등에 대한 특별한 요구를 충족시킬 수 있는 새로운 제품과 서비스의 필요성이 강조되고 있다.

미국에서는 소위 우피족(well-off older people)이라고 불리는 부유한 노인들을 위한 마케팅 전략이 개발되고 있다. 우리나라에서도 실버타운, 의료기기, 건강

### 트렌드 메모 8-6

## 난 실버족! 노심(老心)을 잡아라

우리 사회가 65세 이상 인구가 전 인구의 7%를 넘는 고령화 사회로 진입하면서 실버산업의 규모 또한 빠른 속도로 커지고 있다. 특히 노인인구 비율이 10%에 이르는 2005년부터 시장이 급속도로 팽창해 2010년이면 40조원에 달할 것이라는 게 업계의 예상이다. 고령화 추세에 맞추어 실버층을 대상으로 한 이색 생활용품, 건강용품, 주거 공간 등도 속속 선보이고 있다. 그러나 아직은 실버상품 대부분이 고가 외제이고 실버타운 역시 부유층 노인이 아니면 분양받기 힘든 가격대여서 실버산업이 좀 더 대중화되어야 한다는 목소리가 높다.

■ 실버타운 : 용인 삼성노블카운티는 540가구 규모의 실버타운으로 주거동, 너싱홈, 생활문화공간으로 구성되어 있다. 주거동은 미끄럼 방지타일, 샤워기, 좌변기의 핸드레일, 위급상황에 대비한 호출 버튼 등이 설치되어 있어서 노인들이 생활하기에 안전하다. 너싱홈(nursing home, 요양병동)은 거동이 불편한 노인에게 24시간 간호간병 서비스를 하는 곳이고, 생활문화센터는 도서관, 노래방, 금융센터 등 편의시설과 수영장, 운동처방실, 골프연습장 등 운동시설이 갖추어져 있는 여가 공간이다. 한편 서울 시니어스타워는 강서, 분당, 시흥 등 서울 근교에 위치해 가족과 가깝게 지낼 수 있고 입주자의 외부활동이 자유롭다는 점을 장점으로 내세운다. 병원과 연계되어 1년에 2회의 무료 종합검진을 받을 수 있다. 서예, 도예, 음악치료, 영어회화 등 월 20여 가지의 프로그램이 운영되고 있어 다양하게 여가를 즐길 수 있다. 식사, 청소, 세탁 등 살림에 대한 서비스도 완벽하게 제공된다.

■ 의료기기, 건강용품 : 찜질방이나 병원에 가지 않아도 치료효과를 볼 수 있는 온열치료기는 실버세대의 인기상품이다. 많은 회사들이 온열치료기를 내놨다. 미건의료기는 온열치료기가 동양의학의 경락, 경혈치료법과 서양의학의 카이로프 랙틱 원리를 접목해 만든 것이라고 설명한다. 관절염, 신경통 치료제인 소염진통제도 실버세대가 많이 찾는 제품으로 시장규모가 1,500억원에 이르는 것으로 추산된다. 실버세대를 대상으로 한 재활보조용구들도 눈에 띈다. 손재활 운동용 쿠션과 실리콘 찰흙은 손에 쥐고 구부렸다 폈다 하면서 손가락 운동을 할 수 있는 아이디어 상품이다. 뇌졸중, 중풍 등 마비증세가 온 노인들의 재활에 좋다.

■ 생활보조기구 : 가장 눈길을 끄는 제품은 초경량 알루미늄 재질 지팡이. 접어서 가방에 넣을 수 있는 3단 접이식 지팡이, 미끄럼 방지굽과 야광굽이 달린 지팡이, 신세대 노인의 취향에 맞춰 다양한 색상과 화려한 무늬를 넣은 지팡이도 나왔다. 보행이 불편한 노인을 위한 실버카트도 인기가 있다. 미끄럼방지용 양말, 손의 악력이 약한 노인을 위한 구부러지는 숟가락, 잡고 일어나기 편한 욕실용 손잡이, 엉덩이뼈 주위에 고강도 압축스티로폼을 넣어 넘어졌을 때 충격을 흡수해주는 세이프힙 등 아이디어 제품이 많다.

자료 : 파이낸셜뉴스, 2003년 3월 27일자

용품 등 노인소비자들을 대상으로 하는 실버마케팅이 확산되고 있다. 한국보건사회연구원(2003)은 65세 이상 노인인구를 대상으로 한 우리나라의 실버시장 규모가 2005년에는 25조원, 2010년에는 37조원에 이를 것으로 전망하고 있다. 특히 주거 및 여가활동과 관련된 시장의 규모가 가장 커 2010년에 20조원에 이를 것으로 예상했다. 이 밖에 보건의료 분야가 8조원, 식품부문 7조원, 생활관련 시장이 2조원 규모로 성장할 것으로 전망했다. 연금이나 보험, 자산관리 등을 해주는 금융부문도 많은 관심을 모으고 있다. 퇴직금이나 그 동안 벌었던 돈을 잘 관리하고 증대시켜야 안정된 노후생활을 기대할 수 있기 때문이다.

최근 안락한 주거 공간 및 문화・레포츠 시설을 함께 갖춘 복합 실버타운이 속속 건설되고 있으며, 여행업계에서는 자식과 떨어져 노인 부부만의 노년 생활을 추구하는 통크족(Two Only, No Kids)을 대상으로 휴양과 온천 등을 갖춘 여행상품을 개발하고 있다. 금융권은 실버시장을 겨냥해 연금식 대출이나 신탁상품을 개발하는 데 힘을 쏟고 있고, 보험업계에서는 질환이 많은 노인층에게 노인성 질환을 보장하는 것은 물론 간병비용까지 해결해주는 보험 상품을 선보이고 있다. 온라인업체들은 노인 모시기 일일자녀행사, 건강관리사 프로그램 등 다양한 이벤트를 펼치는 한편 쇼핑몰을 통해 각종 건강관리용품과 식사보조용품을 판매하고 있다. 최근에는 노인들의 옛 친구를 찾아주는 온라인 사이트도 생겨났다.

아직은 초기 단계에 있는 우리나라의 실버산업이 경쟁력을 갖추기 위해서는 실버세대에 대한 특성과 그들의 요구를 잘 파악해야 한다. 이미 90년대 초반부터 일본이나 유럽의 여러 국가들이 실버산업 육성을 위한 정책과 기술개발에 매진해 왔으나, 산업적으로 눈에 띄는 성과를 거두지 못한 것이 현실이다. 그 원인은 여러 가지가 있겠으나, 그 중 한 가지는 실버산업이 수익성보다는 공익성을 우선해야 한다는 논리 하에, 주로 재활이나 단순한 주거개선과 같은 저효율, 노동집약적 사업을 전개했기 때문이었다. 우리나라의 실버산업이 구매력 있는 노인소비자의 니즈를 충족시키면서 사회 전체적인 복지를 향상시키는 두 마리 토끼를 잡기 위해서는 현재 우리나라 노인소비자, S세대의 특성을 명확하게 파악하는 것이 가장 중요하다.

트렌드 메모 8-7

## 세대 차이? 우리는 같고도 다르죠

부산 시민들은 세대별로 라이프스타일에서는 큰 차이를 보이는 반면 사회 현실에 대한 문제의식 등은 공유하고 있는 것으로 나타났다. 이와 같은 사실은 부산 YMCA가 국무총리 청소년위원회와 함께 세대간 의식과 생활양식의 차이 및 공통점을 알아보기 위해 2005년 9월 부산 시민 800명을 대상으로 면접설문조사를 벌인 결과 드러났다.

'10대는 선거 등 정치적 문제에 대해 견해를 갖는 것이 좋다'는 문항에 대해 50대 이상의 26.8%가 '전혀 그렇지 않다'를 택한 반면 10대 답변자의 21.2%가 '매우 그렇다'를 택하는 등 10대의 자율성과 판단력에 대해 젊은층과 노년층의 생각이 극단적으로 갈렸다. '학생의 복장 및 두발은 교칙에 따라 교칙을 지키지 않으면 처벌받는 것이 당연하다'는 문항도 세대별로 큰 차이를 보였다. 10대의 38.5%는 '전혀 그렇지 않다'를, 50대 이상의 38.9%는 '매우 그렇다'를 선택했다.

결혼과 성에 대한 인식은 어떨까? '결혼을 하지 않더라도 얼마든지 남녀가 함께 생활할 수 있다'는 문항에 대해 50대 이상은 절반에 가까운 43.7%가 부정적 견해를 나타낸 반면 10대는 24.2%만이 부정적인 견해를 보여주었다.

북한에 대해 10대는 '우리와 같은 민족으로 가급적 빨리 통일해야 할 대상'이라는 시각과 '같은 민족으로 교류 협력의 대상이지만 별로 믿음이 안 간다'는 시각이 각각 36.8%로 긍정적 시각과 부정적 시각이 같았지만 50대 이상은 각각 26.8%, 60.4%로, 두 배 이상이나 차이가 났다.

10대에서는 '통일에 따른 비용이 많기 때문에 꼭 통일할 필요는 없다'는 답변도 26.4%의 지지를 얻어 다른 세대에 비해 통일의 필요성을 크게 느끼지 못하고 있는 것으로 나타났다.

그러나 우리나라 발전을 위해 추구해야 할 것으로 '안정과 통합'보다 '변화와 개혁'을 선택한 비율은 10대에서는 50.2%, 50대에서는 42.2%로 서로 비슷했다. 이 선택에는 40대가 66.5%로 가장 높게 나타나 눈길을 끌었다. 20대(60%), 30대(59.2%)가 각각 '변화와 개혁'을 선택했다. 우리 사회 현실에 대한 인식은 세대와 관계없이 부정적인 답변이 대부분이었다.

'재미있게 사는 것이 내 인생에서 무엇보다 중요하다'나 '디지털 매체를 통해 정보를 전달하는 방식에 익숙하다' 등의 문항도 전 세대를 막론하고 높은 점수가 나타나 세대 간의 여전한 차이들에도 불구하고 라이프스타일이 갈수록 동질화되고 있다는 것을 입증했다. 10대에 대한 평가나 결혼에 대한 생각 등은 여전히 세대별로 뚜렷한 차이를 보였으나 세대에 따른 라이프스타일이나 현실 인식의 차이는 크게 줄어들고 있는 것으로 보인다.

자료 : 부산일보, 2005년 10월 25일자

## 3. 세대에 따른 소비자트렌드

세대(generation)란, 역사적, 사회적인 배경 및 사건을 공유하고 경험함으로써, 가치관 및 행동특성에서 상당한 공통점을 보이는 연령 집단을 의미한다. 사회학에서는 시대적 상황에 따라 약 20여년을 주기로 사고방식, 행동 양식 등에서 기존 세대와 구분되는 특징을 보이는 세대가 출현한다고 보고 있다. 제2차 세계대전 이후에 태어난 베이비붐 세대, 그 이후 X세대, Y세대, N세대 등은 각각 다른 성향을 보여주는 대표적인 세대이다.

386세대(1980년대), X세대(1990년대), N세대(2000년), W세대(2002년) 등은 한 동안 우리 사회를 떠들썩하게 만들었던 시대의 화두이다. 386세대는 사회의식, X세대는 소비문화, N세대는 라이프스타일, W세대는 공동체의식과 행동을 통해 젊은이들의 생활패턴과 의식이 변화하고 있음을 보여주었다. 이러한 세대의 구분은 연령을 기준으로 하기보다는 사회적으로 공유하는 특성을 기준으로 한다. 이것이 바로 우리가 어떤 세대라는 이름만으로도 그 시대의 사회상을 짐작할 수 있는 이유이다. 최근에 들어서는 다양한 분류 기준에 따라 새로운 세대 구분을 지칭하는 신조어들이 많이 등장하고 있는데, 여기에서는 젊은층을 지칭하는 대표적인 몇몇 세대를 근거로 그들의 특성과 소비자트렌드를 살펴보겠다.

### 1) 베이비붐 세대

베이비붐 세대(baby boomer)는 미국의 경우 제2차 세계대전 이후 1946년에서 1964년 사이에 태어난 세대를 지칭하며, 한국의 기준으로는 한국 전쟁 직후 1955년~1963년에 태어난 세대를 일컫는다. 일본의 경우 단카이(덩어리)세대라고 하여 1947년부터 1950년 사이에 태어난 사람들을 베이비붐 세대로 보고 있다.

미국과 일본에서는 베이비붐 세대의 은퇴 시기가 다가옴에 따라 노년문화에 변화가 일어날 것으로 예상하고 있다. 베이비붐 세대는 전후 경제 성장기에 자라나면서 일과 함께 개성을 중시하는 세대였기 때문에, 관습을 중시하고 전통적 윤리에 충실했던 이전 세대와는 노후관이 판이하게 다르다. 일본에서는 베이비붐 세대가 은퇴함에 따라 산업 경기가 호전될 것으로 예상하고 있다. 젊어서 직장에 충실했던 이 세대가 은퇴 후에는 여행과 영화, 연극 등을 즐기고 자동차, 대형 TV, 홈시어터 등을 구입하며 자신의 삶을 찾겠다고 말하고 있기 때문이다. 한편 미국에서도 베이비붐 세대 때문에 획일적인 장례문화가 바뀌고 있다고 한다. 자신의 몸에 맞게 관을 미리 맞춰 놓기도 하고 관에 자신이 평소에 좋아하는 그림을 그려 넣기도 한다. 영화를 좋아하던 망자의 장례식에서는 팝콘과 영화가 등장하며 장례식을 인터넷으로 생중계하기도 한다는 것이다(동아일보, 2005년 7월 7일자).

반면, 우리나라의 베이비붐 세대의 상황은 미국이나 일본과는 다르다. 우리나라의 베이비붐 세대는 약 810만 명에 이르며, 현재 40대 중반인 이들은 우리나라 전체 인구의 16.8%나 차지하고 있다. 이들은 60년대에 출생하여 80년대에 대학을 다니면서 민주화투쟁 경험을 바탕으로 높은 사회의식을 가지고 있는 세대로서, 386세대의 주역이다. 현재 이들은 사회, 경제, 정치, 문화 전 분야에 걸쳐 전반적으로 중추적인 핵심세력이다. 그러나 한국의 베이비붐 세대가 향후 7~8년 내에 모두 은퇴를 하면 우리나라 경제에 큰 충격을 줄 것으로 우려된다. 더욱이 주력 소비계층인 이들 세대가 은퇴 이후 장래에 대한 불안감 때문에 벌써부터 소비를 억제하고 있어 경기회복을 더디게 하는 요인이 되고 있다는 분석이다. 베이비붐 세대의 무더기 은퇴가 기업의 인건비 부담을 줄이고 청년실업을 완화시키는 등의 긍정적인 측면도 있지만, 노동력 부족 현상, 연금수혜자 급증으로 인한 국가재정 등의 부정적인 측면이 더욱 커 보인다.

### 2) X세대

X세대(X-generation)는 캐나다의 소설가 더글라스 코플란트가 80년대 후반에 쓴 『*Generation X*』에서 사용한 'eXclusion(배제되다)'에서 유래된 말이다. 미국을 기준으로는 1965년에서 1976년 사이에 태어난 사람들을 지칭하고, 한국을 기준으로는 1967년에서 1978년생 정도를 말한다.

고도의 경제 성장 속에서 자란 이들은 매우 높은 소비성향을 가지고 있으며 신제품에 대한 수용 및 반응이 빠르고, 자유분방한 가치관을 가지고 있다. 미국에서 X세대는 이혼이 널리 퍼지던 맞벌이 가정환경 시대에서 자랐기 때문에 집에서 혼자 놀아야 했으며, 텔레비전 및 컴퓨터와의 지속적인 접촉으로 미디어를 좋아하는 특성을 갖고 있다. 소비성향이 매우 강하며 정보에 급속한 영향을 받으므로 기업의 입장에서는 X세대가 무서운 소비 세력이며, 최대, 최고의 고객인 셈이다.

1970년대에 태어나 1990년대 대학을 다녔던 우리나라의 X세대는 1990년대 중반 우리나라에서 세대에 관한 연구를 촉발시킨 장본인들이다. 제일기획은 2005년 5월부터 7월까지 26~35세 남녀 640명과 36~45세 남녀 160명을 대상으로 면접조사와 심층 인터뷰를 진행해 10년 전 X세대였던 2635세대의 특징을 담은 보고서를 발표했다. 이 보고서에 따르면 1990년대 초반 탈정치화와 함께 안정적인 민주주의 분위기가 대두되면서 신세대의 화두가 됐던 X세대가 10년이 지난 지금 생산과 소비의 주체로 부상했으며 매스티지-대중(mass)과 명품(prestige)을 조합한 신조어- 열풍을 주도하고 있는 것으로 조사되었다.

2005년 제일기획이 발표한 보고서 『2635 우리 시대의 미드필더』의 내용을 간단하게 살펴보면 다음과 같다(동아일보, 2005년 10월 31일자).

첫째, 2635세대는 1970년대에 태어나 1990년대 초반 다양한 문화적 변화를 겪으며 과거 X세대로 불려왔다. 기성세대(46~65세)를 경제발전 1세대, 13~25세 연령대를 디지털 1세대라고 한다면, 2635세대는 문화향유 1세대로 분류된다. 이들은 자기중심적이고 기존 관습에 얽매이지 않으며 현실주의적이고 유행에 민감할 뿐만 아니라 합리적인 소비행태를 지니고 있다. 이들은 우리나라 최초의 신세대, 해외여행 자율화 혜택을 본 배낭여행 1세대, 급격한 정보통신 기술 발전에 따른 인터넷 1세대, 서태지 열풍을 체험한 마니아 1세대 등 다양한 성격을 지니고 있다. 현재 2635세대는 우리나라 전체 인구 구성비의 17%, 경제활동 인구의 24%를 차지하고 있는 생산과 소비의 주체이다.

둘째, 2635세대의 성향을 10년 전 X세대와 비교해 볼 때, 타인을 의식하지 않고 자신의 의견을 거리낌 없이 표현하는 자기중심적이고 개방적인 성향과 개성 표현을 위해 유행이나 브랜드를 추구하는 성향은 더욱 강화되었다. 반면 소비생활에 있어 과거 충동적이고 과도한 소비 대신 합리적인 소비를 추구하는 특성을 갖게 되었다. 또 기존 386세대와 비교해 보면 집단보다 개인이 우선이고 가족을 중요하게 여기지만 가족을 위해 자신을 희생하지는 않으며, 능력만 있으면 혼자 사는 것도 선호하는 경향을 보였다.

셋째, 청년실업 시대를 겪으며 돈의 가치를 중요하게 여기고, 할인쿠폰이나 적립 포인트 등을 적극 활용하는 실용적인 소비행태를 지니고 있다. 현재의 2635세대는 10년 전 X세대나 기존 386세대보다 자기중심적이고 돈에 관심이 많다. 또 유행에 민감하고 개방적이며 기존 관습에 얽매이지 않는 진보적인 성향을 보이고 있다.

넷째, 2635세대는 민주화, IMF, 정보화, 문화개방, 자립 등 5가지의 공통된 경험을 통해 자기중심적, 현실주의적, 유행 추구, 개방적, 진보적 등으로 표현되는 5가지 세대적 특성으로 대변된다. 이들은 대학시절인 1990년대에 정치적으로 안정화된 민주화 시대를 거쳤으며, 경제적으로는 청소년기 경제호황과 청년기 IMF 외환위기를 겪었고, 사회적으로 인터넷 대중화 및 해외 문화개방으로 생활방식의 급격한 변화를 경험했다. 현재는 사회인으로 첫 직장을 갖거나 가정을 이루는 자립 시기에 놓여있다.

다섯째, 특히 2635세대 중에서 독신생활을 추구하는 미혼자는 기혼자보다 소비성향이 높다. 싱글족으로 불리는 이들은 자신의 개성을 표현할 수 있는 상품이라면 가격에 상관없이 구매하고, 여가활동에도 적극적이어서 자기계발이나 취미생활을 위해 386세대보다 23%, 2635세대 기혼자보다 6% 정도 많은 비용을 지출하는 것으로 조사되었다.

### 3) N세대

N세대는 1970년대 후반에서 1997년 사이에 태어난 세대를 말하며, 주로 베이비붐 세대의 자녀들(baby boom echo 세대)이다. 이 세대는 디지털 혁명기에 성장했기 때문에 N(Net)세대로 불린다. 이들은 인터넷으로 대표되며 모든 활동을 디지털 매체를 통해 해결하고, PC, 휴대폰에 익숙한 네트워크 세대이다.

미국의 사회학자 돈 탭스콧(Don Tapscott)의 저서 『N세대의 무서운 아이들』(원제: *Growing up Digital : Net Generation*)에서는 N세대 소비자의 특징을 다음과 같이 설명하고 있다.

첫째, N세대는 선택의 자유를 원한다. 자유롭고 상호 교류적인 환경에서 성장한 N세대는 강요받는 것을 무엇보다도 싫어한다. 이들의 소비패턴은 TV 채널을 선택하던 것에서 시작되었으며 인터넷을 경험하면서 무제한적인 정보의 바다에서 끊임없는 선택을 하게 됨에 따라 더욱 강화되었다.

둘째, 소비자가 직접 영향을 미칠 수 있는 매우 탄력적인 소비환경에서 성장한

N세대는 맞춤식 서비스 및 제품들을 원한다. 자기 마음에 드는 대로 여러 가지 정보를 주어 주문하면 자신이 원하는 제품이 나오게 되는 소위 생산과정에 참여하는 생산소비자(prosumer)가 되고자 한다. N세대는 자신들이 하나의 시장을 이루는 개인 소비주체로서가 아니라 자신이 직접 제품과 서비스의 생산에 영향을 미칠 수 있는 주문식 소비환경을 열고 있다.

셋째, N세대의 마음은 갈대와 같다. 비디오게임이나 컴퓨터에서 실수가 즉각적으로 고쳐질 수 있고 '리셋(Reset)'이 가능한 것처럼 N세대들은 그들의 실수를 만회할 수 있는 기회를 바란다. 뿐만 아니라 변덕이 심하다는 특성을 보이기도 한다.

넷째, N세대는 제품을 구입하기 전에 테스트 사용을 원한다. N세대는 구경꾼이 아니라 사용자이다. 업계는 우선 제품을 일정기간 동안 무료로 사용할 수 있도록 하는 것이 좋다. 만약 제품의 사용이 N세대가 일상생활을 하는 데 익숙한 것이 되어 업무를 신속하고 효과적으로 처리할 수 있게 도와준다면 이들의 생활에서 그 제품은 필수품이 될 것이며, 이때부터 회사는 이 제품을 유료로 판매할 수 있게 된다.

다섯째, N세대는 기술에 현혹되지 않는다. 기술혁명을 목격한 베이비붐 세대와는 달리, N세대는 새로운 기술에 대한 두려움이 없다. 그들은 컴퓨터를 가전제품처럼 다루면서 성장한 세대이다. N세대에게 있어 컴퓨터에 소프트웨어를 설치하는 것은 공책에 글을 쓰는 것과 다를 바 없는 행동이다. N세대는 형식보다는 기능에 관심이 많고, 기술 그 자체보다는 그 기술을 이용하여 무엇을 할 수 있는지를 중요하게 생각하는 현실적인 세대이다.

트렌드 메모 8-8

## 디지털문화가 만들어내는 지금까지와는 다른 시대 그리고 그 시대의 주역 : PDG

제일기획은 2004년 7~9월 중·고교, 대학생 표본 관찰 후 서울 거주 13~49세 남녀 800명을 대상으로 면접조사를 거쳐 13~24세로 현재 중·고교와 대학교에 재학 중인 소비자를 다른 층과 뚜렷이 구분되는 'PDG(post digital generation)'로 규정하고, 그 라이프스타일과 특성을 분석한 보고서를 발표했다.

■ 디지털 일상화 '1618'이 핵심

PDG는 1986년 이후 출생해 2004년 현재 고등학생 이하에 해당하는 '1618 세대'가 핵심이다. 인터넷 대중화의 시기에 초등학교를 입학한 이들은 디지털을 활용한 교육을 받았고 디지털 기기와 문화를 자유롭게 활용하는 생활이 일상화됐다. 이어 1980년 이후 출생해 대학생 이하에 해당하는 '1924 세대'는 PC통신을 통해 네트워크를 경험한 세대로 분류되며, 1989년 이후 태어난 '1315 세대'는 PDG에 속하나 구매력이 부족해 디지털 체화가 어려운 층으로 분류되었다. 보고서에 따르면 PDG는 차가운 기계적 디지털 환경에서 자라났지만 인간적이고 아날로그적인 감성을 소유한 세대, 유행을 주체적으로 수용해 재창조하며 무슨 일이든 '바로바로' 해결해야 성이 풀리는 세대다. 또 초기 디지털 세대와 달리 고립된 개인에서 집단 속 개인으로 진행해 가는 세대이다.

■ 특성 'H.E.A.R.T.S'로 요약

보고서는 이들을 이해하는 핵심 코드로 'H.E.A.R.T.S'를 들었다. 'H.E.A.R.T.S'는 인간관계를 위한 디지털('H'uman Relationship), 표현하기 위한 디지털('E'xpressionism), 시각적 라이프스타일('A'nti-literality), 낙천적 라이프스타일('R'elaxed Mindset), 트렌드의 주체적 수용 태도('T'rend-independence), 즉시성('S'peed)의 영어 앞글자이다.

H : 온라인 인맥도 오프라인만큼 소중히 여기는 것으로 미니홈피가 대표적인 예

E : 과시나 경쟁심리가 아닌 자기만족을 위한 '튀는' 표현

A : 이미지와 비주얼을 선택이 아닌 필수 요건으로 생각하고 이모티콘이나 의성어, 의태어에서 나온 신조어를 일상에서 쓰는 이른바 '호모이미지쿠스'

R : 재미를 추구하고 컴퓨터를 '리셋(reset)' 하듯이 실수와 오류도 언제든지 취소하고 새롭게 시작할 수 있다는 생각을 반영

T : 트렌드에 개성을 담음

S : '빠른 것이 좋다'가 아닌 '빠르지 않은 것은 싫다'는 의미의 스피드를 말함

자료 : 국민일보, 2005년 5월 1일자

## ♠ 참고문헌


국민일보(2005). 디지털문화가 만들어내는 지금까지와는 다른 시대 그리고 그 시대의 주역 : PDG(Post Digital Generation). 5월 1일자.

김선일(2002). S세대 노인들이 바꾸는 미래사. 전자신문 10월 21일자.

김홍탁(2004). 소비의 핵, 1318세대-마우스족. 광고정보, 한국방송공사 www.advertising.co.kr

동아일보(2005). 70년대에 태어난 X세대들, 10년 새 어떻게 바뀌었나. 10월 31일자.

동아일보(2005). 미-일 베이비붐 세대 두 표정. 7월 7일자.

마리아 베일리 지음, 안승호 역(2003). 엄마를 잡아라(Marketing to Mom). 거름

마크 고베 지음, 이상민·브랜드 앤 컴퍼니 역(2002). 감성 디자인 감성 브랜딩(원제; Emotional Branding). 김앤김북스.

머니투데이(2005). 이 시대의 미드필더 2635세대는 누구? 10월 30일자.

박정현(2004). 마케팅 신조어로 풀어보는 신소비코드. LG주간경제(3월 31일), 3-7.

부산일보(2005). 세대 차이? 우리는 같고도 다르죠. 10월 25일자.

서울경제신문(2005). 2033세대 파워 소비계층 부상. 12월 18일자.

서울경제신문(2003). 구매결정권 83%가 여성, 여성 마케팅을 펼쳐라. 4월 27일자.

서울신문(2005). 충격 X세대, 전통과 혁신 잇는 미드필더 되다. 10월 31일자.

제임스 맥닐 지음, 이동철 역(1998). 키즈마케팅. 세종서적.

중앙일보 미디어마케팅 연구소(2002). 여성, 소비자, 감성. http://ad.joins.com

중앙일보 미디어마케팅 연구소(2003). 입소문 마케팅의 유망성과 위험성. http://ad.joins.com

중앙일보 미디어마케팅 연구소(2004). 여성 마케팅의 8가지 원칙. http://ad.joins.com

중앙일보 미디어마케팅 연구소(2005). 소비자 시장의 2010 메가트렌드. http://ad.joins.com

진 델 베키오 지음, 김세중 역(2003). 키즈마케팅. 프리미엄북스.

통계청(2002). 2000년 인구주택총조사 결과-여성, 아동, 고령자, 1인 가구 부문.

파이낸셜 뉴스(2003). 난 실버족! 노심을 잡아라. 3월 27일자.

페이스 팝콘·리스 마리골드 지음, 김영신 역(2001). 클릭 이브 속으로. 21세기북스.

페이스 팝콘·리스 마리골드 지음, 김영신·조은정 역(2000). 클릭 미래 속으로. 21세기북스.

한국경제(2005). 나만의 개성표현 2033 새 소비트렌드. 12월 18일자.

한국보건사회연구원(2003). 국내 실버시장 및 실버산업 현황.

LG애드(2005). 소비문화연구보고서.

Don Tapscott 지음, 허운나·유영만 역(2003). N세대의 무서운 아이들.

McNeal, J. U.(1998). Kids As Customers. Harper Collins Publishers, Inc.

Popcorn, F. & Marigold, L(1998). Clicking: 17 trends that drive your business and your life. Harper.

Popcorn, F. & Marigold, L.(2000). EVEolution. Hyperion.

# 제 9 장

# 라이프스타일과 소비자트렌드

라이프스타일(life-style)은 특정 개인이나 집단, 사회가 공유하는 생활양식으로 그들 서로를 구별해 주는 중요한 특성이다. 라이프스타일은 소비자의 욕구에 영향을 미치므로 구매, 소비, 사용과 관련된 일련의 소비행동에 반영된다. 소비자 행동을 분석하는 데 있어 라이프스타일이 중요한 이유는 유사한 생활의식과 가치, 생활구조와 행동패턴을 공유하는 집단을 묶어 라이프스타일을 유형화함으로써, 각 집단별 소비자 니즈를 파악하고 소비자트렌드와 소비문화를 설명하며 미래를 예측할 수 있기 때문이다. 이 장에서는 라이프스타일의 개념과 측정방법을 이해하고 한국인의 라이프스타일이 어떻게 유형화되어 왔는지에 대해 살펴보며, 라이프스타일 변화에 따른 소비행동과 소비자트렌드의 변화를 이해하도록 한다.

# 1. 라이프스타일의 개념과 측정방법

## 1) 라이프스타일의 개념

라이프스타일(life-style)은 사람들이 환경과 상호작용하여 살아가는 나름대로의 독특한 생활양식을 의미한다. 이는 개개인이 가지고 있는 가치와 생활의식, 행동방식과 같은 내재적 요인이 사회적·문화적 외부환경과 상호작용함으로써 형성되는 복합적이고 다차원적인 개념이다. 라이프스타일은 개인뿐 아니라 가정, 사회, 국가 등의 차원에서도 나타나게 되는데, 가정이나 사회, 국가의 라이프스타일은 각 집단을 이루고 있는 구성원들의 라이프스타일에 의해 형성되며, 또 반대로 가정, 사회, 국가의 라이프스타일이 개인의 라이프스타일에 영향을 주기도 한다. 그러므로 어떤 사회의 라이프스타일이란 그 사회의 구성원들이 공통적으로 가지고 있는 독특한 생활양식을 의미하는 것으로 특정문화나 특정집단을 구별해 주는 기준이 되어 준다. 또한 라이프스타일은 일상생활의 구성요소인 인간, 시간, 공간이 이루고 있는 생활문화의 제 요소들을 그대로 반영하며, 이것은 안정적이고 지속적인 속성을 지닐 뿐 아니라 특정한 대상이나 상황에 국한되지 않는다는 특성을 가진다.

라이프스타일 분석이 중요한 이유는 유사한 생활의식과 가치, 생활구조와 행동패턴을 공유하는 집단을 묶어 라이프스타일을 유형화함으로써, 각 집단별 생활요구를 파악하고 사회 문화를 설명하며 미래를 예측할 수 있기 때문이다. 그러므로 산업화, 정보화, 세계화의 진행과 함께 다양화되고 있는 현대사회의 라이프스타일을 체계적으로 밝혀내는 작업은 매우 중요한 과제이다.

라이프스타일은 소비자의 욕구에 영향을 미치는 중요한 요인이며, 소비자의 구매, 소비, 사용행동에 반영되는 중요한 특성이다. 라이프스타일이 다르면 추구하는 생활양식이 다르므로 필요로 하는 재화나 서비스가 다르고, 구매방식이나 소비활동 전반에도 차이가 나타날 수밖에 없다. 그러므로 소비자의 라이프스타일 분석은 기업의 중요한 마케팅 도구로 사용된다. 사회계층, 생활환경 등이 같거나 인구통계학적으로 같은 세분시장에 속하는 소비자들일지라도, 심리적 특성이 반영된

표 9-1 라이프스타일에 대한 정의와 측정

| 연구자 | 정 의 | 측정방법 |
|---|---|---|
| Lazer(1963) | 전체 사회 속에서 총체적 의미로 다른 부분과 뚜렷하게 구분되는 특징적 생활양식 | - |
| Anderson(1976) | 특정 개인이나 집단의 생활을 특징적으로 접근시켜 주는 행동 및 그 전체성을 나타내 주고 있는 사회과학 개념 | 시간 배분 |
| Bernay(1971) | 실제 생활에서 시간과 돈을 사용함으로써 나타나는 개인의 특징적인 생활방식 | 언론매체, 스포츠, 정치, 문화 조직에 대한 주제와 관련된 활동 |
| Wells & Tigert(1971) | - | 활동, 관심, 의견(AIO) |
| Wind(1971) | 시간과 돈을 사용하며 살아가는 총체적인 방식 | - |
| Myers & Gutman (1974) | 사람들이 상호작용을 통해 채택하는 공동목표 및 살아가는 방법 그리고 이들에 대한 결과적 행위 | 활동, 관심, 의견(AIO) |
| Berkman & Gilson (1978) | 태도, 가치, 의견, 관심, 행동 등이 합성된 종합체계 | - |
| Engel, Kollat & Blackwell(1978) | 사람들이 돈을 쓰며 살아가는 패턴 | - |
| Laudon & Bitta (1979) | 개인행동을 결정하고 개인행동에 의하여 영향을 받는 독특한 생활 패턴 | - |
| Hawkins, Coney & Best(1980) | 살아가는 방법 | - |
| Mitchell(1983) | VALS 프로그램(가치 중심) | 생존자형, 생계유지형 소속지향형, 경쟁지향형 성취지향형, 경험지향형 사회사업가형, 종합형 I-AM-ME형 |

자료 : 이명식(1992), 라이프스타일에 의한 시장세분화와 신용카드의 광고전략 연구. 광고학연구, 14, 118-119.

라이프스타일에 따라 그들을 재분류하면 다르게 세분화될 수 있기 때문이다. 예를 들어 인구통계학적으로 같은 시장에 속해 있는 동일한 소득수준의 소비자 집단일지라도 취미활동, 주요 관심분야 그리고 평소에 가지고 있는 소신, 가치관 등에 의해 제품의 구매행동이 달라질 수 있다.

라이프스타일을 유형화하고 이를 통해 시장 세분화의 개념을 처음 적용한 것은 레이저(Lazer, 1963)에 의해서였다. 그는 라이프스타일이 개인의 가치 체계나 개성의 일부분을 반영할 뿐 아니라 외부환경, 즉 문화, 준거집단, 가족 및 소속 사회 등의 영향을 받아서 형성되기 때문에 각 개인의 라이프스타일이 바로 그 사람의 행동에 반영된다고 보았다. 이후 많은 연구들에서 라이프스타일에 관한 분석이 수행되어 왔으나 그 개념 정의와 측정방법에 있어 일관된 모습을 보여주지는 않았다. 그러나 라이프스타일이 소비자 행동을 분석하는 데 유용한 지표로 충분한 역할을 한다는 것만은 분명히 입증되어 왔다. 표 9-1은 대표적인 외국 연구들을 중심으로 라이프스타일에 관한 다양한 정의와 측정방법을 정리한 것이다(이명식, 1992에서 재인용).

## 2) 라이프스타일 측정방법

연령이나 소득수준, 성별, 교육수준, 결혼상태 등의 인구통계학적 기준에 따라 소비자를 분류하는 것으로는 소비시장의 복잡성이나 역동성을 효과적으로 파악하는 데 한계가 있다. 또한 점차 세분화되어 가는 각 소비자 유형의 실체를 구체적으로 파악하기 어렵기 때문에 소비자의 라이프스타일을 측정하고 분석하기 시작했다. 라이프스타일을 측정하는 방법으로는 AIO(Activities, Interests and Opinions) 접근방법, 사이코그래픽스(psychographics)를 비롯하여 가치 측정 도구인 RVS(Rokeach Value Survey), VALS(Value and Life-Style), LOV(List Of Value) 접근방법 등이 알려져 있다.

### (1) AIO

라이프스타일을 측정하는 방법 중 가장 널리 알려진 AIO(Activities, Interests and Opinions) 접근방법은 라이프스타일을 활동(activities), 관심(interests), 그리고 의견(opinions)의 세 가지 차원에서 조사하고, 인구 통계학적 특성을 포함하

표 9-2 라이프스타일 측정 척도: AIO

| 활동(activities) | 관심(interests) | 의견(opinions) | 인구통계적 특성 |
|---|---|---|---|
| 일<br>(work) | 가족<br>(family) | 자기 자신<br>(themselves) | 연령<br>(age) |
| 취미<br>(hobbies) | 가정<br>(home) | 사회적 문제<br>(social issues) | 교육수준<br>(education) |
| 사회적 사건<br>(social events) | 직업<br>(job) | 정치<br>(politics) | 소득<br>(income) |
| 휴가<br>(vacation) | 공동체<br>(community) | 사업<br>(business) | 직업<br>(occupation) |
| 오락<br>(entertainment) | 오락<br>(recreation) | 경제<br>(economics) | 가구원수<br>(family size) |
| 클럽활동<br>(club membership) | 패션<br>(fashion) | 교육<br>(education) | 주거지역<br>(geography) |
| 공동체 활동<br>(community) | 음식<br>(food) | 생산<br>(products) | 도시규모<br>(city size) |
| 쇼핑<br>(shopping) | 대중매체<br>(media) | 미래<br>(future) | 가족생활주기<br>(stage in life cycle) |
| 스포츠<br>(sports) | 성취<br>(achievements) | 문화<br>(culture) | |

자료 : Plummer, J. T.(1974), The concept and application of life style segmentation. Journal of Marketing, 38(1), p. 34.

여 파악하는 방법이다. AIO 접근방법은 웰즈(Wells, 1975)와 플러머(Plummer, 1971, 1974)에 의해 처음 제시되었는데, 소비자들이 직접 그들의 활동, 관심, 의견에 관한 질문에 응답하도록 한 후, 그 응답결과를 분석하여 라이프스타일이 유사한 사람들을 유형화하는 것이다.

활동(activities)의 차원은 일, 취미, 사회적 사건, 휴가, 오락, 클럽활동, 공동체 활동, 쇼핑, 스포츠 등과 같이 명백한 행동에 관해 질문을 하는데, 예를 들면 '나는 동일한 상표를 반복해서 구입하는 편이다' 혹은 '여행은 친구들보다는 가족과 함께 가는 편이다' 등과 같은 문항을 주고, 그 행동에 어느 정도 일치하는지 답하게 한다.

관심(interests)의 차원은 어떤 대상이나 사건에 대해 개인이 특별한 관심을 부여하는 정도를 조사하는 것인데, 주로 가족, 직업, 공동체, 패션, 음식, 대중매체, 성취도 등에 대한 관심을 조사한다.

의견(opinions)은 어떤 질문이 제기된 자극상황에 처했을 때 개인이 제공하는 응답을 조사하는 것인데, 자기 자신, 사회적 문제, 정치, 경제, 교육, 미래, 문화 등에 대한 의견을 질문한다. 그러므로 AIO 접근방법을 중심으로 라이프스타일을 정의하면, 개인이 어떻게 시간을 보내는가(활동), 특별히 고려하는 것은 무엇인가(관심), 자신과 주위에 대한 생각은 어떠한가(의견)에 의해 규명되는 생활의 유형이라고 할 수 있다.

표 9-2는 AIO 접근방법을 이용한 라이프스타일 측정에 사용되는 각 항목들을 정리한 것이다. 그러나 레이놀드(Reynold, 1977)는 복잡하고 다양해진 소비자의 생활 전체를 하나의 분석 대상으로 보기보다는 그 생활을 의생활, 식생활, 주생활, 여가생활, 직업생활 등과 같이 유형별로 나누어 각각에 대한 활동과 관심, 의견 등을 살펴보는 것이 타당하다는 견해를 제시한 바 있다. 또한 최근에는 AIO에 가치(value)를 포함시킨 A.I.O.V. 분석법이 사용되기도 한다.

### (2) 사이코그래픽스

사이코그래픽스(psychographics)는 인구통계학적 변수와 구별되는 성격적·기질적 특성을 나타내는 심리적 변수들을 함께 사용하여 라이프스타일을 분석하는 방법으로 AIO 접근방법보다 광의의 개념으로 볼 수 있다. 사이코그래픽스를 활용한 분석은 인구통계적 변수뿐 아니라 심리적 특성에 따라 소비자의 차이를 분석할 수 있기 때문에 광범위한 정보를 제공해 준다. 따라서 소비자가 현재의 제품으로 충족하지 못하고 있는 욕구를 발견할 수 있고, 시장 세분화를 하는 데 있어 소비자를 심도 있게 이해하도록 도움을 준다(홍성태, 1999).

### (3) RVS

로키치(Rokeach, 1973)는 사회과학 분야에서 이루어져온 가치관에 대한 연구들을 고찰하여 가치관에 대한 개념적·조작적 정의를 정립하였고, 이의 영향으로 소비자 행동을 연구하는 데 있어서도 가치관에 대해 관심을 갖게 되었다. 로키치는 가치란 개인적으로나 사회적으로 선호하는 이상적인 행동양식 혹은 하나의 지속된 신념이라고 정의했으며, 가치의 집합이 개인의 가치체계를 형성한다고 보았다. 또한 개인의 가치체계는 개인의 태도 형성에 영향을 미친다고 설명했다.

자신의 이론을 바탕으로 만든 가치관 측정도구인 RVS(Rokeach Value Survey)

는 기존의 가치관 연구들을 참조하여 궁극적 가치관의 목록을 만들고, 555개의 성격 특성 형용사 가운데 도구적 가치관 목록을 만든 후, 대단위 표집 조사 연구를 통해 궁극적 가치관과 도구적 가치관 목록에서 각각 18개씩 총 36개의 가치관 척도를 개발해 낸 것이다.

### (4) VALS

VALS(Value and Life-Style)는 AIO와 달리 라이프스타일의 측정과 유형화에 있어서 개개인의 가치관이 가장 중요한 반영요소라고 보는 측정도구이다. VALS는 1983년 SRI(Stanford Research Institute)에서 개발한 척도로서 소비행태 연구에서 주축을 이루는 연구방법이다. 미국에서는 소비자를 세분화하는 마케팅 전략에 많이 사용되고 있다. VALS-I 접근방법은 소비자들이 추구하는 가치와 라이프스타일을 기본적으로 세 가지 범주로 나누고, 다시 아홉 개의 세부적인 유형으로 분류하여 소비행동과 여가활동 등을 설명하고 예측했다.

우선 기본적인 세 가지 범주에는 욕구 지향적 소비자(need-driven consumers), 외부 지향적 소비자(out-directed consumers) 그리고 내부 지향적 소비자(inner-directed consumers)가 포함된다. 이를 다시 9가지 유형으로 나누면 생존자형, 생계유지형, 소속지향형, 경쟁지향형, 성취지향형, 개인주의(I-AM-ME)형, 경험지향형, 사회사업가형 그리고 종합형으로 구분된다.

욕구 지향적 소비자는 삶의 기본적 욕구 충족을 위해 소비자 행동을 하는 집단으로 경제적 형편이 가장 나쁜 생존자형과 겨우 생계를 유지해나가는 생계유지형이 여기에 속한다. 외부 지향적 소비자는 시장에서 가장 높은 비중을 차지하고 있는 사람들로 이들은 기존 가치관이나 규범에 순응하는 경향을 보인다. 여기에는 소속지향형, 경쟁지향형 그리고 지위와 명성, 쾌락추구 생활 등이 특징인 성취지향형이 포함된다. 내부 지향적 소비자는 외부 규범에 따르기보다는 내적 욕구 충족과 자아표현을 위해 독자적으로 행동하는 소비자로 개인주의형, 경험지향형, 사회적 이슈에 관심이 많은 사회사업가형이 포함된다. 종합형 소비자 집단은 극히 적은 비중을 차지하는 사람들로 내부지향적인 면과 외부지향적인 면을 혼합해서 행동하는 성숙하고 균형 있는 인격을 가진 소비자이다.

그런데 VALS-I의 구분을 기준으로 라이프스타일을 분류할 경우, 사회적 동물이라는 인간의 기본적 속성으로 인하여 사람들이 대인관계를 중시하기 때문에 대

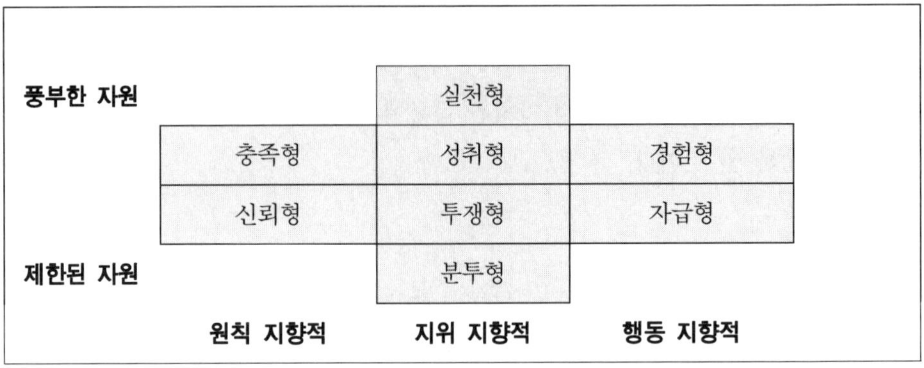


그림 9-1 VALS-II에 의한 8개의 라이프스타일 유형

자료 : Riche, M. F.(1989). Psychographics for the 1990s. American Demographics

다수의 소비자들이 외부 지향적 소비자 집단에 속하는 경향이 있다. 이러한 단점을 보완하기 위해 1988년에 VALS-II가 개발되었는데, 이는 43개의 라이프스타일 문항에 응답한 2,500명의 소비자를 8개의 집단으로 군집화 한 후에, 이를 다시 수직과 수평, 두 개의 차원으로 구조화하는 방식을 취했다(Riche, 1989). 수직차원은 자원(resources)으로 소득, 교육, 자신감, 건강, 구매욕, 지적능력 및 에너지 수준 등 경제적, 사회적, 심리적 요소를 의미한다. 수평차원은 개인의 지향성(self orientation)을 나타내는 것으로서, 원칙 지향적(principle oriented), 지위 지향적(status oriented), 행동 지향적(action oriented) 소비자로 분류된다. 원칙 지향적 소비자는 자기 스스로의 관점을 중심으로 행동하고, 지위 지향적 소비자는 다른 사람들이 자신을 어떻게 보는가를 중시하며, 행동 지향적 소비자는 사회적, 신체적 활동에 대한 관심과 열망이 높다. 이렇게 수평과 수직차원을 축으로 할 때, 8개의 라이프스타일 유형은 그림 9-1과 같이 구조화된다.

또한 최근에는 인터넷 환경에서의 소비자분석을 수행함은 물론, 소비자, 기업, 정보 제공업자, 중간업자 간의 유용성과 관계의 질을 향상하기 위해 iVALS이라는 도구가 만들어졌다. 이는 인터넷 이용자를 열광적 마니아형(wizards), 나홀로 개척형(pioneers), 자아성숙 지향형(upstreamers), 참여 지향형(socialites), 실용적 활용형(workers), 오락문화 추구형(surfers), 현실 만족형(mainstreamers), 사교 지향형(sociables), 정보 추구형(seekers), 반신반의형(immigrants) 등의 10가지 유형으로 분류한 것이다(임종원 외, 1999).

트렌드 메모 9-1

## LOV식 라이프스타일 측정 문항

- 나는 사교성이 많다.
- 나는 사람과 잘 어울리는 성격이다.
- 나는 다른 사람과 대화를 많이 나눈다.
- 나는 각종 모임에 적극적으로 참여하는 편이다.
- 원만한 인간관계를 유지하기 위해서 타협과 양보를 잘하는 편이다.
- 나는 술과 노래가 있는 모임을 좋아한다.
- 스트레스를 해소하기 위해 여가시간을 충분히 즐겨야 한다고 생각한다.
- 나는 나의 인격을 믿는다.
- 나는 내가 이 세상에서 가장 소중한 존재라고 생각한다.
- 나는 나의 장래가 밝다고 확신한다.
- 내가 맡은 일에 대하여 책임과 의무를 다하려고 노력한다.
- 나는 계획한 일들을 반드시 실천한다.
- 나의 옷에 대하여 다른 사람이 어떻게 생각할지 신경 쓰지 않는다.
- 나는 나의 결점에 대해 충고를 듣는 것보다 장점에 대해 칭찬을 듣고 싶어 한다.
- 성공의 첫 걸음은 좋은 직장을 구하는 것이다.
- 나는 뉴스를 매일 알고 싶어 한다.
- 나는 남보다 먼저 신제품을 사려고 한다.
- 여가 선용은 돈보다 시간이 더 중요하다.
- 나는 나의 아들, 딸을 위해서라면 어떠한 희생도 감수할 생각이다.
- 나는 장차 나의 노부모를 양로원에 보내지 않고 직접 모시겠다.
- 나는 내가 손해를 보더라도 약속은 꼭 지키려고 노력한다.
- 학생은 사회참여보다 학업에 열중하는 것이 본분이라고 생각한다.
- 행복한 가정생활을 위해서는 가족끼리 대화를 많이 가져야 한다.
- 용돈을 벌기 위해서 학생은 아르바이트를 할 필요가 있다.
- 생활의 안정을 위해서는 맞벌이부부가 바람직하다.
- 나는 프로야구나 축구 경기에서 지역 연고팀을 열렬히 응원한다.
- 나는 스포츠나 대중가요 등에 대하여 열광적이다.
- 나는 내가 정성껏 작성한 보고서에 만족감을 가진다.
- 나는 내 손으로 글을 직접 쓰거나 뭔가 만들기를 좋아한다.
- 나는 항상 새롭게 변화하는 생활을 바란다.
- 나는 우리 소속 대학이나 직장의 이름이 새겨진 물건을 좋아한다.
- 국가(사회)의 이익과 개인의 이익이 상충할 때 나는 우선 개인의 이익을 선택한다.
- 나는 주변의 사람들로부터 모범적인 사람이라는 평판을 받도록 노력한다.
- 나는 가족과 함께 놀러 나가는 것이 즐겁다.
- 내가 다니는 대학이나 직장에 대한 평판과 나 자신에 대한 평가는 별 상관이 없다고 생각한다.
- 요즈음 학생에 대한 일반인들의 이미지는 대체로 좋지 않은 것 같다.

### (4) LOV

카알(Kahle, 1983)은 RVS에서 궁극적 가치관에 해당하는 가치요소들 중 9개를 추출하여 실무에서 쉽게 이용할 수 있는 새로운 가치관 측정도구인 LOV(List Of Values)를 제시했다. LOV식 라이프스타일 측정에서는 트렌드 메모 9-1과 같은 문항들이 사용된다.

## 2. 한국인의 라이프스타일

### 1) 국내 라이프스타일 연구 사례

라이프스타일을 활용한 연구는 국내·외적으로 무수히 많다. 국내에서도 청소년이나 20대 등 특정 연령대를 중심으로 라이프스타일을 분석한 연구나 라이프스타일에 따라 의류구매, 여가생활, 화장, 쇼핑태도 등 세부 소비행동을 분석한 연구들을 찾아보는 것은 어렵지 않은 일이다. 우리나라에서 이루어지고 있는 대부분의 라이프스타일 관련 연구들은 주로 앞서 제시한 AIO나 VALS 등의 척도를 적용하여 다소 보완하고 수정하는 가운데 이루어진 경우가 대부분이다. 그러나 특히 라이프스타일을 가치관 측면에서 연구할 때는 가치관 척도가 각기 다른 문화권에서 보편적으로 적용하기 어려운 부분이 있다는 점을 기억해야 한다. 그러므로 한국인의 라이프스타일을 제대로 분석해 내기 위해서는 한국인의 가치요소를 반영하여 척도를 재구성하는 것이 매우 중요하다.

표 9-3은 국내에서 지난 10여 년간 이루어진 라이프스타일 관련 연구들을 중심으로 라이프스타일이 어떻게 유형화되었는지를 정리한 것이다.

### 2) 한국인의 라이프스타일 유형

한국방송광고공사에서는 1997년부터 전국 5대 도시에 거주하는 13세 이상 59세 이하 남녀 6천명을 대상으로 매년 소비자의 라이프스타일을 유형화하여 매체 및 제품 이용행태를 조사하고 있다. 표 9-4는 1997년에 조사된 라이프스타일 유

표 9-3 국내 라이프스타일 연구

| 연구자 | 연구대상 및 내용 | 라이프스타일 유형 |
|---|---|---|
| **채서일 (1992)** | 서울 거주자(15~59세)<br>라이프스타일 분석 | 진보적 유행추구형, 합리적 생활만족형<br>전통적 알뜰형, 보수적 생활 무관심형 |
| **조형오 (1994)** | 전국 5대 도시 거주자 (13~59세)<br>라이프스타일 분석 | 서구 지향적 자아추구형<br>현실 부정적 자아억제형<br>미래 지향적 갈등형<br>전통 지향적 현실순응형<br>감각 지향적 자유분방형<br>보수적 현실향유형 |
| **박성연 (1996)** | 전국 5대 도시 거주자 (15~65세)<br>라이프스타일 분석 | 진보적 패션추구형<br>합리적 생활추구형<br>전통적 보수추구형 |
| **이은경 (1998)** | 도시주부 라이프스타일에 따른 소비지출구조 분석 | 안정적 가치중시형, 적극적 생활유지형<br>활동적 성취동기형, 충동적 소비지향형<br>개인사회관심형 |
| **이승신 (1999)** | 도시주부 라이프스타일에 따른 비목별 소비지출성향 분석 | 합리주의 성향, 편의추구 성향<br>보수지향 성향, 물질추구 성향 |
| **박종민 김화동 (2001)** | 라이프스타일에 따른 인터넷과 TV 이용패턴 분석 | 자기중심적 성공추구형<br>대중문화 소비추구형<br>자기관리추구형, 자기희생 가족지향형 |
| **신혜봉 이금룡 임숙자 (2003)** | 노인 여성(55세 이상)의 라이프스타일 유형별 의복구매행동 분석 | 쇼핑지향형, 혁신지향형<br>외모지향형, 고급여가지향형<br>사교적 활동지향형 |
| **홍성태 박은아 (2005)** | 여성 소비자(19~50세)의 라이프스타일 유형별 구매행태 비교 | 의욕저하형, 자기중심형<br>알뜰건실형, 보수안정형<br>미시개성형, 적극활달형 |

형과 각 유형에 속하는 비율을 제시하고 있으며, 표 9-5는 2002년의 조사 자료를 근거로 라이프스타일 유형과 그 비율을 소개하고 있다. 각 조사에서 분석 단위로 삼았던 영역이 다소 차이가 있기는 하나, 두 표를 비교하면 지난 5년간 라이프스

표 9-4 한국인의 라이프스타일 유형 : 1997년

| 라이프스타일 유형 | 비 율 |
|---|---|
| 감각지향적 자유분방형 | 21% |
| 안정지향적 현실향유형 | 19% |
| 전통지향적 현실순응형 | 18% |
| 규범중시 현실불만형 | 11% |
| 미래지향적 갈등형 | 15% |
| 서구지향적 자아추구형 | 16% |

자료 : 한국방송광고공사(1997). 매체 및 제품 이용행태 조사 연구보고서

타일의 유형이 다양화되었으며, 기존의 규범이나 규칙보다는 실용적인 측면이 많이 강조되고 있음을 알 수 있다. 또한 점차 소비지향적인 사회로 발전하면서 라이프스타일을 유형화하는 데 있어 소비행태가 많은 영향을 미치고 있음을 파악할 수 있다.

표 9-5 한국인의 라이프스타일 유형 : 2002년

| 라이프스타일 유형 | 비 율 |
|---|---|
| 자아 중심형 | 8.3% |
| 신소비형 | 12.5% |
| 알뜰 구매형 | 8.3% |
| 인터넷 생활형 | 7.7% |
| 개성 추구형 | 6.3% |
| 유행 추종형 | 9.2% |
| 광고 의존 구매형 | 9.2% |
| 보수안정 추구형 | 6.0% |
| 브랜드 선호형 | 8.0% |
| 현실 만족형 | 7.3% |
| 대인관계 중시형 | 10.3% |

자료 : 한국방송광고공사(2002). 매체 및 제품 이용행태 조사 연구보고서

트렌드 메모 9-2

## 한국인의 성격 유형

| 적극형-46% | 대세형-31% | 불만형-23% |
|---|---|---|
| 맹목형(따르라형)-16% | 체면형(좋습니다형)-19% | 표출형(아니오형)-13% |
| 선도형(합시다형)-12% | 실속형(좋겠군요형)-12% | 내재형(글쎄요형)-10% |
| 경험형(해보자형)-18% | - | - |

자료 : 대홍기획 마케팅전략연구소(1996). 한국 사람들: 1989~1995 라이프스타일 변화. p. 13

- 맹목형 : 목적 지향적이고 결과를 중요시하며, 자긍심이 높고 낙관적 신념을 가진 유형. 모든 일에 주도적이고 매사에 적극적이며 책임감이 강하다.

- 선도형 : 솔선수범하는 여론주도형.
감정표현에 솔직하고 사교적이며, 이타주의적이고 자발적이다.
성취동기는 약한 편이어서 목적 지향적이지는 않고, 모든 일에 관여하기를 좋아한다.

- 경험형 : 관심 있는 일을 일단 시도해 보려고 하며 경험이 재산이라고 생각하는 유형.
맹목형과 마찬가지로 성취동기가 높고 도전적이긴 하나 계획적이거나 강한 의지의 소유자는 아니다.

- 체면형 : 대세를 중시하며 동조하는 유형.
자기 자신에 대해서도 대체로 만족하며, 예의와 격식을 중요시하는 보수적 합리주의자의 경향을 띤다.

- 실속형 : 확인된 위험만 시도하는 신중형.
대세를 따르면서 자신의 판단을 기초로 행동하며 계획적이고 심사숙고하는 경향이 높다.

- 표출형 : 위험을 회피하고 자기감정에 솔직한 유형.
현재의 자신에 대하여 불만족 한다. 그러나 이를 변화시키기 위해 적극적으로 활동하지도 않는 소극성을 띤다.

- 내재형 : 소극적이고 지향성이 없는 유형.
자신에 대한 자긍심이 결여되어 있고, 충동적인 면도 없이 그럭저럭 살아가는 유형이다. 적극적인 활동을 하지 않고, 다른 사람에 대한 관심도 부족하다.

한국방송광고공사에서 분류한 2002년의 한국인 라이프스타일의 유형은 의생활, 식생활, 주생활, 인터넷 이용행태, 쇼핑행태, 가치관, 광고에 대한 태도, 재테크 등 8개의 영역을 분석한 결과에 따른 것이다. 표 9-5에 제시된 11개 유형에 대한 각각의 특성을 살펴보면 다음과 같다(한국방송광고공사, 2002).

### (1) 자아 중심형

자신의 주관이 뚜렷하고 개인의 행복을 추구하는 유형으로, 전체 소비자의 8.3%가 여기에 속했다. 30대의 남성에 이런 유형이 가장 많이 분포(12.8%)되어 있으며, 20대와 30대 남성 그리고 30대의 여성에서도 비교적 많았다. 이들은 재테크에 대한 관심이 높으며, 신문과 잡지 접촉률과 인터넷 접촉률도 높은 편이다. TV 프로그램 중에는 뉴스나 보도 프로그램을, 라디오 프로그램 중에는 대중가요와 종합 와이드 프로에 대한 선호도가 높았다.

### (2) 신소비형

신소비형은 온라인 쇼핑을 즐기고, 신제품 선호도가 높으며, 다른 사람들과 어울리는 것을 즐기는 유형이다. 전체의 12.5%가 이에 속하며, 남성 20대에 가장 많이 분포(18.0%)되어 있다. 남성 10대와 30대, 여성 20대에서도 이런 유형을 많이 찾아볼 수 있으며, 신문 접촉률이 높고, 인터넷 접촉률도 높은 편이었다. TV 프로그램 중에는 영화 프로에 대한 선호도가 높았다.

### (3) 알뜰 구매형

전체 소비자의 8.3%가 알뜰 구매형에 속하며, 구매에 앞서 제품정보를 수집하고 비교하며, 계획구매를 하는 유형이다. 이들은 저축을 중요하게 생각하며, 40대의 여성(12.1%)과 30대의 여성(11.7%)에 이런 유형의 소비자가 가장 많으며, 라디오와 잡지에 대한 접촉률이 높은 편이었다.

### (4) 인터넷 생활형

전체 소비자의 7.7%를 차지하는 인터넷 생활형은 인터넷 활용도가 높으며, 정보사회에 대해 긍정적으로 생각하는 집단이다. 이들은 인터넷을 통한 광고나 경품 이벤트 등에도 관심이 높은데, 연령이 낮을수록 인터넷 생활형 소비자가 많으며,

여성보다 남성 중에 이런 유형이 더 많은 것으로 나타났다. 특히 남성의 10대(18.7%)와 20대(15.7%)에 가장 많이 나타나는 유형이다. 당연히 인터넷 접촉률이 매우 높으며, TV 프로그램 중에는 쇼·오락과 스포츠에 대한 선호도가 높았다.

### (5) 개성 추구형

자신의 스타일을 고집하고, 자신의 가치를 존중하는 유형으로, 전체 소비자의 6.3%가 여기에 속했다. 이들은 유행보다는 자신의 패션을 추구하는 성향이 강하며, 남성 50대(8.3%)와 여성 40대(7.9%)에 가장 많이 분포되어 있었다. 대체로 여성보다는 남성 쪽에 이런 유형이 많은 것으로 나타났다. 신문 접촉률과 라디오 접촉률이 다른 매체에 비해 높은 편이었다.

### (6) 유행 추종형

패션에 관심이 많고 외모와 옷차림에 신경을 많이 쓰는 유형으로, 전체 소비자의 9.2%가 여기에 속했다. 이들은 새로운 유행이나 인기 있는 제품을 빨리 받아들이는 특성을 보였다. 유행 추종형은 주로 10대와 20대에 많이 나타나며, 특히 여성 10대(36.2%)와 20대(20.2%)에 많이 분포되어 있는 것으로 나타났다. 이들은 유행에 민감하고 광고에 관심이 많아 잡지 접촉률이 높으며, 인터넷 접촉률도 높은 편이었다.

### (7) 광고 의존 구매형

광고 의존 구매형은 광고를 통해 제품 정보를 얻고, 이를 쇼핑에 활용하는 유형으로, 이들은 대형 할인매장을 즐겨 이용하는 것으로 나타났다. 전체 소비자의 9.2%가 여기에 속하며, 광고 의존 구매형은 남성보다는 여성 쪽에 많이 나타났고 특히 여성 30대(20.2%)와 40대(15.0%)에 많았다. 이들은 잡지 접촉률이 높으며, 라디오 접촉률도 높은 편이었다.

### (8) 보수안정 추구형

전체 소비자의 6.0%가 보수안정 추구형에 속했으며, 새로운 것과 생활양식의 변화에 수동적인 태도를 보이는 특성을 지니고 있었다. 분포 비율에서 남녀 간에 특별한 차이를 보이지는 않았으며, 50대에서 주로 많이 나타났다. 특히 여성 50

대에 이런 유형의 소비자가 27.7%나 분포하는 것으로 조사되었다. TV를 제외한 다른 매체에 대한 접촉률이 낮은 편이며, 그 중에서도 특히 인터넷 접촉률이 낮았고 TV 프로그램 중에는 드라마에 대한 선호도가 매우 높았다.

#### (9) 브랜드 선호형

브랜드 선호형은 고급 브랜드에 가치를 두며, 다른 사람들의 의견을 잘 따르는 유형이다. 전체 소비자의 8.0%가 여기에 속하며, 남성 쪽에서 브랜드 선호형이 더 많이 나타났고, 남성 40대(12.6%)와 30대(12.3%)에 분포 비율이 가장 높았다. 이들은 매체 접촉률이 전반적으로 높으며, 특히 신문과 라디오 접촉률이 매우 높았다.

#### (10) 현실 만족형

현실 만족형은 자신에 대해 만족하고 미래보다는 현재의 행복을 중시하는 유형으로, 전체의 7.3%가 여기에 속했다. 현실 만족형은 여성보다는 남성 쪽에 많이 분포하며, 남성 50대(13.2%)에서 가장 많이 나타났다. 매체에 대한 접촉률은 평균 수준이며, 접촉률이 특별히 높거나 낮은 매체는 없었다.

#### (11) 대인관계 중시형

대인관계 중시형은 인간관계와 사교를 중시하는 유형으로, 전체 소비자 중 10.3%가 이 유형에 속하는 것으로 나타났다. 이 유형의 소비자는 남성 50대(22.1%)와 여성 50대(18.7%)에서 가장 많이 나타났다.

## 3. 소비자 라이프스타일의 변화

### 1) 소비자 라이프스타일의 적용

소비자 라이프스타일의 유형화와 그 특성을 분석하는 데 관심을 갖는 중요한 이유 중 하나는 소비자를 분류하여 그들의 사회적·심리적 특성을 파악하고, 그들의 욕구를 분석하기 위해서이다. 라이프스타일은 소비패턴에 영향을 미치는 가장 영향력 있는 요인으로 알려져 있다. 소비자의 라이프스타일이 소비행동에 반영되어 나타나기도 하고, 반대로 소비행동이 라이프스타일을 규정짓기도 한다. 기업의 입장에서 이러한 소비자의 라이프스타일을 분석하면, 사회계층이 같거나 인구통계적으로 유사한 특성을 갖는 소비자들일지라도 상이한 심리적 특성에 따라 새로운 고객 세분화가 가능해진다. 왜냐하면 동일한 가처분 소득을 가진 계층일지라도 개개인의 취미(interests), 활동분야(activities) 그리고 평소에 가지고 있는 소신(opinions) 등에 의해서 상품의 구매패턴이 달라질 수 있기 때문이다.

최근에 '라이프스타일 머천다이징(Lifestyle Merchandising)'이라는 신조어가 등장했다. 이는 인구통계학적인 분석뿐만 아니라 심리 분석적으로도 고객을 세분화하고, 세분화된 고객을 중심으로 그들에게 적합한 상품화 계획을 추구하는 것을 말한다. 또한 최근 국내 한 백화점에서는 차별화를 위한 새로운 아이디어로 '라이프스타일리스트'라는 개념을 도입했다. 백화점은 라이프스타일을 파는 곳으로 고객에게 다양한 라이프스타일을 제안해 잠재적 욕구를 충족시켜주는 것이 경쟁력이라는 생각에 근거한 것이다. 이처럼 라이프스타일은 매우 중요한 요소이기 때문에 마케터들은 소비자의 라이프스타일을 분석하여 시장을 세분화하고, 특정 라이프스타일을 가진 소비자의 욕구를 충족시켜줄 수 있는 제품을 개발하기 위해 노력한다.

마케터들은 라이프스타일의 유형화를 통해 특정 소비자 집단의 구체적인 정보를 수집할 수 있다. 예를 들어 자동차 보험회사들은 사고를 많이 내는 운전자의 특성을 주로 인구통계학적 변수에 의해 파악해 왔다. 그러나 라이프스타일 분석을 적용하여 감수성향, 충동구매성향이 높고 스트레스가 많은 사람들이 사고를 많이 내는 경향이 있다는 것을 알아낸다면, 이러한 정보를 보험료 산정의 기초 자료로 활용할 수도 있을 것이다.

라이프스타일에 따라 적절한 광고매체와 홍보 전략을 적용한다면 그 효과가 배가 될 것이다. 이처럼 소비자 라이프스타일의 마케팅 적용은 기업에게 많은 기회를 제공한다. 그러므로 지속적으로 변화하는 사회, 문화적 환경과 더불어 소비자 라이프스타일의 변화를 주의 깊게 살펴보는 것은 소비자를 이해하고 소비자트렌드를 읽어내는 데 있어 필수적인 과정이라고 할 수 있다.

### 2) 소비자 라이프스타일의 변화와 소비행동

현대사회의 소비자들은 복잡한 가치관, 다양한 니즈를 가지고 있기 때문에 라이프스타일이 매우 다양하다. 또한 항상 동일한 라이프스타일을 유지하는 것이 아니라 다양한 요소들에 의해 끊임없이 변화하는 라이프스타일을 가지고 있다. 소비자의 소비행동은 과거처럼 판매된 제품들이 소비자 라이프스타일을 창조하는 방향으로 나타나는 것이 아니라, 소비자들이 자신의 특유한 라이프스타일을 즐기는데 필요한 제품을 직접 찾아 나서는 방향으로 움직인다.

주 5일 근무제의 도입, 기업의 성과급제, 근무조건이나 근무환경의 다양화로 인한 경제적·시간적 여유의 증가는 주말의 여가활동 및 가족생활에 변화를 가져왔으며, 인터넷을 기반으로 한 정보통신기술의 발달은 소비행동을 비롯한 일생생활의 모습을 바꾸어 놓았다. 또한 국제화, 개방화에 따른 외국 문물의 수입, 유통구조 변화에 따른 시장구조의 다양화, 질적 풍요를 중시하는 가치관의 확산과 가치관의 다양화, 개성화 등은 소비자의 라이프스타일 변화에 복합적으로 작용하고 있다.

삼성경제연구소(2003)는 주 5일 근무제에 따른 7대 트렌드를 'FREEDOM'으로 요약하여 발표한 바 있다. 'FREEDOM'이란 가족과의 유대 강화(family), 휴식과 오락 선호(recreation), 체험형 소비의 일반화(experience), 학습기회의 증가(education), 복수직업(dual job), 야외활동(outdoor), 마니아의 증가(mania)를 나타내는 영어단어의 머리글자로, 주 5일 근무제로 인한 소비자생활의 변화를 요소별로 보여준 것이다.

최근 우리나라 소비자들에게 나타나고 있는 라이프스타일의 변화 모습을 살펴보면, 다음과 같이 정리될 수 있다.

첫째, 보편화된 소비보다는 개성화된 소비패턴을 선호하는 방향으로 변화하고 있다. 개성화된 가치관에 따라 행동하는 소비자들이 증가하면서 기업은 각 소비계층에 적합한 제품차별화, 시장세분화 전략에 힘을 기울이게 되었다. 현대사회는 개인의 개성과 가치가 중시되는 사회이다. 고유한 특성을 가진 개인들이 다양한 라이프스타일을 보여주고, 개인의 다양한 가치와 개성, 생활양식 등이 공존하는 사회이기 때문에 소비자의 다양한 라이프스타일을 충족시키기 위한 독특한 마케팅 믹스가 필요하다.

둘째, 물질적 욕구보다는 정서적·심리적 욕구가 중시되고 있다. 사회가 발전할수록 생존이나 경제력 향상과 같은 물질주의 생활관이 점차 미, 지, 개성, 문화, 사회적 귀속감, 자아실현, 자기계발 등을 중시하는 탈물질적 생활관으로 변해가고 있다. 전반적인 생활수준이 향상되어 인간의 생존과 경제욕구는 대부분 충족되고 그보다 한 단계 더 나아가서 문화적 욕구와 자아실현의 욕구 등이 충족되기를 원하는 것이다.

셋째, 건강과 자연에 대한 관심이 증대하고 있다. 산업사회의 복잡함이 극에 달하자 자연으로 회귀하고자 하는 마음이 생기는 것이다. 건강하게 장수하기 위해서 전반적인 삶의 질과 가치 향상을 추구한다. 건강과 자연에 대한 관심은 과거에 대한 향수, 환경에 대한 관심이 증대한 것도 원인이 되었을 것이다.

넷째, 소비패턴이 고급화되고, 구매욕구가 전문화되고 있다. 핵가족화, 여가시간 증가, 여성의 사회진출 확대, 소득과 교육수준 향상 등에 따라 자아실현에 대한 관심이 높아졌고, 자신에 대한 투자를 아끼지 않는 트렌드가 소비패턴의 고급화를 야기했다. 또한 구매욕구가 전문화되고, 자신이 관심 있는 특정 분야에서 전문가가 되고자 하는 마니아들이 증가하고 있다.

다섯째, 편의성과 합리성을 중시하는 라이프스타일이 나타나고 있다. 여성의 경제활동 증가로 인해 시간과 여가를 절약할 수 있는 편의성에 대한 욕구가 증가하면서 외식문화가 급속하게 성장하고 TV 홈쇼핑, 온라인쇼핑, 원스톱(one-stop) 쇼핑 등이 활성화되었다.

여섯째, 창조 및 문화 지향형 여가문화가 확산되고 있다. 여가의 성격이 소비지향에서 창조 및 문화지향으로 변화하면서, 각종 교육 프로그램 및 체험형 여가 프로그램이 확산되고 있다. 또한 인간관계 유지를 위한 커뮤니티 활동이 증가하고 있다.

트렌드 메모 9-3

## 주 5일 근무-어떤 변화 몰고 오나
## 까다로우면 소비행태

▪주말 쇼핑 풍속도 변화 – 삶의 질·자기계발 문화 중시

26세의 은행원인 류정란씨의 월평균 수입은 160만원. 대학을 졸업하고 바로 취업해 현재 2년6개월째 근무하고 있다. 은행이 주 5일 근무제를 시행하면서 그녀는 더 바빠졌다. 토요일 아침 6시에 수영장에 가고 9시부터는 영어학원에서 회화 공부를 한다. 오후에는 회사 사교 동아리의 회원들과 가까운 교외로 드라이브를 가거나 스터디를 한다. 해질녘에는 종로에 있는 서점에 들러 필요한 책의 목록을 고르고 가까운 백화점에서 최근 유행하는 스타일을 둘러본 후 여름 정장용 원피스를 사기도 한다. 저녁에 집에 들어와서는 컴퓨터를 켜고 인터넷으로 목록을 적어 둔 책을 주문한다. 모두 세권의 책을 주문한 값은 2만 5백원. 서점에서 샀다면 족히 3만원이 넘을 테지만 거의 30% 정도 할인을 받았다.

▪소비자 구매 패턴 변화 – 유통, 패션, 세분화 가속

패션 구매의 80% 이상을 주도하는 여성소비자들이 급격히 변하고 있다. 이와 같은 변화는 패션 업계를 변하게 했고 그 변화는 다시 소비자들의 구매패턴을 바꾸고 있다. 반면 소비층의 저변 확대는 패션시장의 확대로 이어지고 또 이것은 유통 세분화를 일으키고 있다. 그러나 우리가 생각하는 연봉 5천만원대는 백화점, 2천만원대는 아울렛, 할인점 하는 식의 계단 배열식 유통 세분화는 아닌 듯 하다. 개인 소비자의 패션 구매 자체가 세분화되고 있다. 유통이 다양해지고 브랜드가 세분화되면서 개개인 소비자의 선택 범위는 더 넓어져 다양한 비교, 선별 구매가 가능해진 것이다. 투자할 필요가 있는 아이템에 대해서는 확실한 투자를, 아낄 수 있는 아이템에 대해서는 최대한 알뜰 구매를 하는 스타일이다. 다시 말해 한 사람의 소비자 구매 형태가 세분화되고 이는 다시 패션시장의 세분화로 이어진다. 주 5일 근무제는 이들에게 여유로움을 주는 동시에 더 알뜰한 쇼핑을 할 수 있는 기회를 열어 주었다.

▪홈쇼핑 시장 급성장 – 홈쇼핑 골든타임 9~10시

2003년 국내 의류시장 규모는 14조 8천 9백억 원. 이중 TV 홈쇼핑이 5천억 원, 인터넷 쇼핑몰이 약 9천억 원의 의류 매출을 올렸다. 홈쇼핑 시장은 왜 이렇게 급성장하는가? 답은 간단하다. 소비자가 변하고 있기 때문이다. 직장을 가진 여성들은 시간이 없다. 주말에는 쉬거나 가족들과 여가를 즐기느라 쇼핑에 할애할 시간이 많지 않다. 그래서 인터넷을 통해 정보를 수집하고 구매하는 경우가 많다. 저녁 찬거리에서 화장품, 의류까지. 주말동안 따지고 비교해서 필요한 물품을 정리한 뒤 월요일 직장에 출근해 온라인 쇼핑몰에서 주문을 한다. 실제로 한 온라인 쇼핑몰에서 가장 주문량이 높은 시간대를 체크해 본 결과 아침 9~10시 사이에 그날 주문량의 30% 정도가 이루어지는 것으로 나타났다. 특히 월요일 아침에는 40%에 육박하는 것으로 집계됐다.

자료 : 중앙일보, 2004년 3월 13일자.

## ♠ 참고문헌


대홍기획 마케팅전략연구소(1996). 한국 사람들: 1989~1995년 라이프스타일 변화.

문숙재 · 여윤경(2005). 소비트렌드와 마케팅. 신정.

박성연(1996). 한국인의 라이프스타일 유형과 특성. 마케팅연구, 11(1), 19-34.

박종민 · 김화동(2001). 인터넷과 TV의 매체속성과 이용동기에 관한 수용자 연구. 언론과학연구, 1(1).

삼성경제연구소(2003). 주 5일 근무제에 따른 소비트렌드.

신혜봉 · 이금룡 · 임숙자(2003). 중상층 노년 여성소비자의 라이프스타일 특성과 의복구매행동에 관한 연구. 한국노년학, 23(4), 1-16.

이명식(1992). 라이프스타일에 의한 시장세분화와 신용카드의 광고전략 연구. 광고학연구, 14, 118-119.

이승신(1999). 도시가계의 비목별 소비지출에 영향을 미치는 변인-주부의 생활양식 성향을 중심으로. 한국가정관리학회지, 17(3), 17-31.

이은경(1998). 도시 주부의 생활양식에 따른 소비지출구조 분석. 이화여자대학교 대학원 석사학위논문.

임종원 · 김재일 · 홍성태 · 이유재(1999). 소비자행동론. 경문사.

조형오(1994). 한국인의 라이프스타일 유형 분류 및 소비행동에 대한 연구. 소비자학 연구, 7(2), 223-242.

중앙일보(2004). 주 5일 근무-어떤 변화 몰고 오나- 커리어우먼의 소비행태. 3월 13일자.

채서일(1992). 체계적 분석의 틀에 따른 라이프스타일 연구. 소비자학 연구, 3(1), 46-63.

한국방송광고공사(1997). 매체 및 제품 이용행태 조사결과보고서.

한국방송광고공사(2002). 매체 및 제품 이용행태 조사결과보고서.

홍성태(1999). 소비자의 심리유형별 구매행동의 차이에 관한 실증적 연구. 소비자학연구, 10(4), 52-65.

홍성태 · 박은아(2005). 라이프스타일 유형별 여성 소비자의 구매행태 비교: 화장품 구매를 중심으로. 마케팅 연구, 20(1), 55-89.

Kahle, L. R(1983). Social values and social change: Adation to life in America. New York: Praeger.

Lazer, W.(1963). Life style consepts and marketing toward scientific marketing(ed). Stephane. A. Greyser, Chicago, IL: American Marketing Association, 130-139.

Mitchell(1983). Nine American lifestyles: Who we are and where we are going.

New York: McMillan Publishing Co.

Plummer, J. T.(1974). The concept and application for lifestyle segmentation. Journal of Marketing, 38(1), 33-37.

Reynolds, F. D., & Crash, M. R. & Wells, W. D.(1977). The modern feminine life style. Journal of Marketing, 41, 38-45.

Riche, M. F.(1989). Psychographics for the 1990s. American Demographics, July, 24-26.

Rokeach, M.(1973). The nature of human values. New York; Free Press.

# 제 10 장

# 다양한 소비자트렌드 사례 연구

트렌드 연구가 페이스 팝콘은 그 누구도 트렌드를 창조할 수는 없고 단지 관찰할 수만 있으며, 트렌드 분석은 곧 사람들의 마음을 읽는 것이라고 하였다. 소비자트렌드를 읽고, 분석하고 활용하기 위해서 많은 방법들이 시도되어 왔고 또 사용되고 있다. 이 장에서는 몇 가지 소비자트렌드 사례를 살펴봄으로써 사람들의 마음을 읽는 다양한 접근에 대해 알아보기로 하겠다. 현재 사회, 문화, 경제, 정치, 소비, 산업 등 각 영역에서 관심의 대상이 되고 있는 키워드(key word)를 찾아보는 것, 사회가 변화함에 따라 새롭게 만들어 지고 있는 신조어들을 분석하는 것, 비즈니스의 시각에서 트렌드를 살펴보는 것 등은 우리가 소비자트렌드에 대한 감(感)을 잡는 데 도움이 될 것이다.

## 1. 유행어 · 키워드와 소비자트렌드

키워드(key word)란, 암호를 풀거나 문제를 해결하는 데 실마리가 되는 말이다. 그리고 그 해결의 키(key)는 그것을 그대로 보는 것이 아니라 앞으로 어떻게 될지 미리 예측하는 것이다. 인터넷 인기 검색어, 신문과 잡지 기사 등을 통해 우리 사회의 키워드를 찾고, 그것이 어떤 의미를 담고 있으며, 무엇을 설명하는 키(key)인지, 그 배경과 전망에 대해 생각하는 것은 소비자트렌드를 읽는 좋은 방법이 된다. 키워드를 찾는 방법은 여러 가지가 있을 수 있다. 책이나 잡지, 신문기사 등을 통해서도 찾을 수 있고, 지속적인 관찰이나 사고를 통해서도 얻어낼 수 있다. 또한 현대사회에서 사람들의 관심을 얻고 있는 유행어를 살펴보는 가운데, 키워드를 찾아내는 것은 트렌드 읽기를 시작할 수 있는 비교적 손쉬운 방법 중 하나이다.

예를 들어, 2004년 한 해 동안 인터넷 사이트 '드림위즈'에서 가장 많은 사람들이 찾은 검색어는 '로또'이며 2003년에 이어 2년 연속 인기검색어 1위를 차지했다. 불황이 지속되는 가운데 서민들의 마음을 대변하는 '로또'는 2004년 상반기 최고의 화두였던 대통령 '탄핵' 검색어를 제치며 1위 자리를 지켰다. 또 다른 인터넷 포탈 사이트 '네이버'에서도 '로또'가 2년 연속 1위를 차지했고, '다음'의 경우에는 2003년에 1위였던 로또가 '아르바이트'에 밀려 2위를 차지했다. 최근 인터넷 검색어를 통해 키워드를 분석해 보면, 아르바이트, 취업 등과 관련된 경제적 이슈, 총선이나 정치어록 등과 같은 정치적 이슈에 젊은층의 관심이 급증하고 있음을 알 수 있다. 또한 온라인 게임 검색이 매우 인기가 높고, MP3, 핸드폰, 디지털 카메라에 관한 정보를 탐색하는 비율이 매우 높은 현상은 디지털 세대의 생활상을 대변해준다. 뿐만 아니라 연예인 검색어가 꾸준히 인기를 얻고 있으며 드라마에 나오는 명대사나 패션 등에 관한 검색 등이 높게 나타나는 것은 연예인이 대중소비를 창출하고 있음을 보여준다. 이 밖에도 최근 들어 철도청, KTX, 지도, 펜션 등의 인기 검색어가 증가하는 것은 주 5일 근무제가 확산되면서 여가에 대한 관심이 높아지고 있음을 반영하는 것이다.

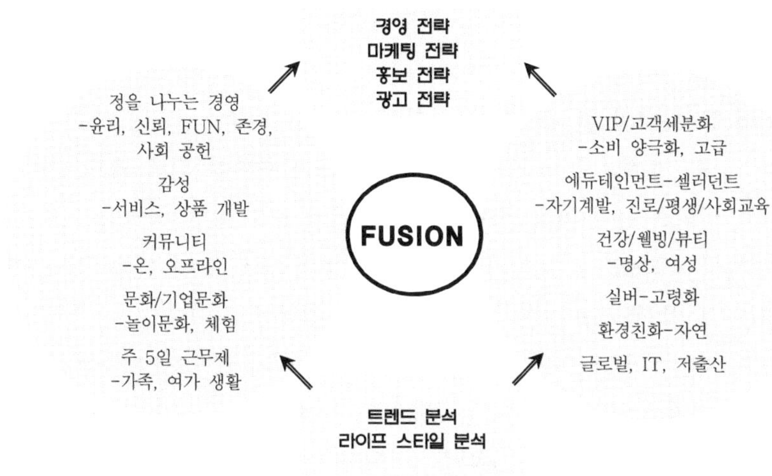


그림 10-1 2004년 트렌드 전략 키워드
자료 : 최훈환.『트렌드를 보는 관점과 그 방법론』, 2004

## 2. 신조어와 소비자트렌드

### 1) 신조어의 의의

신조어(neology)란 새롭게 만들어지거나 혹은 기존의 단어들이 결합하여 만들어진 단어나 구를 말한다. 나아가 어떤 단어나 구가 기존의 의미와는 다른 새로운 의미로 사용되는 것도 포함한다. 신조어들은 주로 새롭게 탄생된 발명품이나 새로운 현상, 원리 등을 설명하기 위해 하이테크 과학 분야에서 많이 사용되어 왔으나 최근에는 새로운 문화현상을 설명하는 신조어들이 속속 등장하고 있다. 특히 사회문화현상을 반영하는 신조어들은 정말 빠른 속도로 많은 양이 생성되고 있으며, 인터넷과 대중매체의 발달과 함께 급속도로 전파되고 있다. 인터넷과 대중매체에 익숙한 10대와 20대를 중심으로 탄생하는 신조어들은 주로 기존 단어들을 결합하거나 특정 접두어나 접미사를 붙여 만드는 형태가 대부분인데, 때로는 적절치 못한 국어사용으로 인해 문제로 지적되기도 한다.

새롭게 만들어진 어떤 단어가 한 사회에서 일반 대중에 의해 받아들여지게 되면 언어로 자리를 잡게 된다. 언어는 의사소통의 기본체계로서 사회 구성원들 개개인의 사고방식에서부터 사회 전체의 특성이나 모습을 반영하기 때문에 우리는 언어를 통해 한 사회의 현 주소를 유추할 수 있다. 그러나 사회는 시간이 지남에 따라 정치, 경제, 과학기술, 다양한 문화 보급 등의 변화를 겪게 되고, 이러한 변화를 반영하기 위해 언어 역시 변화하고 또 새롭게 창조된다. 이렇듯 신조어는 끊임없이 변화하는 사회의 필수 불가결한 결과물이다. 다시 말해 신조어를 살펴봄으로써 우리는 그 사회의 변화 모습을 파악할 수 있다는 것이다.

우리나라에서는 2000년 이후부터 유행처럼 신조어가 급속하게 생성, 확산되고 있다. 2004년 국립국어연구원에서는 2003년 한 해 동안 주요 일간지나 방송, 뉴스 등에 사용된 신조어 656개를 모아 그 어원과 뜻풀이, 출전 등을 밝힌 보고서를 발간했다. 이러한 신조어들은 사회의 변화와 주된 관심사를 잘 보여주고 있었으며, 전문 분야별로 살펴봤을 때 사회, 운동·오락, 경제, 의학, 컴퓨터, 음악, 연극·영화 순으로 높은 비중을 기록했다. 그러나 신조어의 36% 가량이 외래어였고, 순우리말은 3.7%에 불과했다.

신조어는 세대간 동질성을 확인해 주는 수단이 되기도 하고 시대를 앞서가는 유행 선도자를 판단하는 하나의 잣대가 되기도 한다. 청소년들은 통신상에서 신조어를 사용하며 친구들끼리 일체감을 확인하고, 기성세대들은 마치 새로운 언어를 배우듯 기회가 될 때마다 신조어를 익혀 시대에 뒤떨어지지 않으려고 노력하기도 한다. 신조어를 좋아할 수도 있고 싫어할 수도 있으며, 개인적으로 사용을 즐길 수도 있고 전혀 사용하지 않을 수도 있지만, 한 가지 분명한 것은 신조어가 무시할 수 없는 현실이며 트렌드라는 사실이다. 신조어를 통해 사회의 모습을 비추어 보는 것도 사회문화적 트렌드, 소비자트렌드를 읽는 하나의 방법이 될 것이다.

## 2) 신조어를 통해 본 소비자트렌드

### (1) 사회상을 반영하는 신조어

지난 몇 년간의 신조어를 살펴볼 때, 가장 눈에 띄는 특징은 직장가와 취업시장을 풍자한 신조어들이 많이 등장했다는 것이다. 2003년부터 사오정(45세 정년), 오륙도(56세까지 일하면 도둑), 육이오(62세까지 일하면 오적), 삼팔선(38세 퇴직), 이태백(20대 태반이 백수) 등과 같은 신조어들이 만들어지기 시작했는데, 이

중 일부는 몇 년 사이에 거의 모르는 사람이 없을 정도로 일반화되었다. 심각한 실업난이 지속된 2004년, 2005년에도 대학 둥지족, 올드보이(졸업을 늦춘 채 구직활동을 하고 있는 이른 바 대학 5학년), 토페인(토익 폐인), 낙바생(낙타가 바늘구멍을 통과하듯 어렵게 취업한 학생), 에스컬레이터족(편입학을 거듭하며 몸값을 올리는 사람), 캠퍼스 더블라이프족(학업과 창업의 이중생활을 하는 학생) 등의 신조어가 등장했다.

또한 불안정한 고용상태를 반영하는 신조어들도 많이 생겨났다. 공부하는 직장인이라는 뜻의 샐러던트(샐러리맨+스튜던트)는 직장에서 밀려나지 않으려는 세태를 반영하며, 자투리 시간을 이용해 휴대전화로 영어공부를 하는 모잉족(모바일 잉글리시족)이라는 말도 있다. 신(新)기러기족은 고용과 노후에 불안을 느낀 직장인들이 안정된 전문직을 얻기 위해 뒤늦게 지방에 있는 의대, 한의대, 약대 등에 진학하여 가족과 떨어져 생활하는 이들을 말한다. 또한 취업에 장기간 실패하거나 취업을 했더라도 적응하지 못한 채 인생역전을 위해 다시 공부를 시작하는 30대들을 스터디 룸펜(study lumpen) 등으로 부르기도 한다. 상황이 이렇다 보니 안정적인 직장으로 손꼽히는 공무원 채용시험에 도전하는 인구가 급증하면서 이들을 일컫는 공시족, 공시폐인 등의 신조어가 만들어지기도 했다.

고용불안에 대한 트렌드를 반영하는 신조어는 비단 우리나라에만 국한된 현상이 아니어서, 2005년 미국에서는 더피(duppies)족이라는 신조어가 나타났다. 얼마 전까지만 해도 정보 기술(IT)산업의 성장에 힘입어 등장한 컴퓨터 프로그래머, 웹디자이너 등의 고소득 전문직을 여피족(yuppies; young urban professionals)이라는 용어로 지칭했었다. 그러나 이들이 거품경제의 여파에 밀려 단순 노무직으로 전락하면서 미국 CNN 방송은 이러한 새로운 사회현상을 지칭하기 위해 여피의 Y를 우울한(depressed)의 'D'로 바꾸어 '더피'라는 신조어를 만들어냈다. 현재 미국 사회에서 더피족은 수적으로 일정한 사회계층을 형성하고 있다고 한다. 미국 노동통계청의 조사에 따르면 현재 미국의 임시직 근로자의 수는 480만 명이며, 아예 일자리가 없는 실업자는 870만 명에 달한다. 이들은 수입 감소에 따른 물질적 궁핍뿐 아니라 생활수준의 급격한 저하에 따른 심리적 고통도 견뎌야 하는 이중고를 겪고 있다.

미국의 더피족과 대비되는 신인류로 일본에서는 프리터(freeter; free+arbeit)족이 늘어나고 있다. 프리터족이란 극심한 취업난 속에서 2~3개의 겹치기 아르바이

트렌드 메모 10-1

## 나는 신조어 얼마나 알까

1. 다음 중 메트로섹슈얼에 가장 가까운 사람은?
① 박윤배 ② 몸짱 아줌마 ③ 안정환 ④ 골룸

2. 잘못 짝지어진 것은?
① 아뒤→아이디 ② 비번→비밀번호 ③ 짱나→빛난다 ④ 중딩→중학생

3. 나긋나긋하고 부드럽지만 때로는 남자다운 면모를 보여주는 외유내강형의 남자는?
① 꽃미남 ② 온미남 ③ 미남 ④ 냉미남

4. 개인휴대전화나 휴대정보 단말기 등을 이용, 언제 어디서나 필요한 정보를 주고받으면서 일하는 사람은?
① 코쿤족 ② 디지털 폐인 ③ 모바일오피스족 ④ 디지털 유니섹스족

5. 어려운 경제 상황을 반영한 용어가 아닌 것은?
① 이태백 ② 삼팔육 ③ 사오정 ④ 오륙도

6. 인터넷에서 '등수놀이'란?
① 이메일을 누가 많이 받나 하는 놀이 ② 타자를 누가 더 빨리 치나 하는 놀이
③ 댓글을 빨리 다는 순서대로 순위를 정하는 것 ④ 검색을 누가 더 빨리하느냐의 놀이

7. 디지털 카메라를 항상 휴대하며 언제 어디서든 즐겨 찍는 사람을 일컫는 말은?
① 폰카족 ② 디카족 ③ 웹캠족 ④ 엄지족

※ 설명이 맞으면 ○, 틀리면 × 하시오.

8. 이메일 등을 통해 특정한 시간·장소에 모여 짧은 시간 안에 약속된 행동을 한 뒤 흩어지는 모임은 '플래시몹'이다. ( )
9. PC를 인터넷 쇼핑몰에서 공구했다. 여기서 '공구했다'는 '찾았다'라는 뜻이다. ( )
10. 영철이는 대학 전공이 마음에 안 들어 '반수생'이 되기로 결심했다. 여기서 '반수생'은 '전과생'을 뜻한다. ( )
11. 회사에 다니면서 자투리 시간을 이용해 공부를 하는 직장인을 '샐러던트'라 부른다. ( )
12. '힐리스족'이란 바퀴 달린 신발을 타는 사람을 뜻한다. ( )
13. 명절 때 평소보다 높게 쳐주는 아르바이트 때문에 귀향길을 포기한 대학생들을 '점오배족'이라 부른다. ( )

자료 : 경향신문, 2004년 3월 11일자

트로 생활을 영위하는 젊은이들을 일컫는 용어이다. 이와 같은 신조어들은 모두 경제 환경에서의 미래 불확실성에 대한 불안을 풍자적으로 표현한 것들이다. 사회가 매우 빠른 속도로 변화하기 때문에 미래에 대한 예측이 점점 더 어려워지고 불안감은 더욱 증가할 수밖에 없다.

이에 반해, 여성 인력의 활발한 사회 진출로 핑크 칼라와 줌마렐라 등의 신조어가 등장하기도 했다. 핑크칼라는 부드럽고 섬세한 감성을 갖춘 여성인력을 뜻한다. 줌마렐라는 아줌마와 신데렐라의 합성어로, 신데렐라처럼 아름답고 적극적인 성향을 지닌 30~40대 기혼 여성을 뜻한다. 남편의 실직으로 인해 전통적인 남편과 아내의 역할이 바뀐 체인지족도 달라진 세태를 반영하는 신조어이다.

신세대 취업자들의 행태를 반영한 신조어들도 등장했는데, 물질적인 풍요보다 느리고 여유 있는 삶을 중시하는 다운시프트족, 사회적인 성공보다 단란한 가정을 중시하는 네스팅족, 정보에 기반을 두고 영리하게 일하는 스마트워커, 지식정보시대를 주도하는 골드칼라 등은 기성세대와는 다른, 신세대의 가치관과 생활관을 상징하는 용어들이다.

### (2) 마케팅 관련 신조어

최근 국내·외적으로 부각되고 있는 다섯 개의 마케팅 신조어를 중심으로 소비자의 니즈가 어떻게 변화하고 있는지를 분석한 박정현(2004)의 연구 내용을 간단히 살펴보면 다음과 같다.

머츄리얼리즘(maturialism)은 앞서 8장의 중장년층 소비자의 소비패턴에서 다루었던 바와 같이, 젊은 세대가 주도하는 기존의 소비시장에 만족하지 않은 중년층이 자신의 삶을 적극적으로 가꾸기 위해 새로운 제품이나 서비스를 찾는 소비패턴이다. 이는 그 동안 소외되었던 중년시장을 저력 있는 소비계층으로 재인식하게 해주는 계기가 되었다.

체리피커(cherry picker)는 기업의 허점을 노려 실속을 챙기는 소비자들을 일컫는 신조어이다. 이들은 상품 구매나 서비스 이용 실적은 좋지 않으면서 실속 챙기기에만 관심을 갖는 소비자이다. 우리말로 하면 얌체족 정도에 해당한다. 예컨대, 고가의 장식장을 구입했다가 집들이가 끝난 후 반품을 하는 신혼부부의 경우 혹은 홈쇼핑에서 경품을 노리고 무더기로 주문한 후 당첨되지 않은 상품은 반품하는 경우 등이다. 최근 기업에서는 이러한 체리피커들을 차별적으로 관리하는 디마

트렌드 메모 10-2

### 디마케팅이란

상위 20%의 고객이 기업 수익의 80%를 올린다는 '80/20 법칙'이 있다. 그러나 실제로 고객들을 좀 더 세분화 해 보면 의외의 사실을 알 수 있다. 상위 20%의 고객이 수익의 80%를 만들어내며, 그 바로 아래 40%의 고객은 수익의 30%를 창출한다. 반면 하위 40%의 고객은 이익은커녕 오히려 수익의 10%를 까먹는다. 따라서 VIP들을 관리하는 귀족마케팅과 함께 반드시 병행해야 하는 전략이 바로 하위 고객들을 잘라내는 디마케팅이다.

디마케팅(demarketing)이란 장기적인 관점에서 기업이 고객과 건실한 관계를 유지·발전시켜 나가려는 목적에서 수요를 의도적으로 줄이는 마케팅 활동으로 '감소하다, 줄이다'라는 뜻의 'decrease'의 접두사 'de'와 'marketing'의 합성어이다. 이 개념은 세계적인 마케팅의 대가 필립 코틀러와 시드니 레비에 의해 1971년에 처음 사용되었는데, 이들은 초과수요나 기업이 원치 않는 과도한 수요가 발생할 경우 일시적이거나 장기적으로 전체 혹은 일부 계층의 고객 수요를 줄이는 활동이 필요하다고 주장했다. 그때까지 기업은 항상 수요를 늘리는 데에 총력을 기울여야 한다고 여겨지던 상황에서 기업이 앞장서서 수요를 줄이기 위해 마케팅 활동을 벌여야 한다는 이 역발상적인 개념은 당시 일약 선풍을 일으켰다.

'선택과 집중'의 디마케팅 전략은 시장이 불황기에 접어들었을 때나 포화 상태에 이른 저성장 시대에 더욱 효과적이다. 바로 그 때문에 최근 들어 국내·외에서 크게 주목받고 있다. 단기적으로는 이윤의 극대화라는 목표에 반하는 것 같지만 오히려 기업 이미지를 제고하고 수익성을 높임으로써 이윤 향상에 기여하는 전략이다.

케팅(demarketing)에 힘쓰고 있다. 신용카드사는 체리피커의 활동을 줄이기 위해 놀이공원과 영화관 할인 등 비용부담이 큰 서비스를 대폭 줄이고, 홈쇼핑 업체들은 블랙리스트를 만들어 관리한다고 한다.

매스클루시버티(massclusivity)는 소수만을 대상으로 맞춤 생산 방식에 의해 제공되는 고급품 및 고급 서비스를 의미한다. 전 세계에 하나밖에 없는 100만 원짜리 슬리퍼, 수천만 원대의 맞춤형 홈시어터 등은 차별화된 제품과 서비스를 원하는 소비자의 니즈를 충족시켜 주고 있다. 매스클루시버티의 등장은 명품이 대중화됨에 따라 나만의 명품을 소유하고자 하는 욕구가 증가하고 있음을 보여준다.

걸리시 소비자(girlish consumer)는 성년이 된 후에도 10대 소녀처럼 어려보이고 싶은 욕구가 증가함에 따라 보다 더 여성스러움을 추구하는 여성소비자 계층을 의미한다. 이들은 핑크색 시계, 리본 달린 구두, 만화 캐릭터가 그려진 티셔츠 등

트렌드 메모 10-3

### 상위 1%를 위한 VVIP마케팅

세계적인 스포츠 브랜드인 푸마는 최근 독일의 자동차 회사인 BMW의 미니쿠퍼 운전자만을 대상으로 한 운동화를 선보였다. 켤레 당 가격만 무려 100만원을 호가하는 이 운동화는 미니쿠퍼 운전자들이 그들만의 독특한 취향을 느낄 수 있도록 설계했다고 한다. 마케팅 전문가들은 이 같은 제품전략을 대표적인 '매스클루시버티(massclusivity) 마케팅'이라고 부른다.

대중을 의미하는 'mass'와 특별함과 유일함을 의미하는 'exclusivity'로 만들어진 신조어인 매스클루시버티는 대량 생산체제 내에서 소수에 불과한 특별한 고객의 욕구를 반영하려는 움직임을 지칭한다. 소수에 불과하지만 그들이 지닌 상징성과 전파력, 구매능력은 글로벌 브랜드를 구축하려는 기업들이 결코 놓칠 수 없는 대상이다.

스위스 프라이빗 항공은 일등석과 비즈니스석 만으로 구성된 항공편을 개설해 고객 차별화에 주력하고 있다. 또 미국의 최고급 육로 운송 서비스인 리모라이너(LimoLiner)사는 인터넷 서비스와 청정 산소 공급, 더 넓은 좌석 등을 제공하는 초특급 상품을 내놓았다.

패션업계 역시 마찬가지. 디자이너 조지오 아르마니는 신제품을 매장에 전시하기 이전에 최상위 고객 5명을 엄선해 소수의 VVIP(very very important person)만을 위한 패션쇼를 개최한다. 특히 불가리는 이 같은 형태의 VVIP 패션쇼를 통해 20명만으로 구성된 고객들을 대상으로 1억 5,000만 달러의 매출을 한번에 올린 적도 있다.

일본 소니는 최근 퀄리아(Qualia)라는 별도 브랜드의 가전제품을 개발, 일본시장에 이어 미국시장에 이를 접목시키고 있다. 1,600만 원대의 홈시어터 프로젝트와 1,400만 원대의 고음질 오디오 시스템 등 총 17개 제품군으로 구성된 퀄리아는 일련번호를 매겨 소비자에게 전달된다.

자료 : 서울경제, 2005년 11월 23일자

을 즐겨 입는데, 이처럼 눈에 띄는 스타일을 과감하게 드러낼 수 있는 것은 남의 눈을 의식하기보다는 자기만족을 중시하는 소비문화를 보여주는 것이다. 걸리시 소비자는 개인의 취향에 머무르지 않고, 커뮤니티를 통해 서로의 관심사를 공유하기도 한다. 일본으로부터 건너와 몇 해 전부터 마니아를 중심으로 확산되고 있는 코스프레(costume play; 만화나 게임 등의 주인공 의상, 스타일 등을 모방하는 것)도 걸리시 소비자들의 놀이문화가 되고 있다.

메트로섹슈얼리즘(metrosexualism) 역시 앞서 언급한 바와 같이 여성적 라이프스타일에 적극적으로 관심을 기울이는 남성을 말한다. 메트로섹슈얼은 남성과 여성의 역할 경계가 모호해지고 가치관이 변화하면서 나타난 사회현상으로, 최근 우리나라에서 부각되고 있는 외모지상주의 문화와 연관되어 광범위하게 확산되고 있다.

## 3. 소비자트렌드와 비즈니스트렌드

소비자트렌드를 분석하기 위해서는 우리 주변의 현재 상황을 잘 읽고, 미래를 전망하여 이를 전체적인 시각으로 관찰하고 이해하는 능력이 필요하다. 또한 소비자트렌드 분석의 전략은 얼마나 많은 정보, 얼마나 정확한 정보를 가지고 있으며, 그것을 분석해 낼 능력이 있는가에 의해 결정된다.

비즈니스트렌드도 마찬가지이다. 비즈니스트렌드도 주제별로 현재 상황, 전망, 미래로 이어지는 정보의 분석을 통해 그 연장선상에서 추출해 볼 수 있다. 또한 세대에 따라, 라이프스타일에 따라, 관심 분야에 따라, 산업 분야에 따라 어떤 트렌드는 중요하게 인식되기도 하고 어떤 트렌드는 유행처럼 지나가기도 하기 때문에 비즈니스의 전략을 위한 거시적인 관점과 산업 분야별 관점의 면밀한 분석이 필요하다.

### 1) 미국의 비즈니스트렌드

미국의 창업 사이트인 Entrepreneur.com이 소개한 2005년 미국의 8대 비즈니스트렌드는 다음과 같다.

첫째, 진품(authenticity)에 대한 수요이다. 요즘 미국에서는 유기농 우유를 사용해 손수 만든 치즈나 미국 유명 디자이너가 손수 제작한 의류 제품이 인기가 높아지면서 진품에 대한 수요가 크게 늘어나고 있다. 이러한 추세에 부응하여 리바이스, 벤츠 등은 광고에 유명 모델 대신 실제 소비자를 출현시키고 있다. 또한 진품을 판매하는 식품회사에서는 토속 식자재나 전통적인 제조 방법, 환경 친화적이며 사회 책임을 다하는 기업상을 홍보하고 있다.

둘째, 35세(age 35) 마케팅이다. 19세 대학생이나 31세 직장인, 자녀를 가진 47세 중년층 모두에게 동일하게 다가갈 수 있는 메시지는 그들 모두를 35세로 보고 마케팅 하는 것이다. 47세는 얼굴 주름을 펴는 보톡스를 즐겨 사용하고 그들의 자녀들이 다니는 쇼핑몰에서 물건을 사며 나이가 들어가는 것을 거부하고 싶어 한다. 이들의 실제 나이인 47세를 겨냥한 마케팅은 그들의 기분을 나쁘게 할 뿐이다.

19세의 젊은이들은 그들 나름대로 진지한 사고를 가지고 있다. 이들은 기성세대와는 다른 야망을 가지고 있다. 요즘 어린이들은 MP3나 비디오 게임을 사기 위해 저축을 하며, 색연필로 그림 그리듯 쉽게 인터넷 홈페이지를 구축한다. 이들은 자신들의 야망과 꿈을 이루기 위해 열심히 진지하게 노력한다. 그러므로 중장년층에게는 젊은 시절의 추억을 불러일으키는 35세, 청소년층에게는 성공한 미래를 보여주는 35세에 맞추어 마케팅을 하면 기대 이상의 성과를 거둘 수 있다는 것이다.

셋째, 현대인들은 TV를 보면서 인터넷을 하고, 운전을 하면서 휴대전화로 대화를 하며, 회의 중에도 휴대전화를 사용해 이메일 확인을 하거나 문자 메시지를 보낸다. 매우 바쁘게 살아가는 현대인들은 동시에 많은 일들을 해 내는(multi-tasking) 능력을 가지고 있으나, 이로 인해 많은 스트레스를 받게 되고 연령이 증가하면서 기억력도 빠르게 감퇴한다. 이에 따라 멀티태스킹을 주로 하는 바쁜 직장인들이나 은퇴를 앞두고 있는 베이비붐 세대 등을 대상으로 기억력 증진을 위한 프로그램을 제공하는 사업이나 멀티태스킹의 부정적인 측면을 상담해 주고 생활 습관을 고쳐주는 상담 프로그램을 운영하는 것도 유망할 것으로 예측되고 있다.

네 번째 비즈니스 키워드는 비만(obesity)이다. 미국인의 비만은 이미 오래 전부터 사회적으로 이슈가 되고 있는 문제이다. 그러나 기업의 입장에서는 황금 시장이 아닐 수 없다. 헬스 케어, 식품 서비스, 의류 제조업체, 의료기기 제조업체 및 관련 소매업계 모두가 유망산업이다.

비만이 건강의 적임을 모두 알고, 또 체중을 감량하려고 노력하는 사람들이 많기 때문에 비만인을 대상으로 하는 다이어트 사업은 두말할 나위 없이 매우 유망하다. 가령 스포츠 기구 및 기계, 다이어트 프로그램, 건강식품 등의 사업을 들 수 있다. 반면 비만인 사람들이 좀 더 편하게 살아갈 수 있도록 도와주는 사업 역시 유망하다. 미국 여성의 60% 이상이 빅 사이즈의 옷을 입고 있으며, 어린이용 빅 사이즈 의류 시장도 계속 성장하고 있다. 또한 항공 좌석 벨트를 늘려주는 끈, 큰 사이즈의 양말, 책상의자, 장례용 관 등도 성장세에 있는 분야이다.

다섯째 비즈니스 키워드는 제 3의 공간(the Third Place)이다. 18~24세 남성의 56%, 여성의 43%가 집에서 가족과 함께 살고 있는데, 이들은 탈출할 수 있는 제 3의 공간을 필요로 했다. 스타벅스 커피점과 반스 앤 노블스 북카페는 가장 인기 있는 제 3의 공간으로 꼽힌다. 집에서부터 탈출한 소비자들이 최대한 편안한 환경에서 자유로운 시간을 보낼 수 있도록 만들어 주고 있기 때문이다. 최근에는 학생이나 사업가, 집에서 업무를 보는 재택근무자들을 위해 제 3의 공간을 대여하는 사업이 증가하고 있으며, 이와 같은 장소를 찾아 주는 웹사이트 서비스도 인기가 있다. 맥도날드도 2005년에 무선 인터넷을 사용할 수 있는 식당을 오픈했으며 코카콜라도 10대들이 콜라를 마시면서 영화나 게임, 음악을 즐길 수 있는 레드라운지 스토어를 운영하고 있다.

제 3의 공간에 대한 수요는 우리나라에서도 마찬가지이다. 이미 다양한 커피 전문점과 카페, 각종 PC방, 찜질방, 비디오방 등이 존재하고 있는 우리나라에서 제 3의 공간 비즈니스를 시도한다면 이국적인 인테리어, 문화가 있는 공간, 테마 카페처럼 차별화된 전략이 필요할 것이다.

여섯째, 차별화(snobization) 역시 지속적인 비즈니스트렌드로 지목되었다. 일반 카페에서는 1달러에 파는 커피를 3달러의 고가로 팔지만 스타벅스를 찾는 고객들은 줄어들지 않는다. 경제수준이 상승하고, 개성을 추구하는 경향이 강해지는 현대사회에서 차별화, 고급화, 희소가치의 추구 등은 동서를 막론하고 성공 가능성이 높은 비즈니스트렌드인 것으로 보인다.

일곱째, 독특함(uniquiness)으로 승부하는 것도 유망한 비즈니스 전략 중 하나이다. 시장조사 전문기관인 NDP에 따르면 2004년 의류 판매량은 5.1% 감소했으나 티셔츠 판매는 2.2% 증가했는데, 전체 의류시장 1천 660억 달러 중 170억 달러가 티셔츠 시장이었다. 티셔츠 판매가 늘어난 이유는 정치적인 구호를 새겨 넣은 독특한 디자인 때문이었다. 독특함(uniquiness)을 추구하는 소비자들의 성향은 고급소비를 함으로써 희소성을 사려고 하는 차별화(snobization) 성향과는 다른 차원이다.

마지막 키워드는 라이프 캐싱(life caching)이다. 중장년층 이상의 소비자들은 폴라로이드 카메라를 좋아하고, 필름이나 다이어리를 중요하게 여기지만, 젊은 세대 소비자들은 디지털 포토를 좋아하고 메모리 카드나 자신이 최초로 만들었던 홈페이지에 추억을 가지고 있다. 그들은 삶의 경험을 빠짐없이 보존하고 있으며, 그 경험과 추억은 언제든 순식간에 꺼내 볼 수 있는 것이라고 믿는다. 그러므로 추억 만들기 산업이 유망하다. 디지털 포토를 이용해 스크랩북을 만들어 주는 것도 좋고, 메시지, 사진, 비디오, 메모 및 음성을 저장해 주는 서비스도 인기를 끌 수 있을 것으로 보인다.

## 2) 한국의 비즈니스트렌드

취업난과 실업이 심해지면서 소자본 창업의 통로인 프랜차이즈 사업에 대한 관심이 다시 높아지고 있다. 프랜차이즈는 체인 본부가 일정한 지역에서 자사 상품을 독점 판매할 수 있는 권리를 가맹점에 주고, 각종 경영지도 등을 통해 판매 시장을 개척해 나가는 사업 방식이다. 프랜차이즈 가맹점 대부분은 소비자들을 직접 상대하기 때문에 다른 업종보다 경기에 더 민감하다. 또한 여성들도 창업에 대한 관심이 높아지고 청년 실업률이 높아지면서 예비 창업자들이 프랜차이즈 가맹점 가입을 통해 산업 전선에 뛰어들 가능성이 커짐에 따라 시장 규모가 더욱 커지고 경쟁도 치열해 질 것으로 보인다. 최근 프랜차이즈 업체들은 양적인 팽창기에 이어 질적인 성장으로 나아가고 있다. 소비 구조의 양극화에 따라 수익성 높은 업종을 중심으로 세분화 및 전문화가 이루어지는 것이다.

소비자트렌드를 고려할 때, 우리나라에서 비즈니스 키워드는 웰빙, 편의 추구, 시간절약, 감성지향 등인 것으로 보인다. 바쁜 현대인들에게 저렴한 가격과 시간절약 그리고 편의성 요구에 부응하는 생활편의 업종이 가장 유망한 것으로 평가되고 있다. 독신 생활자나 맞벌이 부부의 증가 등 라이프스타일 변화로 시간절약 및 편의 제공에 대한 수요가 지속적으로 증가하고 있으며 청소 대행업, 반찬 전문점, 국 배달 서비스, 컴퓨터용품 편의점 등은 여전히 인기 있는 업종이다.

또한 정신 및 육체적 건강에 대한 관심이 높아지면서 건강 및 레저 분야의 업종이 유망 업종으로 자리를 잡고 있다. 건강에 좋은 음식뿐 아니라 목욕제나 화장품 등을 판매하는 미용관련 분야 및 생활지원업 등의 시장이 급속히 확대되고 있는 것도 같은 이유로 해석된다.

## ♠ 참고문헌


경향신문(2004). 나는 신조어 얼마나 알까? 3월 11일자.

국립국어연구원(2004). 2003년 신조어 보고서.

국립국어연구원(2005). 2004년 신조어 보고서.

김상일(2004). 대한민국 소비트렌드. 원앤원북스.

데이터뉴스(2005). 2004년 신조어 사회풍경 고스란히 담아내. 1월 28일자.

동아일보(2005). 당신은 공시족? 올해 쏟아진 취업시장 신조어들. 12월 16일자.

마이클 실버스타인·닐 피스크 지음, 보스턴컨설팅그룹 역(2005). 소비의 새 물결 트레이딩 업. 세종서적.

박정현(2004). 마케팅 신조어로 풀어보는 신소비 코드. LG주간경제(3월 31일), 3-7.

서울경제(2005). 상위 1%를 위한 VVIP 마케팅. 11월 23일자.

중앙일보(2005). 울리고 웃기는 인터넷 신조어. 6월 24일자.

최훈환(2004). 트렌드를 보는 관점과 그 방법론: 국내외 트렌드 사례 분석. 삼성경제연구소 세미나 자료집.

Enterpreneur.com(2004). 2005년 8대 비즈니스트렌드. www.entrepreneur.com

Silverstein, M. & Fiske, N.(2003). Trading up. Portfolio, a division of Penguin Group

Underhill. P.(1999). Why we buy: The Science of shopping. Simon & Schuster.

# 제 4 부

# 소비자트렌드 분석방법

# 제 11 장

## 소비자트렌드 분석의 이해

소비자트렌드 분석은 소비자, 소비자 단체, 기업, 정부 등 경제적 주체들에게 중요한 관심대상이다. 특히 소비자트렌드의 파악 및 분석과 예측은 상품이나 서비스 생산 및 개발, 마케팅 전략 수립 등과 같은 기업의 경영활동에 있어 매우 중요하다. 소비자들의 심리를 읽고 행동을 파악하며 소비생활의 트렌드를 이해하는 것은 소비자학, 경영학, 경제학 등의 학문분야에서 중요한 연구과제이다. 트렌드는 현재 수용되고 소통되는 하나의 주요 흐름임에는 틀림없는 사실이지만 이를 파악하고 예측하는 것은 쉽지 않다. 그러나 과학적인 조사 및 분석 방법을 활용한다면 트렌드를 구성하는 요소들을 종합하여 파악하고 예측할 수 있다.

따라서 본 장에서는 트렌드 분석가의 자세 및 자질, 트렌드 구성요소 등에 대해 논의하고 트렌드의 중요한 요소인 소비자 니즈에 대해서도 살펴보고자 한다. 또한 소비자트렌드 분석 접근방법인 정량조사와 정성조사의 특성 및 장점과 단점에 대해 살펴보고자 한다.

## 1. 트렌드 분석의 의의

소비자는 변화하고 있다. 소비자들의 의식, 가치관, 취향, 개성, 생활양식이 변화하면서 소비자는 물론 소비생활 또한 변화하고 있다. 소비자와 소비생활의 변화는 소비트렌드를 변화시키고 있고 소비자를 대상으로 하는 마케팅, 기업경영의 빠른 대응을 요구하고 있다. 빠르고 다양하게 변화하는 시장 환경 속에서 소비자트렌드를 분석하는 것은 필수적인 일이며 매우 중요한 작업이다. 소비자트렌드 분석의 의의에 대해 살펴보면 다음과 같다.

첫째, 소비자트렌드 분석은 사회적·학문적 차원에서 필요하다. 소비자트렌드를 정확하게 파악하고 미래의 트렌드를 신속하고 정확하게 예측한다면 미래를 보다 효율적으로 대비할 수 있으며 미래의 불확실성에 대처할 수 있다. 또한 소비자들의 심리를 읽고 행동과 소비생활 트렌드를 파악하는 것은 소비자학, 경영학, 경제학 등 학문 분야의 발전에 중요한 사항이다. 즉 트렌드 분석, 미래의 트렌드 예측에 대한 정보는 학문적·사회적으로 가치가 있다.

둘째, 전문 직업의 한 분야로서 트렌드 분석은 중요하다. 최근 트렌드 분석가가 새로운 직종으로 떠오르고 있다. 소비문화의 미래 동향을 예측하는 직종을 트렌드 분석가라 하며 전문 직업으로서도 각광받고 있다(서정희, 2005). 현대사회가 빠르고, 광범위하고, 다양하게 변화하는 상황 속에서 소비자트렌드를 예측하는 작업은 필요하다. 트렌드 분석가는 소비문화의 동향을 예측하고, 미래 향방을 파악하여 기업, 사회, 정부의 다양한 전략을 기획하고 창조하기 위한 정보제공을 하는 중요한 역할을 담당한다.

셋째, 소비자트렌드 분석은 기업에게 매우 중요한 과제이다. 소비자트렌드를 알지 못하고 제품을 생산하게 되면 어떤 결과가 나올까? 예를 들어 현재 소비자트렌드의 중심은 차별화를 지향하는 것이라고 하자. 그런데 한 회사에서 차별화를 무시하고 대량으로 획일적인 상품을 만들어 판매한다고 할 때, 과연 그 제품이 성공할 수 있을까? 그렇다고 대답하는 사람은 아마 없을 것이다. 반면 하루가 다르게 바뀌는 소비자트렌드를 기업이 한 발 앞서 예측하고 파악한다면 제품과 서비스 개발, 사업 아이디어 점검, 마케팅 전략 수립 등에 큰 도움이 될 것이다. 트렌드는 제품의 생산을 포함하여 기업의 모든 활동에 있어 중요하다. 제품의 생산에서부터 기업의 사업 영역 확장에 이르기까지 트렌드를 알고 활용한다면 실패할 확률을 줄이는 일이라 할 수 있다. 결국 트렌드 분석은 기업의 존속을 유지하고 소비자의 취향을 파악하여 소비시장에 대처할 수 있는 경쟁력을 갖추기 위해 필수적인 요소이다.

넷째, 소비자단체 또는 정부 차원에서의 트렌드 분석은 의미가 있다. 소비자단체, 한국소비자보호원, 지방자치단체 등 사회단체나 정부의 경우 소비자트렌드 분석을 수행한 후 그 결과를 소비자교육, 소비자 피해예방, 소비자운동, 소비자정책에 활용할 수 있으므로 중요하다. 예를 들면 합리적 소비생활교육이나 정책 프로그램 개발 및 정책수립, 소비자의 행동을 이해하고 적절한 방향으로 유도하기 위한 소비자 교육이나 정책에 소비자트렌드 정보는 매우 중요하다.

## 2. 소비자트렌드 분석

트렌드는 현재 수용되고 소통되는 하나의 주요 흐름이다. 이 같은 흐름을 개념으로 포착하기란 쉽지 않고 또한 트렌드를 파악한다 하더라도 예측하기가 어렵다. 트렌드는 대중이 부지불식간에 만들어가는 카오스와 같은 것이다(김병조, 2004). 따라서 트렌드는 추세만 있을 뿐 정답이 없다. 누구나 트렌드를 예측하고 싶지만 추측만 가능할 뿐 정확한 예측은 어렵다. 그럼에도 불구하고 여러 방법을 동원하고 노력한다면 트렌드를 구성하는 요소들을 종합하면서 트렌드를 제안할 수 있다.

소비자트렌드 분석을 효과적으로 수행하기 위해서는 트렌드를 분석할 수 있는 자질과 바람직한 자세가 필요하다. 트렌드 분석을 수행하기 전에 트렌드를 구성하는 중요한 요소인 소비자와 소비환경을 분석한 뒤 요인들이 어떻게 변화하고 있는지를 파악해야 한다. 따라서 여기서는 트렌드 분석을 위한 자세 및 자질을 살펴보고 트렌드 구성요소를 파악하며 트렌드 코드에 관해 논의하고자 한다.

### 1) 트렌드 분석 자세 및 자질

현실 세계는 복잡하고 빠르게 변화하고 있어 때로는 혼란스럽고 임의적으로 보이기도 한다. 소비자는 변화하고 있고 소비환경 또한 급속하게 변화하고 있다. 끊임없이 변화하는 사회에서 트렌드를 파악하고 예측하는 작업은 어려운 일임에 틀림없다. 실제로 소비자의 단순한 본능이나 행동패턴도 예측할 수 없는 경우가 많으므로 소비자트렌드 분석가는 트렌드 분석을 위해서 암묵적인 가정을 깨고 마음을 열어 새로운 행동과 사고를 가능하게 하는 통합적인 노력이 필요하다. 이상인(1994)은 전문적인 트렌드 분석가가 되기 위해서는 크게 세 가지, 즉 문화적 상상력, 철학적 사상, 과학적 이론이 필요하다고 주장했다. 서정희(2005)는 트렌드 분석가가 되기 위해서는 열린 마음으로 자신의 기존 신념을 일시적으로 중지하려는 노력, 변화를 기꺼이 수용하는 자세 그리고 자신의 삶 속에서 트렌드 분석을 계속 연습해야 한다고 했다. 한편, 장만익(2003)은 창의적인 상상력이 불확실한 미래 트렌드를 읽기 위해 가장 중요하다고 주장했다.

서윤아(2003)는 트렌드 전문가가 갖추어야 할 능력으로 흐름에 관한 이해력, 인문학적인 감수성과 과학적인 상상력, 공학적인 논리를 구현하여 트렌드를 읽는 집중력을 꼽았다. 또한 트렌드를 마케팅적 수익 결과로 돌출되도록 이끌고 사회와 라이프스타일에 대한 예지 어린 통찰력과 분석력을 갖추어야 하며 트렌드를 경영수익으로 실현할 수 있는 수익 대안을 찾도록 기획할 수 있는 능력이 있어야 한다고 밝혔다.

서정희(2005)는 소비자트렌드를 주로 분석하는 주최자인 경제학자, 시장조사 분석가, 여론 분석가들의 문제점을 지적했다. 경제학자는 사회, 정치 등의 정보는 무시하고 경제 자료만을 사용하여 양적인 크기 등에 치중함으로써 복잡하고 정밀한 트렌드를 파악하지 못하고, 시장조사 분석가는 특수한 시장만을 연구하므로 다른 분야는 보지 못하는 경향이 있으며, 여론 분석가 역시 특정 시기에 순간적인 조사에 초점을 두고 있어 일반 소비자들의 중요한 문제나 이슈를 간과할 수 있다고 말했다. 이 같은 지적과 함께 서정희(2005)는 소비자가 종합적인 생활을 영위하므로 소비자트렌드 분석은 소비자의 생활 전체를 이해해야 하며, 사회, 정치, 경제, 그 밖의 모든 분야의 요소를 고려해서 다차원적인 분석을 통한 전향적인 대응 시스템 구축이 필요하다고 주장했다. 언뜻 보기에 관련 없어 보이는 분야도 결부시킬 수 있어야 하고, 여러 분야의 트렌드를 보고 상관관계를 확인하고 예측할 수 있어야 한다고 했다. 또 한편으로 서정희(2005)는 여러 학자들의 견해를 종합·정리하여 트렌드를 읽기 전에 알아야 할 기본 지식을 다음과 같이 제시했다.

- 문화는 소비트렌드를 바꿀 만큼 힘이 있다.
- 사회적 · 문화적 변화에 민감해라.
- 미래는 단순히 과거의 연장선에서 결정되는 것이 아니다.
- 미래의 징후는 현재에 있다.
- 트렌드의 징후인 의미 있는 기호를 읽는다.
- 의미 있는 징후를 찾는다.
- 모니터 요원을 정해두고 지속적으로 인터뷰를 반복해 본다.
- 선도 사용자를 조사해 본다.
- 소비자들이 의견을 개진하는 인터넷 사이트를 분석해 본다.
- 고객과 생활에 관한 사내 · 외의 정보를 적극 활용한다.

이상인(서정희, 1994; 2005, 재인용)은 소비자트렌드를 정확하게 읽고 파악하기 위해 다음과 같은 자세가 요구된다고 했다.

- 직접 경험한다.
- 소비문화에 대한 선입관을 버린다.
- 되풀이하여 수집, 발견, 분석한다.
- 전체의 심층적 의미를 해석한다.
- 체계적 · 구조적으로 예측한다.
- 머릿속에 폭풍을 일으켜라.
- 선행지표를 주시한다.
- 상호연관성을 분석한다.

## 2) 트렌드 구성요소

소비자트렌드를 파악하고 분석하기 위해서는 소비자트렌드를 구성하는 요소인 소비자를 먼저 파악해야 하고 또 다른 요소인 소비환경을 충분히 이해해야 한다. 즉 소비자트렌드를 보다 정확하게 파악하고 미래의 트렌드를 예측하기 위해서는 소비자와 소비환경, 특히 두 요소의 변화에 초점을 맞추어야 한다.

### (1) 소비자

소비자가 변하고 있다. 소비자 변화의 주된 배경 요인은 국민소득수준의 변화,

**표 11-1 소비자트렌드를 반영한 21세기 소비생활유형**

| 구 분 | 소비생활유형 | |
|---|---|---|
| 상품 지식 있음 → 지식 스톡화 | **납득형 소비**<br>- 자신의 생활패턴에 맞는 상품을 납득되는 수준에서 선택<br>- 선택의 포인트 분명<br>- 평이 있는 상품을 써보고 나름대로 평가<br>- 1990년대~21C 형 소비 | **기호(감성) 소비**<br>- 감성적인 기준에 의해 상품 구입<br>- 브랜드 상품을 소유<br>- 기호성(정보성)에 의존<br>- 브랜드에 관한 지식 말하기를 선호<br>- 첨단적인 상품을 좋아함<br>- 1980~1990년대 형 소비 |
| 상품 지식 없음 → 지식 스톡 없음 | **관습형 소비**<br>- 일단 결정되면 그것을 고집<br>- 애착이 가는 상품에 집착<br>- 새로운 상품에 대한 수용성이 별로 없음<br>- 항상 고정적 비율로 존재 | **충족형 소비**<br>- 양의 확대를 추구<br>- 대중브랜드를 구입<br>- 소비가 생활향상으로 이어진다.<br>- 필요하기 때문에 구입<br>- 1950~1970년대 형 소비 |

자료 : 문숙재 · 여윤경. 『소비자트렌드 21세기』, 2001

가치관의 변화, 자유시간의 증대, 고령화 및 저출산화, 여성의 사회진출 증대에 따른 새로운 소비층의 출현이라고 할 수 있다. 보스턴컨설팅그룹(2005)은 최근 소비자의 변화 요인을 소득수준과 부의 증대, 주택 순 자산가치의 증가, 생활비 감소와 가처분소득 증가, 뉴 럭셔리 소비의 핵심인 여성 및 일하는 여성의 증가, 길어지는 연애기와 이혼율의 증가, 교육수준과 세련도 향상, 여행을 통한 취향의 다양화, 미디어와 유명 인사의 소비권장이라고 지적했다. 한편 이들은 전문유통업체의 등장, 용이한 자본 조달, 유연한 공급망과 글로벌 자원에 대한 접근성, 신속한 제조와 혁신의 빠른 확산, 고품질 제품의 대량생산이 공급자와 기업의 변화라고 밝혔다.

다양한 요인에 의해 변화되는 소비자를 파악해야만 소비자트렌드를 정확하게 분석할 수 있다. 소비자를 변화시키고 나아가 소비자트렌드를 변화시키는 요인은 표 11-1에 제시한 바와 같다.

#### ① 소득수준

소득수준의 향상은 구매력 증대로 이어져 소비생활이 삶에서 차지하는 비중이 높아진다. 소득수준이 향상되면서 소비자의 상품지식이 풍부해지고 상품선택도 엄격해지는 경향이 있다. 뿐만 아니라 소득증대는 소비자의 요구나 욕구를 개별선택적인 방식으로 변화시켜 궁극적으로 생활 스타일이 변화된다. 그러나 최근 경기불황 등이 가속화되면서 가처분소득 증대 둔화와 교육비와 같은 서비스 지출의 증대가 계속되면서 소비자의 구매력이 감소되는 현상이 나타나고 있다.

최근 나타나는 또 다른 변화는 소득의 양극화를 들 수 있다. 소득의 양극화는 소비의 양극화를 초래하고 있다. 소득계층간 자산 격차가 더욱 확대되고 있고, 소득별 생활형편지수(소비자들이 느끼는 형편을 1년 전과 비교, 50이 기준)의 격차도 확대되고 있다. 이러한 격차가 소비의 양극화를 초래하며 고급 소비시장을 두텁게 하는 새로운 현상이 출현하고 있다. 소득의 양극화, 소비의 양극화는 새로운 소비트렌드를 형성하는 요인이 되고 있다.

### ② 가치관

소비자들의 가치관이 변화하고 있다. 후기산업사회에서 소비자의 자기개발 욕구가 강해지는 것은 대표적인 가치관의 변화라고 할 수 있다. 소비자 가치관의 변화는 크게 네 가지로 정리할 수 있다.

첫째, 건강 중시, 안정화 지향의 움직임이다. 체중조절, 의료 서비스 수요, 건강식품과 기능성 식품의 애용이 소비자들의 중요한 가치관으로 등장하고 있다.

둘째, 감성 중시, 정서 지향의 움직임이 나타나고 있다. 구매 동기, 브랜드 및 상품 이름(네이밍), 디자인 등에 감성과 정서를 중시하는 현상이 나타나고 있어 트렌드 변화의 주요 요인이 되고 있다.

셋째, 전문성 중시, 개성화 지향의 움직임이다. 여가 및 취미활동의 마니아화, 수제품의 선호, 외국어 학습 등의 자기개발 등이 그 예라고 할 수 있으며 트렌드 형성 및 변화의 주요 요인이 되고 있다.

넷째, 질적 풍요를 추구하는 가치관이 확산되고 있다. 문화적 소비가 증가하고 있으며, 주 5일 근무제가 확산되면서 '삶의 질' 추구 경향은 더욱 뚜렷해지고 있어, 역시 트렌드 형성과 변화에 많은 영향을 미친다.

### ③ 자유시간의 증가

주 5일 근무제 도입, 자녀 수 감소 등으로 소비자들의 자유시간이 증가하고 있

다. 자유시간의 증가는 소비생활 시간 증가, 질적인 소비생활추구 등의 결과를 초래하고 있고 또 다른 트렌드 형성의 요인이 되고 있다.

#### ④ 새로운 소비층 출현 : 인구의 통계적 변화

1980년대 후반 우리 사회는 다방면에 걸쳐 적지 않은 변화를 경험했다. 인구통계학적인 측면에서 나타난 새로운 양상으로는 높은 교육수준과 다양한 욕구를 지닌 새로운 세대의 등장이었다. 평균수명의 상향 추세에 따른 노인층 인구의 증가, 여성의 사회참여 증가가 대표적이다. 이에 따라 소비시장에서는 새로운 소비층이 출현하게 되었으며 이를 표적시장으로 한 새로운 산업이 탄생하게 되었다.

최근 우리사회는 새로운 세대 탄생, 고령화, 여성의 사회진출 확대, 여성의 고학력화, 가사노동의 외부화 진전, 핵가족화, 출산율의 저하, 출산기간 단축 등 제반 인구 통계적 환경의 변화를 겪고 있다. 이 같은 다양한 변화 중 취업주부의 증대는 시간을 제약하여 구매방식을 변화시켰고 구매내용도 변화하여 패션지향성이 높아졌다. 이러한 인구의 통계적 변화 속에서 소비자 구매행동에 새로운 물결이 파장되어 하나의 트렌드를 형성하며, 기업의 마케팅에도 큰 영향을 미치고 있다.

이외에도 소비자는 다양하게 변화하고 있다. 예를 들면 최근 디지털화에 따른 소비자의 지적 능력이 성숙하고 있다. 이동전화나 인터넷 사용이 보편화되면서 소비자가 접할 수 있는 정보의 양이 늘어나고 질적으로도 풍부해지고 있다. 즉 소비자들의 지적 능력이 성숙되고 합리적 소비가 일상화되면서 소비자트렌드도 변화하고 있다.

### (2) 소비환경

소비자를 둘러싸고 있는 소비환경이 변하고 있는데 소비환경의 변화는 새로운 소비자트렌드를 이끌어 내고 있다. 그림 11-1에 제시한 바와 같이 소비트렌드를 변화시키는 소비환경을 살펴보면 다음과 같다.

#### ① 산업구조 변화

우리나라의 경제와 산업구조는 급변하고 있다. 1980년 후반부터 정치, 경제적 요인의 변화뿐만 아니라 사회, 문화적 요인의 변화에 의해 소비형태와 소비트렌드

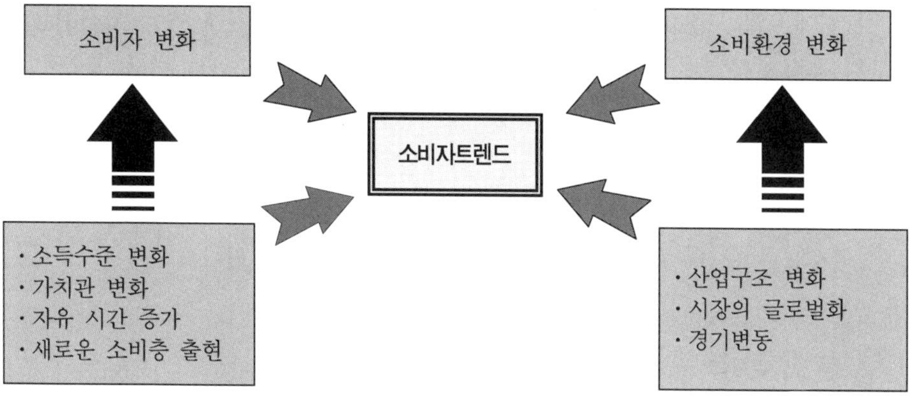


그림 11-1 **소비자트렌드 형성 및 변화 요인**

에 새로운 양상이 전개되고 있다. 다시 말해 1970년대 말과 1980년대 전반인 대량 소비, 대중 소비사회에서 일관되고 정형화된 소비패턴이나 트렌드와는 달리 점차 감성화되어 가고 있는 것이다. 즉 후기 산업사회의 소비시장에서 나타나고 있는 특이한 사항은 소비자의 소비행태가 감성화·고도화되었다는 점이다. 이 같은 변화에 따라 상품이 다양해지고 상품의 수명주기가 짧아지는 새로운 트렌드를 산출하고 있다.

**② 시장의 글로벌화**

다국적 기업의 국내시장 진출이 가속화되고 우리 제품도 전 세계 시장으로 진출하면서 제품의 국적에 대해서는 크게 문제 삼지 않는 환경으로 변화하고 있다. 인터넷, 위성방송 등 글로벌 미디어가 활성화되면서, 해외 히트 제품이 동시에 국내에서 히트하는 현상이 발생하고 있다. 이 같은 상황에서 소비자는 애국심과 국산제품을 애용하는 것을 별개로 인식하게 되었다.

브랜드, 디자인 면에서는 선진제품을, 가격 측면에서는 중국산을 선호하는 새로운 현상도 나타나고 있다. 결국 소비시장의 글로벌화는 소비자트렌드 형성 및 변화에 많은 영향을 미친다고 하겠다.

**③ 경기변동 : 경기불황**

경기변동, 특히 최근의 경기불황은 소비자를 둘러싸고 있는 새로운 소비환경이며 이는 새로운 소비자트렌드를 형성하고 있다. 한편 경기침체 또는 경기불황은 정부의 경기 부양책을 이끌어 내면서 소비시장을 자극하고 있다. 최근 정부가 고가품에 대한 특별소비세 인하 등의 정책을 펼침으로써 고급 내구성 소비재, 고급 오락시설 서비스 등에 대한 구매가 급증하기도 했다. 또한 신용카드사용 장려책이 과도한 소비를 촉발했고 일부 부작용을 야기하는 등 정부의 경기불황에 대한 대책도 소비생활뿐만 아니라 소비트렌드에까지 영향을 미치고 있다.

### 3) 트렌드 분석 코드

지금까지 논의한 바와 같이 변화하는 소비자와 시장 환경은 소비트렌드를 변화시키고 있다. 김상일(2004)은 한국시장을 지배하는 소비코드, 한국 소비시장 구조를 읽는 12개의 코드를 제시했다. 이 코드는 소비자와 소비환경의 변화를 반영하는 코드로써 소비자트렌드를 이해하는 데 매우 중요하다.

- 소비의 새로운 중심축, 정보화
- 대출형 소비사회 가속화
- 한국 인구지도의 변화
- 유통구조의 지각 변동
- 소비 동질화의 시대
- 충성도 제로의 소비자 출현
- 신세대 소비자의 파워
- 모순의 소비코드
- 제품과 서비스의 평준화
- 마케팅 강국 코리아
- 시장 균형의 이단아들
- 글로벌 기업의 토종화, 한국 기업의 세계화

한편, 김상일(2004)은 한국시장에서 현재 진행 중인 소비 코드 3가지를 제시했다.

- 오로지 새로운 것만이 판매 가속화
- 중저가 명품시장의 트레이딩 업, 그 이후
- 웰빙 열풍의 지속

트렌드 메모 11-1

## 소비자트렌드의 공통점

소비자트렌드는 기존의 시장구조, 소비자들의 특성을 반영하기 때문에 상당 부분 공통적인 유전자를 공유하기 마련이다. 그렇다면 전체 트렌드를 관통하는 큰 흐름은 무엇일까? LG경제연구원 김상일은 주간경제에 기고한 '한국형 소비자트렌드의 5가지 신조류'라는 보고서에서 2가지를 제시하고 있다.

1. 이기심

명품족, 웰빙, 메스티지 등 트렌드의 기조에는 '우선 나에게 좋아야 한다'는 기본 원칙이 깔려있다. 명품족은 자신의 소비 만족을 위해서라면 상식수준을 넘는 지출도 꺼리지 않고 있으며, 시중보다 두세 배 비싼 가격을 주고도 무농약, 무공해 식품을 구입하는 것도 자신과 가족의 건강을 그만큼 소중하게 생각하기 때문이다. 자신과 가족의 건강을 최우선시하는 이기심(?)의 발로라는 것이다. '이기적'이라는 단어가 대개 부정적 의미를 내포하지만 침체된 소비시장에서는 '긍정적' 효과를 내고 있는 셈이다.

구체적으로 이기적인 소비자는 어떤 제품이 자신에게 최고로 좋은지, 차선은 무엇인지를 정확히 파악하고 있으며 자신을 위한 최고의 제품을 구하기 위해 매우 적극적이며 발달된 정보통신의 인프라가 이를 뒷받침해주고 있다. 이와 같은 이기적인 소비가 당분간 시장을 견인하는 주요한 소비 니즈가 될 것이다.

2. 자긍심

소비자트렌드를 관통하는 또 하나의 흐름은 '소비자의 자긍심 제고'이다. 80년대 소비자의 자긍심을 높이는 원천은 '희소성'이었다. 한마디로 일반 운동화 값이 4, 5천 원일 때 2만 원짜리 나이키운동화를 신을 때의 뿌듯함 같은 것을 의미한다. 하지만 최근에는 대중들이 즐길 수 있는 명품, 메스티지를 선호한다. BMW의 대표적 메스티지인 325 세단처럼 값은 싸지만 같은 명품 가족임을 내세워 소비자들의 자존심을 지켜주는 것이다.

화려한 광고 컨셉도 한 몫 한다. 더 페이스샵, 미샤 등 3천 원대 저가 화장품을 쓰면서도 소비자들이 싸구려라는 느낌을 갖지 않게 한다는 것이다. 그러나 모순된 개념이지만 자사제품이 품질 면에서도 우수하고 값도 싸다는 두 가지 조건을 모두 충족시켜야 하는 의미의 'AND'도 소비자트렌드의 큰 흐름이다.

시장은 끊임없이 변화한다. 구체적인 소비자트렌드를 넘어 그 근본을 흐르는 변화의 구조를 읽는 일이 기업들에게 상당히 중요한 작업이 될 것이다.

보스턴컨설팅그룹(2005)은 다음 10년을 지배할 소비코드로, '비싸도 잘 팔린다', '벤츠 타고 코스트코에 간다', '소비는 행복을 주는 마법', '품질이 최우선' 등을 꼽았다. 트렌드에 대한 최근의 보고서나 조사결과를 종합·정리해 보면 최근 우리 사회에서 나타나고 있는 트렌드는 소비의 양적 확대와 질적 변화가 동시에 진행되고 있다는 사실을 알 수 있다.

소비시장에도 구조적 변화들이 일어나고 있다. 고가제품의 소비가 급증하고 있지만 외환 위기 당시와 같은 사회적 저항감은 상당히 약화되었다. 외국 제품의 국내 기장 침투가 늘어나고 있고 90년대 후반부터 본격화된 모바일 기기 보급이 빠르게 확산되고 있다. 소액결제시장을 휴대폰이 주도하는 등 모바일 커머스 현상이 뚜렷해지고 있으며 고령화에 따른 특정 시장도 부상하고 있다. 낮은 출산율, 고령화 사회로의 진입으로 어린이 시장, 노인시장의 중요성이 본격적으로 대두될 전망이다.

## 3. 소비자 니즈

소비자 니즈는 소비자트렌드를 형성하는 중요한 요소일 뿐만 아니라 정보탐색, 구매행동 등 소비자 행동의 근원이 되므로 소비자 니즈에 대한 이해가 전제되어야 한다.

니즈(needs, 요구)란 소비자가 느끼는 막연한 욕구와 문제점의 인식을 말한다. 예를 들면, 배가 고프다는 것은 '니즈'이다. 이에 반해 욕망(wants)은 '떡이 먹고 싶다'와 같은 구체적인 욕구를 의미한다. 소비자 니즈(needs)란 소비자가 느끼는 일차적이고 본능적인 문제를 말한다. 이와 비슷한 개념으로 소비자 욕구, 소비자 욕망(want)이 있는데 이는 니즈를 기반으로 한 보다 구체적인 소비자 문제를 말한다. 소비자의 니즈는 자발적인 의지에 의하여 발생하지만 소비자가 스스로 느끼지 못하는 욕구가 마케팅 자극에 의하여 발생하는 경우도 있다. 예를 들어 '장은 물론 위까지 생각해 주는 헬리코박터 프로젝트 윌'이나 '섬유에 배인 냄새를 없애주는 페브리즈' 같은 경우 소비자의 욕구보다는 마케팅 전략에 의해 발생한 니즈라고 볼 수 있다.

매슬로(A. Maslow)의 욕구위계설에 따르면 욕구의 수직적 단계는 그림 11-2와

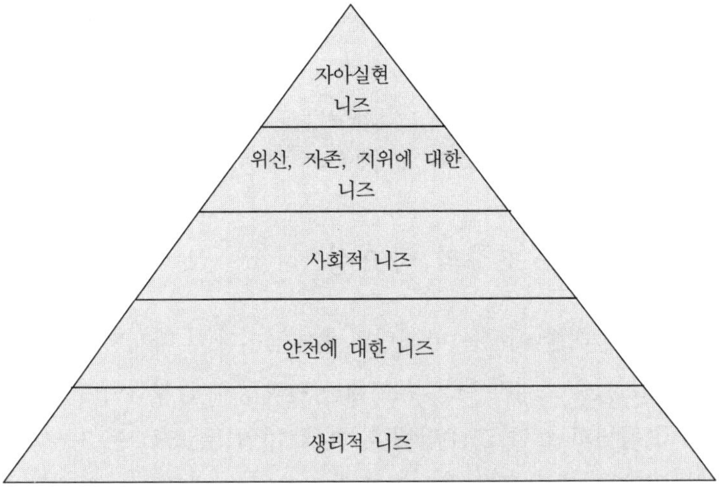


그림 11-2 **Maslow의 욕구위계설**

같다.

욕구위계설의 특징을 살펴보면 우선 니즈의 위계는 하위 단계에서부터 생리적 니즈, 안전에 대한 니즈, 사회적 니즈, 위신·자존·지위에 대한 니즈, 자아실현 니즈 등 다섯 단계로 형성되어 있다. 그리고 어떤 욕구가 충족되면 이 욕구는 더 이상 동기를 유발하지 못한다. 또한 하위 니즈의 우선적 충족에서부터 점차 상위

표 11-2 **소비자 욕구와 소비자 니즈**

| 구 분 | 특 징 | 소비자 니즈 | 니즈 충족의 예 |
|---|---|---|---|
| **생리적 욕구** | 의식주, 배고픔 등의 가장 기본적인 욕구 | 생리적 니즈 | 각종 건강식품 |
| **안전의 욕구** | 육체 및 감정적 해로움으로부터의 보호 욕구 | 안전에 대한 니즈 | 보험, 세콤 |
| **사회적 욕구** | 애정<br>소속감의 욕구 | 사회적 니즈 | 광고 카피<br>"우리는 당신과 함께입니다" |
| **자존 욕구** | 자기 존중<br>성취감의 욕구 | 자존에 대한 니즈 | 여러 호텔의 "스위트 룸" |
| **자아실현욕구** | 자신을<br>성장시키려는 욕구 | 자아실현에 대한 니즈 | 광고 카피<br>"이것을 가진 당신은 특별해 질 수 있다" |

니즈의 충족으로 이동해 간다. 즉 인간은 좀더 근원적인 니즈가 만족되고 나서야 다른 니즈를 충족시키려는 경향이 있다.

소비자 니즈는 매슬로의 욕구 5 단계설에 의하여 5가지로 분류할 수 있다. 이에 따라 나누어진 소비자의 니즈와 그 제품의 예는 표 11-2와 같다.

### 1) 소비자 니즈 조사의 중요성

소비자 니즈에 대한 이해는 마케팅의 출발점이다.[1] 마케팅의 대가 필립 코틀러(Phillip Kotler)는 '소비자 니즈의 이해는 마케팅의 출발점이며, 경영에서 이것이 없으면 마치 장님과 같다'고 주장했다. 미국 기업 (주)P&G는 자사의 성공 공식을 '소비자가 원하는 것이 무엇인지 알아내고 그것을 제공하는 것'으로 정의하고 시장조사분야를 가장 중요한 사업으로 간주했다. 그러나 소비자 니즈의 중요성은 대부분 인정하고 있으나 소비자 니즈가 까다로워지고 있어서 그것을 이해하는 것이 한층 어려워지고 있다. 구매의사결정이 기능적 속성보다는 제품의 감성적 특성, 브랜드의 상징성 등에 의해 이루어지면서 소비자 니즈를 파악하는 것이 더욱 어려워지고 있다. 복잡하고 모호한 소비자 니즈를 발굴하기 위해서는 선진 조사기법을 도입하고 활용해야 한다. 소비자 니즈에 대한 논리적 설명뿐 아니라 정서적이면서도 감성적인 이해를 병행해야 하고, 기존의 객관성을 중시하는 조사기법에만 의존하면 경쟁에서 도태하게 되는 것이 현실이다. 글로벌 경쟁력 제고를 위해서라도 소비자 조사의 선진화가 필수적이다. 선진기업들은 이미 글로벌 시장을 대상으로 오랜 기간 동안 소비자 조사 또는 마케팅 조사를 해 왔으며 앞선 기법과 노하우를

표 11-3 보스턴컨설팅그룹 조사 결과 : 네 가지 감성적 니즈

| 자기만족의 추구 | 타인과의 교감 | 자아의 발견 | 개인 스타일의 표현 |
|---|---|---|---|
| 나만의 시간<br>편리함<br>재충전과 나를 위한 선물 | 이성과의 만남<br>인간관계의 강화<br>그룹에 대한 소속감 | 모험에 나섬<br>새로운 것을 배움<br>취미 등을 즐김 | 나를 표현함<br>나만의 브랜드를 구축함<br>나만의 브랜드를 전달함 |

자료 : 보스턴컨설팅그룹. 『소비의 새 물결 트레이딩 업』, 2005

1) 소비자 니즈는 소비자학, 심리학 분야에서도 중요한 대상이나 여기서는 기업 마케팅에 초점을 두고 논의를 전개하고자 한다.

보유하고 있다.

최근 보스턴컨설팅그룹(2005)은 미국 소비자 2,300명을 대상으로 1차적으로 정량조사를 실시하고 다양한 인구 통계적 배경의 소비자를 심층 면접했다. 그 후 다시 2차 조사로 500명의 소비자를 대상으로 집단 토의(구체적인 상품 카테고리에 대해)를 진행하여 소비자의 네 가지 감성적 니즈를 발견했다. 이는 표 11-3에 제시한 바와 같이 자기만족의 추구, 타인과의 교감, 자아의 발견, 개인 스타일의 표현이었는데 소비자 니즈는 소비자의 구매행동에 영향을 주고 상품구매와 밀접한 관계가 있다고 주장했다.

## 2) 소비자 니즈의 새로운 관점

소비자 니즈를 파악하는 것은 매우 중요한 일임에 틀림없으나 실제로 소비자 니즈를 파악하는 것은 쉬운 일이 아니다. 소비자 니즈에 대한 조사는 소비자 니즈에 대해 새로운 시각으로 접근해야만 한다.

### (1) 5%에 불과한 말로 표현되는 니즈

기업들은 고객의 욕구나 불만 사항을 파악하기 위해 소비자들에게 의견과 느낌을 언어로 표현하도록 요구해 왔다. 그러나 언어로 표현되지 않는 무의식적인 니즈까지 고려해야 한다. 기업은 소비자들이 말로 표현한 니즈만을 고려할 경우, 소비자들의 본심을 알아차리지 못하여 획기적인 아이디어 상품을 만들어 낼 수 없다. 소비자 니즈를 파악할 때 표면에 드러나는 획일적인 구조만을 판단하지 말고, 무의식적 니즈와 인지된 니즈 등으로 구분하여 접근해야 한다.

언어, 문자 중심의 대화로는 억양, 눈 맞춤, 몸짓, 주시 동작 등 준언어(para-language)적 의미를 포착할 수 없다. 소비자는 자신이 의도하는 것을 말로 쉽게 설명하지 못하며, 특히 추상적인 요구사항을 스스로 정의하여 표현하기는 극히 어렵다. 사람들은 자신의 생각이나 감정을 의식하지 못하는 경우가 대부분이며 사고 형태도 언어와 이미지가 혼재하여 나타난다. 고객의 요구를 나타내기 위한 인터뷰에서 질문에 대해 먼저 떠오르는(top-of-mind) 생각만을 이야기하는 경향이 있다. 따라서 소비자 니즈를 파악하는 작업에서는 말로 표현되지 않는 니즈, 소비자도 파악하지 못하는 자신의 니즈를 파악하기 위한 노력이 필요하다.

#### (2) 논리적으로 이해되지 않는 소비자 니즈 및 행동

일반적으로 소비자의 구매의사결정은 이성적 사고과정을 거친다고 전제한다. 가격, 품질 등 상품 속성별 중요도와 호감도를 기준으로 하여 논리적 사고과정을 거쳐 상품이 선택된다고 본다. 그러나 소비자의 판단과 행동이 때로는 습관적, 자동적으로 이루어지며 감성적, 상징적인 요인이 작용하기 때문에 논리적으로 이해하는 것이 불가능한 경우가 더 많다. 따라서 논리적으로 이해되지 않는 니즈나 행동 등에 대한 새로운 시각과 조사방법 차원의 새로운 접근이 필요하다.

### 3) 소비자 니즈 조사 기본 전략

소비자 니즈를 파악하는 것은 소비자나 기업에 있어서 필수사항이다. 그렇다면 어떻게 소비자의 니즈, 특히 내재적 혹은 잠재적 니즈를 파악하고 조사할 것인가는 중요한 과제이다. 소비자 니즈를 파악하는 데 있어서 필요한 기본 전략에 대해 살펴보아야 한다(자료 : http://blog.naver.com, 2004년 7월 29일).

#### (1) 소비자 통찰 : 소비자에 대한 관심과 관찰

소비자의 니즈를 파악하기 위해서는 소비자 통찰(consumer insight)을 얻어야 한다. 소비자 통찰의 시작은 소비자에 대한 관심과 관찰로부터 시작한다. 소비자 통찰을 얻기 위해서는 소비자를 이해하고 소비자의 마음을 알아야 한다. 하지만 '어떻게 해서 소비자의 마음을 알아낼 것인가' 하는가는 광고, 마케팅, 기업에서 가장 고민하고 있는 부분이다. 소비자 니즈를 파악하기 위해 최근에는 과학적인 접근의 일환으로 소비자 조사 또는 소비자 니즈 조사 방법이 다양한 방식으로 시행되고 있는 편이다. 조사 방식은 대개 소비자에게 그 답을 요구하고 있으며, 마케터는 소비자로부터 얻은 답변을 통해서 그들을 이해하고자 한다.

예를 들면, '여러분이 OO을 구매할 때 가장 중요하게 생각하는 것은 무엇입니까?', '여러분이 OO 제품을 사용할 때 불만족스럽다고 생각한 것은 어떤 것입니까?' 등과 같은 질문을 하고 이에 대한 응답을 분석하여 소비자 니즈를 파악한다고 하자. 그렇다면 이러한 소비자 조사를 통해서 소비자의 니즈를 파악할 수 있을까? 나아가 소비자에 대한 통찰을 얻을 수 있을까? 물론 위와 같은 소비자 조사를

트렌드 메모 11-2

### 고객 니즈는 어떻게 변화하고 있는가

비즈니스는 고객과의 심리전이다. 고객이 무엇을 생각하는지를 먼저 알아내고, 그것을 먼저 제공하는 기업이 승리한다. 요즘 소비를 둘러싸고 말들이 많다. 수출이 둔화되니 내수 소비를 늘려야 한다, 소비가 너무 안 되서 큰일이다, 소비자가 점점 까다로워진다는 등의 이야기들이다. 거시 경제에서는 경기가 불황 속으로 빠져들면서 소비가 위축되고 이것이 다시 불황을 장기화시키는 악순환의 고리를 형성하고 있다. 미시적으로는 기업의 매출이 감소하고, 그에 따라 투자가 위축되면서 관련 기업의 매출 감소로 이어진다. 이러한 소비 위축에 대응하기 위한 거시경제적 처방은 논외로 하고, 기업 차원에서 소비를 자극해 매출을 늘리기 위해서는 어떻게 해야 하는가?

어떤 일본인 마케팅 전문가가 이런 이야기를 한 적이 있다. "거시 경제적 불황은 있을 수 있지만, 기업의 마케팅 담당자가 불황으로 인해 매출이 감소한다고 이야기해서는 안 된다. 아무리 어려운 상황에서도 고객의 니즈가 어떻게 변화하는가를 잘 파악하고 대응하는 기업의 매출은 증가한다." 좀 억지스러운 면도 있지만 전적으로 틀린 이야기는 아니다. 불황에도 히트 상품은 있기 마련이고, 성장하는 기업도 있다. 그 이면을 살펴보면 여러 가지 원인이 있겠지만, 대부분 경쟁사에 비해 더 빠르고 능동적으로 고객의 니즈 변화에 대응한 경우가 많다.

고객의 니즈 변화에 능동적이고 선행적으로 대응하기 위해서는 먼저 니즈의 변화를 파악해야 한다. 그렇다면 이제 막 21세기를 열어가는 요즘 고객의 니즈는 어떻게 변화하고 있는가?

통해 소비자에게 접근할 수 있으며, 그들을 이해할 수 있다. 하지만 그것만으로 소비자의 내면을 바라볼 수 있을까? 위의 조사는 '자신이 무엇을 원하고 있는지는 소비자 스스로 알고 있으며, 그것을 표현(답변)할 수 있다'고 전제하고 있지만, 사실 소비자들은 자신들의 생각을 잘 알지 못하는 경우가 있다. 또한 자신의 생각이 마음속 깊은 곳에 있어 쉽게 밖으로 인출(표현)하지 못하는 경우도 있다. 이런 경우 관찰을 통해서 통찰의 실마리를 얻는 경우가 흔히 있다. 사람들은 제품의 효과를 어떻게 확인할 것인가? 소비자들이 합리적으로 인과를 추론한다고 보이지만, 의외로 직관적이며, 휴어리스틱(heuristic, 발견적 학습방식)을 통해서 효과의 유무를 판단한다. 즉 소비자에 대해 관찰하는 것이 필수적이라 할 수 있다.

이런 점에 착안한 사례 중 하나인 트롬(Tromm) 세탁기의 커뮤니케이션 전략을 살펴보자. 기능적으로 우수한, 삶아 빠는 방식의 트롬 세탁기를 시장에 출시하기

그림 11-3 **소비자 니즈 소구 트롬 세탁기 광고**

에 앞서 시행된 소비자 조사의 결과는 그다지 낙관적이지 못했다. 즉 트롬 세탁기가 갖는 장점인 건조 기능, 삶는 기능, 우수한 세탁력 등에 대해 실제 소비자들은 그다지 매력적으로 생각하지 않고 있다는 결과를 얻게 되었다. 예컨대 소비자들은 '건조는 실외에서 자연스럽게 말리는 것이 더 낫다', '건조하는 데 전기비용이 추가로 들 것이다' 등과 같이 건조 기능에 대한 저항감과 고비용을 우려하기도 했다. 또한 삶는 기능에 대해서조차도 '옷을 한꺼번에 삶는 것보다 조금씩 따로 삶는 것이 더 깨끗하다', '우리 집에서는 삶는 빨래가 별로 없는데' 등과 같이 기대처럼 매력적으로 생각하지 않는 듯 했다. 나아가 '뛰어난 세탁력'이라는 장점에 대해서도 소비자들은 '지금의 세탁기도 깨끗하게 세탁이 되는 편인데' 하는 것처럼 기존 세탁기의 세탁력에 대한 불만이 있어 보이지 않았다. 오히려 조사 결과는 트롬 세탁기와 같이 삶아 빠는 방식의 세탁기에 대해서 부정적인 생각을 더 많이 갖고 있는 것으로 나타났다. 즉 소비자들은 삶아 빠는 세탁기는 '전기료가 많이 들고, 용량이 작을 것 같으며, 세탁 시간이 길고 가격이 비싸다'는 인식을 강하게 드러냈다.

이러한 상황에서 트롬 세탁기는 무엇을 어떻게 소구해야 할 것인가? 자신의 기능적인 장점을 더 크게 강조를 해야 할 것인가, 아니면 약점으로 여겨지는 기능들을 보완해 부정적인 인식을 해소하는 데 노력해야 할 것인가? 그렇다면 이러한 소비자 통찰은 어떻게 얻게 된 것일까?

이것은 일반적인 소비자 조사를 통해서가 아니라 세탁 시의 소비자의 행동을 면밀히 관찰해서 얻을 수 있다. 소비자를 알고자 한다면 평소에도 끊임없이 소비자의 행동을 눈여겨보아야 할 것이며, 이를 통해 그냥 지나치기 쉬운 작은 행동까지도 포착하고, 이러한 행동이 왜 나타날까에 대한 의문을 품고, 그것을 밝히는 과정이 필요한 것이다. 다시 말해, 소비자에게 질문을 던지기 전에 무엇에 대해 물어야 할지를 먼저 탐색해야 할 것이며, 이를 위해서는 소비자에 대한 관심과 시선을 놓지 않는 것이 중요하다.

가령 소비자들이 세제의 세척력에 대한 효과를 어떻게 지각할 것인가에 대해 살펴보자. 소비자 조사를 통해서 얻게 되는 답변은 보통 '얼룩이 잘 지워지는지 혹은 세탁 세제의 양(조금만 넣어도 때가 잘 빠져요)' 등을 언급할 것이다. 하지만 소비자들을 면밀히 관찰하면 세탁 후에 세탁물을 코에다 대고 냄새를 맡고 있다는 사실 그리고 세탁물을 정리할 때 흰색의 옷에 대해서는 반복적으로 체크를 하는 사실을 발견하게 될 것이다. 이러한 점에 착안해 세제에 향수를 첨가한다거나 표백제를 첨가할 경우 소비자들은 세척력이 더 강한 것으로 인식하게 될 것이다.

### (2) 소비자에 대한 공감과 동감

소비자에 대한 지속적인 관심과 세심한 관찰은 통찰을 얻는 출발점이다. 통찰을 통해 얻게 되는 결과는 소비자에 대한 공감(共感)과 동감(同感)이다. 공감은 '음, 그래. 그럴 수도 있어!'라고 하듯이 나와 다른 사람들이 느낄 수 있는 감정을 잘 표현했다는 것에 대한 인정이며, 동감은 '아니! 저거는 내 얘기를 하는 것 아니야?'처럼 자신의 내면이나 생각을 잘 알아차렸다는 놀라움과 감동을 포함한다. 최근 광고 카피의 예를 가지고 논의해보자.

'열심히 일한 당신 떠나라!'라는 광고가 많은 사람들에게 호소력이 있었다. 이 메시지는 사회에서 열심히 일한 모든 사람에게 해당되는 말일 수도 있다. 하지만 '열심히 일한 당신'이라는 말은 바로 나 자신을 지칭하는 듯하면서 한편으로는 지금까지 가족을 위해 출세를 위해 열심히 노력해 온 30대 혹은 40, 50대인 나의 심정을 잘 대변해 주는 듯했다. 바로 소비자의 공감과 동감을 얻은 것이다. 이와 같은 동감을 갖게 해주는 통찰은 소비자가 언어로 표현할 수 있는 조사결과로부터

선영아 사랑해 광고

선영아 사랑해 TV광고

현대카드 광고

BC카드 광고

그림 11-4 **소비자의 공감을 이끌어내는 광고사례**

얻기가 쉽지 않다. 따라서 소비자의 잠재적인 생각을 읽어내는 노력이 필요하다.

일반적인 소비자 조사와 같은 자기 보고식의 답변보다 개인에 초점을 맞추는 심층면접 방식이 효과적이다. 커뮤니케이션 전략도 다수를 대상으로 한 것이 아닌 개인(바로 나 혹은 당신)을 대상으로 접근하는 전략이 더 효과적이다. 다시 말해 소비자들은 '여러분들 혹은 소비자들'이라고 불리는 것을 원치 않으며, 자기만을 따로 불러주거나 개별적으로(혹은 특별히) 취급해 주기를 원한다. 구체적인 자기 이름을 불러주게 되면 마음이 흔들리는 법이다. 과거 큰 히트를 쳤던 '선영아 사랑해!', '김대리님! 부자 되세요!', '열심히 일한 당신 떠나라!' 등의 예가 바로 여기에 해당한다. 나의 여자는 선영이가 아니며, 나는 김대리가 아님에도 불구하고 이 메시지는 듣는 소비자(나)의 마음 깊이 다가온다.

### (3) 소비자의 내면세계 들어가기 : 소비자의 경험과 기억

통찰을 통한 소비자의 이해 방식은 소비자의 내면세계에 좀 더 깊이 다가가는 것이다. 소비자들이 무슨 생각을 하고 있는 것인가를 아는 것은 곧 소비자들이 어떤 과거 경험을 갖고 있는가를 알아보는 것이다. 소비자들의 공통된 경험을 이해하는 것은 그들의 니즈를 파악하는 데 필요하며, 공감과 동감을 이끌어내는 데 필수적이다. 소비자들의 과거 경험은 기억체계를 이루어 소비자의 머릿속에 저장되어 있다고 여겨도 좋을 것이다. 하지만 오랫동안의 많은 경험이 어떻게 저장되어 있는가는 그것을 어떻게 자극하고 어떻게 인출한 것인가에 대한 문제이기도 하다.

기억의 활성화 모델에 따르면 사람들이 보고 듣거나 경험하게 되는 정보들은 일련의 관계성(set of relationship)에 따라 조직화되고, 많은 관련 정보들을 포함하는 연상망(associative network)에 저장된다고 주장할 수 있다. 즉 소비자는 상표 및 상점 등과 관련된 개념의 조직화된 체계를 가지고 있다고 볼 수 있다. 마찬가지로 인출의 관점도 기억의 어떤 측면을 활성화시키면 관련되는 다른 정보(기억 조각)를 자극하게 되고, 이에 따라 서로 연결된 정보처리 과정이 일어난다는 것이다.

개인적으로 연관된 사건에 의해 기억의 요소가 저장되는 것을 '사건 기억(episodic memories)'이라고 하는데, 이런 기억은 유지하려는 동기가 매우 강하다. 예컨대, 맨 처음의 데이트, 신혼여행, 졸업식 등과 같은 사건이 함께 기억의 세계에 저장되는 것이다. 이런 기억은 특별한 연상을 통해서 한꺼번에 그리고 생

> 트렌드 메모 11-3
>
> **고객만족경영 추구 사례**
>
> 미국 내 전문 소매점인 스튜 레오나드는 단위 면적당 최고의 매출을 올리는 것으로 기네스북에 수록되기도 한 소매업체이다. 이 업체에서는 3톤짜리 화강암에 규칙 1, 규칙 2를 새겨 각 매장 입구마다 설치해 두고 있다. 이 회사는 고객만족에 대한 남다른 열정을 보이고 있으며 '고객은 항상 옳다'는 슬로건으로 고객만족을 경영의 핵심적 원칙으로 삼고 있다.
>
> **규칙 1 : 고객이 항상 옳다**
> **규칙 2 : 고객이 틀렸다면 규칙 1을 다시 읽어라**
>
> 자료 : http://blog.naver.com, 2004년 7월 22일

생하게 인출해낼 수 있는데, 이를 '섬광 기억(flashbulb)'이라고 부르기도 한다. 예를 들어, 여행지의 사진 한 장은 여행 중에 있었던 많은 기억을 불러온다. 특히 학생시절의 수학여행이나 신혼여행 때의 사진은 과거의 경험세계를 일깨우고, 추억에 잠기게 하며, 나(소비자)의 내면세계에 들어오는 문의 빗장을 쉽게 열어준다. 이처럼 경험에 초점을 맞춤으로써 사건 기억들을 활성화시키기도 한다.

### (4) 단축된 소비자의 인지과정 파악

소비자로 하여금 동감을 갖게 하거나 감동을 주는 또 다른 경우는 소비자의 사고(생각)의 지름길을 발견했을 때이다. 흔히 위트가 넘치는 광고를 접할 때에 '아하!'라는 감탄사가 나오기 마련이다. 통찰이라는 것은 일상적인 인지과정보다 훨씬 단축된 인지과정을 의미하는 것이기도 하다. 우리가 학습할 때 사고의 지름길을 발견하고 그것을 깨닫게 되면 우리는 동감과 함께 기쁜 탄성을 지른다. 이는 우리가 몰랐던 사실을 발견했다기보다 알고는 있었지만 깨닫지 못하고 있었던 것을 알게 되면서 얻는 감동인 것이다.

진한 감동을 동반한 유머광고나 많은 메시지를 압축해서 우리 마음을 잘 표현해주는 것들이 이에 해당한다. 예컨대 추운 겨울에 중년의 여성이 남편에게 하는 말, '여보, 아버님 댁에 보일러 놓아드려야겠어요'라고 하는 광고에도 많은 메시지가 함축되어 있다. 흔히 말하는 '이심전심(以心傳心)', '염화시중(拈華示衆)'이라는

표현이 이에 해당될 것이다. 말을 굳이 하지 않더라도 마음과 마음이 통하여 깨달음을 얻게 된다면 바로 통찰에 이르는 것이라고 할 수 있다. 거창하고 장황하게 표현하지 않고도 자신의 제품이나 광고 메시지가 소비자의 의식 깊은 곳에 잘 전달할 수 있어야만 통찰적인 접근이라고 할 수 있을 것이다.

### 4) 고객 니즈와 기업경영

기업에서는 불황일수록 고객 니즈 부합형 제품 개발에 주력해야 한다는 것이 정설이다. 경기침체를 이유로 구조조정, 비용절감 등 방어적 전략으로 일관해서는 곤란하고 고객의 마음을 읽어 내는 마케팅 조사를 통해 불황을 돌파하자는 전략이 제기되고 있다.

생존만을 위한 과도한 비용절감 및 투자축소는 성장 가능성을 훼손하므로 불황에 지치고 위축된 고객의 구매 욕구를 자극하기 위해서는 드러나지 않는 소비자 니즈를 발굴해 내는 마케팅 조사역량이 필수적이다. 불황기에는 고객 니즈에 부합하지 않는 제품은 외면당할 확률이 더 높기 때문이다.

#### ① 고객 니즈 추종형 전략

고객 니즈 추종형 전략이란 고객이 표현한 니즈를 충실하게 이해하고 반영하는 전략을 말한다. 이 전략을 채택하는 기업들은 고객의 제안을 신제품 개발 및 홍보 전략의 핵심 원천으로 삼는다. 판매 및 시장점유율 확대에 필사적인 기업들은 충족되지 않은 요구(unmet needs)를 파악하기 위해 소비자의 가정 및 습관에 대해 보다 깊이 탐구하고 있으며, 소비자들을 만족시키기 위한 새로운 제품을 디자인한다. 매해마다 기업들은 엄청난 숫자의 새로운 식품, 음료 및 미용 상품 등의 새로운 신상품을 시장에 내놓는데 이것은 대부분의 사람들이 추측했던 것보다 더 많이 충족되지 않은 요구가 존재한다는 것을 의미한다.

고객 니즈 추종형 전략은 기술의 변화가 그다지 크지 않은 안정적 환경에서 성공할 가능성이 많다. 이런 안정적 환경에서 소비자들은 과거 경험을 유추하여 미래에 자신이 원하는 것이 무엇이 될 것인지에 대해 비교적 높은 정확성을 갖고 표현할 수 있다. 고객 니즈 추종형 전략을 수행하는 기업의 성패는 목표 고객이 요구하는 사항을 얼마나 충실하고 효율적으로 만족시킬 수 있을 것인가에 달려있다.

트렌드 메모 11-4

### 고객 니즈 추종형 전략 활용 기업

LG전자가 올해 초 세계 최초로 개발한 TV-DIOS는 냉장고에 TV를 장착한 신개념 주방용품이다. 이 제품은 LG전자가 자체 고객평가단과 설문조사를 통해 주부들의 의견을 수렴, 실용화한 것으로 주방공간과 거실공간의 벽을 허물었다는 평가를 받고 있다.

빕스와 스카이락을 운영하는 CJ 푸드빌은 해외 프랜차이즈 패밀리 레스토랑과는 달리 자체 메뉴를 개발한다. 하나의 메뉴가 탄생하기까지는 철저한 기획과 개발 그리고 실제 매장에서 운영할 수 있는 매뉴얼화 등의 단계를 거치지만, 심혈을 기울여 메뉴를 개발하더라도 고객의 반응은 까다롭고 자주 변한다.

CJ 푸드빌은 고객들의 니즈를 직접 수렴하기 위해 고객이 스스로 메뉴를 제안하는 '고객제안 메뉴 프로그램'을 선보였다. '굴 소스 찹 스테이크' 등 고객이 제안한 메뉴는 선보인 후 한 달간 1억 5천만 원의 판매를 기록할 정도로 인기 메뉴로 자리 잡았다.

전체 매출의 80%는 20%의 고객으로부터 나온다는 80/20의 법칙은 고객 니즈 추종형 기업이 특히 명심해야 할 사항이다. 자신의 제품이나 서비스를 다량으로 이용하는 핵심고객을 명확히 하고 그들의 니즈를 만족시키는 것을 경영의 주요 목표로 삼아야 한다.

고객 니즈 추종형 전략은 제품의 개발에 있어 고객으로부터의 요구를 수렴하여 이에 적극 대응하려고 한다. 고객 니즈를 정확하게 파악할 경우 신제품 개발의 리스크를 최소화하면서 성공확률을 높일 수 있다. 그러나 이러한 고객 니즈 추종형 전략은 한계점을 갖고 있다.

첫째, 고객은 자신의 니즈를 잘 알지 못하는 경우가 많다. 고객은 실제로 제품이 구체화되기 이전에는 자신이 그 제품을 필요로 하고 있었다는 사실조차 깨닫지 못하는 경우가 많다. 최근 카메라폰이 시장에서 큰 인기를 얻고 있지만, 불과 몇 년 전까지만 하더라도 휴대폰으로 사진을 찍고 싶다는 니즈를 표현하는 소비자는 거의 없었다.

둘째, 고객이 니즈를 알더라도 잘 표현하지 못하는 경우가 많다. 가령 식기세척기의 경우 고객은 '잘 닦인다'는 말로 자신의 니즈를 표현하곤 한다. 그러나 그것이 세균을 잘 없애주는 것인지 혹은 반짝반짝 윤이 나게 하는 것인지 등에 대한 구체적인 사항까지 전달하지 못하는 경우가 많다.

셋째, 지나친 고객 니즈 추종형 전략은 혁신에 대한 장애물로 작용할 수 있다. 전문가용 SLR 카메라의 경우, 고객들은 카메라 본체뿐만 아니라 해당 제품에 호환되는 렌즈 구입에 많은 투자를 하게 된다. 니콘은 수동초점(manual focus) 카메라 시대의 마켓 리더로 군림했으나 자동초점기술에 대한 적절한 대응이 늦었다. 수동렌즈에 많은 투자를 한 니콘의 고객들을 실망시키고 싶지 않았기 때문에 니콘은 자동초점의 도입을 망설였을 뿐만 아니라, 호환성을 고집함으로써 자동초점 기능에서도 약간의 성능저하를 야기했다. 반면 캐논은 기존 자사 렌즈와의 호환성을 과감히 포기하는 결단을 통해 향상된 자동초점 성능으로 성장의 토대를 마련하는 계기를 가질 수 있다. 이렇듯 기존 고객에 대한 지나친 집중은 혁신적 사고를 방해하는 장벽으로 작용하는 경우가 있다.

### ② 고객 니즈 선도형 전략

디지털 시대로 접어들면서 고객 니즈 선도 전략의 중요성이 더욱 커지고 있다. 기술혁신 속도가 점차 가속화되면서 제품의 라이프 사이클은 단축되고 있다. 제품의 성능은 끊임없이 개선되는 반면, 가격 하락 속도는 더욱 빨라지는 현상이 나타나면서 신제품이 가격 프리미엄을 누리는 기간이 줄어들고 있는 것이다. 고객에게서 드러나는 니즈를 파악하여 제품에 반영하는 고객 니즈 추종형 전략은 개발 시간을 감안하면 항상 시장의 흐름에 뒤쳐질 가능성이 높다.

고객들은 제품이 실제로 구체화되기 전에는 그들이 어떤 제품을 원하고 있다는 것조차도 깨닫지 못하는 경우가 많다. '아는 것만큼 보인다'는 말처럼, 제품이나 서비스에 대해 풍부한 지식을 갖지 못한 소비자들은 현재 제품에 대해 점진적 개선사항을 위주로 생각하곤 한다. 현재 구현되고 있는 제품을 근간으로 한 의견은 운영 효율성을 증진시키는 데에는 도움이 되겠지만, 현재 정해져 있는 시장의 법칙에서 벗어날 수 있는 새로운 게임의 룰을 창조할 기회를 얻는 데에는 한계가 있다.

고객 니즈 선도형 전략 역시 고객의 니즈를 충족시키는 것을 목표로 한다는 넓은 의미에서 고객만족을 지향한다. 그러나 고객의 눈에 보이는 현재 니즈에 집중하기보다는 새로운 고객과 니즈를 발굴한다는 측면에서 '고객 창조'를 추구한다고 표현하는 것이 더욱 정확할 것이다.

고객 니즈 추종형 전략에서 대량 소비자가 중요했던 반면, 선도형 니즈 전략을 채택하는 기업들은 선도이용자와 긴밀한 관계를 유지해야 한다. 선도이용자는 현재의 제품을 다량으로 소비하는 고객이 아닐 수 있지만, 제품에 대한 요구수준이 높고 그 니즈를 충족시키기 위해 여러 가지를 실험해보는 소비자들이다. 진정한 선도이용자들은 고객들의 충족되지 않은 니즈를 발견하는 기회를 제공할 수 있다.

고객 니즈 선도형 전략에 적합한 사람들은 직관형의 경영자이다. 번뜩이는 영감을 갖고 있으며, 새로운 것과 남다른 경험의 진가를 인정하며 즐기는 유형이다. 고객이 현재 원하고 있는 것을 제공하는 것을 넘어, 아직 고객들도 미처 깨닫지 못하고 있는 새로운 지평을 보여주고 이끌어갈 수 있는 통찰력이 고객 니즈 선도형 기업의 경영자에게 요구되는 자질이다.

고객 니즈 선도형 전략이 첨단 산업에서 주로 채택되기는 하지만, 그것이 반드시 기술주도적일 필요는 없다. 소비자들이 원하는 것을 따라가는 것이 아니라, 소비자들을 매료시킬 만한 새로운 라이프스타일을 제시하는 상품이나 서비스가 성공할 가능성은 더욱 높아지고 있다. 가령 스타벅스 이전의 커피 업계는 커피를 단순한 상품으로 생각해 왔으며, 가격 경쟁이 심화됨에 따라 시장에는 값싼 인스턴트커피 일색이 되었다. 그러나 스타벅스의 CEO인 하워드 슐츠는 단순한 커피를 판매한다는 개념을 넘어 커피가 만들어내는 여유와 활기찬 분위기 등 문화를 판매한다는 개념을 도입하여 성공을 거두었다.

고객의 드러나지 않은 니즈를 성공적으로 잡아내어 성공을 거둔다면 기존에 존재하지 않던 새로운 유형의 제품이나 서비스 카테고리를 창출하게 될 가능성이 높다. 그러나 선도형 전략을 실행하려는 기업은 그것이 성공에 따르는 보상이 높은 만큼 실패의 가능성 역시 높다는 것을 감안해야 한다. 고객으로부터 표현된 니즈가 아닌 감추어진 니즈를 발견해야 하는 만큼, 파악한 고객의 니즈가 정확하지 않을 가능성이 높다. 고객 니즈 선도형 기업들은 고객들의 니즈를 면밀히 관찰하며 시장 반응에 따라 대응하는 것은 물론 실패에 대비한 적절한 조직과 여유 자원을 갖고 있어야 한다.

**③ 고객 니즈 추종과 선도의 조화**

고객의 니즈를 따라가는 것만으로는 치열한 시장경쟁에서 이길 수 없다. 고객

> 트렌드 메모 11-5
>
> ### 고객 니즈 선도형 전략 활용 성공사례
> **- 컴퓨터, 워크맨 -**
>
> PC가 대중화되기 전에 컴퓨터는 군사적, 학술적 목적 혹은 기업의 대용량 자료처리에 사용되는 것으로 생각되어 왔으며, 집에 컴퓨터를 하나씩 갖겠다는 생각을 한 사람은 거의 없었다. 컴퓨터 산업의 선두 기업이었던 DEC의 회장 켄 올슨(Ken Olson)은 '어느 누구라도 개인이 자신의 집에 컴퓨터를 사놓을 이유는 없다'고 단언한 적이 있다. 그러나 스티브 잡스는 개인이 소유할 수 있는 값싼 컴퓨터의 꿈을 자신의 차고에서 키워갔으며, 애플 II를 통해 개인용 컴퓨터 시장을 창조했다. 소니의 창업자인 아키오 모리타는 '소비자를 새로운 제품으로 리드해 가야 한다. 소비자는 무엇이 가능한지 모르지만, 우리는 알기 때문이다'라고 주장한 바 있다. 고객이 알아차리기 전에 그들의 니즈를 파악하는 고객 니즈 선도형 전략의 중요성을 일찍이 간파한 것이다. 소니가 워크맨을 개발할 때 대다수 직원들은 팔릴 리가 없다며 반대했다. 그러나 모리타는 '3만 개도 팔리지 않으면 회장에서 물러나겠다'는 단안을 내렸는데 워크맨은 결국 2억 개가 넘게 팔리며 소니의 명성을 구축하는 계기가 되었다. 1999년 Fortune지가 워크맨 개발을 '역사상 가장 뛰어난 경영 결정'의 하나로 선정한 이유도 이러한 선견지명과 결단력을 높이 평가한 것이다.

의 니즈를 수용하는 동시에 때로는 과감하게 고객을 선도하는 기업 전략이 필요하다. 고객의 니즈를 추종할 것인가 혹은 니즈를 창조해 낼 것인가는 기업에게 중요한 질문이다.

고객 니즈 추종형 전략과 선도형 전략은 반드시 상호 배타적이지는 않다. 기업은 두 유형의 전략을 경우에 따라 적절히 활용함으로써 각각의 한계점을 극복하고 더 나은 성과를 얻을 수 있다. 핵심적인 제품 개념에서는 큰 흐름의 고객의 니즈를 이끌어가되, 고객과의 접점에서는 고객의 작은 목소리도 최대한 반영하는 것이 바람직할 수 있다. 제품의 수명주기에 따라 생각해 볼 경우, 제품의 도입기에서는 니즈가 구조화되어 있지 않고 고객의 지식이 많지 않기 때문에 고객 니즈 선도형 전략을 채택하는 것이 경쟁에서 앞설 수 있는 방법일 수 있지만 성숙기에 진입할수록 고객 니즈 추종형 전략이 적합할 것이다.

최근 젊은이들 사이에 인기를 얻고 있는 싸이월드는 고객 니즈 선도형 전략으로 시작되었는데, 인터넷 도입의 초기에는 아직 고객 스스로가 인터넷에서 무엇을

트렌드 메모 11-6

### 고객 니즈 추종형 전략과 고객 니즈 선도형 전략의 병행 성공 사례

휴대폰은 제품의 라이프사이클이 극히 짧으며 고객의 미래 니즈가 매우 불투명한 환경을 갖고 있다. 국내 전자회사들은 첨단제품의 최초 개발을 꾀하는 고객 선도형 전략을 채택함으로써 이에 대응하고 있다. 예를 들어 삼성전자는 작년 세계 시장에 78개의 플랫폼을 기반으로 무려 100여 개의 모델을 출시하여 시장을 선도하는 한편, 고객의 반응을 관찰하며 비인기 제품을 조기에 퇴출시키는 시장 실험을 통해 고객과 시장에 대해 학습하는 시장 추종형 전략을 동시에 구사하고 있다. 그 결과 2004년 LG전자는 세계 CDMA 시장에서 대수 기준 1위를 차지했으며, 삼성은 세계에서 가장 비싸게 팔리는 휴대폰 브랜드로 자리 잡고 있다.

하고 싶어 하는 지에 대해서도 잘 깨닫지 못했기 때문이다. 그러나 사업이 지속적으로 성공을 거두기 위해서는 각각의 고객 취향에 맞추는 고객 니즈 추종형 전략의 중요성이 더욱 부각된다.

고객의 니즈가 비교적 분명하게 정의될 수 있는 제품군에 대해서는 고객 니즈 추종형 전략을 추구하고, 고객의 니즈가 불투명한 사업에 대해서는 선도형 전략을 채택하는 전략의 포트폴리오를 구성하는 것도 두 전략을 조화시키는 좋은 예가 될 수 있다.

그러나 다른 한편으로, 기업은 고객의 요구를 경청해야 하지만, 때로는 무시해야 할 때도 있다. 고객들은 대개 현재 상태에서 개선을 원하지만, 뭔가 혁명적인 변화로 고객을 기쁘게 해야 할 책임은 궁극적으로 기업에 달려있다. 언뜻 이율배반적으로 보이는 두 가지 필요성을 조화롭게 관리할 수 있는 기업이야말로 불확실한 경쟁 환경에서 성공할 수 있는 조건을 갖추는 셈이다.

## 5) 소비자 니즈 파악 및 활용 전략

소비자 니즈를 파악하고 활용하기 위한 전략을 살펴보면 첫째, 해외시장 개척으로 성장기회를 새롭게 창조하는 것이 필요하다. 현지인의 소비성향에 대한 사전

> 트렌드 메모 11-7
>
> **고객 무시 성공 사례**
>
> 고객의 말을 듣지 않거나 완전히 무시하여 성공한 사례도 있다. 존재하지 않던 기술이나 상품 컨셉을 소개해야 할 때 혹은 조사결과 니즈가 산만하게 나타날 때는 고객 목소리를 무시하는 것이 오히려 효과적이다. 소니가 워크맨을 개발할 당시 움직이면서 음악을 듣는 문화가 생소하여 소비자, 판매망, 社內의 조사가 모두 부정적인 반응을 보였지만 CEO가 의지를 갖고 상품화를 강행하여 결국 성공했다.

조사를 바탕으로 해외시장을 개척하여 내수침체를 극복할 필요가 있다. 예를 들어 캐논은 일본 장기불황 하에서도 수익의 70%를 해외시장에서 거두어들이며 3년 연속 사상 최대이익기록을 갱신한 바 있다. 해외사업 강화와 글로벌 경쟁에의 대응을 위해서는 고객이해 수준을 높이는 것이 필요하다. 글로벌 기업들은 앞선 기법을 적용하여 현지인에 대한 철저한 소비 니즈 분석으로 지역적 차별화를 도모해야 한다. 가령 로레알은 한국시장에 진입하면서 소비자의 가정을 방문하여 화장품 사용과 관련된 모든 생활을 면밀하게 관찰한 후 제품, 서비스에 반영했다.

둘째, 고객 분석의 수준을 한 단계 업그레이드하기 위해서는 해외 선진기업과의 고객 분석 역량의 격차를 조기에 축소해야 한다. 선진기업들이 잠재 니즈 발굴을 목표로 고객 니즈를 분석하는 반면, 국내 기업들은 표면적인 의견청취에만 치중해 온 경향이 있다. 편의성과 비용문제 때문에 일반적 서베이를 주로 사용해 왔다. 그러나 글로벌 기업과의 경쟁에 대처하기 위해서 현재의 취약한 고객 분석 체계를 근본적으로 재점검해야 한다. 토종업체의 강점만으로 내수시장을 방어할 수는 없다. 효과적인 고객마인드 읽기를 위해 다각적 접근을 시도해야 한다. 즉 정성적 기법에 근거한 분석을 통해 잠재 니즈를 발굴해야 한다는 것이다. 미충족된 잠재 니즈를 발견하여 새로운 제품을 개발하고 신시장을 창출해야 한다. 객관적 검증에 근거한 기존 접근방법의 한계를 인식하여 적절한 정성적 기법을 동원해야 한다. 선진 기업들이 활용하고 있는 정성적 기법은 표현되지 않는 니즈를 탐색하기 위한 효과적 수단이기 때문이다.

셋째, 소비자의 니즈를 파악하여 효과적인 경영을 시행하기 위해서는 다양한 분야의 전문 인력을 영입하여 여러 산업의 방법론을 접목할 필요가 있다. 인간 행동과 사고를 깊이 있게 이해할 수 있는 인문사회 및 기초과학 분야의 전문 인력을 활용해야 한다. 예를 들어 P&G, 도요타 등은 인류학자, 심리학자를 리서치 팀장으로 채용하고 있다. 타 산업에서 활용하는 조사방법을 도입하여, 독특하고 차별화된 아이디어를 발굴해야 한다. 예를 들면 자동차업체는 의류업체와 공동으로 마케팅리서치를 실시함으로써 유행하는 컨셉, 색상 등에 대한 정보공유와 시너지 창출이 가능하다.

그림 11-5 **새로운 소비트렌드를 표현하는 사진**

자료 : 노컷뉴스, 2005년 4월 14일

넷째, 정성적 조사를 위한 수단으로 디지털 도구를 적극 활용해야 한다. 비디오 컨퍼런싱, 온라인 채팅 등을 활용한 정성적 조사는 오프라인의 시간적, 지리적 제약을 극복할 수 있도록 한다. 예를 들면 미국 식품회사인 퀘커 오츠(Quaker Oats)의 분석에 따르면, 온라인 조사비용은 오프라인 대비 1/3 수준에 불과하다. 디지털 방식의 정성적 조사는 신분노출 없이 진행할 수 있고 익명성을 보장하기 때문에 보다 솔직한 답변을 얻어낼 수 있다. 현재의 정량적인 온라인 서베이 위주에서 정성적 조사로 디지털 도구의 활용범위를 확대해야 한다.

다섯째, 고객 니즈에 능동적으로 대응하는 현장 지향 체질로 전환해야 한다. 실무자가 현장에서 직접 고객과 대화하고 니즈나 불만요소를 체험해야 한다. 고객의 일상생활 및 소비 현장에서 생생한 정보를 획득해야 하며 전 구성원이 고객중심사고를 실현할 수 있도록 고객과의 접점에서 발생하는 정보와 지식을 취합하고 공유해야 한다. 온라인 커뮤니티 상의 고객의견은 제품개발을 위한 아이디어의 보고이기 때문이다. 기업의 CEO도 스스로 고객 목소리에 귀를 기울이는 데 있어 솔선수범해야 한다. 예를 들면 IBM의 회생을 이끈 루거스너 회장은 자기 시간의 80%를 고객에 투자하고 있다.

> 트렌드 메모 11-8
>
> **AVIS 리서치 팀의 고객조사**
>
> 렌터카 업체인 AVIS는 90년대 중반 고객만족도가 떨어지자 자동차 렌탈과 관계된 고객의 감성 니즈를 이해하여 돌파구를 마련하려고 시도했다. 미래학자, 심리학자, 문화 인류학자들로 연구팀을 구성하여 조사를 실시한 결과, 고객은 빠른 서비스, 깨끗한 자동차보다는 여행으로 인한 스트레스와 불안의 해소를 원하는 것으로 나타났다. AVIS는 환차 장소에 운항 상황표 설치, 고객특별보호원의 인도 서비스 제공 등 고객이 안심할 수 있는 분위기를 연출했다. 그 결과 고객만족도 조사에서 선두를 차지했고, 직원유지율도 9%나 높아졌다고 한다.

여섯째, 단계적 학습과 체화를 통해 내부 고객 분석팀의 역량을 강화해야 한다. 초기에는 외부 시장조사 기관과의 공동프로젝트를 통해 선진기법을 습득하고, 단계적으로 내부역량을 강화하여 자체 분석체계를 구축해야 한다. 내부사정에 밝지 못한 외부기관에 계속 의존하면 고객과의 깊이 있는 대화를 통한 혁신적인 제품을 개발할 수 없기 때문이다. 선진기업들은 마케팅리서치 전담 부서를 설치하고 고객 니즈 발굴을 위해 많은 투자를 하고 있다.

일곱째, 조직 내 협업을 통해 분석 결과의 활용도를 재고해야 한다. 고객 분석 전담팀은 분석의 정확성에 치중하는 반면 마케팅, 생산 등은 실질적인 의사결정과 행동에 대한 책임을 생각한다는 차이가 있다. 변화나 리스크를 회피하려는 실무자의 성향 때문에 고객 분석 결과로 도출된 창조적 아이디어가 사장될 가능성이 있다. 분석 결과가 현업의 프로세스에 저항 없이 반영될 수 있도록 CEO 차원의 부서 간 의견 조정과 공식적 적용 의지의 피력이 필요하다. 순환근무를 통해 실무팀 간 상호이해를 도모할 필요가 있다.

## 4. 소비자트렌드 분석 접근방법

소비자트렌드를 분석하기 위해서는 크게 두 가지 방법을 사용한다. 정량조사방법과 정성조사방법이 그것이다. 정성조사는 질적 연구방법이고 정량조사는 양적

> **트렌드 메모 11-9**
>
> **P&G의 마켓 리서치 부서**
>
> 1925년 설치된 P&G의 시장조사 부서가 마케팅 리서치 조직의 효시이다. 초대 팀장을 역임한 스멜서(Smelser) 박사는 34년간 부서장을 지내면서 P&G의 마케팅을 세계 최고의 정교하고 세련된 것으로 발전시켰다. 부서의 연구진들은 다양한 소비자들에게 구체적인 질문을 연속적으로 하고 그 결과를 일람표로 만들어 자사 및 경쟁사 제품이 어떻게 사용되고 있고, 어떻게 사용되어야 하고, 어떤 소비자들이 왜 좋아하는지 등을 파악하고 있다.

연구방법이라고 할 수 있다. 두 조사 방법의 특징, 장단점 그리고 트렌드 분석에 있어서 두 기법의 활용 방안 등에 대해 살펴보자.

## 1) 정량조사

### (1) 정량조사란

정량조사(quantitative research)의 유형은 대체로 구조화된 또는 비구조화된 서베이(survey)나 설문지를 사용하여 조사한다. 연구목적에 부합하는 질문을 담은 설문지나 조사표를 사전에 작성한 후 다양한 방법으로 조사를 하게 된다. 정량조사는 양적 조사를 하는 것이므로 설문지의 응답을 최종적으로 수량화하게 된다. 준비된 설문지나 조사표를 어떤 형태로 배포하는가 또는 어떤 방식으로 응답하는가에 따라 다양한 정량조사 방법이 사용된다.

### (2) 정량조사의 유형

#### ① 면접조사

면접원이 응답자나 가구를 방문하여 직접 설문을 응답받는 방식이다. 상세하고 다양한 설문을 받을 수 있고 높은 응답률을 보장할 수 있으나 조사기간이 길고 조사비용이 비싸다는 단점이 있다.

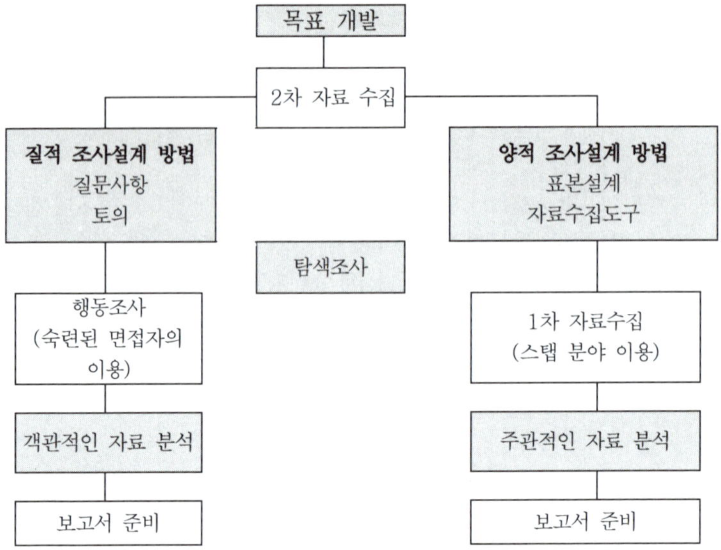


그림 11-6 **소비자 조사과정**

자료 : 황용철. 『소비자 행동론』, 1998

### ② 전화조사

저렴한 비용으로 짧은 시간에 넓은 지역을 대상으로 응답을 받을 수 있으나 설문의 양이 제한적이고 풍부한 데이터를 확보할 수 없다는 단점이 있다.

### ③ 우편조사

면접조사 대비 저렴한 반면 조사 기간과 회수율, 응답자의 의존도가 높아 응답자를 통제하여 응답받기 어렵다는 단점이 있다.

### ④ CLT(central location test)

조사 대상자들을 한곳에 모이게 한 후 조사를 진행하는 방식이다. 시제품, 광고카피 등에 대한 소비자 반응을 조사하는 방법이다. 실제 소비자와 구매상황과 유사한 상황 하에서 조사가 이루어져야 한다.

### ⑤ 갱 서베이(gang survey)

CLT와 비슷한 방법으로 신제품 또는 광고카피 등과 같은 보조물을 이용하여 조사목적에 대한 상세한 설명을 하며 자료수집과정을 통제할 수 있으므로 보다 높은 질의 자료를 수집할 수 있고 조사과정이 외부에 유출되는 것을 방지할 수 있다.

#### ⑥ 가정 내 사용조사(HUT; home use test)

가정 내 사용조사는 응답자가 실제 상황 하에서 제품을 장기간 사용하여 본 후 소비자 반응을 조사하는 방법이다. 이 조사는 자료의 수집을 위하여 응답자의 장기간에 걸친 협조를 필요로 하므로 응답자의 선발·관리가 중요하다.

#### ⑦ 패널조사

소비자 패널(panel)이란 조사회사 또는 제조회사와 계약을 맺고 지속적으로 자료를 제공하기로 한 소비자 집단을 의미한다. 패널조사란 조사회사나 제조회사에서 소비자 패널을 구축한 후, 패널 내의 소비자들로부터 정기적으로 제품구매 또는 제품사용과 관련된 자료를 수집하여 그 변화를 추적하는 조사 방법이다.

#### ⑧ 온라인조사

인터넷 리서치라고도 말하며 최근 인터넷과 이메일이 활성화되면서 널리 사용되고 있다. 이 조사는 모집단이 명확한 경우 이용할 수 있으며 전 국민을 대상으로 조사를 진행하는 방법으로 이용하기에는 아직 조사의 신뢰성에 문제가 있을 수 있다.

### (3) 정량조사와 소비자트렌드 분석

트렌드란 유행과는 다른 개념이다. 유행이란 다른 사람들의 모습이나 행동 등을 따라하려는 일시적이고 단순한 것을 말한다. 하지만 트렌드는 대부분의 사람에게 있어 동질적인 욕구나 심리적 이유 등을 내재하면서 오랫동안 지속되는 것을 말한다. 이 같은 특성을 가진 트렌드를 정량조사를 통해 분석하기란 쉽지 않다. 트렌드 개념 자체가 다소 질적인 개념이므로 트렌드 조사는 주로 정성조사, 즉 질적 조사방법을 사용하는 것이 보통이다.

예를 들어, 소비자에게 설문지를 배부하여 소비자 욕구를 파악한다고 할 경우 빠르게 변화하는 소비자의 마음이나 욕구를 파악하는 것은 쉬운 일이 아니다. 현대사회에서 소비자는 자신이 무엇을 원하는지 정확히 알지 못하는 경우가 많고, 설사 알고 있다고 해도 표현하지 못하는 경우가 많다. 그러므로 설문조사를 통해

트렌드 메모 11-10

### 트렌드 분석을 위한 지침 10가지

1. 항상 새로운 물건, 사건, 현상에 관심을 가지고 주목하라.
2. 항상 사소하고 작은 변화에 관심을 가지고 주목하라.
3. 큰 흐름을 파악하라.
   - 사회구조, 산업동향, 정치상황, 경제흐름, 주요 사회의제, 이슈, 방송
4. 큰 흐름속의 작은 변화에 주목하라.
5. 상호 무관한 것들을 카오스적으로 종합하라.
6. 간단한 것들은 종합하고, 결합하고, 복잡한 것들은 분리하고 분석하라.
7. 당연한 사건, 현상, 물건들을 시공간적으로 분리해 보라.
8. 자연스러운 것에 대해 '왜(Why)?'라고 질문해 보라.
9. 작은 변화, 현상, 물건에 대한 대중들의 반응을 살펴라.
10. 기존의 낡고 폐기된 것을 새로운 패러다임으로 다시 분석해 보라.
    - 복고에 대한 새로운 이해

자료 : 김병조, 트렌드 포럼, 2004년 5월 23일

소비자 욕구를 파악하기란 어렵다. 더구나 소비자트렌드는 생활방식, 가치관, 행동 등 광범위한 범위를 포함하는 다소 추상적인 개념이므로 정량조사를 통해 충분히 파악하고 조사하기가 어렵다. 만약 정량조사를 통해 트렌드를 분석하고자 할 경우 정성조사 방법을 적절히 병행·활용하여 종합적인 결과를 얻는 것이 바람직하다고 할 수 있다.

## 2) 정성조사

### (1) 정성조사란

일정한 틀을 사용한 설문이 아닌 개방형 설문을 통해 응답자의 태도, 감성, 제안 등을 찾아내는 조사를 정성조사(qualitative research)라고 한다. 정성조사는 소수의 응답자를 대상으로 하기 때문에 넓게 조사한다기보다는 동기(motivation), 태도(attitude), 가치(value), 감정(feeling), 지각(perception)을 깊게 발견하는 데 있다. 1950년대의 주요 심리학 이론인 행동과학에서 비롯되었지만 정성조사로

### 트렌드 메모 11-11

## 고객 욕구를 발굴할 수 있는 다양한 채널

고객이 새롭게 원하는 것은 무엇일까? 또 기존의 제품이나 서비스에서 불필요하다고 여기는 요소는 무엇일까? 고객의 욕구가 무엇인지를 알 수만 있다면 획기적인 신제품을 만들어 낼 수 있을 것이다. 고객의 욕구는 어떻게 파악하는가? 가장 많이 사용하는 방법에는 설문조사가 있다.

우리가 만나는 모든 사람이 다 잠재적인 소비자이다. 거창하게 설문조사를 하지 않고서도 조금만 노력하면 고객의 숨겨진 마음을 읽어낼 수 있다. 이러한 조사법을 총칭하여 정성적 방법이라고 묶을 수 있다. 예를 들면 다음과 같은 방법들이 있다.

1. 고객의 제품 사용 모습을 관찰한다.
2. 생활의 다른 영역에서는 어떤 현상이 벌어지고 있는지 본다.
3. 모니터 요원을 정해두고서 지속적으로 인터뷰를 반복해본다.
4. 선도 사용자를 조사해본다.
5. 소비자들이 의견을 개진하는 인터넷 사이트를 분석해본다.
6. 고객과 생활에 관한 사내·외의 정보를 적극 활용한다.

정량조사를 대체할 수는 없다. 왜냐하면 정성조사는 적은 숫자의 사람들을 대상으로 하기 때문에 시장 전체를 대표할 수 없기 때문이다.

정성조사는 광범위한 분야에서 다양하게 활용할 수 있다. 정성조사에 대한 이해를 돕기 위해 소비자조사 또는 마케팅 분야에서 활용할 수 있는 정성조사의 영역을 살펴보면 다음과 같다.

- 구매동기 탐색
- 신제품 아이디어 수집
- 제품 컨셉 평가, 개선점 발견
- CF 평가, 개선점 발견
- 제품 평가, 개선점 발견
- 어떤 특정 화제에 대한 태도 및 경향 조사
- 시장에 있어서의 문제 발견과 대책안 추출
- 테스트 마켓의 평가
- 패키지, 네이밍에 대한 아이디어 수집, 반응 추출
- 새로 시작하려는 분야의 제품, 생활에 대한 전반적인 정보 수집

- 예민한 화제에 대한 정보 수집
- 기타 그룹 인터뷰의 특징을 활용할 목적
- 정량적 조사검증의 사전조사
- 정량조사 이후 조사 발견점에 대한 심층적 이해가 필요할 때

### (2) 정성조사의 특성

정성조사 결과는 통찰력과 단서를 제공해주는 데 유용하다. 직접적인 질문 방법으로는 쉽게 응답하기 힘든, 소비자 행동의 밑바닥에 깔려 있는 원인과 이유를 알고자 할 때 적합하다. 즉 소비자들이 잘 모르거나, 명확하게 표현해내지 못하거나, 쉽사리 인정하기를 꺼려하는 동기들을 찾아내고자 할 때 사용한다. 물론 정성조사는 정량조사와 함께 종합적으로 이루어질 때에 더욱 효과적이다.

일반적으로 신제품 개발을 위한 소비자 조사를 할 때 정성조사를 거쳐 정량조사에 들어가게 되는데 이미 개발하고자 하는 가설 컨셉을 가지고 있는 경우는 정량조사를 먼저 하여 개발하고자 하는 제품 컨셉에 대한 소비자들의 수용도 및 반응을 심층적으로 분석한다. 그 후에 정량조사에서 파악하지 못한 소비자 니즈를 다음 정성조사에 깊이 있게 다루어 컨셉을 수정하고 보완한다. 한편 최종 가정유치조사 단계에서는 최종 컨셉 및 시제품에 대한 소비자들의 반응을 알아봄으로써 컨셉력 및 제품력 비교평가를 통한 제품의 개선점 및 최종 컨셉을 도출한다.

정성조사의 역할을 실제 조사 사례를 중심으로 살펴보면 다음과 같다.

- 광고대행사에서 정성조사가 행해지는 만큼 신제품 혹은 광고 컨셉 개발을 위해서 창조적인 아이디어를 위해 작은 아이디어에도 귀를 기울이게 된다는 것이다.
- 브랜드의 이미지 파악이 행해진다는 것이다. 현대사회처럼 제품의 차별화가 어려운 시장 상황에서 브랜드에 대한 이미지 파악은 중요하다.
- 새로운 소비자 층에 대해 알아보기 위해서 탐색 차원의 조사를 시행하게 된다는 것이다.
- 투사기법을 통하여 소비자 자신도 알 수 없는 무의식적인 동기나 본능을 파악할 수 있다는 것이다.

정성조사는 조사 결과의 타당성(validity), 신뢰성(reliability)에 문제점이 제기될 수 있다. 따라서 조사자는 설계에서 조사 결과 분석에 이르기까지 신중을 기해

야 한다.

정성조사방법은 여러 가지가 있다. 면접법을 활용한 표적집단 면접법(focus group interview)조사와 일대일 심층 면접법(one-on-one in-depth), 전문가 모니터링, ZMET 조사방법, 델파이법, 사다리 기법, 브레인스토밍, 관찰법 등 다양하다. 정성조사 유형에 대한 구체적인 내용은 본 저서 12장과 13장에서 자세하게 다루고 있다.

### 3) 정성 · 정량조사와 트렌드 분석

소비자를 연구하는 데 있어 단 한가지의 방법만이 옳거나 혹은 틀리다고는 말할 수 없다. 정성조사와 정량조사 둘 다 각각의 장점과 단점을 가지고 있다. 따라서 다양하고 복잡한 소비자 의식, 태도, 행동, 니즈, 트렌드, 문화는 다수의 다양한 인접 학문의 조사방법을 응용하는 것이 중요하다. 다양한 조사방법 중 어떤 방법을 선택할 것인가는 연구자의 조사목적, 연구자의 관심, 조사의 특성에 따라 결정된다. 같은 조사목적도 연구자의 이론적 토대와 문제의 가정에 따라서 전혀 다른 방식으로 접근될 수 있다.

많은 기업들이 정량조사에 의존하여 고객 니즈, 소비자 수요, 소비자 선호 등을 조사해 오고 있다. 1960년대 미국에서 장거리 전화와 우편을 사용한 대량, 저비용 조사가 행해진 이후로 정량적 조사가 마케팅 조사의 대세를 이루었다.

시장조사는 원래 가정방문조사(door-to-door interview)에서 유래되었으나 장거리 전화가 등장하면서 사라지게 되었다. 기업들은 낮은 비용, 이해 용이성, 의사결정 기준의 명료성 때문에 수치화되고 통계적 검증이 가능한 정량적 조사방법을 선호하게 되었다. 그러나 정량적 조사는 추상적 이미지나 잠재된 니즈를 파악하는 데 한계가 있다. 즉 정량적 조사는 객관적 측면에서는 유용하지만 소비심리를 심층적으로 이해하는 데는 한계가 있다고 말할 수 있다. 정량적 자료 해석에 치중하여 고객의 숨겨진 마음을 읽지 못해 실패한 경우도 많이 있었다. 가령 고객들이 사회 통념이나 도덕에 위배되는 사항에 대해서는 답변을 기피하는 경향이 있으므로 조사 결과를 그대로 해석하는 것은 위험하다. 고객은 자신의 니즈를 표현함에 있어 솔직하지 않게 응답하는 경우가 많다. 사회적 당위 응답(socially desirable response)이라고 불리는 응답오류가 흔하게 발생한다. 사람들은 자신의 솔직

**트렌드 메모 11-12**

### 정량조사를 과신하면 위험

맥도날드는 소비자 설문조사 결과를 바탕으로 1991년 다이어트 버거인 맥린(McLean)을 출시했으나 실패한 바가 있다. 이는 정량적 내용에만 치중하여 다이어트가 패스트푸드의 이미지와 맞지 않는다는 점을 간과했기 때문이다. 한편, 국내 여성잡지 마리안느는 창간에 앞서 주부를 대상으로 설문조사를 했고, 여기에 근거하여 '無섹스, 無스캔들, 無루머'의 '3無 정책'을 표방했다가 창간 17호만인 1991년 1월 부도를 내고 말았다.

한 의견보다는 응당 그래야만 하는 당위에 의해 응답하는 경향이 있다는 것이다. 예를 들면 '거리에 있는 휴지를 주워야 한다'고 응답한 사람 중 90%는 실제로 거리에 떨어져 있는 휴지를 줍지 않았다는 연구 결과가 있다. 맥도날드는 맥린의 출시에 앞서 광범위한 소비자 조사를 통해 다이어트 버거의 수요가 충분하다고 판단했으나 실제 제품은 실패에 그치고 말았다. 다른 사람들이 물으면 '다이어트 해야지'라고 응답하지만, 정작 제품 선택에 있어 맛을 포기하고 다이어트를 선택하는 소비자들이 많지 않았기 때문이다. 여론 조사를 해보면 스포츠 신문이 지나치게 선정적이어서 문제가 있다는 소비자 응답이 많지만, 막상 가판대에서는 선정적 제목을 가진 신문을 선택하는 것 역시 소비자들이다.

또 다른 예로 커피의 신제품 개발이나 커뮤니케이션 전략을 구상하기 위해 소비자조사를 한다고 가정해보자. '어떤 커피를 좋아하는가?', '왜 좋아하는가?'에 대한 소비자의 응답은 'OO 커피를 좋아하고 그것이 가장 맛이 있다'고 하는 정도일 뿐 더 이상의 얘기를 얻기가 어렵다. 그럼 실제로 '맛이 있다'고 하는데, 무엇을 맛으로 판단하는 것일까? 커피를 마시는 사람들의 행동을 잘 보면 그들은 커피를 찻잔에 담아 처음 마시는 순간에 잠시 멈추고 있다는 사실을 발견할 수 있을 것이다. 즉 후각을 통해서 들어오는 첫 번째의 자극(냄새)을 느끼고 있는 것이다. 이는 커피향이 맛의 판단 기준에 큰 영향을 미칠 수 있으며, 적절한 커피향이 중요함을 시사하는 것이라고 할 수 있다. 나아가 소비자가 커피를 언제 어디에서 누구와 마시는가에 대한 세심한 관찰도 좋은 아이디어의 원천이 될 수 있을 것이다.

소비자트렌드 분석의 경우 정성조사기법을 활용하는 것이 대세이다. 소비자트렌드 개념 자체가 양적이기보다는 질적인 속성을 가진 개념이기 때문이다. 그렇다고 양적 조사방법으로 소비자트렌드를 분석하지 못한다는 의미는 아니다. 최근의 경향이 트렌드의 질적 속성, 특정 계층이나 집단의 트렌드 분석에 치중하고 있기 때문에 정성조사의 활용이 각광받고 있다는 의미이다. 소비자 자신도 의식하지 못하는 니즈나 동기, 소비문화, 트렌드를 파악하기 위해 정성조사기법이 주로 사용되고 있다고 하겠다.

결론적으로 최근 소비자 감성과 체험이 중시되면서 정성조사의 중요성이 더욱 더 커지고 있다. 물론, 정량조사가 소비자조사, 고객 니즈조사, 소비자트렌드 조사에 사용할 수 없다는 것이 아니다. 다만 정량조사의 주요 목적인 객관적인 해석만을 고집하면 경영자의 직관이나 전문가의 경륜을 활용하지 못한다는 것이다. 다양한 학문분야, 예를 들면 심리학, 인류학, 사회학적 관점을 접목시킨 다분야적 접근, 정량조사와 정성조사의 특성을 반영하는 효과적인 조사방법이 소비자트렌드 분석에 병행되고 접목되어야 한다.

## ♠ 참고문헌


김상일(2004). 대한민국 소비트렌드. 원앤원북스.

문숙재 · 여윤경(2005). 소비트렌드와 마케팅. 신정.

보스턴컨설팅 그룹(2005). 소비의 새물결 트레이딩 업. 세종서적.

삼성경제연구소(2002). 시장에서 무슨 일이 일어나고 있나-5대 소비트렌드와 기업의 대응.

삼성경제연구소(2003). 불황일 때는 팔릴 물건을 만들어라-고객 마음을 읽는 마케팅 조사기법.

서정희(2005). 소비트렌드 예측의 이론과 방법. 내하출판사.

윤택림(2004). 문화와 역사를 위한 질적 연구방법론. 아르케.

이상인(1994). 미래를 읽으면 세계가 보인다. 도서출판 푸른산.

장만익(2003). 미래의 불확실성, 더 이상 두려워 말자. 미래포럼.

조용환(1999). 질적 연구방법과 사례. 교육과학사.

윈슬로 페릴 지음, 하시용 · 지용근 역(2000). 히트상품 어떻게 탄생하는가? 푸른솔.

LG경제연구원(2005). 2010 대한민국 트렌드. 한국경제신문.

Jennifer Mason(1996). 질적 연구방법론. 나남출판.

http://www.relab.net

http://user.chollian.net

http://www.advertising.co.kr

http://www.marketingschool.com

http://www.visitkorea.or.kr

http://sogangmba.com

http://user.chol.com

# 제 12 장

## 소비자트렌드 분석방법 Ⅰ

### – 탐색조사방법

소비자들의 의식, 니즈, 태도, 가치관, 행동 등에 대한 소비자조사방법은 매우 다양하다. 연구목적이 단순히 소비자의 행동을 이해하고자 하는 것인지, 소비자의 행동을 예측하고자 하는 것인지, 아니면 가설적 모델을 검증하는 것인지 등에 따라 활용 가능한 조사방법이 다르다. 보통 소비자조사방법은 질적 조사와 양적 조사방법으로 구분한다.

본 저서는 소비자트렌드에 초점을 두고 있으므로 트렌드 조사에 대한 적절한 조사방법을 살펴보고자 한다. 최근 소비자트렌드에 대한 조사방법으로 질적 조사방법이 많이 활용되는 경향이 있다. 이 장에서는 트렌드를 분석하고 조사하는 다양한 질적 조사방법 중 탐색조사에 주로 활용되는 기법에 대해 살펴보고자 한다. 탐색조사는 어떤 현상이 아직 완전히 정의되지 않은 문제에 대한 통찰을 제공하기 위한 조사기법이다.

본 장에서는 특정 소비자들에 대한 탐사적 연구, 객관적 특성보다는 주관적 특성을 강조하는 연구에 주로 활용되는 조사기법에 대해 논의하고자 한다. 구체적으로 브레인스토밍, 관찰법, 투사법에 대해 살펴보고자 한다.

# 1. 브레인스토밍

브레인스토밍(brainstorming)은 '두뇌'라는 뜻의 브레인(brain)과 '폭풍'이라는 뜻의 스토밍(storming)이 결합된 단어로 두뇌폭풍(brainstorming)을 의미한다. 이 기법은 1938년 광고회사인 Batter, Barton, Durstine and Osborn(BBD&O)의 창립자인 오스번(Osborn)이 개발하여 1940년대와 1950년에 보급하였고, 후에 제자이자 후임자인 시드니 패너스(Sidney Parnes)에 의해 지속적으로 보급되었다. 브레인스토밍은 일정한 테마에 관하여 회의형식을 채택하고, 구성원의 자유발언을 통한 아이디어의 제시를 요구하여 발상을 찾아내는 일종의 아이디어 회의방법이다. 브레인스토밍은 아이디어에 대한 평가를 아이디어 창출과 엄격히 분리시킨다는 개념에서 출발한다. 브레인스토밍은 정신분석학자인 프로이트가 1900년대 초에 적용한 심리학적 기법의 일종으로 볼 수도 있다. 치료요법의 일부분으로 프로이트는 의뢰인을 긴 의자에 눕히고 머릿속에 떠오르는 생각과 아이디어를 자유연상 하도록 했으며 그 이후에 생각과 아이디어를 의뢰인과 함께 분석했다.

## 1) 브레인스토밍이란

브레인스토밍은 비교적 빠르고 구조화된 방식으로 아이디어를 생산하는 활동이다. 나이와 직업에 관계없이 모든 사람들이 브레인스토밍 활동을 한다. 이제 특정한 문제를 해결하고 사태를 처리하는 데 잠재적으로 도움이 되는 복합적인 아이디어를 생각해 내기 위해 당신의 창의적 사고기술을 시험할 때다.

브레인스토밍은 크게 넓은 범위의 대안이 필요할 때, 창조적이고 독창적인 아이디어가 요망될 때, 그룹 전체가 문제 해결에 참여할 필요가 있을 때 많이 사용한다. 브레인스토밍의 원리는 첫째, 한 사람보다 다수인 쪽이 제기되는 아이디어가 많고 둘째, 아이디어 수가 많을수록 질적으로 우수한 아이디어가 나올 가능성이 많으며 셋째, 일반적으로 아이디어는 비판이 가해지지 않으면 많아진다는 사실에서 기인한다.

브레인스토밍에서는 어떠한 내용의 발언이라도 그에 대한 비판을 해서는 안 되며, 오히려 자유분방하고 엉뚱하기까지 한 의견을 출발점으로 해서 아이디어를 전개시켜 나가도록 하고 있다. 이를테면, 일종의 자유 연상법이라고도 할 수 있다. 브레인스토밍 회의에서는 리더를 두며, 구성원 수는 10명 내외를 한도로 하는 것이 보통이다. 브레인스토밍의 일반적인 목적을 구체적으로 살펴보면 다음과 같다.

- 쟁점이나 문제를 처리할 수 있는 아이디어와 가능한 해결책을 생산한다.
- 쟁점이나 문제를 처리할 때 발생하는 모든 가능성을 망라한다.
- 쟁점이나 문제를 처리할 때 창의력을 북돋운다.
- 본인이나 본인이 속한 조직 내에서 문제해결의 조직적인 접근을 촉진한다.
- 아이디어의 흐름이 생성될 때 모든 것이 다 가능하다는 심리상태를 조성해 준다.

## 2) 브레인스토밍 원칙

1941년 오스번이 개발한 브레인스토밍은 누구라도 어디서든지 간단히 응용할 수 있다는 장점 때문에 전파속도가 빨랐다. 브레인스토밍은 발상기법이라기보다는 발상을 하기 쉽게 만드는 사고방법, 다시 말해 '발상법의 발상법'이라고도 부른다. 브레인스토밍의 사고방법은 어떤 발상을 할 때 항상 전체로 머리 속에 넣어두면 좋은 것으로, 즉 일종의 아이디어 생산의 법칙이라고도 할 수 있다. 이 법칙은 개인 및 집단 양쪽에 모두 응용할 수 있는 것이다. 발상의 연금술이라고 부르는 브레인스토밍의 네 가지 법칙은 다음과 같다.

### (1) 제1법칙 : 자유분방(자유자재로 사고한다)

'자유롭고 방만하게 생각하자'라고 다짐해도 실제로는 어떻게 해야 할지 몰라 헤매기 마련이지만 발상방법으로는 귀중한 자세이다. 우스꽝스럽거나 현실적이지 않은 아이디어라 할지라도 모든 아이디어를 환영한다. 엉뚱한 아이디어일수록 더 좋다. 아이디어는 색다른 시각으로부터 올 때가 많다.

### (2) 제2법칙 : 비판 금지(비판 엄금)

마음을 비운다면 누구나 할 수 있는 실천적 법칙이며, 네 가지 법칙 가운데 가장 중요한 요소이다. 아이디어의 질과 타당성을 냉정하게 검토하는 것도 필요하지만 그것은 맨 마지막에 하는 방법이다. 어떤 제안에 대해서도 평가를 해서는 안

된다. 아이디어에 대한 평가는 보류되어야만 한다.

#### (3) 제3법칙 : 수량 추구(질보다는 양)

한번에 만루 홈런을 치겠다는 것은 무리이다. 긴장을 풀고 아이디어를 낳는 리듬을 타야 한다. 사고하는 양이 많아지면 당연히 질은 높아진다. 아이디어는 많으면 많을수록 좋다. 아이디어의 수가 많을수록 훌륭한 아이디어가 나올 가능성이 높기 때문이다.

#### (4) 제4법칙 : 결합 개선

기존의 정보 및 아이디어를 조합시킨다는 법칙이다. 몇 가지 제안된 아이디어를 크로스로 연결해 그 맛을 잘 음미해본다. 발상이 필요한 모든 경우에 요긴하게 쓰이는 보편적 지침이다.

참가자는 자신의 아이디어를 제시하는 것뿐만 아니라 다른 사람의 아이디어를 더 좋은 아이디어로 바꾸거나 두 세 개의 아이디어를 결합하여 훨씬 더 좋은 아이디어로 만들 수 있다.

### 3) 브레인스토밍 유형

브레인스토밍은 개인 브레인스토밍과 집단 브레인스토밍이 있다. 개인 브레인스토밍의 장점은 다음과 같다.

- 자신이 내놓는 아이디어를 다른 사람이 어떻게 평가할지 걱정할 필요가 전혀 없다. 개인적인 취향에 맞춰 이상적인 환경을 만들 수 있고 다른 사람에게 필요한 것을 걱정하지 않아도 된다.
- 일정을 마음대로 짤 수 있어서 좋다. 다른 사람의 바쁜 일정에 맞추느라 걱정할 필요가 없다. 통근시간을 이용할 수도 있고 샤워하면서, 잠자리에서, 근무시간이 끝난 사무실에서, 점심식사를 하면서, 공원에 조용히 앉아서도 브레인스토밍을 할 수 있다.

반면, 개인 브레인스토밍의 단점은 다음과 같다.

- 여러 사람의 생각을 모으지 못한다는 점이다. 살을 붙일 수 있는 다른 이의 아이디어가 전혀 없기 때문에 혼자만의 영감으로 아이디어를 생각해야 한다. 그룹을 만들

어서 브레인스토밍을 할 때에는 다른 이의 말에서 아이디어를 찾아낸다거나 다른 이의 생각을 좀 더 다른 시각으로 생각해 보다가 새로운 아이디어를 만들어 낼 수도 있다.

- 혼자서 생산하는 아이디어는 자신의 경험이나 지식, 생각, 선입견만을 담을 수 있다. 예술가, 음악가, 작가들도 가끔은 작품에 신선한 아이디어를 불어넣기 위해 다른 이와 협력하여 작품을 만든다. 반면 사업이나 일을 할 때 혼자서 브레인스토밍을 하는 경우가 있다. 이런 경우에는 동일한 주제로 다른 이가 브레인스토밍 한 결과와 자신의 아이디어를 비교해 본다. 그런 다음 아이디어를 분석하여 최고의 것을 고를 때 비교한 자료를 대조해 보면서 다른 사람과 아이디어를 교환하거나 여러 사람의 아이디어를 취합하여 새로운 아이디어를 만들어 내는 것이 좋다.

한편, 그룹 브레인스토밍은 다양한 아이디어를 모으기 위해서 사용된다. 그룹 브레인스토밍에서는 여러 사람의 경험, 견해, 관점을 기반으로 아이디어를 만든

**트렌드 메모 12-1**

### 브레인스토밍 리더의 책임

1. 더 나은 브레인스토밍 환경을 조성한다.
   - 장소 준비, 종이와 볼펜 등 필요한 도구 제공
2. 브레인스토밍의 목적이나 목표를 구성원에게 교육하고 해결하고자 하는 문제의 배경정보를 알려준다. 구성원 모두가 확실하게 이해해야 한다.
3. 구성원 모두가 맡은 임무에 집중하도록 한다.
4. 산출되는 아이디어를 모두 기록한다.
5. 구성원들이 개선점을 찾을 수 있도록 산출된 모든 아이디어를 게시한다.
6. 아이디어를 빨리 없애거나 거부 또는 분석하는 사람이 없도록 한다.
7. 구성원에게 계속적으로 동기부여를 한다.
8. 진지하게 들어주고 우습게 여기지 않는다는 느낌이 들게 해 준다.
   - 개인적 판단을 피하는 분위기 속에서 모든 구성원에게 참여할 기회 제공
9. 브레인스토밍 활동의 최종시한이나 목표를 정한다.
   - 구성원들에게 최종 시한과 목표를 미리 설명
10. 가장 좋은 아이디어를 내거나 창의력을 발휘한 사람 또는 가장 모범적인 사람에게는 칭찬이나 인센티브 형태의 포상을 내린다.
11. 엉뚱하거나 이상한 아이디어라도 일단 아이디어를 내는 일이 중요하다는 사실을 인식시킨다.
12. 순서를 정해서 지킨다. 모든 구성원이 한꺼번에 말할 수는 없다.

다. 그러므로 어떤 한 사람이 좋은 아이디어를 만들면 다른 사람들이 그 아이디어에 살을 붙이거나 개선하는 일이 빠르게 이루어질 수 있다. 그룹 브레인스토밍을 시작하기 전에는 가벼운 준비운동으로 긴장을 푼다. 구성원이 모두 함께 창의적이면서도 재미있는 연습활동을 하거나 어색한 분위기를 없애고 마음을 편안하게 하는 활동으로 시작하는 것이 좋다. 그룹 브레인스토밍 활동을 올바르게 하려면 구성원 모두가 자신의 아이디어를 자유롭게 표현할 수 있어야 한다. 불안이나 두려움을 느끼는 사람이 있으면 다른 이들도 자유롭게 자신의 아이디어를 표현하지 못하게 된다. 더불어 의견을 중재하거나 촉진하는 사람도 필요하다. 굳이 그룹의 장이나 상급위치에 있는 사람이 아니어도 된다. 대다수 구성원들과 동등한 위치에 있는 사람이나 필요하면 외부 브레인스토밍 촉진가에게 맡긴다.

브레인스토밍의 문제점은 첫째, 참가자들이 자신의 아이디어를 다른 참가자들이 인정해주지 않을지 모른다는 두려움 때문에 남이 듣는 데서 자기의 생각을 표현하기를 꺼려할 수 있다. 둘째, 동료가 아닌 상관이 있는 자리에서 자신의 아이디어를 자유롭게 표출하기를 꺼려할 수 있다. 셋째, 한 두 사람의 적극적이거나 영향력 있는 사람들에 의해 지배될 수 있다.

### 4) 브레인스토밍 기법

브레인스토밍은 창의적 탐구활동이 전제되어야 한다. 일반적으로 창의성은 유창성, 융통성, 독창성, 정교성이 합해져서 나타나지만, 창의성을 발달시키는 데 가장 적합한 활동은 유창성과 융통성이라고 할 수 있으며, 어떠한 경우라도 아직 다듬어지지 않은 사고 중에서 참신한 아이디어를 찾는 것이 중요하다.

브레인스토밍 기법은 유창성과 융통성 신장에 도움을 주며, 민주 시민으로서 성장하고 활동하기 위해 요청되는 필수적인 토론과 대화 기술을 함양시킬 수 있다. 브레인스토밍을 하기 위한 규칙은 다음과 같다.

- 브레인스토밍의 목적을 정하고 문제를 정의하라.
- 규칙을 마련하고 엄수하라.
- 목표치를 정하라.
- 어떤 아이디어든 관계없이 말하라.
- 서두르지 마라.

- 자신의 아이디어를 일찍 판단하지 마라.
- 흥분과 열정에 찬 분위기를 조성하라.
- 다른 사람의 아이디어를 개량하라.
- 아이디어를 많이 만들어라.
- 두려워하지 마라.
- 사물을 다른 시각으로 바라보라.
- 일이 잘 풀리지 않을 때에는 브레인스토밍 자극제를 활용하라.

한편, 브레인스토밍의 장애요소를 극복하는 방법은 다음과 같다.

- 창의력이 계속해서 샘솟게 하는 생활습관을 익혀라.
- 진정한 영감을 주는 외부 요인을 증진시켜라.
- 브레인스토밍의 장애요소를 만났을 때 무엇이 발목을 잡았는가를 확인하라.
- 창의력 장애요소를 극복하라.
- 빡빡한 마감일과 결과를 빨리 달성하려는 스트레스에서 벗어나라.

브레인스토밍에서 다양한 도구를 사용하면 좀더 수월하게 창의력을 발휘할 수 있다. 가장 강력한 브레인스토밍 도구는 당연히 두뇌이다. 그리고 그 두뇌의 힘을 개발하고 브레인스토밍 능력을 향상시키는 데 다양한 도구가 유용하게 사용된다. 한편, 브레인스토밍을 계획할 때 우선적으로 고려해야 할 것은 다음과 같다.

- 목표, 문제, 기회 또는 대상을 정의한다.
- 시작하기 전에 답해야 할 질문들을 선정한다.
  - 브레인스토밍의 주된 목적 또는 목표는 무엇인가?
  - 해결하려는 문제가 무엇인가?
  - 어떤 결과물이 나오기를 원하는가?
  - 이번 목표를 달성하기 위해 어떤 브레인스토밍 과정을 사용할 것인가?
  - 활용할 수 있는 창의적인 활동이나 실습과제는 무엇인가?
  - 어떤 도구를 사용할 것인가?
  - 브레인스토밍 활동에 누구를 참석시킬 것인가?
  - 그들이 제공할 수 있는 독특한 기술, 경험, 지식은 무엇인가?
  - 그들이 참석해야 하는 이유는 무엇인가?

### 5) 단계별 브레인스토밍 진행방법

브레인스토밍을 하기 위한 진행방법을 단계별로 나누어 구체적으로 살펴보면 다음과 같다.

#### (1) 사전 준비

**① 집단 구성**

브레인스토밍은 혼자서 해도 무방하고, 2~3명, 6~7명 정도도 좋고, 때에 따라서는 수백 명이 함께 참여할 수 있어, 인원수에 규제를 둘 필요는 없지만, 적정인원은 12명 내외라고 할 수 있다. 짝수보다는 홀수가 좋다. 그 이유는 브레인스토밍이 끝난 후 아이디어를 평가할 때 찬성과 반대의 수가 동일한 경우를 피하기 위해서이다.

**② 집단 배치**

가능한 모든 참가자가 원형으로 앉는 것이 바람직하나, 원형 배치가 불가능할 경우 구성원이 서로 마주볼 수 있는 형태를 취하는 것이 좋다.

**③ 진행 시간**

시간제한은 없으나, 보통 30분 정도 진행할 수 있으며, 브레인스토밍에 대한 경험의 유무, 주제, 연령 등에 따라 융통성 있게 조정하는 것이 필요하다.

#### (2) 진행 과정

**① 사전 활동**

- 소집단을 구성한다.
- 토의한 날짜와 참가한 참가자의 이름을 적는다.
- 둥근 책상에 모여 앉아 마주 볼 수 있도록 하고, 느긋한 자세로 긴장을 풀게 한다.
- 조별로 브레인스토밍 기록지와 필기도구를 나누어 준다.
- 소집단별로 큰 브레인스토밍 기록지를 모두가 잘 볼 수 있는 곳에 붙인다.
- 소집단의 지도자를 선정하여 브레인스토밍을 진행하도록 한다.
- 소집단의 아이디어를 기록할 수 있는 기록자를 선정한다.
- 지도자를 중심으로 참가자들이 궁금해 하거나 의문을 가지는 내용, 지켜야할 규칙,

문제 상황들을 주제나 문제로 선정하도록 한다.

- 지도자는 브레인스토밍의 4가지 규칙, 목적, 소요시간 등을 쉽게 알려준다(이미 브레인스토밍 경험이 있는 참가자일 경우에는 주제와 시간만 설명해 준다).
- 선정된 주제를 가지고 참가자(기록자와 지도자 포함) 모두가 의견을 낼 수 있고, 기록자는 어떤 의견이라도 비판하지 말고 반드시 기록해야 한다.

### ② 본 활동

- 토의를 시작하고 진행한다.
- 발언은 반드시 지도자의 허락을 받아서 하도록 한다.
- 지도자는 누군가가 비난을 하거나(아이디어가 좋지 못하다든지, 부적절하다든지) 비웃을 때는 경고한다.
- 지도자는 더 이상 아이디어가 나오지 않는 아이디어 고갈상태에 이르면 그때까지 나온 내용을 읽어주고 그것을 바탕으로 새로운 생각을 떠올릴 수 있도록 도와준다.
- 끝으로 각 소집단에서 토의한 내용을 모두 모인 자리에서 읽어보고, 추가하고 싶은 내용이나 의문 나는 내용이 있으면 좀 더 발표하도록 한다.
- 아이디어를 내는 사람이 더 이상 없다면 지도자는 참가자에게 토의를 마쳐도 좋을지 물어보고, 모든 사람이 동의할 경우에는 발표된 아이디어를 모아서 정리해 본다.
- 참가자의 협조에 감사를 표하고 토의를 마친다.

### ③ 사후 활동

- 창출된 아이디어를 복사하여 나누어 갖는다. 이는 나중에 더 깊이 탐구하여 생각을 결합하고 앞으로 유용한 아이디어의 최종적 선택을 위해 사용할 수 있다.
- 나온 아이디어의 의견을 들으면서 종류별로 구분하는 것이 좋다. 이때 색깔별로 아이디어를 묶어서 구분하는 것도 좋은 방법이다.
- 나온 아이디어에 대한 평가를 시도하여 가장 좋은 해결책을 찾아본다.

## 2. 관찰법

### 1) 참여관찰법

참여관찰은 고객들의 일상생활 속에서의 행동과 그 배경을 체계적으로 조사하는 기법이다. 포커스 그룹조사가 짧은 기간에 인위적 환경 하에서 이루어진다면, 참여관찰은 조사대상의 자연스런 행동을 관찰하면서 사회문화 배경을 보다 폭넓게 파악하며, 인류학의 일종인 민족학적 연구에서 출발한다. 응답자는 조사자가 관심이 없을 것이라고 판단하고 이야기하지 않거나 자신이 원하는 바를 분명히 표현하지 못하는 경향이 있는데, 참여관찰법은 이러한 한계를 극복할 수 있다.

소비자를 파악하는 방법은 여러 가지가 있으나 소비자를 잘 파악하려면 그들에 대한 통찰력을 가지는 것이 중요하다. 통찰력을 발견하려면 질문을 잘하기보다는 먼저 소비자를 관찰하고 소비자의 말을 잘 들을 수 있어야 한다. 보거나 듣는 것에 익숙해질 수 있는 가장 좋은 방법은 질문이 필요 없는 상황에 놓이는 것이다. 소비자 관찰과 청취에 능숙해지면 소비자에게 실제로 질문을 해야 할 경우에 전보다 훨씬 더 생산적인 결과를 얻을 수 있다. 그러므로 소비자를 잘 파악하기 위해서는 우선 소비자를 잘 관찰한 후 질문하는 형식이 효과적이다.

### 2) 소비자 관찰법 : 민속기술지에 의한 관찰

민속기술지는 민족, 민속(Ethnography; ethno)과 기록, 기술(graphy)이 합쳐져서 민족지 혹은 민족지학으로 번역된다. 민속기술지는 문화인류학에 그 어원을 두고 있는 것으로, 인류학자들이 생소한 문화를 연구하기 위해 실제 그 민족이 살고 있는 곳에 직접 가서 그들의 사회적 관습과 행동양식에 관한 자료를 수집하는 연구 분야이다. 인류학자인 마가렛 미드가 사모아인들을 연구할 때, 다이안 포시가 마운틴고릴라를 연구할 때 이 방법론을 사용했다. 이후 민속기술지는 사회학에서 소규모 그룹의 일상적 삶이 어떠하고, 또한 그러한 현상이 왜 나타나는지 이해하려는 목적으로 활용되었다. 이러한 민족과학 혹은 민족지학에서 인간행동 혹은

트렌드 메모 12-2

### 할리 데이비슨 : 마니아 집단의 특이한 문화 심층 분석

할리 데이비슨은 90년대 초 마니아 집단 Biker의 독특한 문화를 관찰하였다. 마니아 고객들의 라이프스타일, 가치관 등을 파악하여 고객 및 브랜드 전략에 활용하기 위해 민족학자, 인류학자들이 팀을 이루어 3년간(1990~1993) 연구를 진행했는데 외부자, 지지자, 내부자의 단계를 거쳐 마니아 집단에 융화되었다. 또한 체계적, 구체적인 계획으로 관찰, 인터뷰, 촬영 등 다양한 방법을 동원하여 집단의 구조, 사상, New Biker로의 자기변신 등에 대해 집중 탐색한 결과, 할리 데이비슨을 구입하는 소비자는 특별한 집단문화에 동조되려고 하는 강한 욕구를 갖고 있음을 발견했다.

할리 데이비슨은 마니아 집단의 생각, 행동과 문화에 관한 조사 결과를 마케팅 전략 개발에 활용하고, 새로운 고객에게 의류, 액세서리, 관련 정보 등을 제공하기 시작했으며, 마니아 그룹에 자연스럽게 동화되도록 하여 그룹 소속감을 높이는 동시에 브랜드 로열티를 강화했다.

할리 데이비슨 마니아 문화의 관찰연구 결과

| 구 분 | 집단구조(structure) | 집단사상(ethos) | 자기변신(self-transformation) |
|---|---|---|---|
| 조사 결과 | - 복잡하고 위계적인 사회구조 성격<br>- 위계는 활동몰입도 커뮤니티, 로열티로 결정<br>- 상위그룹은 하위그룹의 동경 대상 | - 그룹문화가 종교적 성격<br>- 자유주의<br>- 애국심, 미국적 유산<br>- 남성우의, 지배의식 | - 지위계층의 최하위 멤버로 시작<br>- 동기강화, 사상동화 등 사회화과정 경험<br>- 집단가치와 형식을 내면화하여 하드코어 멤버로 승인 및 수용 |

* 할리 데이비슨은 오토바이 등을 판매하는 브랜드 이름. 한국에도 매장을 열고 있음.

트렌드를 연구함으로써 문화를 읽어내려는 시도는 한 개인 인식을 완전히 복원해 낼 수는 없지만 민족지적 자료수집 위에서 종래의 방법을 보강하는 유효한 수단으로써 큰 가치를 지니고 있다.

예를 들면, 소비자의 실제 생활을 함께 해 본다면 광고를 만드는 데 있어 여러 아이디어를 얻을 수 있다. 하지만 실제로 광고를 만들 때마다 소비자와 함께 산다는 것은 불가능하므로, 소비자의 행동을 따라하거나 소비자의 실제 행동을 비디오로 관찰하는 방법이 사용되고 있다.

또 다른 예를 들어보면 엄마와 아기의 목욕장면을 관찰함으로써 우리는 소비자와 제품에 관한 통찰력을 얻는 데 필요한 많은 정보를 얻을 수 있으며, 무미건조

트렌드 메모 12-3

### 영화 'What women want' 에서의 사례

멜 깁슨이 주연한 영화 'What women want'의 예를 보자. 주인공 닉 마샬(멜 깁슨)은 최고의 광고 기획자이며 세상에 부러운 것이라고는 없는 멋쟁이 독신남이다. 스스로의 남성적 매력을 신이 준 선물로 생각하는 그는 주위의 여성들이 어떻게 이야기하는지 전혀 신경 쓰지 않는다. 그러던 어느 날, 닉에게 시련이 다가오는데 능력과 미모를 겸비한 여성 달시 맥과이어(헬렌 헌트)가 그를 앞지르고 승진해 상사로 부임한 것이다. 닉은 여성들을 위한 상품 광고를 기획하는 달시에게 지지 않기 위하여 여성 심리의 이해를 위해 자신이 직접 여자가 되어 보기로 결심한다. 여자들처럼 코팩을 붙이고, 수분 함유 립스틱을 바르고, 마스카라를 하고, 팬티스타킹을 신기도 하고, 다리의 털을 제모 젤로 뽑기도 한다. 영화에 나오는 광고 기획자도 여성소비자들의 심리를 알기 위하여 소비자의 행동을 따라해 보고 있다. 이런 것도 민속기술지에 의한 소비자 관찰의 좋은 예라 할 수 있다.

한 면접이나 포커스 그룹에서 엄마들에게 목욕장면을 기술하게 하는 것보다 더 많은 아이디어를 끌어낼 수 있다. 이렇게 소비자를 직접 관찰하는 것은 시간은 걸리지만 그 효과는 소비자에게 질문하는 것보다 성과가 크다. 소비자를 관찰함으로써 새로운 제품을 개발할 수 있고, 기존 제품을 새롭게 포지셔닝 하는 데 도움이 될 수도 있다. 민속기술지에 의한 소비자 관찰에서 중요한 사항은 다음과 같다.

- 소비자가 가장 편안한 상태에서 그들을 만나야 한다(옷을 판매한다면 같이 쇼핑을 가거나 카탈로그를 함께 본다). 그러면 그들이 어떻게 행동하고 반응하는지를 더 잘 알 수 있다.
- 소비자의 행동을 사진에 담아 슬라이드를 만들자. 그리고 그것을 보면서 얻은 통찰력을 이야기하자.
- 소비자의 일상적인 활동을 파악해야 한다(소비자가 선호하는 것과 그들의 행동을 따라하자).
- 소비자의 생활 속으로 들어가서 그들의 눈으로 사물을 볼 줄 알아야 한다.

**트렌드 메모 12-4**

**민속학적 연구방법**

민족학적 연구방법(Ethnomethodology)은 원래 특정 종족의 문화를 연구하는 방법이다.

연구자가 스스로 집단의 일원이 되어 종교의식, 식사준비, 소비 등 일상생활을 경험하면서 참여자 관찰을 실천함으로써 이믹(Emic, Insider)관점을 지닌다. 외부 관찰자로서 에틱(Etic, Outsider)관점을 바탕으로 하는 일반적인 관찰 기법과는 차이가 있다.

## 3) 문화기술적 면접

문화기술적 면접(Ethnographic Interview)이란 베크(Belk)와 동료학자들(Belk, Sherry & Wallendorf, 1988)의 오디세이(Odyssey) 프로젝트에 의하여 처음으로

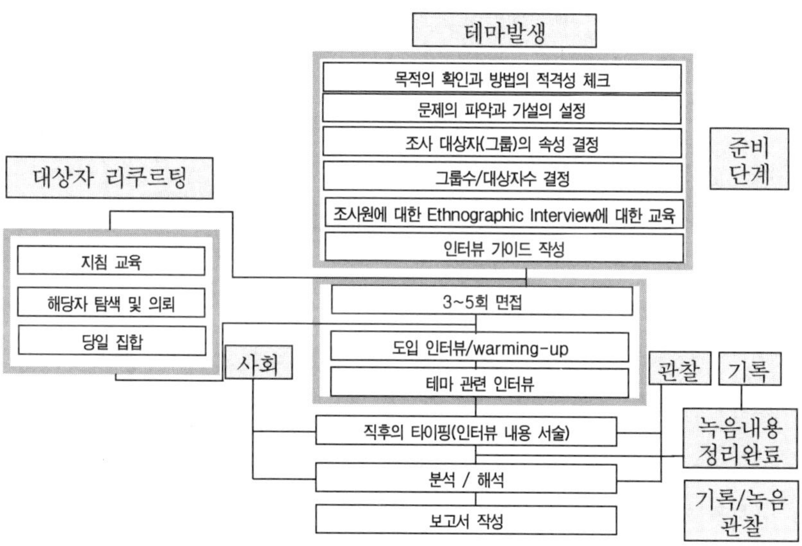


그림 12-1 **문화기술적 면접의 절차**

* 매주 조사원의 보고와 토론을 통해 다음 주 인터뷰 가이드 작성
* 조사의 내용은 의뢰사와 긴밀한 협의를 통해 결정
* 경험 있는 전문인력 보유

트렌드 메모 12-5

### 일본의 환타 캠페인 사례

일본에서 환타의 판매가 계속 떨어졌다. 당시는 천연 과일 주스 등 대체상품이 많이 등장하고 있을 때이다. 제품에다가 비타민 C를 보강했지만 큰 진전이 없었다. 소비자의 행동을 파고 들어가 다른 음료 대신에 마시게 할 수 있을지를 살펴보기로 했다. 환타의 소비자들은 주로 어린아이들이었다. 이들이 아침에 일어나서 세수하고 학교에 가고 돌아와서 놀이터에 가는 하루의 생활을 아침부터 잘 때까지 분석했다, 그러면서 그때마다 '이 아이들이 마시는 음료는 무엇인가?'라는 것을 살폈다. 아침에 우유를 먹고, 밥 먹고 나서 물이나 일본차를 마시고, 오후에 햄버거 먹을 때는 콜라를 마시고…….

자, 그러면 환타를 마실 시간을 집어넣으려면 어디가 좋을까? 자는 시간에? 공부시간에? 아침시간에? 이렇게 훑어가다 보니 다른 음료에 대체해서 위치할 수 있는 가장 가까운 상황이라면 학교에서 돌아올 때 엄마가 주는 일본 고유의 차를 마실 때가 있었다. 엄마의 정성이 담긴 음료였지만 아이들의 선호는 예전 같지 않았다. 학교에서 돌아오면 대부분 3시. 그래서 '오후 3시엔 환타'라는 캠페인이 시작되었다. 애들이 학교 갔다 오면 엄마가 종을 땡땡 친다. '아, 환타 마실 시간이구나!' 일찍 돌아와 놀이터에서 놀던 아이들도 종소리가 나면 들어와 환타를 마신다. 아이들 머릿속엔 3시만 되면 종소리가 생각나고 뒤이어 환타가 연결된다. '파블로프의 원칙'이 적용된 자극-반응의 이론이 활용된 것이다. 캠페인이 나가면서 떨어지던 매출은 상승곡선으로 바뀌었고, 구매자들의 행동 속에서 전략을 찾아낸 성공사례를 남겼다.

시도된 것으로 소비유형, 소비과정 및 소비의 의미를 이해하기 위해 사용되어왔던 실증적 연구와는 다른 자연주의적 패러다임으로 등장했다.

문화기술적 면접의 목적은 면접자와 피면접자 간의 상호작용이 반영되어 시간과 상황 속에서 부여된 의미를 찾고 조사 대상자의 모든 것을 이해하는 것에 있다. 특히 쇼핑 경험, 관람 경험, 상품사용 경험 등 소비자의 소비 경험과 신상품에 대한 소비자의 반응을 통해 상황의 유연성을 고려하여 알아보기 위한 탐색조사에 목적을 두고 있다.

## 4) 타운 워칭

어느 특정의 도심에 있어 거리를 오가는 통행인들이나 어느 일정 장소에 모여

트렌드 메모 12-6

## 중화권 관광시장 조사 사례

1. 조사 목적

본 조사는 중화권(중국, 홍콩, 대만) 해외여행 경험자 및 예정자들을 대상으로 해외여행 실태와 동기를 파악하여, 방한 관광객 유치 증대를 위한 마케팅전략 수립의 기초 자료로 활용하기 위한 것이다.

2. 조사 방법(정성조사, 정량조사)

– 정성조사 / 참여관찰법(Participant Observation)

· 조사지역 : 서울, 부산, 제주 등 한국여행 지역

· 조사대상 : 중국(북경, 상해, 광주), 홍콩, 대만의 한국관광단체 6개 집단

· 조사방법 : 구조화된 체크리스트 및 접점별 관찰기록 / 비디오 녹화 자료 분석

· 조사자 : 집단별로 전문교육을 받은 관찰자 1명이 한국여행 전 일정에 참여하여 여행과정을 기록과 촬영

· 조사 시기 : 2003년 8월 10일 ~ 8월 24일

3. 조사 내용

| 개별 심층면접 | | 소집단 심층토의 | | 참여관찰 | |
|---|---|---|---|---|---|
| 구분 | 내용 | 구분 | 내용 | 구분 | 내용 |
| 한국관광추세 | 한국관광객의 증감 변화 | 여행동기와 여행만족도 | 최근여행 시점 및 계기 | 관찰자기록사항 | 여행일정 |
| | 이유 | | 여행 전 기대 및 동기 | | 여행인원수 |
| 한국에 대한 태도 | 한국에 대한 이미지 | | 예상기대와 만족도 | | 참가자 소개 |
| 한국관광객 특성 | 한국 관광의 특성 | | 예상기대와의 차이(불만점 중심) | | 가이드 회사/단체 |
| | 관광목적/동기 | | 여행국에 대한 느낌(만족점 중심) | 관찰자대조 검토명세서 | 한국 입국 전 |
| | 한류의 영향정도 | 한국의 이미지와 여행기대(미방문자) | 한국 미방문의 이유 | | 한국 입국시 |
| | 관광만족도 | | 한국 방문 시 기대하는 부분 | | 한국에 대한 첫인상 |
| | 불만요소 | | 한국관광 의향 | | 호텔 |
| | 재방문의향 | 한국여행의 동기 (방문자) | 한국여행의 소구점 | | 관광버스 |
| 관광상품 | 취급상품 | 한국여행 평가(방문자) | 한국여행의 명소 | | 코스 및 프로그램 |
| | 인기상품 | | 불만족 요인 | | 중국측 여행사 및 가이드 |
| 개선점 | 관광정보 | | 한국에 대해 소개하기 | | 한국측 여행사 및 가이드 |
| | 한국여행시의 개선점 | | 재방문 의향 | | 음식 |
| | 개발희망 상품/홍보방안 | | 잘 알려지지 않은 관광거리 | | 여행지(서울) |
| | 제도상/정책상 개선점 | | 한국의 이미지 | | 여행지(부산) |
| | | | 최종평가 | | 여행지(제주도) |
| | | 개선사항 | 관광선진국의 조건 | | 여행후기 |
| | | | 여행상품 개발 | 여행자 대화 기록 | |
| | | | 관광정책 수립 | 보충자료 | |
| | | | 향후전망 | | |

자료 : http://www.visitkorea.or.kr/admin/pds/pds_report/data

있는 일반 대중들의 사실적인 행동을 자세히 살펴보거나 또는 각종 소매 점포라든지 외식업소 및 위락시설 등에 대하여 유심히 관찰하는 행위이다. 이는 일반적으로 어느 특정 상권 내의 소비자 행동조사 등을 파악하고자 할 경우에 많이 사용된다. 오늘날과 같이 비즈니스행동이 다양하고 변화무쌍한 경우에는 통상적인 문자정보보다는 사실에 근접한 비주얼정보가 가치를 얻으며 이제까지는 기업의 마케팅 담당자 등이 개별적으로 해왔으나 최근에는 몇몇 회원을 모집해 단체로 외국으로 가거나 지방 등을 여행하며 거리를 관찰하는 타운 투어가 유행하고 있다. 또한 창업하기 전 창업 업종 소재지 근처에서 몇 일간 지나가는 소비자들의 수, 연령, 성별, 기타 특성들을 사전 조사하여 창업 전략 수립에 활용하는 경우가 많이 사용되고 있다.

## 3. 투사법

투사법(projective technique)은 쉽게 측정되지 않고, 전통적인 조사방법으로는 밝혀지기 어려운 소비자의 신념, 가치, 동기, 개성, 남과 다른 독특한 행동(예 : 제품구매) 등을 파악하고 조사하는 데에 많이 활용된다. 투사법은 특정 상황에서 사람들이 어떻게 행동할 것인가를 응답자가 말하고 표현하도록 하는 기법이다. 사람들은 자신의 태도나 동기를 솔직하게 표현하지 않는 경향이 있으므로 다른 사람의 태도나 행동을 설명하게 하여 간접적으로 응답자의 태도나 동기 등을 파악하기 위해 투사법을 활용한다. 다시 말해 사람들은 자신의 약점, 밝히기를 꺼려하는 부분에 대해서 남이나 이웃에 관해 기술하게 하도록 하면 주저 없이 응하므로 투사법은 다른 사람의 태도, 동기를 추리할 때 그 자신의 태도나 동기를 투사할 것이라고 가정한다. 즉 투사법은 인간 행위, 태도의 무의식적 동기를 파악하고자 하는 방법이다.

응답자는 다른 사람의 행위 또는 상황에 대해 나름의 의미를 부여하도록 요청받는다. 또한 응답자의 반응은 구조화되어 있지 않기 때문에 순간적으로 적절하다고 느끼는 것을 표시하도록 요청 받는다. 투사법은 참석자들이 이러한 기법을 즐기는 경향이 있어 토론을 활성화시키고, 서먹한 분위기를 깨는 데 효과가 있다. 또한 읽고 쓰는 능력이 거의 필요하지 않기 때문에 읽고 쓰는 것을 꺼리는 층과 어린이층의 진실한 반응을 얻을 수도 있다. 인간 의식의 저변을 파악하는 투사법은 숙련된 요원을 필요로 한다.

투사법의 단점은 첫째, 테스트를 실시하고 구조화되지 않은 응답결과를 해석하기가 어렵다는 데 있다. 둘째, 투사기법에 의해 측정된 분석의 신뢰도와 타당성 문제가 제기된다. 또한 데이터가 복잡하고 이런 데이터 분석에 필요한 기획자의 자질이 요구된다는 문제가 단점으로 지적되기도 한다. 그러나 정성조사의 목적이 신뢰도와 타당성을 위해 조사되는 것이 아니라는 점을 염두에 두고, 데이터 분석에 대해서는 분석 가이드라인 정성적 접근 또는 정량적 접근을 참조한다면 해결이 가능할 것으로 생각된다.

투사법은 콜라주, 문장완성법, 제목 없는 그림 또는 만화, 잉크 오점, 단어 연상법, 시험법(다른 사람의 성격과 같은 애매모호한 자극을 포함하여 다양하게 구별하도록 하는 방법) 등 그 종류가 다양하다(황용철, 1998). 투사법은 보통 응답자에게 그 물체가 무엇인지, 그에 대한 이야기는 어떤 것인지, 그것을 그려 달라고 부탁한다. 소비자에게 어떤 상황을 제시함으로써 연상을 자주 시키고 그 반응을 평가하기도 한다. 이 같은 조사는 응답자들의 응답내용을 통해 행동의 동기를 추정하고자 하는 방법이다. 예를 들면 만화 그림 안에 '당신 어머니는 식기 세척기에 대해 어떻게 생각하십니까?'라고 질문한 뒤 답을 적거나 그리게 할 수 있다. 여기서 명심해야 할 것은 참석자 스스로에게 왜 그렇게 선택하고 말했는지에 대해 설명을 하도록 하고, 이를 경청해야 한다는 것이다.

### 1) 콜라주

콜라주(collage)는 모더레이터가 제시하는 주제에 따라 포커스 그룹 참석자가 잡지, 신문, 전단지와 같은 것을 이용하여 표현한 전시물을 통해 소비자를 이해하는 기법을 말한다.

그림 12-2는 '포카리스웨트 브랜드와 유사한 이미지를 고르세요. 왜 그 이미지가 유사하다고 생각하시나요?'라는 질문에 대해 참석자들이 주로 고른 이미지들이다. 이 기법을 통해 포카리스웨트는 소비자들

그림 12-2 **콜라주 기법을 이용한 포카리스웨트 이미지**
자료 : www. advertising.co.kr

에게 여러 이미지로 인식되고 있었으며 특히 '시원하고 여성스런' 브랜드 이미지가 강하게 어필되고 있었다. 이런 이미지는 제품의 속성(패키지, 맛, 기능)과 광고 커뮤니케이션의 활동(광고 장면, 모델) 등이 강하게 연합하여 형성된 것이며 이를 통해 소비자의 인식에 강하게 자리 잡고 있는 브랜드라는 것을 알 수 있었다고 한다.

## 2) 그림 그리기

그림 그리기(drawing a picture)는 응답자에게, 예를 들면 제품이나 제품 사용 환경에 대한 자신의 느낌을 그림 형태로 표현하도록 하는 조사에 많이 사용된다. 흔히 두 가지, 세 가지 브랜드에 대한 응답자의 느낌을 그리도록 하는 방법으로도 많이 사용된다. 그림 그리기는 참석자들에게 백지와 연필을 나누어 주고 조사 진행자가 제시하는 주제에 대해 그림을 그리라고 한다. 그리고 그 그림에 대한 설명을 통해 소비자 행태에 대한 통찰을 얻거나 브랜드에 대한 연상 이미지를 파악하는 투사기법이다.

예를 들어 '우리는 소비자 만족에 대해서 연구하고 있습니다. 행복해하는 소비자의 그림을 그려주시고, 그 사람이 말하는 것을 적어주세요. 그 뒤에 불만이 있는 소비자를 그려주시고, 이 사람이 말하는 것도 적어 주세요'라고 할 수 있다.

또 다른 예로 '슬림 패스트(Slim Fast), 제니 크레그(Jenny Craig), 웨잇 워치(Weight Watch)의 3개 온라인 웹사이트 하면 연상되는 것을 그림으로 그리세요'라는 질문을 들 수 있으며, 후자에 대한 질문에 대한 답으로 참석자들은 그림 12-3을 제시했다. 이러한 그림의 의미는 조사 그룹 내 대부분의 참석자에게서 유

그림 12-3 **그림 그리기 기법을 이용한 3개 회사의 연상 이미지**

자료 : www. advertising.co.kr

사하게 나타났다고 한다. 참석자들은 제니 크레그(Jenny Craig)를 부자며, 스타일이 살아있는 중년의 여성으로 그렸으며, 웨잇 워치(Weight Watch)는 제니 크레그와 비슷하지만, 좀 덜 부유하고 뚱뚱한 사람으로 묘사했다. 이에 반해 슬림 패스트(Slim Fast)는 더 어리고, 마르고, 활동적인 여성으로 그렸다. 이러한 연상 이미지 결과를 통해 슬림 패스트(Slim Fast)가 캠페인으로 가져갈 포지셔닝 전략에 반영되었다고 한다.

### 3) 의인화

의인화(using personification)는 참석자에게 주제를 사람이라고 가정하게 하고 어떤 사람일지에 대해 얘기하게 하는 방법을 통해 소비자를 이해하는 기법이다. 예를 들어 'RV 차량과 SUV 차량이 사람이라면 어떤 사람일까요?'라는 질문을 들 수 있으며, 참석자들은 RV 차량을 30~40대 중산층이며, 화물이나 제품을 차에 많이 싣고 다녀야 하는 영업 위주의 자영업자나 신도시 등 도심 외곽에 거주하는 샐러리맨이며, 평일보다는 주말에 차를 많이 사용하는 사람으로 묘사했다고 한다. 또한 평범한 성격에 주말에는 가족 단위의 레저를 즐기며, 여러 명이 타고 움직일 수 있다는 점에 만족하는 사람으로 묘사했다. 반면 SUV 차량은 30대 후반~40대의 경제적으로 안정된 사업가, 전문가 혹은 건축가로서, 현장 업무 등 외곽 지역 업무가 많은 사람 혹은 부유한 가정에서 자라서 돈이 많은 20대 청년 실업가로 묘사했다고 한다.

다소 와일드하고 터프한 성격으로, 주말에는 골프, 낚시, 산악등반, 사냥, 행글라이더 등 자신만의 레저에 시간과 돈을 투자하여 즐기며, 언제든 떠나고 싶을 때 자유롭게 떠날 수 있을 만큼 시간과 돈에 구애를 받지 않는 프로급으로 묘사했다고 한다.

### 4) 문장완성법

문장완성검사(sentence-completion test)는 단어연상법의 변형으로써 여러 가지 형식(예: 설화완성법, story-completion test)이 있으나 기본적 형식은 완성되지 않은 문장을 완성하는 것이다. 미완성 문장이나 이야기를 완성하도록 요청한 후 응답내용을 분석하여 응답자의 욕망, 동기, 호기심, 공포심, 니즈 등을 파악할 수 있다. 문장완성검사는 다른 검사들에 대한 부가적 내용을 제시해 줄 뿐 아니라 중요한 역동적 내용이 표현되며, 다른 검사들에 의해 표명된 역동적 내용을 확인해 줄 수 있는 매우 간단하면서도 유용한 검사다. 이 검사는 인격심층에 관한 평가방법으로서는 미흡한 점이 많지만, 여러 가지 면에서의 생활영역과 타인에 대한 태도, 의견 등 비교적 인격의 표면층을 밝힐 수 있으므로 공포, 걱정, 야망 및 후회 등과 같은 요소가 밝혀지는 경우가 많다.

실제 조사에서 조사자가 문장의 첫 부분을 제시하고 피검사자가 미완성된 뒷부분을 자유롭게 완성하도록 한다. 검사자가 관심 있는 분야에 따라 관련된 어떤 문장의 일부를 주고 피검사자가 나머지를 작문하여 문장을 완성하게 하는 것으로 의식적 연상을 시키는 것이다. 문장완성검사를 통해 투사된 내용의 내면적 상태를 알 수 있다. 예를 들면 '가족은 ________이다'라는 문장완성검사를 실시할 경우 보통 이 검사를 통해서 자신과 가족에 대한 태도, 주변 사람들과의 관계, 미래와 과거에 대한 태도 등을 알 수 있다.

또 다른 예로 문장완성법(completing a sentence)의 질문은 다음과 같다.

'홈시어터(HTS; home theater system)를 이용하는 사람들은 ___________.'

이 문장을 완성하도록 해서 얻은 결과는 홈시어터를 이용하는 사람들은 여유롭고, 풍요롭고, 자부심을 느끼는 남성임을 알 수 있었다고 한다. 또 다른 예를 들면 '차를 처음 구입했을 때 ___________.'라는 문장완성검사를 제시하자 남자들은 '엔진을 검사하라', '광택을 내라' 등의 반응을 보이나 여성들은 '시험 삼아 운전해 보세요'라는 반응을 보였다고 한다. 이 결과는 남성들이 자동차를 보호하고 책임져야 할 대상으로 간주하는 반면, 여성들은 자동차를 이용할 어떤 것으로 인식함을 알 수 있었다고 한다.

결론적으로 응답자에게 어떤 문장을 제시하고 나서 빠진 부분을 채우도록 하는 방법이라고 할 수 있다. 문장완성검사는 간단한 답변에 초점을 두고 있어 간단한 답변을 얻을 수 있는 이점이 있다. 한 사람 이상에게 동시에 문장완성법을 실시할 수 있고, 쉽게 대답할 수 있어 조사 표본의 크기가 큰 경우 유용하다. 보통 문장이 적힌 프린트물을 미리 준비하여 나누어주고, 몇 분 동안 작성하게 한 뒤에 서로 왜 그렇게 생각했는지를 이야기하게 하는 기법이다.

### 5) 자유연상법

자유연상법 또는 단어연상법(word-association test)은 어떤 말이나 단어가 주어질 때 그 말이나 단어에서 떠오르는 생각이나 용어 또는 상황을 묘사하게 하는 등 단어나 말에 대해 자유롭게 연상하도록 하는 조사기법이다. 예를 들어 '아침'이라고 했을 때 가장 먼저 연상되는 것이 무엇인가를 대답하게 한다. 연상테스트는 심리학 용어로써 일정한 언어를 피험자에게 제시하고 이에 대하여 직관적으로 떠오르는 언어로 대답하게 한다. 이 검사법은 정신병 진단이나 심리기능검사에 이용하며, 특히 정신분석학에서 정신분석 및 치료에 이용하고 있다. 자유연상의 이론적 근거는 반응어 안에 피험자의 개인적 경험·사상·태도·욕구·감정 등이 투영된다는 점이다.

자유연상법에는 두 가지 형식이 있는데, 첫째는 몇 개의 단어로 구성된 자극어표를 준비하고 그 단어를 하나씩 읽어주어 직관적으로 떠오르는 어휘를 대답하게 하는 방법이고, 둘째는 환자가 최초에 떠올린 말 또는 분석자가 제시한 말에서 연상되는 어휘를 연속적으로 대답하게 하는 방법이다.

처음에 주는 말을 자극어, 연상한 말을 반응어라고 한다. 자유연상법은 반응어의 내용을 지정하는 제한연상법과는 대조적이며 말 대신 물건이나 그림을 자극으로 삼는 수도 있다. 생각나는 최초의 말만을 반응시키는 것이 보통이지만, 생각나는 차례대로 많은 반응어를 구하는 경우도 있다.

결론적으로, 특정한 자극을 주지 않고 마음에 떠오르는 것을 차례차례 반응시키는 정신분석적인 진단법의 하나가 자유연상법이다. 자유연상법으로 얻어지는 반응어의 내용, 빈도 및 반응 시간은 임상적 진단, 말의 유의미의 정도, 말 상호간의 의미 관계, 언어발달의 정도 등을 나타내는 지표로서 유용하며 이 방법은 폭넓게 적용된다. 소비자 분야의 경우 자유연상법은 소비자의 내적 감정, 상표의 인지도 등을 조사할 때 많이 이용된다. 예를 들면 치약을 떠올릴 때 가장 먼저 생각나는 상표이름이 무엇인지를 질문한다.

## 6) 유추법

유추법(creating analogies)의 경우는 우리의 주제가 다른 주제와 얼마나 비슷한지를 물어보는 방법이며, '데미소다를 자동차 / 꽃 / 도시라고 가정해 보세요. 어떤 종류의 자동차 / 꽃 / 도시일 것 같나요? 어떤 것과 비슷할까요?'라는 질문들이 이 기법에 해당한다. 데미소다의 경우, 도시로는 트렌디하고 고급스러운 뉴욕과 호주로 나타났으며, 꽃으로는 상큼하고 옹기종기 모여 있는 느낌의 데이지와 프리지아로 나타났다. 또한 자동차로는 함께 즐기고, 활동적인 성향을 나타내는 렉스턴과 레조로 나타났다.

## 7) 기 타

지금까지 살펴본 기법 이외에 가족 만들기(creating family), 환타지와 데이드림(fantasy and daydreams) 기법, 풍선 그림(bubble drawings) 등도 있다.

가족 만들기는 여러 브랜드들을 가족이라고 생각하고 한 카테고리와 다른 카테고리 간의 관계를 밝힐 때 쓰는 기법으로 소비자 인식 상 경쟁관계를 파악하는 데 유용하다. 여기서 꼭 가족이라고 국한시키지 않고 다른 기준 하에 그룹핑(grouping)을 하는 것도 같은 맥락이라 하겠다.

그림 12-4 **풍선그림 투사 도구 예**

환타지와 데이드림은 중요한 캐릭터나 특성들을 끄집어내기 위해 특정한 상황이라고 가정하게 한 후 의견을 자유롭게 받는 기법이다. 예를 들어, '여기에 마술지팡이가 있습니다. 이 지팡이를 돌릴 거예요. 당신이 이걸 받았을 때, 이 문제에 대한 당신의 마술적 해법을 보여주세요. 이 지팡이를 흔들면, 당신이 말한 대로 이루어질 거예요. 자, 마술지팡이를 잡으세요'라는 질문이 이에 해당한다. 이때 긴장을 풀기 위해 음악을 틀어주거나 어떤 이미지를 보여주면서 대화의 분위기를 조성하면 더욱 더 효과를 볼 수 있다.

풍선 그림은 어떤 특정한 상황을 그림이나 만화 형태로 제시한 후 응답자에게 그림에 대사를 넣어보라고 요구한다. 마치, 만화 속에 대사를 상상하도록 하게 하는 것으로 응답자의 상상력, 주요 문제를 투사하게 하는 것이다. 그림 12-4에 제시한 바와 같이 만화 그림 안에 제시된 빈 풍선에 응답자가 대사를 채우도록 하는 것이다.

## ♠ 참고문헌

김성대 · 박영택(2001). 브레인스토밍 및 그 파생기법들의 분류 및 활용에 관한 연구. 품질경영학회지 : 응용논문, 29(2), 104-119.

문숙재 · 여윤경(2005). 소비트렌드와 마케팅. 신정.

브랜드마케팅연구소(2004). 2003 전국소비자조사.

장재윤(2000). 전자브레인스토밍 : 집단 창의성 기법으로서의 허와 실. 한국심리학회지 : 사회 및 성격, 14(3), 79-108.

황용철(1998). 소비자 행동론. 제주대학교출판부.

# 제 13 장

## 소비자트렌드 분석방법 II

### - 문제해결 조사방법

소비자트렌드를 포함하여 소비자 니즈, 태도, 동기, 소비자 행동을 조사하는 질적 조사기법은 매우 다양하다. 앞의 장에서는 소비자트렌드 조사기법 중 탐색조사기법에 대해 자세하게 다루었다. 본 장에서는 소비자트렌드를 조사할 수 있는 질적 조사방법 중 문제해결 조사방법에 대해 다루고자 한다. 문제해결 조사방법은 주로 특정 가설을 검증하거나, 정해진 문제를 해결하기 위한 조사기법이다. 앞의 장에서 다룬 탐색조사 기법과 비교할 때, 문제해결 조사방법은 어떤 현상이 보다 더 잘 정의되고 목표 지향적인 문제해결, 인과관계 규명연구, 의사결정자에게 실행 가능한 정보를 제공하기 위한 조사기법이다. 구체적으로 면접법, 전문가 모니터링, 잘트만 은유 유도기법(ZEMT), 델파이법, 사다리기법에 대해 살펴보고자 한다.

## 1. 면접법

면접법은 일대일 심층면접법과 표적집단 면접법(FGI; Focus Group Interview)으로 구분할 수 있다. 일대일 심층면접과 표적집단 면접법의 차이는 조사 대상자가 1명인가 아니면 정해진 특정 집단인가에 있다. 즉 표적집단 면접법은 참석자의 공통된 경험에 집중한다는 것이고, 일대일 심층면접법은 사람들이 무엇에 집중하는가에 대해서 좀 더 통제를 할 필요성을 느낄 때 활용한다는 것이다. 표적집단 면접법은 체계적인 토론방법을 통해 정보검색 과정에서 경험하는 여러 문제, 의견, 대안 등에 관한 정보를 교환함으로써, 각 피험자들이 잘 의식하지 못했던 문제점들과 창의적인 대안을 발견하고 제시할 수 있도록 유도하는 기법이다. 두 방법은 공통적으로 표준화된 자료나 수집도구(설문지, 관찰표 등) 없이 사회자의 판단에 따라 조사를 진행시켜 응답자의 반응을 이끌어 내는 비체계적 자료수집방법이다.

### 1) 일대일 심층면접

일대일 심층면접(Depth Interview)은 심층 인터뷰, 상세 인터뷰라고도 한다. 다른 정성조사방법과 마찬가지로 비체계적인 조사방법(비구조화된 질문방식)으로, 응답자로부터 어떤 주제에 대한 정보를 수집하는 방법이다. 응답자의 잠재된 동기, 신념, 태도 등을 도출해 내거나 특정 전문분야에 대한 내용을 파악할 때 주로 사용한다. 예를 들면 제품의 종류가 민감한 것일 경우(여자 속옷, 사적인 토의 내용), 소극적인 사람들, 10대의 의견을 얻고자 할 때 일대일 심층면접법의 활용성이 높아진다. 조사 양식은 비구성적 또는 비체계적인 형태이며, 결과분석에 의해 정성적 정보가 얻어지나 응답자가 어느 정도 양적으로 확보되면 응답결과를 집계하여 간단한 정량적 정보를 구할 수 있다. 보통 30분부터 길게는 1시간 이상의 면접시간이 소요되며 훈련을 받은 고도로 숙련된 면접자를 필요로 한다. 예를 들면 소비자는 일반적으로 자신이 특정한 구매결정을 한 이유를 명확히 알지 못하는 경우가 많기 때문에 직접적인 질문을 하면 유용한 응답을 얻기가 힘들다. 따라

**리쿠르팅**

**면접 대상자 선정**
- 조사 목적에 맞는 면접 대상자 파악
- 인터뷰 가능 여부 확인 및 인터뷰 날짜 약속

**조사 설계**
- 조사 목적을 달성하기 위해 조사해야 할 항목을 구성하고 질문 항목에 대해 open 응답식으로 구성 (응답 내용에 대해 이유나 probing을 할 수 있도록 구성)
- 녹음 여부 결정 / 녹음장비 준비

**면 접**
- 인터뷰 참여에 대한 감사 및 warming-up(가벼운 이야기)
- 녹음 가능 여부 의사 확인
- 응답 내용에 대해 이유나 probing을 염두에 두고 진행

**분 석**
- (녹음 내용 해독 및) 인터뷰 결과 정리
- 응답자 응답 내용을 동일한 의미를 가진 내용끼리 분류한 뒤 정리하여 전체적인 의미를 해석

그림 13-1 **심층면접의 과정**

자료 : http://www.relab.net/sck/product_service/product_tech2.html

서 조사표에 의한 질문에서 벗어나 소비자의 심리에 가깝게 접근하여 사실을 조사하는 것이 중요하다.

구체적으로, 면접자는 응답자에게 '백화점에서의 쇼핑을 어떻게 생각합니까?'라는 일반적인 질문을 꺼내면서 응답자가 백화점에 대한 태도에 대해 자유롭게 이야기 할 수 있도록 분위기를 유도한다. 이때 면접자의 역할은 편안한 분위기를 조성하는 것이며, 응답자의 응답에 영향을 미치지 않도록 유의해야 한다. 첫 번째 질문에 대한 응답에 따라 면접자는 비체계적(비정형적)인 방식으로 다음 면접을 이끌어 나간다. 즉 면접의 방향이 응답자의 답변에 따라 결정되는 것이다. 가령 응답자가 '최근 쇼핑에 대한 흥미를 잃었다'라는 대답을 했다면 면접자는 '왜 쇼핑에 대한 흥미를 잃었는가?'라고 질문을 하게 된다. 이러한 질문으로부터 유용한 답변이 도출되지 않으면 조사자는 방향을 바꾸어 '전에는 흥미가 있었으며 그 사이에 무슨 일이 있었는가?'라는 질문을 제기할 수 있다. 이와 같이 면접자는 진행과정과 조사문제에 대한 개략적인 윤곽을 가지고 면접을 진행하며 구체적인 질문 내용과 질문 순서는 응답자의 응답에 따라 달라진다.

일대일 심층면접법은 다른 사람들의 영향을 배제할 수 있다는 장점이 있다. 반면 1회에 30~60분이 소요되어 시간과 비용 면에서는 비경제적이다. 검사계획에

따라 양적인 결과로 나타날 수도 있다.

일대일 심층면접법은 개별 응답자의 내면의 생각을 파악할 수 있다는 장점이 있지만 숙련된 면접원을 확보하기가 어려우며, 확보가 가능하더라도 많은 비용이 든다는 단점이 있다. 또한 소규모 표본의 활용과 면접과정에서의 면접자의 영향은 결과의 신뢰성을 저하시킬 수 있으며, 수집된 자료의 해석에도 역시 전문적 지식이 요구된다. 일대일 심층면접법에서는 응답자들이 자유롭게 말하도록 유도함으로써 다양한 아이디어를 발견해 내는 것이다. 이 방법은 일반적인 조사로는 얻을 수 없는 정보를 얻을 수 있다는 점에서 조사자의 융통성이 중요한 요소로 여겨진다.

## 2) 표적집단 면접법 : 포커스 그룹 인터뷰

표적집단 면접법 또는 포커스 그룹 인터뷰(FGI)는 정성조사의 대표적인 조사방법으로 면접 진행자(moderator) 또는 조정자가 면접 대상자들을 한 장소에 모이게 한 후, 비체계적이고 자연스러운 분위기에서 조사목적과 관련된 토론을 함으로써 자료를 수집하는 방법이다. 예를 들면 소수의 면접 참여자들이 광고 효과, 브랜드 인지도 및 만족도 등 특정 주제에 대해 집중 토론하는 기법이다. 면접 진행자의 지도하에 6~8명의 참여자들이 주어진 주제에 대해 토론하는데 참여자들은 제품, 서비스의 사용경험이 있어야 가치 있는 정보를 제공할 수 있다. 면접 진행자는 상품에 대한 전문적인 지식과 경험 외에 토론을 이끌 수 있는 숙련된 기술을 보유해야 한다. 이때 초점 패널(focus panel)이라 해서 동일한 소비자패널 집단을 면접 대상으로 사용하기도 한다. 흔히 패널 간의 토의를 한 후 필요한 경우 제품을 주고 사용 후 경험에 대해 다시 토의하기도 한다. 보통 제품 개발 단계나 저장 중의 변화를 알고 싶을 때 초점 패널을 사용한다.

표적집단 면접법은 조사의 목적을 달성하기 위하여 독립적으로 사용되는 조사방법이라기보다는 본격적인 소비자 조사 또는 마케팅 조사를 위한 사전·사후 검증 목적으로 활용되는 경향이 있다. 따라서 토론 주제에 대한 숙고 없이 순간적인 최초 반응만으로 진행되므로 조사 결과에 전적으로 의존하는 것은 위험할 수 있다. 표적집단 면접법을 효과적으로 시행하기 위해 딱딱한 인터뷰 공간과 방식을 사용하면 참여자의 사고가 제약을 받으므로 상품과 소비자의 특성에 따라 방법을 달리 하여 조사 효과를 극대화한다. 감각과 체험이 중시되는 상품의 경우, 소비환경과 유사한 공간에서 상품을 직접 체험하게 하면서 면접을 실시하기도 한다.

### (1) 표적집단 면접법의 목적

표적집단 면접법은 소수 응답자들 간의 자연스러운 대화과정에서 조사목적과 관련된 유용한 정보를 얻거나 공식적인 설문조사에서 기대하지 못한 결과를 발견하는 데 목표를 두고 있다. 정량조사(예: how much)에 앞서 예비적으로 실시되는 것이 일반적이며 문제 파악 및 양적 조사에서 검증해야 할 가설(what, why, how) 설정을 조사의 목적으로 삼는다. 명확한 결론이 필요하지 않으면(단순하게 어떤 경향만을 알고 싶은 경우) 표적집단 면접법만으로 조사를 끝내는 경우도 있다.

### (2) 표적집단 면접법 이용 분야

표적집단 면접법을 활용하여 조사하는 분야의 구체적인 실례를 살펴보면 다음과 같다.

#### ① 기본적 탐색조사

- 신상품 개발 기회를 찾기 위한 상세한 시장 정보가 필요할 때
- 목표 고객 시장의 변화에 대한 최신 정보를 파악하고자 할 때
- 새로운 시장의 마케팅이나 광고 전략을 수립하기 위해 정보가 필요할 때
- 시장과 상품에 대한 소비자 인식, 소비자 구매의사 결정과정, 사용 실태, 가설 수립과 관련한 정보가 필요할 때
- 현 시장 내에서 소비자 욕구 파악 / 발견하기 위한 정보가 필요할 때
- 향후 시장 변화에 대한 예측적인 정보 수집이 필요할 때
- 새로 참여하려는 분야의 상품과 생활에 대한 전반적인 정보 수집이 필요할 때

#### ② 신상품 개발

- 아이디어 창출(아이디어 수집, 문제의 탐색적 접근) 정보가 필요할 때
- 신상품의 장점 및 단점 파악(컨셉 평가 : 태도, 수용성 추정, 개선점 추출, 개선 아이디어 발견)이 필요할 때
- 상품 성능 평가(수용성, 개선점, 개선 아이디어 발견)가 필요할 때
- 테스트 마켓 평가(구매자 만족 상태, 구매 이유, 구매 동기)가 필요할 때
- 발매 후 후속 조사(문제점 발견, 경쟁품 분석, 개선 아이디어, 광고 문제점 파악)가

필요할 때

### ③ 광고조사

- 광고 사전조사(pre testing; 수용성, 문제점/개선점 파악)가 필요할 때

### ④ 진단조사

- 목표 고객과 상표의 특정 측면과의 관계 파악이 필요할 때
- 광고 캠페인 이후의 상표 이미지 변화 파악이 필요할 때
- 새로운 경쟁자 출현으로 인한 상표의 포장 평가가 필요할 때

## (3) 표적집단 면접 설계 및 단계별 체크 리스트

표적집단 면접법은 크게 기획, 리쿠르팅, 모더레이팅, 분석 및 보고서 작성, 4단계로 나누어진다. 각 단계마다 고려할 사항을 알아보면 다음과 같다.

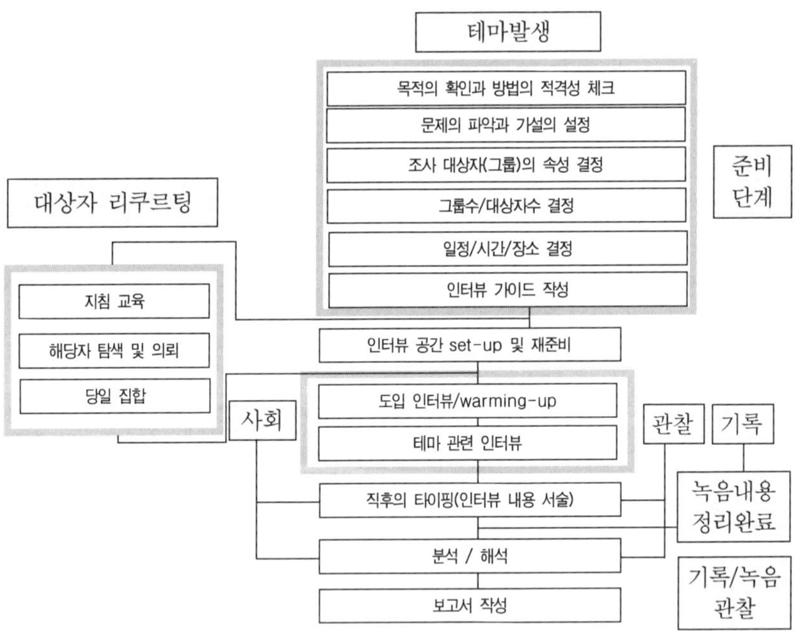


그림 13-2 **표적집단 면접 절차**

자료 : http://www.relab.net/sck/product_service/product_tech2.html

### ① 기획(planning)

- 성공적 조사 설계는 세부적으로 짜여진 기획에서 시작한다.

- 프로젝트의 목적 및 결과를 정의하기
- 프로젝트 참여자 및 예산을 명확히 하기
- 프로젝트 시간을 어느 정도로 할지 정하기
- 참석자 그룹을 어느 정도로 구조화 시킬지 결정하기
- 가이드라인 질문 작성하기
- 얼마나 많은 그룹을 할지, 그룹 당 몇 명으로 구성할지 결정하기
- 프로젝트를 실시할 장소, 시간, 날짜 선정하기

### ② 리쿠르팅(recruiting)

- 리쿠르팅 성공 여부가 전체 프로젝트 성공에 가장 큰 요인이 된다.

- 각 집단에 적절한 구성원 및 집단별 특성 명확히 하기
- 참석자 선정을 위한 적격 기준 및 탈락 기준 개발하기
- 리쿠르팅 선정 질문 및 모집시 전달되는 문구 개발하기
- 잠재적 참여자 초기에 연락하기
- 참석을 확인 후 절차 결정하기

### ③ 모더레이팅(moderating)

- 좋은 질문과 성공적인 리쿠르팅으로 행해지는 토론 자체가 데이터이다.

- 모더레이터 역할 정의하기
- 숙련된 모더레이터 선택 후 커뮤니케이션 활발히 하기
- 실제 조사 때 활용할 소품들 만들기

### ④ 분석 및 보고서 작성(analysis and reporting)

- 최종 보고 내용으로 무엇이 필요한지를 결정하는 것이 자료를 필요 이상으로 분석하거나 필요 이하로 분석하는 일을 막을 수 있다.

- 분석 스킴(scheme) 짜기
- 최종 보고 내용 구체화하기
- 토론 내용 기록한 테이프, 녹취록, 표적집단 면접 참관자의 기록 중 어떤 것을 분석할 지 결정하기

> 트렌드 메모 13-1
>
> **표적집단 심층면접법을 응용한 조사**
>
> 태평양은 2001년 전통 표적집단 심층면접법(FGI)에 고객의 오감을 자극하는 시스템을 접목시킨 표적집단역동(FGD; Focus Group Dynamics)기법을 시행했는데, 이것은 라이프스타일 트렌드를 다섯 가지 유형으로 구분하고 각 유형에 대한 고객들의 반응을 바탕으로 '라네즈' 브랜드 컨셉을 정의하려고 한 것이다. 라이프스타일 유형은 합리적, 자연주의적, 여유로움 등으로 분류했고, 라이프스타일 유형별 컨셉을 감각적으로 표현하기 위해 동영상(시각, 청각), 3D 박스(촉각, 후각) 등으로 '스티뮬러스 룸'을 구성했다. 스티뮬러스 룸은 유형별 자극 도구가 설치된 방으로, 7~8명의 고객들이 이 공간에서 자신이 체험하고 느낀 것에 대해 토론하는 장소이다. 조사된 결과는 브랜드 콘텐츠와 이미지를 설정하기 위한 기초 자료로 활용되었다. 조사 결과 자연스러움과 고급스러움이 '라네즈'의 제품 콘텐츠와 가장 근접한 것으로 나타나 이를 바탕으로 마케팅 전략을 설계했다. 또한 용기 디자인, 광고, 판촉물 등에 대한 고객들의 구체적 반응을 조사하여 활용했다.

## 2. 전문가 모니터링

전문가 모니터링을 소비자트렌드 조사에 활용할 경우 트렌드 리더 또는 전문지식이 있는 전문가가 조사 목적에 해당하는 사항을 관찰하도록 하는 기법이다. 상품이나 시장에 대한 전문적 지식과 경험, 적극적 마인드를 보유한 모니터일수록 보다 심층적인 관찰과 분석이 가능하다. 보통 전문가 수준의 지식을 보유하거나 트렌드 리더의 역할을 하는 특정 고객을 모니터로 선정한다. 선정된 모니터들은 자신의 일상적인 생활 속에서 주변인들의 행동을 관찰하거나 의견을 수집한다. 이들은 소비자와 관찰자의 역할을 동시에 수행하므로 시장 조사자가 일방적으로 관찰하는 것보다 더욱 현실적인 결과를 도출할 수 있다. 또한 트렌드를 주도하는 사고방식과 라이프스타일, 유행을 선도하는 아이템을 파악할 수 있다. 전문 모니터가 제시하는 의견이 신빙성이 있으므로 이들을 통한 제품 컨셉과 이미지의 홍보도 가능하다. 정기적으로 모니터에 대한 교육을 실시하거나 토론과 발표를 권장하여 모니터 요원 간 지식 공유와 시너지를 극대화할 필요가 있다.

**트렌드 메모 13-2**

**전문가 모니터링 사례**

**- 제일모직 패션 리서치 모니터 팀 -**

제일모직은 1995년부터 의상, 패션 전공 학생들로 모니터 그룹을 구성하여 운영했다. 서울 등 6대 도시에서 선별된 20여 명의 의상학 전공 학생을 패션 모니터로 활용했는데 모니터들에게 주어진 역할은 부상하는 아이템이 무엇인지를 관찰하고 주제별 리포트를 작성하는 것이었다. 소비자들이 입고 있는 의상 사진을 촬영, 수집하여 트렌드를 분석하고 가격조사와 고객관찰조사를 실시했다. 트렌드 자료는 치마 길이, 컬러, 의상 및 액세서리 활용법 등으로 세분했다. 고객, 상품의 특성에 따라 관찰방법과 시간, 장소를 달리 했다. 영 브랜드의 경우 백화점 등 주요 판매점에서 소비자를 직접 만나 인터뷰를 하거나 관찰했고, 신사복의 경우에는 출퇴근 시간에 여의도 등 사무실이 밀집된 지역에서 사진을 촬영했다. 수집된 자료는 데이터베이스화하여 신제품 아이디어 발굴에 활용했는데, 월 1회 정기모임 형식으로 모니터-실무자간 토론과 학습을 실시하고 사진 데이터베이스는 아이템별로 관리하여 트렌드 분석과 예측 자료로 사용했다.

전문가를 대상으로 하는 조사에 대해 좀 더 구체적으로 살펴보자.

전문가를 활용한 의견조사는 그림 13-3에 제시한 바와 같이 다양한 방법으로 사용된다. 전문가 대상 조사에서 미래 예측을 목적으로 하는 조사에 활용할 경우 예측에는 사전분석과 사후분석이 있다. 사후분석에는 사건의 진행을 그저 되어 가는대로 두고만 있는 방치(do nothing), 사건의 성격에 따라 유형화하여 이를 분류하고 다음에 이와 유사한 사건이 일어날 경우 유형에 따라 미래를 예측할 수 있게 하는 유형화(modeling) 그리고 일의 진행사항을 면밀하게 기록하고 감시하는 모니터링(monitoring), 개인이 생각하는 사건의 바람직한 방향과 실제의 일이 진행되는 것의 차이에 대한 교정을 바라는 제안함(suggesting box)의 방법이 있다.

한편, 사전분석은 일이 일어나기 전에 그 변화를 미리 예측하는 것이다. 사전분석에는 방어적 분석과 예측적 분석이 있다. 방어적 분석은 보장이나 보험과 같은 영역을 예측하는 것이며, 예측적 분석은 분석적인 방법과 주관적인 판단의 방법이 있으며 전문가 의견조사는 주관적 판단방법 중의 일부분이다. 주관적 판단방법은 전문가의 의견조사 유형과 일반적인 여론조사방법이 있다. 일반적 여론조사의 형태로는 무계획적 질문, 인터뷰, 의견조사와 일반조사가 있다. 한편, 전문가 의견

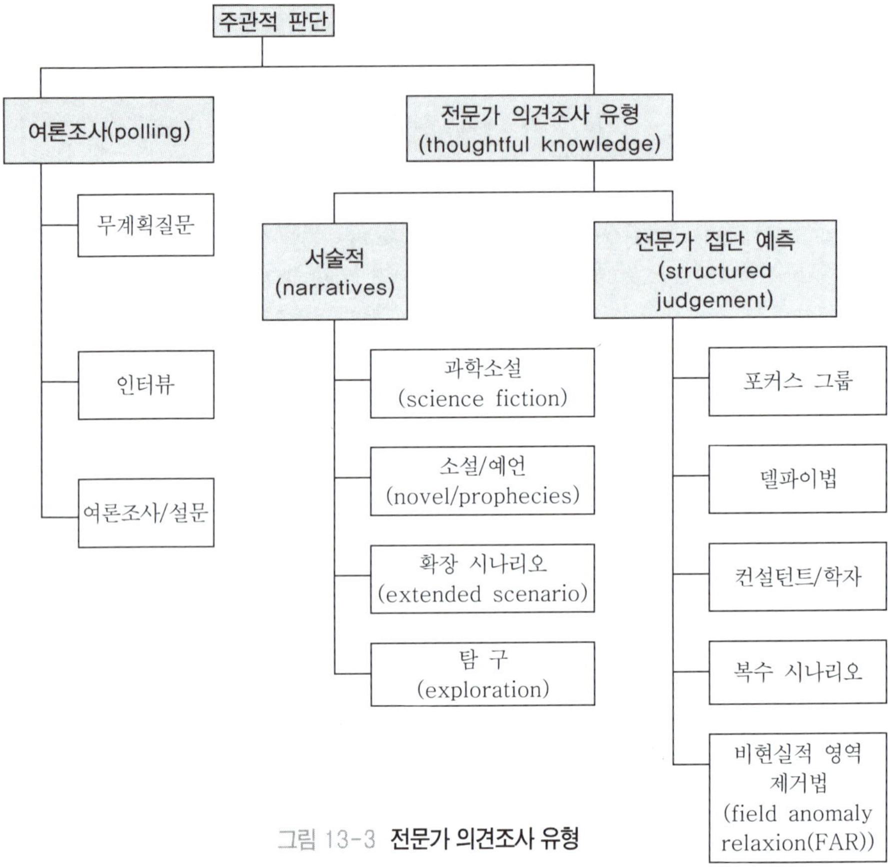


그림 13-3 **전문가 의견조사 유형**

조사로는 전문가 집단 예측과 서술적 예측이 있으며 서술적 예측은 과학소설, 소설과 예언, 확장 시나리오 그리고 탐구의 방법이 있다. 전문가 집단 예측으로는 포커스 그룹으로 전문가들이 하나의 주제에 심도 깊은 의견을 나누는 것이 있다.

델파이법은 복잡한 문제를 취급함에 있어서 전문가들을 집단화하여 수차례의 반복 설문을 통한 집단의 의사교환과정을 가짐으로써 집단의 판단을 효과적으로 구조화하는 방법이다. 즉 델파이법은 해당분야 전문가들의 의견을 종합하여 미래 예측에 활용하는 전문가 의견조사의 한 방법으로 종종 사용된다. 전문가 집단 예측은 컨설턴트와 학자들의 판단으로 주제가 비교적 자유로운 것을 대상으로 하여 자신의 견해를 말하는 것이다. 그 외에도 전문가 집단 예측은 다수의 시나리오를 상정하는 판단의 방법이 있고 비현실적인 영역제거방법이 있다.

전문가 대상 조사방법은 여러 분야에서 자주 활용한다. 예를 들면 행정부의 각 부처와 주요 기업은 그 분야의 전문가로부터 필요한 자문을 받고 있다. 대통령의 경우 대통령의 정책자문에 응하는 정책기획위원회와 같은 전문집단이 있어 필요한 전문적인 자문을 받고 있다. 그런데 민간 학계 전문가들은 이론적인 면에서는 전문성이 돋보이지만 실무 경험적인 차원의 자문에는 한계가 있다고 본다. 따라서 경험이 풍부한 고위직 전문가 집단이 있으면 이를 보완할 수 있다.

전문가 모니터링 사례를 살펴보면, 한국개발연구원(KDI)은 각계 경제 전문가 500명으로 구성된 '경제정책 모니터링망'을 경제정보실 언론 분석팀에서 운영해 오고 있다. 주요 경제정책 및 경제현안에 대해 전문가들의 심층적인 의견을 정기(연 10회 내외) 또는 수시로 수렴하여 정책 당국에 전달함으로써 효율적인 정책입안과 추진에 기여한다. 모니터 위원의 구성과 선정은 여론 분석팀에서 신문 경제 칼럼의 집필자 명단 및 기고 현황, 대학 인명사전 등을 토대로 자체적으로 선정한다. 또한 한국개발연구원 자체 연구 인력 중에서 자문위원을 구성하여 설문지의 개발과 분석에 참여하고 있으며, 경제정책과 현안에 대해서는 인터넷을 이용하여 설문 조사한다. 이때, 전문가 모니터링 사업을 지속적으로 수행하기 위해서는 특히 모니터 위원에 대한 관리가 매우 중요하다.

## 3. 잘트만 은유 유도기법

잘트만 은유 유도기법(ZMET; Zaltmen metaphor elicitation technique)은 1995년 하버드 경영대의 잘트만 교수가 개발한 소비자 조사기법이다. 잘트만 은유 유도기법은 소비자가 무의식속에 갖고 있는 니즈를 비언어적, 시각적 이미지를 통해 은유적으로 유도하여 파악하는 방법을 말한다. 잘트만 은유 유도기법은 제품, 브랜드 등과 관련된 소비자의 인식, 사회적 관계 등을 탐색하기 위해 인류학, 사진학, 신경생물학, 심리분석학 등을 폭넓게 활용하는 기법으로서, 고객의 생각을 구성하는 기본 개념들을 찾아내고 상호관계를 설명할 수 있다. 잘트만 은유 유도기법을 사용·활용할 수 있는 분야는 매우 넓다. 잘트만 은유 유도기법은 인간의 사고와 감정에 대한 심층적인 통찰력을 필요로 하는 모든 분야에 적용이 가능

**트렌드 메모 13-3**

### 코카콜라 : 코크의 새로운 이미지를 발견

코카콜라는 2001년 소비자들이 자사 브랜드에 대해 가지고 있는 숨겨진 느낌과 생각을 알아내기 위해 잘트만 은유 유도기법을 사용했다. 과거 포커스 그룹 인터뷰와 설문조사에서는 코크(coke)의 이미지가 '에너지 충전, 갈증 해소, 해변의 즐거움' 등으로 나타났으나, 잘트만 은유 유도기법 조사에서는 코크가 활기차고 사교적인 느낌뿐 아니라 많은 사람으로 붐비는 축구 경기장에서 명상하고 있는 불교 수도자의 이미지와 같은 '고요함, 쓸쓸함, 정신이완'의 느낌도 함께 전달하는 것으로 나타났다.

Two drinks in One : 잘트만 은유 유도기법 실험 후 코카콜라 경영진들은 결과를 보고 받는 자리에서 연구자들이 제시한 'Two drinks in One(하나의 음료에 상반된 두 가지 이미지가 들어 있다)'의 이미지를 받아들이고, '이제까지 코카콜라의 절반만을 마케팅하고 있었다'고 표현했다.

하다. 특히 소비자의 심층적 사고과정 규명을 통해 효과적인 마케팅 전략 개발이 가능하며, 기업과 공공기관의 커뮤니케이션 전략 개발에도 유용하게 이용할 수 있다.

잘트만 은유 유도기법의 실행방법은 일대일 면담으로 진행된다.

예를 들면 참여자에게 특정 상품 또는 브랜드에 대해 2주 정도 숙고하게 한 후, 자신의 느낌이나 생각을 표현해 주는 사진, 그림 등의 이미지를 수집해 오도록 한다. 연구자는 심층면담을 통해 수집된 이미지를 해석하고 소비자 사고의 틀을 분석한다. 구체적으로 12~20명의 고객에게 실시하여 유사성, 특성 등을 찾아 공통 테마를 도출시켜 이를 다시 콜라주나 모자이크로 재창조하여 소비자들의 정신세계를 파악한다.

인간 심리에 대한 최근 연구 성과에 따르면, 인간의 의사결정 중 95%가 스스로도 자각하지 못하는 심층적인 무의식적 차원에서 결정된다고 한다. 또한 인간의 의사결정과정에 이성과 함께 감성(emotion)이 중요한 역할을 담당하며, 인간의 생각은 대부분 본질적으로 은유(metaphor)에 기반을 둔다고 한다. 아울러 인간 상호간 커뮤니케이션의 80% 이상이 비언어적 수단을 매개로 이루어진다고 한다.

이러한 최근 연구 성과에 비추어 볼 때, 소비자와의 언어적, 이성적, 의식적 커뮤니케이션에 기반을 둔 기존의 정량조사와 정성조사방법은 나름의 장점에도 불

트렌드 메모 13-4

### 모토로라 : 신제품 컨셉 개발과 브랜드 네이밍에 활용

모토로라는 2001년 새로운 주택보안 시스템을 개발하는 과정에서 제품의 은유적 측면을 이해하기 위해 잘트만 은유 유도기법을 사용했다. 참여자들에게 안전한 혹은 불안한 상황에 대한 느낌을 표현하도록 요청했는데 많은 사람들이 개의 이미지가 담긴 그림과 사진을 수집해왔다. 개는 충성스럽게 인간을 보호하는 동물로 편안, 안전 등의 느낌을 주며 보안시스템과 이미지가 통했다. 연구결과를 신상품 포지셔닝과 브랜드 네이밍 전략에 활용함으로써 제품의 기술적 이미지를 약화시키는 대신에 친구, 동료의 정서적 이미지를 강화했고 브랜드명도 'The Talkatron'에서 'The Watchdog'로 변경했다.

구하고, 소비자의 언어화되지 않은 무의식적 니즈를 포착하는 데에는 한계가 있다. 미국 특허를 받은 일대일 심층면접기법인 잘트만 은유 유도기법은 바로 이러한 조사방법들 간의 괴리를 극복하기 위해 1995년 하버드 경영대학의 잘트만 교수에 의해 개발되었다.

## 1) 잘트만 은유 유도기법 조사 절차

잘트만 은유 유도기법은 조사대상자가 사전에 준비한 그림을 가지고, 몇 시간(예: 2시간)에 걸쳐 진행되는 일대일 심층면접으로써 그림 13-4와 같은 6단계에 걸친 추후질문이나 추가조사(probing) 과정을 통해 주제에 대한 목표 고객의 생각과 감정을 대부분 추출할 수 있다.

잘트만 은유 유도기법 절차는 '가져 온 그림에 대한 이야기 추출 → 3개 그림 비교를 통한 은유 추출 → 그림틀 확장을 통한 은유 추출 → 5가지 감각을 이용한 은유 추출 → 영화 / 동영상 스토리를 통한 은유 추출 → 가져온 그림을 한 장으로 조합하여 주제를 요약 및 표현'으로 구성된다.

여기에서 은유는 한 사물을 다른 사물의 관점에서 보는 현상을 일컫는 것으로 인간의 인지 과정과 외부 세계와의 커뮤니케이션 과정에 근본적인 역할을 수행한다. 따라서 목표 고객과의 효과적인 커뮤니케이션을 위해서는 소비자 은유에 대한 이해와 활용이 필수적이다. 잘트만 은유 유도기법은 소비자의 의사결정과 행동을

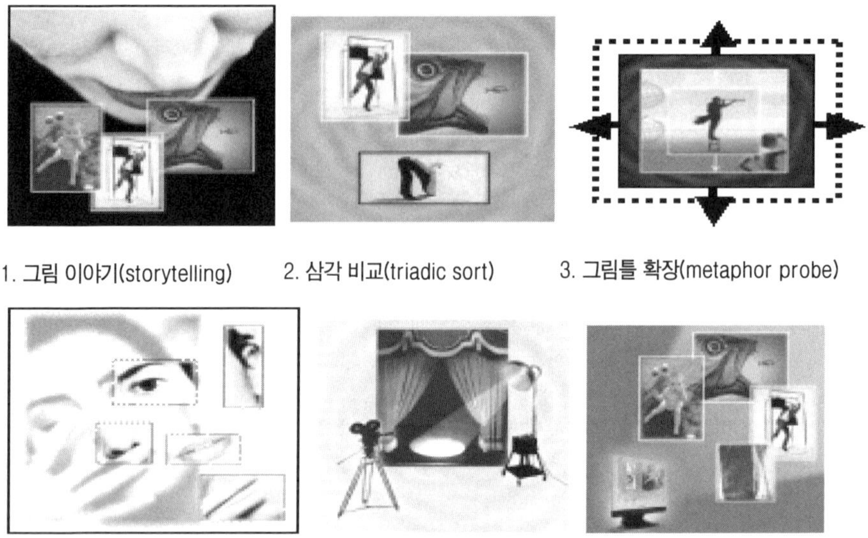

1. 그림 이야기(storytelling) 2. 삼각 비교(triadic sort) 3. 그림틀 확장(metaphor probe)

4. 감각 은유(sensory metaphor) 5. 동영상 은유(vignette) 6. 콜라주(digital image)

그림 13-4 **잘트만 은유 유도기법 절차 단계**

무의식적으로 구조화시키는 심층은유(deep metaphor)를 규명하고, 목표고객에 핵심적인 통찰력을 제공함으로써 효과적인 마케팅 전략을 개발하는 데 기여할 수 있다.

그림 13-5 **디지털 이미지 사진의 예**

## 2) 잘트만 은유 유도기법 결과 제공 방법

잘트만 은유 유도기법 조사를 통해 얻은 결과물을 제공하는 방법을 살펴보면 다음과 같다.

- 주어진 주제에 대한 표층 및 심층 은유를 추출한다.
- 공유개념도(consensus map) : 특정 대상에 대해 공유하는 인식의 준거틀 역할을 하며, 소비자를 심층적으로 이해하기 위한 통찰력을 제공한다.
- 디지털 이미지(digital image) : 가져온 그림을 그래픽 프로그램을 이용하여 한 장의 그림에 표현한 것으로 소비자들의 생각과 감정을 시각적으로 이해할 수 있다.

## 3) 잘트만 은유 유도기법 적용

잘트만 은유 유도기법 방법을 적용한 실제 사례를 살펴보자.

모토로라의 신제품 컨셉 개발에 대해 살펴보면, 모토로라는 2001년 새로운 주택보안 시스템을 개발하는 과정에서 제품의 이미지를 확인하기 위해 잘트만 은유 유도기법 조사를 실시했다. 참여자들에게 '안전한 상황과 불안한 상황'에 대한 생각과 감정을 표현하도록 요청한 결과, 많은 사람들이 개의 이미지가 담긴 그림과 사진을 수집해 왔다. 개는 인간을 충성스럽게 보호하는 편안함과 안전함의 느낌을 전달해 주어 보안 시스템의 이미지와 상통한다는 사실을 반영했다. 따라서 모토로라 회사에서는 제품의 기술적 이미지를 약화시키는 대신 '친구 / 동료'의 정서적 이미지를 강화하고, 브랜드명도 기존의 'Talkatron'에서 'Watchdog'으로 변경했다.

Z altman
M etaphor
E icitation
T echnique

1. 기업/제품/브랜드 이미지(외부/내부 고객 대상)
2. 국가/사회단체/정치인 및 유명인 이미지
3. 제품/브랜드 컨셉 및 포지셔닝 전략 개발
4. 광고 등 커뮤니케이션 전략 개발
5. 제품 및 건축 디자인 등의 컨셉 개발 등

그림 13-6 **잘트만 은유 유도기법 활용 분야**

자료 : http://www.randr.co.kr./marketing/zmet.htm

## 4. 델파이법

델파이법(delphi method)은 미국의 랜드사에 의해 개발된 예측 기법의 하나로, 앙케트 수렴법이라고도 한다. 한 문제에 대해 여러 전문가들의 독립적인 의견을 우편으로 수집한 다음 이 의견들을 요약·정리하여 다시 전문가들에게 배부하여 일반적인 합의가 이루어질 때까지 서로의 아이디어에 대해 논평하게 하는 방법이다.

델파이법의 출현배경을 보다 구체적으로 소개하면, 델파이법은 1950년대 미국 공군의 의뢰를 받은 랜드사의 헬머(Helmer)와 댈키(Dalkey)라는 2명의 연구자에 의해 제안되었다. 델파이(delphi)의 뜻은 그리스 아폴로신의 신탁에 나오는 유명한 장소로 그룹의 회답자리에서 합리적인 의견을 도출하는 방법으로 정의할 수 있다. 델파이의 이름은 고대 그리스 신을 숭배하는 성직자들이 어떠한 중요한 화제가 있을 때마다 나라 곳곳의 현명한 사람들로부터 견해를 얻기 위해 사자를 보낸 것에서 비롯되었다.

### 1) 델파이법의 특징

델파이법은 특정한 주제에 대해 전문가들로부터 직관적 반응을 체계적으로 검증하고 반문하여 의견을 통합하는 하나의 미래 예측기법이며, 회의나 세미나 등 전통적 의견 종합방식의 단점을 보완하려는 데서 고안되었다. 이 방법은 예측하고자 하는 주제에 대한 해당 전문가를 선정하여 이들에게 설문지를 보내 의견 합의 또는 응답의 안정성이 이루어질 때까지 반복하여 예측 결과를 얻어내는 것이다. 다시 말해 정보 흐름의 조직화, 참여자의 피드백, 참여자의 익명성 등이 핵심 요소라고 할 수 있다(김경동 외, 1986). 즉 델파이법은 의미 직관적 예측방법의 하나로, 유능한 전문가를 따로 따로 분산시켜(통상 20~30명 선발) 익명성이 유지된 상태에서 각각의 전문가들이 독자적으로 형성한 판단들을 종합·정리하는 방법이다. 쉽게 말해 전문가들에 대한 여론조사기법이라고 할 수 있다. 전문가들에게 2~3회 이상 반복하여 자신의 의견 수정 기회를 부여하고 다수의 견해를 통계적으로 종합·분석해서 미래 사태를 비교적 객관적으로 예측할 수 있다.

델파이법은 전문가를 한 자리에 모아 의견을 개진하는 것이 아니라, 의견 질문서를 배포하여 수집 후 전체 의견을 평균치와 4분위(分位) 값으로 나타내어 종합하고, 재차 의견을 묻는 피드백 과정을 거듭하여 의견차를 좁혀 나가게 된다. 집단의 창의력을 자극할 수는 없지만, 중·장기계획에서 여타의 정성적 기법보다 정확도가 높은 것으로 알려져 있다.

### 2) 델파이법 활용 단계

델파이법에서는 예측하고자 하는 대상의 전문가 그룹을 선정한 다음 이 전문가들에게 여러 차례 질문지를 돌려 그들의 의견을 수렴함으로써 예측치를 얻는다. 결국, 델파이법의 가장 큰 특징은 전문가들의 최종적인 합의를 도출하는 데 있는 것이다.

합의 단계 1단계에서는 예측하고자 하는 주제를 구체화하여 질문지를 작성하고 이에 관련된 전문가들을 선정한다. 2단계에서는 1차 응답 내용을 정리하여 최초의 응답자들에게 알려주는 후속 질문지를 개발하여 그들의 의견을 다시 조사한다. 3단계에서는 각종 통계기법들을 활용하여 일련의 조사 과정에서 얻어진 내용들을 최종적으로 정리하고, 결과를 해석함으로써 미래를 예측한다.

즉 델파이법은 명목집단법과 같이 구성원의 상호작용이나 토론 없이 의사결정을 유도하지만, 구성원들이 한 장소에 모이지 않고도 의사결정이 가능한 방법이라고 하겠다.

### 3) 델파이법 활용 분야

델파이법은 예측에 불확실성이 크거나 과거의 자료가 없는 경우에 유용하며, 특히 설비계획, 신제품 개발, 시장전략 등을 위한 장기 예측이나 기술 예측에 적합하다. 소비자트렌드 파악 및 예측을 위한 전문가 대상의 델파이법의 활용은 특정 제품이나 서비스에 대한 품질 평가, 소비자교육 프로그램 관련 조사나 소비자정책 수립 관련 조사에 많이 활용되고 있다. 마케팅 분야에서는 주로 신제품의 수요나 수요에 대한 장기 예측에 사용하며 전문가의 직관력을 이용하여 장래를 예측한다.

**트렌드 메모 13-5**

**델파이법 단계별 수행방법**

1단계 : 해결해야 할 문제를 우편 등을 통해서 전문가들에게 알린 후 이들의 독립적인 안을 수집한다.

2단계 : 수집된 다른 사람들의 안을 요약하여 전문가들에게 제시한 후에, 이를 토대로 자신의 안을 검토, 수정한 후에 제시토록 한다.

3단계 : 이러한 과정을 반복하여 일반적인 합의에 도달할 때까지 서로의 안에 대한 평가를 계속한다.

### 4) 델파이법의 장점과 단점

델파이법의 장점은 다음과 같다. 첫째, 여러 전문가가 참여함으로써 많은 양의 지식을 나눌 수 있다. 둘째, 미래 예측상의 위험을 감소시킬 수 있다. 다양한 차원의 전문적 지식을 모으고 공유할 수 있어 미래예측에 대한 전문성을 높일 수 있다. 셋째, 여러 사람이 한 자리에 모여 토론하는 데서 오는 비효율성을 줄일 수 있다. 넷째, 영향력 있는 소수에 의하여 의사결정이 이루어지는 것을 방지할 수 있다. 즉 동료들의 의견에 반대하기 어려운 폐단을 극복할 수 있다.

한편, 단점은 다음과 같다. 첫째, 모든 사람들이 응답을 한 것을 요약·정리하여 다시 우송하는 과정이 합의에 도달하게 될 때까지 계속되므로 소요되는 시간이 길고 일반적으로 비용이 많이 든다. 둘째, 합의·도출 과정에서 소수의 의견이 묵살될 가능성이 있다. 셋째, 여러 번의 합의·도출 과정에서 발생하는 응답지연, 탈락 등 응답자에 대한 통제가 어렵다.

## 5. 사다리 기법

정성적 조사기법의 하나로 사다리 기법(laddering)은 사다리와 같은 도식 형태로 소비자들의 의식, 가치, 태도 등을 추리하여 파악하는 기법이다. 즉 제품의 물

트렌드 메모 13-6

## 사다리기법 적용사례

### - 하겐다즈 브랜드의 정서적 가치 파악 -

하겐다즈는 2000년 자사 브랜드에 대한 소비자들의 정서적 가치를 심층적으로 탐구했다. 자사제품을 선택하게 하는 소비가치를 심층적으로 이해함으로써 고객층을 새롭게 분류하고 브랜드 이미지를 강화시키고자 한 결과, 향, 맛, 가격, 저지방 등 구체적인 상품 속성으로부터 성취감, 자부심, 가족 중심 등의 추상적인 개인 가치에 도달하게 되었다.

연구결과에 따라 아이스크림 시장을 세분화한 후 목표 고객층에 접근하기 위한 상품 컨셉을 재설정하고, 패키지, 광고 등의 전략 개발에 활용했다.

하겐다즈의 사다리 연결

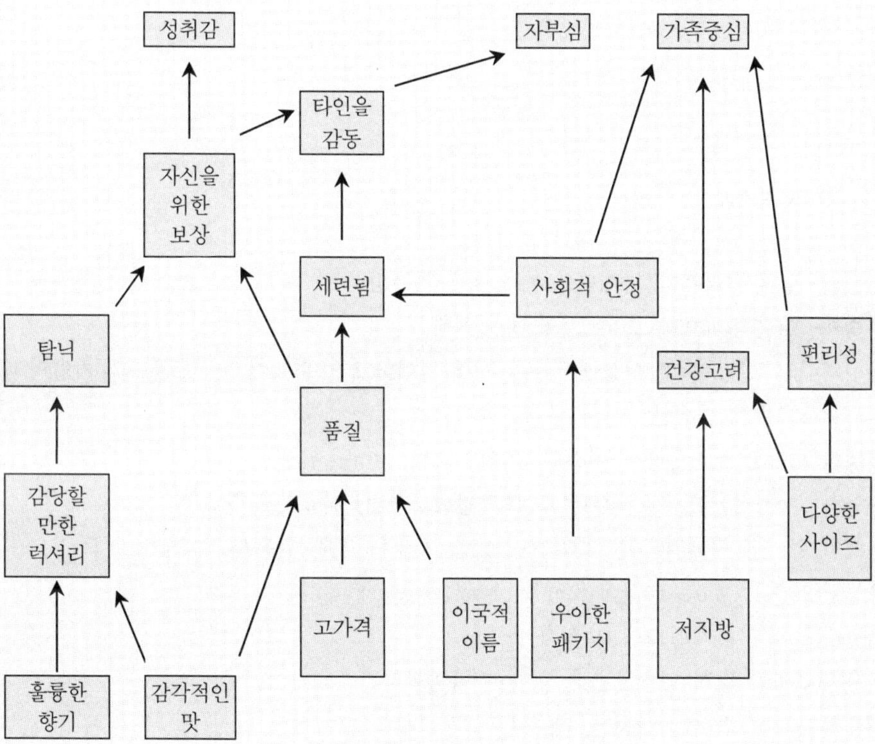


자료 : http://kin.naver.com/browse/

리적 특성과 고객 가치 간의 연결 관계를 파악, 심리지도를 그리는 조사방법이다. 사다리 기법은 소비행태를 유발하는 근본 이유를 파악하기 위해 사다리를 오르듯 지각과정을 거슬러 가면 개인의 내면 가치에 접근한다고 전제한다. 동시에 사다리 기법은 상품의 구매와 사용을 유도하는 구체적, 현실적 핵심 요소와 추상적, 존재적 가치를 연결한다. 다시 말해 사다리 기법은 연상 네트워크를 이용한 질문 시리즈로 소비자의 잠재의식에 접근하는 기법이라고 할 수 있다. 색상, 맛, 가격 등 제품의 구체적인 속성으로부터 시작하여 '그것이 왜 중요한가?'라는 질문을 연속적으로 제시하면서 추상적·상징적 개념으로 접근한다. 보통 일대일 심층면담으로 이루어지며, 짧고 적은 수의 질문으로 소비자의 내면 가치를 알아내기 어려우므로 질문 시리즈는 최대 20여 단계까지 연장한다.

## ♠ 참고문헌

김성환·김세환(2003). 마케팅조사. 도서출판 두남.

문숙재·여윤경(2005). 소비트렌드와 마케팅. 신정.

삼성경제연구소(2002). 시장에서 무슨 일이 일어나고 있나-5대 소비트렌드와 기업의 대응(최순화 수석 연구원)

서정희(2005). 소비트렌드 예측의 이론과 방법. 내하출판사.

송인숙·제미경·김경자 역(2002). 고객만족조사법. 시그마프레스.

신경림 외 7인 공역(2004). 질적 연구방법 포커스 그룹. 현문사.

유동근(2002). Marketing research. Marketing school.

이학식(2001). 마케팅조사. 법문사.

조용환(1999). 질적 연구방법과 사례. 교육과학사.

황용철(1998). 소비자 행동론. 제주대학교출판부.

http://www.relab.net

http://www.randr.co.kr

# 제 5 부

# 소비자트렌드의 활용과 미래

# 제 14 장

# 소비자트렌드의 활용

시장에서는 소비자의 지갑을 열기 위해 트렌드를 연구한다. 그러나 소비자트렌드는 시장에서 소비자의 마음을 읽기 위해 필요한 것만은 아니다. 소비자의 니즈, 소비자의 가치관, 소비자의 라이프스타일은 정부정책과 제도의 방향을 제시하고 올바른 사회운동과 교육의 방향과도 연결되어 있다.

소비자트렌드는 소비자를 둘러싸고 있는 자연적, 경제적, 기술적, 정치적, 사회적 환경의 산물이다. 따라서 트렌드를 읽기 위해서는 폭넓은 독서와 문화적, 사회적 체험 그리고 분석적 사고가 필요하다. 아울러 소비자 니즈와 행동을 관찰하고 조사하기 위한 다양한 방법에 익숙해져야 한다. 트렌드가 대중화되기 전에 미리 트렌드의 전조들을 읽어내고 대응방향을 강구할 수 있어야 함은 물론이다.

# 1. 시장 트렌드와 소비자트렌드의 변화 추세

## 1) 트렌드 변화의 요소들

트렌드의 변화는 짧게는 몇 개월, 길게는 몇 년에 걸쳐 나타난다. 소비자들의 관심을 얻지 못하거나 제품화되는 데 실패한 트렌드는 단기간 소수 소비자들의 관심을 끌고 나서 잊혀져 버리고, 소비자들의 관심사를 제대로 구현하여 제품화하는 데 성공한 트렌드는 장기간에 걸쳐 큰 시장을 형성하고 관련 분야 산업을 확대시키게 된다. 어떤 사회에서 어떤 소비자트렌드가 나타날 것인가는 기본적으로 사회의 경제구조와 기술수준, 인적구성 등 물리적 특성과 그 사회의 문화와 가치 등 비물리적 특성에 달려 있다.

트렌드의 변화를 이끄는 물리적 특성과 비물리적 특성은 서로 영향을 주고받는다. 가령, 기술의 발전에 따른 어떤 상품의 개발은 사람들의 가치관이나 생활방식을 바꾸어 놓는다. 예를 들어 도시의 형성과 도시에서의 고층 아파트 등장은 지역공동체를 붕괴시키고 핵가족화를 일반화시켰다. 반면 가치관의 변화가 새로운 기술의 발전과 상품의 탄생을 가져오기도 한다. 그러나 일반적으로는 기술변화나 주요 자원의 변화 같은 물리적 특성이 가치관과 생활양식에 미치는 효과가 더 크다. 엘빈 토플러는 그의 유명한 저서 『제3의 물결』에서 경제구조의 변화가 사람들의 일상생활 변화에 가장 결정적인 영향을 미쳤음을 지적하고 있다. 그는 경제발전의 단계를 세 개의 물결로 나누어 설명하였다. 제1의 물결은 사람들이 스스로 생산한 것을 소비하는 단계이다. 이 때 생산은 자가소비를 위한 소규모 생산이며 소량의 교환만이 이루어진다. 제2의 물결은 산업사회이며 주로 교환을 위해 생산하고 자가소비를 위해 소량만 생산하는 경우이다. 제3의 물결은 가계나 소비부문도 간접생산자로서 생산에 참여하는 단계이다. 이 단계에서는 시장이 성숙되어 물리적 생산물과 문화 또는 이미지의 융합현상이 나타나고 대량생산이 아니어도 기업의 흑자수지가 가능하다.

트렌드의 큰 변화는 우선 사회의 핵심기술과 가용한 천연자원에 의해서 큰 영향을 받는다. 러시아의 경제학자 니콜라이 콘드라티에프는 지난 200년간의 기술

**표 14-1 과거 200년간의 핵심기술 트렌드**

| 구 분 | 1830년 | 1880년 | 1910년 | 1950년 | 1990년 | 2030년 | 2090년 |
|---|---|---|---|---|---|---|---|
| 핵심기술 | 증기기관<br>면직물 | 기차<br>철강 | 전기<br>화학 | 자동차<br>석유 | 컴퓨터<br>정보 | 유전자 기술<br>생명과학 | 나노<br>엔지니어링 |

자료 : 서정희, 『소비자트렌드』, 2005

변화가 40년을 주기로 비교적 일정한 패턴을 보인다고 주장하였다. 그가 기술변화의 핵심 트렌드로 지적한 것들은 표 14-1과 같다. 표 14-1을 보면 과거 기술발전의 핵심이 기계와 관련된 것이었다면 오늘날 기술발전의 핵심은 마이크로 세계의 정복, 즉 비트와 유전자 나노 같은 것들임을 알 수 있다. 이러한 주기는 1세기는 족히 걸릴 장기적인 추세로 전망되고 있다.

트렌드의 변화를 설명할 수 있는 또 다른 요인은 가치관의 변화이다. 가치란 한 문화권 내에서의 사람들의 의식과 사고방식, 관습, 경험 등이 축적된 결과이다. 미국의 경우 1960년대와 1980년대의 가치관 변화를 표 14-2와 같이 요약할 수 있

**표 14-2 미국사회의 가치관 변화**

| 구 분 | 1960년대 | 1980년대 |
|---|---|---|
| 변화내용 | 자기 의존적 → 정부 의존적<br>근검역행 → 편안한 생활<br>종교적 신념 → 세속적 신념<br>남편 지배 가정 → 아내 지배 가정<br>부모 중심 가정 → 아동 중심 가정<br>개성 존중 → 개인차 혐오<br>욕구 충족 절제 → 즉각적 욕구 충족<br>저축 → 소비<br>성적 순결 → 성적 자유<br>부모의 가치 수용 → 또래집단 가치 수용<br>독립심 → 신뢰성 | 전쟁 → 평화<br>국가주의 → 세계주의<br>연방주의 → 주 및 지방정부주의<br>공기업 → 사기업<br>조직 위주 → 개인 위주<br>일원성 → 다원성<br>독립성 → 상호의존성<br>사회성 → 프라이버시<br>물질주의 → 생활의 질 중심<br>현상 유지 → 변화 추구<br>계획성 → 즉각성<br>노동 중시 → 여가 중시<br>권위 → 참여<br>집권화 → 분권화<br>이데올로기 중심→ 실용주의<br>윤리의 절대성 → 상황윤리<br>경제적 능률 → 사회적 정의<br>수단의 정당성 → 목적의 정당성 |

자료 : 김원수(1995)에서 재인용

다(김원수, 1995에서 재인용). 1960년대 미국사회의 가치관 변화가 대중소비사회로의 전환을 앞두고 있음을 나타낸 것이라면, 1980년대는 미국사회가 성장기에서 성숙기로 이행하는 과정에서의 변화내용을 나타낸다.

우리나라의 전통적 가치관은 불교 및 유교문화라는 배경과 농업 중심의 경제구조에서 비롯된 가족 중심의 집단주의적 사고, 경제적 빈곤 등에 그 뿌리를 두고 있는데 대략 다음과 같이 요약할 수 있다.

첫째, 가족주의와 관련된 것으로 조상숭배, 족벌성, 남존여비 및 효도를 최고의 선으로 본다. 둘째, 권위주의와 관련된 것으로서 강한 관료(상전)의식이 있고 노동을 천시하며 축적된 경험과 체면을 중시한다. 셋째, 집단주의의 영향으로 혈연이나 지연, 학연으로 연결된 공동체 의식이 강하고 충성심과 보은을 중시한다. 넷째, 인정주의, 즉 융통성과 타협, 의리 및 비합리성이 지배적이다. 이러한 의식은 해방을 거치면서 많이 희석되고 있으나 아직도 중장년 세대에겐 지배적인 가치관으로 남아 있다.

### 2) 우리나라의 소비자트렌드

우리나라는 1955년 1인당 국민소득이 55달러에 불과한 극빈국가로 국민 대다수가 보릿고개를 걱정해야 할 정도였으나, 1990년대 들어 국민소득이 1만 달러에 근접하는 중위권 국가로 성장하였다. 그 동안 우리나라는 경제적으로나 사회적으로 다양한 변화를 겪어 왔으며 토플러가 말한 제1의 물결에서 제2의 물결까지의 흐름을 거의 모두 거쳐 가고 있다. 지난 80년대 후반부터는 제3의 물결, 즉 후기 산업주의적 시장의 특성을 드러내고 있다.

시장 분야에서는 소득증대와 기술발전, 특히 IT 산업의 발전, 초고속 교통수단의 도래, 초고속 정보통신망의 확대 등이 두드러지며, 사회적 분야에서는 출산율 감소와 노인인구 비중의 증가, 취업주부의 증가, 교육수준 증가 등의 현상이 나타나고 있다.

우리나라의 소비추세 변화는 사회의 변화를 그대로 반영하는 동시에 사회의 변화에 영향을 주고 있다. 기업의 경제연구소와 광고회사 등에서는 이런 소비자트렌드를 정리하여 주기적으로 발표하고 있다. 가령 삼성경제연구소(1999)에서 발표한 자료에 따르면 지난 100년간 우리나라의 시대별 변화의 특징과 우리나라에서

표 14-3 우리나라 시대별 상품변화

| 구 분 | 일제시대 | 해방~1960년대 | 1970년대 | 1980년대 | 1990년대 |
|---|---|---|---|---|---|
| 시대 변화 | 근대화 진전<br>일제 수탈<br>농업 중심 | 산업화 시작<br>의식주 부족<br>구미약품 소개 | 경제적 성취<br>도시화 진전<br>대량생산 기반 | 첨단산업 태동<br>컬러와 풍요<br>생활의 편리 | 정보혁명<br>개성화 시대<br>글로벌화 |
| 주요 상품 | 쌀, 고무신<br>막걸리, 무명 | 치약, 라면<br>소주, 나일론<br>연탄, 설탕<br>밀가루<br>광목 조미료 | 비료, 농약<br>냉장고, TV<br>아파트, 전화 | 컬러 TV<br>VCR, 자동차<br>전자레인지<br>세탁기 | 에어컨, PC<br>휴대전화<br>신용카드<br>인터넷 |

자료 : 삼성경제연구소(1999)

인기를 끌었던 주요한 상품은 표 14-3과 같다. 해방 이후 산업화가 시작되었으나 아직 의식주 해결이 어려운 상태였던 1960년대에는 치약과 라면, 소주, 나일론, 연탄, 설탕 등이, 산업화가 본격화된 1970년대에는 농업생산성을 획기적으로 높인 비료와 농약, 주거생활의 혁신을 가져온 아파트와 냉장고, TV, 전화 등의 가전제품이, 1980년대에는 자동차를 비롯하여 더 첨단화되고 고급화된 가전제품이 그리고 1990년대에는 정보통신과 관련이 깊은 컴퓨터와 인터넷 그리고 신용카드 등이 널리 보급되었다.

표 14-4 포춘지 선정 20세기 세계의 상품

| 구 분 | 상품명(도입 년도) |
|---|---|
| 여 가 | 카메라(1900), 필름(1935), 레고(1958), 비디오녹화기(1976), CD(1982) |
| 사 무 | 페이퍼클립(1900), 복사기(1959)<br>포스트잇(1980), 마이크로프로세서(1971) |
| 가 정 | 진공청소기(1907), 냉장고(1918), 가정용에어컨(1928), 전자오븐(1967) |
| 교 통 | 오토바이(1903), 포드T모델(1908), DC3 여객기(1936) |
| 커뮤니케이션 | 라디오(1921), 문고판 책(1935), 텔레비전(1939), 월드와이드웹(1991) |
| 의 류 | 지퍼(1913), 브라(1914), 나일론(1939) |
| 건 강 | 안전면도기(1903), 일회용 반창고(1921), 페니실린(1928), 피임약(1960) |

삼성경제연구소는 네티즌과 전문가들을 대상으로 설문조사를 실시하여 20세기에 우리나라에서 기존 개념이나 생활의 흐름을 바꾸었거나 생활에 장기간 영향을 미친 한국의 10대 상품을 선정했다. 그 결과 선정된 상품은 자동차, 라면, 텔레비전, 아파트, 전화, 컴퓨터, 소주, 연탄, 나일론, 신용카드 순으로 조사됐다. 이 외에 반도체와 통일벼, 플라스틱, 신문, 냉장고, 피임약, 복사기, 비닐하우스, 조미료, 볼펜, 라디오, 영화, 팩시밀리 등이 언급되었다. 자동차, 나일론, 텔레비전은 포춘지가 선정한 20세기 세계의 상품 중에서도 언급된 것들이다.

## 2. 소비자트렌드의 활용

소비자트렌드에 대한 정보는 기업과 정부, 사회 등 모든 분야에서 필요하다. 기업뿐 아니라 정부와 사회의 각 기관도 소비자트렌드에 맞게 그들이 제공하는 제품과 서비스를 개발하고 개선할 필요가 있다. 물론 누구보다도 소비자트렌드에 관심이 있는 조직은 기업일 것이다. 오늘날과 같은 경쟁적 시장에서 소비자트렌드를 읽고 예측하고 거기에 맞추어 제품과 서비스를 제공하지 못하는 기업은 당연히 경쟁에서 탈락하기 때문이다.

소비자트렌드를 읽고 예측할 수 있다면 기업은 상품기획단계에서부터 상품의 홍보, 판매단계에 이르기까지 그 트렌드를 활용할 수 있다. 상품기획단계에서는 기존 제품의 확장과 축소, 전혀 새로운 제품 카테고리의 생성, 여러 제품들의 혼합과 분리 등 다양한 방법으로 소비자 욕구 충족을 위한 제품을 기획할 수 있다. 상품을 만든 후에 그 상품을 가지고 소비자에게 다가가고, 소비자의 주의를 끌고, 소비자의 선호를 얻어내기까지의 모든 과정에도 소비자트렌드에 대한 이해가 필요하다.

오늘날 여러 협회나 신문사 등에서 선정하는 히트상품이나 인기상품을 잘 살펴보면 상품기획단계에서부터 판매 후 고객관리단계까지 어느 단계에서건 소비자트렌드를 잘 읽고 이를 반영시킨 제품임을 확인할 수 있을 것이다.

오늘날의 똑똑한 소비자들은 그들의 욕구를 충족시켜줄 제품을 재빠르게 찾아낸다. 아무리 잘 만들어진 광고나 세일즈 프로모션 활동도, 제대로 된 제품이 아니면 소비자를 유혹할 수 없다. 설령 일시적으로 소비자 주의를 끌고 소비자의 구

트렌드 메모 14-1

## 2004년 상반기 홈쇼핑 히트상품은

올 상반기 안방 시청자들의 사랑을 독차지한 홈쇼핑 인기상품은 무엇일까?

지난 13일 업계에 따르면, GS홈쇼핑이 상반기 히트상품(판매수량 기준)을 선정한 결과 '김영애의 황토솔림욕'이 15만 세트, 130억 원어치가 팔려 1위를 차지했다고 밝혔다. 황토솔림욕은 연예인에서 사업가로 변신한 김영애씨가 설립한 참토원의 대표 상품으로 전북 정읍의 황토를 원료로 개발된 미용 팩. 2002년 선보인 이래 현재까지 총 86만 세트, 약 850억 원어치가 팔려 나갔다.

'김영애의 황토솔림욕' 외에 청국장 제조기 '엔유씨 발효기(5위)', 오곡밥을 현대인의 식생활에 맞게 개발한 '신토불이 30곡 삼쌀(10위)', '토브 족탕기(9위)' 등 '한국형 웰빙상품'이 히트상품을 휩쓸었다. 이밖에 '홈파워 블루 스팀청소기'와 '한경희 스팀청소기', '한경희 은나노 스팀청소기'가 각각 2, 7, 8위를 차지, 스팀청소기가 생활 가전으로 급부상했으며 조리가 간편하도록 만든 '죽염 저온 숙성 고등어'와 체질 개선에 도움을 준다는 '대상 클로렐라'는 각각 3, 4위에 올랐다.

CJ홈쇼핑에서는 소형 주방용품이 인기를 끌었던 지난해와 달리 아이리버 MP3 플레이어, 삼성 디지털카메라, Mio 네비게이션 등 디지털 정보기기가 대거 '상반기 10대 브랜드'에 진입했다. 특히 Mio 네비게이션은 네비게이션 대중화, 레저문화 확산 등에 힘입어 상반기에만 50억 원어치가 넘게 팔렸다. PB(자체 상표) 언더웨어 '피델리아', 디자이너 송지오의 'ZIO songzio', 이혜영의 여성복 '미싱도로시' 등 패션 상품은 젊은층 사이에 인기를 끌었으며, 아동 도서 '삐아제'는 조기 교육 열풍과 맞물려 60억원이 넘게 판매됐다.

CJ홈쇼핑 정재훈 부장은 '주 고객인 주부는 물론 젊은 세대까지 아우르면서 최첨단 제품을 판매하는 유통 채널로 바뀌고 있다'고 말했다.

보험 등 무형(無形) 상품도 인기였다. 현대홈쇼핑에서는 '메트라이프 베스트콜 헬스케어 보험'이 103억원의 실적을 올리며 히트상품 1위에 올랐으며, 우리홈쇼핑에서도 '흥국생명 플러스 건강보험'이 히트상품 1위를 차지했다. 아이디어 상품도 굳게 닫힌 소비자의 지갑을 열었다. 현대홈쇼핑에서는 마사지 기능을 추가한 보정 속옷 '이탈리아 피넬리 마사지 기능성 팬츠'가 출시 두 달 만에 90억원이 넘게 팔리며 히트상품 2위에 올랐다.

자료 : 연합뉴스, 2004

매를 유도했다 하더라도 소비자들은 그들의 경험을 가슴속에 담아두지만은 않는다. 인터넷의 각종 상품판매 사이트는 소비자들의 사용후기로 넘쳐난다. 소비자들은 기업의 상품과 서비스뿐만 아니라 정부와 언론, 특정 지역, 기타 공공기관에 대해서까지 그들의 요구와 경험을 공유한다. 소비자들은 예전과 달리 인터넷이라는 다방향 매체를 통해 자신들의 욕구를 확인하고 정보를 공유하고 전체 시장을 향해 그들의 목소리를 내고 있다.

소비자트렌드의 중요성이 부각됨에 따라 트렌드를 읽고 이에 대한 정보를 기업에 제공하거나 소비자의 소비를 도와주는 직업들이 등장하고 있다. 가령 소비자트렌드 세터(consumer trend setter)나 트렌드 와처(trend watcher)는 앞으로 다가올 소비자트렌드를 미리 파악하고 각 산업 분야에 그 정보를 제공하는 일을 하는 사람이다. 또한 소비 큐레이터(consumer curator) 또는 퍼스널 쇼퍼(personal shopper)는 특정 매체나 인물, 집단을 위해 상황에 맞게 소비 아이템을 추천하고 필요할 경우 구매까지 대행해 주는 사람을 말한다. 대표적인 예로 연예인 등을 대상으로 어울리는 옷을 골라주는 코디네이터를 들 수 있으며 앞으로는 가전과 통신, 엔터테인먼트 등의 분야로도 확대될 것으로 전망되고 있다. 큐레이터 업무는 이미 생산되어 있는 제품 중에서 소비자를 위해 선택, 조합해 주는 차원을 넘어 직접 생산과 디자인에 참여하는 단계로까지 확대될 것이다. 강남의 모 백화점에서는 구매액 상위 1%에 해당하는 고객에게 퍼스널 쇼퍼를 제공하여 별도의 공간에서 미리 쇼핑에 대한 도움을 받고 쇼핑할 수 있도록 하고 있으며 온라인으로 구매할 경우 결제까지 대행해 주는 서비스도 시행하고 있다.

## 3. 소비자 중심주의의 의의와 전망

앨빈 토플러가 말한 제3의 물결이 밀려오면 생산과 소비가 유리되었던 산업사회와 달리 생산과 소비 부분의 유대가 다시 강화되고, 소위 생산자이면서 소비자인 프로슈머(prosumer)의 역할이 증대된다. 이는 사회가 대량생산(mass production) 사회에서 대량맞춤생산(mass customization) 사회로 변화하면서 소비자의 관심과 니즈를 읽는 것이 중요해졌기 때문이다. 소비자 니즈를 제대로 읽고 상품기획과 판매에 적용하지 않으면 기업은 생존하기 어렵다. 과거처럼 상품을 만들어 놓고 소비자 니즈를 인위적으로 창출하기에는 오늘날 소비자들은 너무 개성이 강하고 자존심도 강하다.

그러나 소비자의 관심사를 파악하고 소비자 니즈를 읽는 것은 쉬운 일이 아니다. 나아가 일정 기간에, 일정 집단의 소비자에게 보편적으로 나타날 일종의 소비자 태도나 소비가치라고 볼 수 있는 소비자트렌드를 파악하거나 예측하는 것은 더더욱 어렵다. 사실 대부분의 소비자는 자신이 무엇을 원하는지 정확하게 알지 못한다. 안다고 해도 말로 잘 표현하지 못하며, 표현할 수 있다고 해도 솔직하게 표현하지 않는다. 솔직하게 표현하더라도 자신이 말한 대로 행동하지 않고 말한 대로 행동했다고 해도 내일은 어떻게 변할지 알 수 없다. 그래서 오늘날의 소비자를 나비 같은 소비자(butterfly consumer)라 부른다.

소비자 중심 마케팅은 소비자의 니즈를 잘 읽고 그들의 니즈를 제품으로 제대로 구현하며 그들이 원하는대로 홍보하고 판매하는 것이다. 소비자들은 제품에 자신의 니즈를 반영하기를 원할 뿐만 아니라 원하는 방식대로 지불하고 원하는 방식대로 사용하기를 원한다. 자신의 욕구가 충족되면 기업의 직원 이상으로 제품과 서비스에 애착심을 보이고 앞장서서 해당 기업에 직원 이상의 기여를 하려고 한다. 반면 마음에 들지 않으면 침묵하지 않고 본인은 물론 경계선 상의 많은 잠재고객을 이끌고 떠나버리는 것이 오늘날의 소비자이다.

오늘날 소비자 니즈를 제대로 파악하기 위해서 절대적으로 고려해야 할 것은 프로슈머의 활용과 공동생산 시스템의 도입이다. 소비자들은 프로슈머로서, 즉 제품을 이미 사용해 본 경험자로서 신제품 기획에서부터 기존 제품 개선 및 확대, 제품 홍보 및 유통 그리고 판매에까지 관여하게 될 것이다.

공동생산(co-production)은 프로슈머 개념과 유사하지만 제품의 기획단계가 아닌 생산단계에서 소비자를 참여시키고 또 소비자의 참여욕구 충족에 초점을 둔다는 점에서 다르다(이은희 · 김경자, 2003). 이미 활성화되어 있는 공동생산의 예로 주유소에서의 셀프 주유나 뷔페식당에서의 셀프 서비스, 임신 여부 자가 테스트, 셀프 서비스 슈퍼마켓 등을 들 수 있다. 앞으로 이 공동생산의 개념은 기업의 비용을 줄이기 위한 측면에서가 아니라, 소비자가 스스로 자신이 원하는 것을 선택하고 조합하도록 하여 스스로 주체가 되어 선택하는 느낌을 갖도록 하는 데 초점을 두어야 한다.

소비자 중심의 제품기획과 제품생산 그리고 홍보에서 판매에 이르는 전 과정은

후기 산업사회에서의 기업과 소비자 유대를 강화하고 서로의 이익을 극대화하는 윈-윈(win-win) 전략이 될 것이다. 기업과 소비자 연구자들은 소비자 니즈를 제대로 파악하기 위해 소비자를 주목하고 소비자의 복지와 기업의 이윤이 만나는 접점을 찾도록 늘 깨어있어야 할 것이다.

트렌드 메모 14-2

## 나도 모르게 소비큐레이터에 빠져들고 있다

슬리브리스 나시를 레이어드하고 볼레로 청재킷으로 레이어드한 스타일. 짧은 원피스와 진을 믹스 매치한 코디. 다이마루 티셔츠를 색상별로 레이어드한 코디와 긴 목걸이 줄을 목에 몇 번 감은 목걸이를 포인트로… 혹시 당신은 이렇게 입지는 않습니까?

'귀엽거나 미치거나'의 소유진 패션 스타일을 보면 캐릭터 티셔츠나 니트, 플라워 프린트가 가미된 블라우스에 가슴선까지 깊이 파인 니트 카디건을 레이어드해 입거나 탑 위에 볼레로를 레이어드해 입는다. 여기에 아웃 웨어는 트렌치코트나 롱 니트 카디건, 차이나 칼라 재킷에 미니스커트나 청스커트, 몸에 피트 되는 진 팬츠를 매치해서 입는 것을 흔히 볼 수 있다. 이런 스타일은 TV 드라마 속 스타일뿐만 아니다. 스트리트 패션에서도 흔히 볼 수 있게 되어 버렸다.

TV 드라마뿐만 아니라 패션 잡지도 이제는 개인 코디네이터 역할을 톡톡히 하고 있다.

롯데백화점의 〈에비뉴엘〉, 갤러리아의 〈더 갤러리아〉, 현대백화점의 〈스타일 H〉가 그 예다. 유명 백화점에서 VIP를 대상으로 발행되는 이 잡지들은 백화점의 이미지 제고뿐만 아니라 코디에 대한 정보를 제공하고 있다. 이 명품 잡지는 일반 대중지보다 기사와 광고를 고급화한 형태로 독자를 VIP로 한정하고 있고, 고객 지향적인 매거진으로 개인 코디네이터를 능가하는 맞춤 정보를 제공하고 있다. 특히 〈더 갤러리아〉는 '매갈로그(magalog, magazine+catalog)'의 형태로 정보를 제공하고 있어 상품에 대한 깊이를 더하고 있다.

이렇게 특정 개인이나 매체가 소비에 대한 가이드라인을 제시하고, 소비자는 이를 바탕으로 제품을 평가하고 추종하는 것을 '소비큐레이터'라고 한다.

■ 소비를 제안하는 큐레이터 급부상

큐레이터(curator)가 미술관에서 전시를 기획할 뿐만 아니라 소장품을 수집, 관리, 연구하는 사람을 지칭하는 말이라면 '큐레이터소비'는 일반 소비자들이 특정 인물, 매체, 집단 등에서 미리 선택하고 추천한 제품을 소비하는 현상을 말한다. 특히 이러한 소비형태는 패션, 푸드, 여행, 출판, 문화 정보 등 라이프스타일과 밀접한 상품에서 두드러지게 나타나고 있다.

지난해 '파리의 연인'이라는 드라마로 김정은과 박신양 스타일이 전국적으로 큰 인기를 끌었다. 스니커즈에 카고 팬츠, 볼레로 카디건의 레이어드를 연출한 김정은 식 스타일과 피트 되는 더블버튼 슈트에 포켓치프와 볼륨감이 있는 넥타이의 박신양 식 스타일은 소비자들에게 패션 가이드라인을 제시했다. 또 '미안하다 사랑한다'의 임수정 스타일은 자연스러운 샤기 펌의 헤어스타일부터 어그부츠의 발끝까지 겨울철 젊은 여성들의 대표적인 패션 아이콘이 되기도 했다. 사실 예전부터 큐레이터 소비가 있어 왔지만 소비자에게 크게 어필되지 못했다.

자료 : http://blog.naver.com/fashioninmkt/80012084447

패션의 경우 라이센스 등의 패션 잡지에서 ○○연예인 헤어스타일 따라하기, ○○처럼 옷 입기 등 많은 제시를 해주지만 현실과는 동떨어진 패션스타일로 일부 패션 리더들에게만 해당되었다. 그러나 지금은 이런 흐름이 계속 확산되고 있다. 연예인과 일반 소비자의 패션 감각의 갭이 거의 없어 ○○스타일이 부각되기 시작하면 너도나도 할 것 없이 그 스타일을 '교복'처럼 입고 다닌다. 이처럼 지금은 일반 소비자가 연예인 스타일을 100% 재현하는 등 동시대의 감성을 같이 공유하게 된 것이다.

KBS의 건강 증진 프로그램 〈비타민〉은 '위대한 밥상과 건강 대장부'라는 코너로 음식에 대한 지식 정보는 물론 건강에 대한 경각심을 일으킴으로써 시청자들에게 정기적인 건강진단과 본인에게 필요한 정보와 웰빙 식단의 가이드라인을 제시하고 있다.

MBC의 〈느낌표〉 프로그램에서는 우량도서를 제안해 베스트셀러로 올려놓아 전 국민을 책읽기 운동에 동참시킨 적이 있다. 이는 책을 출판하고 홍보하는 주체가 과거에는 출판사의 몫에서 대중매체라는 프로그램으로 전이된 것이다. 〈느낌표〉라는 교양오락 프로그램에서 '책을 읽읍시다'라는 카피로 책을 홍보하는 데 앞장섰고 소비자들은 이를 믿고 따르게 되면서 큐레이터소비가 나타났다. 또 KBS는 사회변화 흐름에 중요한 코드를 담고 있는 책을 선정해 대담이나 분석 등의 방법으로 사회적 흐름을 말해주고 있다. 특히 지난 7일에는 빌 클린턴 前 미국 대통령이 출연해 큰 이슈가 된 것처럼 독자나 저자를 초청해 큐레이터를 발굴하는 역할을 하고 있다.

■ 프로페셔널과 아마추어로 구분되는 큐레이터

이미 우리 소비시장에는 다양한 큐레이터가 활약하고 있다. 이들은 프로페셔널 큐레이터와 아마추어 큐레이터로 구분할 수 있다.

프로페셔널 큐레이터에는 디자이너형과 편집자형, 스타형으로 나눌 수 있다.

디자이너형은 상품을 직접 만들면서 소비자에게 트렌드를 제시하는 형이다. 해외 유명 디자이너 브랜드와 국내의 패션 브랜드들이 여기에 속한다. 해외 유명 디자이너 브랜드들은 시즌별로 컬렉션을 개최해 트렌드를 제시하면 follow group이 이를 반영해 상품으로 대중화 시킨다.

편집자형은 자신이 직접 상품을 만들지는 않지만 상품을 미리 선택해서 가공 또는 변형시킨 뒤 소비자에게 제시하는 역할을 한다. 여기에는 인물뿐만 아니라 다양한 매체도 존재한다. 예를 들어 〈20대에 하지 않으면 안 될 50가지〉, 〈죽기 전에 꼭 가봐야 할 여행지 33〉 등은 독자에게 다양한 경험과 방법을 제시하고 있다.

스타형의 경우 PPL과 유사하다. 대중적 인지도가 높은 인물들에게 의도적으로 스타일을 노출시켜 소비자를 유인하는 방법으로 가장 일반화 되어 있다. 소비자들은 스타가 보여주는 패션스타일, 벨소리, 촬영장소 등에 관심을 두고 한번씩 따라하거나 촬영지를 방문해 동질감을 느끼듯이 스타형은 단시간에 막강한 영향력을 갖는 소비 큐레이터 중의 한 유형이다.

대표적인 것이 드라마 〈겨울연가〉다. 〈겨울연가〉의 배용준 목도리, 헤어스타일은 우리나라를 크게 강타한 바 있다. 또 드라마가 수출되면서 그 여파는 이웃나라 일본까지 전파되어 우리나라를 찾는 일본인들은 남이섬과 외도 등의 드라마 촬영지가 관광명소가 된 것처럼 스타형 큐레이터는 기하급수적인 추종자를 만들어 내고 있다.

아마추어 큐레이터는 네티즌과 준스타형/전문가형이 있다.

최근 디지털 첨단 기술에 감성이 담긴 미니홈피, 블로그 등이 등장하면서 정보의 파급효과가 극대화 되었다. 네티즌은 사진, 음악, 동영상 등의 컨텐츠를 배출해내고 서로 교환하면서 정보를 공유하고 있다. 네티즌들은 일파만파 퍼지게 되는 컨텐츠와 새로운 컨텐츠의 보물창고로 활용되고 있어 일인 미디어의 역할을 톡톡히 해내고 있다.

준스타형은 대중에 노출되지 않았던 평범한 개인이 어느 날 특정 분야의 큐레이터로 떠오르는 경우다. 지난해 선풍적인 인기를 끌었던 '몸짱 아줌마'가 대표적이다. '몸짱 아줌마'는 한 인터넷 뉴스 사이트의 인터뷰 기사를 계기로 '평범한 아줌마가 몸짱이 될 수 있다'라는 것을 보여준 케이스로 매스미디어를 타면서 유명인사가 됐다. 또 웰빙(well-being) 트렌드와 부합되면서 소비자들에게 몸매 관리의 전문가로 급부상했고 여성소비자들에게 헬스 열풍을 일으킨 장본인이 됐다.

이렇게 우리 주변에는 큐레이터소비가 끊임없이 일어나고 있다. 심지어 매스미디어의 판단이 본인의 판단보다 옳다고 믿는 경우가 발생할 정도로 강한 신뢰를 두고 있기도 하다. 소비자는 가이드라인을 제시하는 큐레이터를 통해 무문별한 정보의 홍수 속에서 옥석을 가릴 능력을 길러야 한다.

■ 왜 '소비큐레이터'가 부상하고 있나?

우리 사회는 디지털 시대로 접어들면서 정보의 홍수 속에서 살고 있다. 1인 미디어의 블로그나 미니홈피를 통해 봇물 터지듯이 쏟아지는 컨텐츠, 매일 새롭게 생기는 브랜드와 신상품이 출연하고 있다. 또 우리나라가 보수적이고 획일화된 문화에서 오픈 마인드의 자세로 바뀌면서 오늘 미국에서 유행하는 것이 내일 한국에서 유행하는 식의 정보 흡수의 한계를 느끼는 사람들이 증가하고 있다. 따라서 패션, 음식, 음악 등 라이프스타일에 가이드라인을 제시하는 큐레이터의 필요성을 느끼고 있고, 그를 따르는 큐레이터 소비가 부상하고 있다.

자료 : 이화정.『텍스헤럴드』

## ♠ 참고문헌

김원수(1995). 신상품기획. 교문사.

삼성경제연구소(1999). 2000-2004 히트상품 분석을 통한 중기소비시장 전망.

서정희(2005). 소비트렌드 예측의 이론과 방법. 내하출판사.

앨빈토플러(1994). 제3의 물결. 홍신문화사.

연합뉴스(2004). 2004년 상반기 홈쇼핑 히트상품은?

이은희 · 김경자 역(2003). 고객서비스 실무. 시그마프레스.

# 제 15 장

## 미래의 소비자트렌드

미래의 소비자트렌드는 어떠할까?

이는 우리 모두가 궁금한 관심사이지만, 그것을 예측하기란 쉬운 일이 아니다.

미래를 예측하는 것은 현재의 우리와, 과거의 우리를 잘 아는 것이 매우 중요하다. 미래는 소비자에게 있어 불투명한 상황에서 불안감을 조성하고, 가능성도 제시하며, 기대감도 주는 동시에 우려감으로 가득 차게 하기도 한다.

이에 본 장에서는 미래사회의 소비문화가 어떻게 변화할 것인가, 미래의 소비자트렌드는 어떻게 예측되는가, 미래사회의 신상품과 히트상품 트렌드는 어떠한가 그리고 미래사회의 소비자 역할은 무엇인가 등을 중심으로 살펴보고자 한다. 그리고 궁극적으로 바람직한 소비문화형성을 위한 제언으로 신소비자문화의 창달을 위한 소비자의 의식적인 노력은 소비자 개인 및 가정에서 비롯되어야 함을 강조하고자 한다.

왜냐하면 트렌드 변화 속에서의 주체는 바로 소비자이기 때문이다.

## 1. 미래사회의 소비문화

현대사회에서 소비 개념 변화의 현상을 구체적으로 들여다보면 다음과 같다.

개인적 차원의 소비에서는 소비자의 소비가치가 전환되고 있으며, 점점 쾌락주의에 기반을 둔 소비향유적인 현상 그리고 양보다는 질을 중요시하는 소비추구 현상이 심화되고 있다.

사회적 차원의 소비에서는 물질주의와 상품과 서비스에 기반을 둔 소비주의의 심화 및 다원주의의 소비풍조가 만연하고 있으며, 소비의 상징적 의미가 확대되고, 소집단적인 커뮤니티가 형성됨으로써 개인과 소그룹의 향유적인 소비풍조 현상이 심화되고 있다.

상업적 차원의 소비에서는 기업이 주도하는 새로운 소비자 효용과 현대 상품 미학의 발달로 인해 기업이 소비문화를 주도하는 경향이 많다.

문화적 차원의 소비에서는 기존에 단순히 보고 즐기고 직시하는 소비보다는 소비자 스스로의 체험을 중심으로 한 소비가 확대되고 있으며 아울러 시대적 배경을 반영한 파생문화가 혼재하고 있다.

생태적 차원의 소비에서는 웰빙의 차원을 넘어 로하스를 지향하는 지속 가능한 소비를 위한 소비, 건강한 생활을 위한 소비, 단일차원에서 다차원적인 개념으로 변모 및 확대되고 있다.

세계적인 컨설팅 회사인 부즈 앨런과 해밀턴의 미디어 엔터테인먼트 분야 책임자인 마이클 울프는 최근 출간된 자신들의 책 『*Entertainment Economy*』에서 미래의 경제에서 오락적인 요소는 기업의 성장이 아닌 생존을 위한 조건이라고 주장했다. 이러한 '오락에 대한 몰입' 현상은 현대 사회 생활의 복잡성, 무거움, 스트레스화 등에서 그 원인을 찾을 수 있다.

페이스 팝콘은 한 사람이 동시에 여러 가지 업무를 담당하거나 여러 가지 역할을 동시에 담당하게 됨에 따라 현대인이 겪게 되는 스트레스와 시간 부족 상황을 '아흔 아홉 개의 삶'이란 경향으로 설명했다. 그는 앞으로의 소비자는 이러한 상황을 극복하기 위해 항상 위험이 없으면서도 흥미진진한 모험거리를 찾아다니는 환상모험의 경향과 상식에서 벗어난 행동을 하는 파격이나 일탈에서 그 즐거움을 찾으려는 보조적인 쾌락의 경향을 보일 것이라고 예측한 바 있다.

특히 베이비붐 세대와 X세대를 잇는 신소비 계층으로 최근 각광받고 있는 Y세대, 포스트 디지털 세대는 MTV와 비디오게임, 할리우드 블록버스터의 영상 문화적 세계의 세대로, 이들에겐 오락과 생활이 불가분의 관계를 맺고 있다. 이들은 유머와 아이러니한 광고에 많은 관심을 보일 뿐만 아니라, 배우자의 조건으로 능력이나 외모보다는 재치 있는 말솜씨와 유머 감각을 우선순위로 꼽을 정도로 생활에서 오락적 요소를 중시한다. 따라서 미래의 주축세력인 이들 소비자에게는 즐거움과 가벼움을 추구하는 트렌드가 어느 정도는 일반화될 것으로 보인다.

현대사회가 기업과 사회가 트렌드를 조정하는 사회라면, 미래사회는 소비자가 트렌드를 주체적으로 형성하는 사회가 될 것이다. 이러한 것을 중심으로 미래사회의 소비문화를 생각하면 다음과 같은 상황으로 연결될 것이다.

첫째, 환경친화적 소비문화의 형성이다.

환경의 중요성이 전 세계 지구인의 공통된 관심사로 등장하고 있는 현재를 직시할 때, 미래사회에서는 환경의 중요성이 더욱 강조되면서 환경친화적 소비라는 문화가 형성될 것으로 보인다. 이것이 로하스라는 사회적인 개념과 결부되어 좀 더 강력하게 나타날 것으로 예측되고 있다. 이제 모든 지구인은 지구의 운명 자체를 걱정하고, 환경과의 조화적인 측면을 추구하게 되며, 재활용과 같은 행동은 말할 필요가 없을 만큼 중요해졌다. 그리고 무공해산업, 그린 마케팅, 녹색가게 등은 일시적 현상이 아니라 지속적인 문화로 자리매김할 것이다. 이에 자신과 자신이 속한 지구를 생각하는 지속가능한 소비는 앞으로 계속되어야 할 화두와 관심사로 보인다.

둘째, 실버시장의 소비문화 형성이다.

사회가 발전할수록 소비자의 욕구는 상품에서 정보 그리고 서비스 쪽으로 그 중심이 이동되고 있다. 경제의 고도화와 더불어 고령화 현상은 정보 사회, 서비스 사회를 앞당기는 힘이 되고 있다. 고령자는 일반적인 상품이나, 서비스에는 충족감이 높은 상태이므로, 보다 높은 차원의 서비스 특히 최상급의 욕구인 건강, 생명에 대한 양질의 서비스를 기다리게 될 것이다.

따라서 서비스 지향형의 실버시장, 다품종 소량형의 개성화되고 다양화된 실버시장, 여성주도형의 실버시장, 시간과 여가 중심의 실버시장 등이 그 주류를 이룰 것으로 보인다.

셋째, 첨단기술의 소비문화 형성이다.

지금까지 단순히 첨단 기술적인 부분과 디지털적인 부분만이 강조되었다면, 미래에는 인간의 감성과 융합한 형태로 첨단기술 상품의 소비가 진행될 것으로 보인다. 첨단기술로 무장된 시대에, 소비자는 특별히 다른 사람의 얼굴을 면대면 할 필요가 없고, 상점의 주인이나 친척들과의 만남도 점점 오프라인에서는 줄어든다. 따라서 소비자는 이에 반발해 인간으로서의 따뜻함을 추구할 것으로 예상된다. 친척이나 시골마을에서 느꼈던 소속감과 인간미를 다시 한 번 느끼면서 바쁘고 힘든 디지털 사회를 견뎌내고자 하는 욕구가 강해질 것이다.

넷째, 소비의 개인화가 확대될 것이다.

현대의 소비문화를 대표하는 단어는 개인화이다. 이를 반영하듯 많은 마케팅이 개인, 즉 '나'라는 데 초점을 두고 있어, 이러한 '나'는 미래의 트렌드를 이끄는 주체로 자리 잡아 가고 있다. 앞으로의 소비자는 더욱 일대일 마케팅을 원할 것이다. 기업이 생산한 상품을 선택하기보다는 소비자 개인이 원하는 상품을 찾아서 선택할 뿐만 아니라 생산에 반영하게 하는 시대가 될 것이다. 이러한 소비문화는 비단 물질적 재화뿐만 아니라 서비스 부분에서도 더욱 두드러질 것이며 소비자는 자신에게 맞는 그리고 자신을 표현할 수 있는 맞춤 서비스를 선택할 것이다.

그 외에도 미래 소비자트렌드의 변화 전반에 대한 동향의 대두에 대해 전문가들은 자기중심, 사회구원, 정신적 압박, 탈 조직, 분주한 생활, 까다로운 소비자, 약간의 탐닉, 탈 남성화 등을 언급하고 있다. 이러한 것을 기초로 소비자트렌드의 다양화와 세분화, 퓨전 소비자트렌드, 커뮤니티에 의한 소비자트렌드, 렌탈 문화의 확산, 아름다운 남성, 젊은 소비자트렌드의 주기 등을 들고 있다.

미래 학자이자 트렌드 분석가인 페이스 팝콘은 자신의 저서 『클릭! 미래 속으로』에서 코쿠닝 트렌드, 유유상종 트렌드, 반항적 쾌락, 작은 사치, 개성 찾기, 여성적 사고, 짧은 시간에 많은 것 하기, 행복 찾기, 건강과 장수, 젊어지기, 소비자 감시 트렌드, 우상 파괴, 지구 지키기 그리고 공포가 급습하는 사회현상 등을 미래의 트렌드로 제시하고 있다.

이러한 미래 사회현상을 예측하면서 마케팅 측면에서는 다음과 같은 것을 강조하고 있다.

- 실버마케팅의 중요성 대두

- 하나의 국가에 두개의 사회와 같은 양극화 마케팅
- 생각의 속도로 즐기는 웹라이프인 인터넷 마케팅
- 소비자는 어린이라고 강조하는 키드 마케팅
- 기술 빅뱅의 시대에 대두되는 하이테크 마케팅
- 키치와 유머의 사회에서 엔터테인먼트 마케팅
- 하나뿐인 지구를 사수하는 그린 마케팅

특히 근간에 나타나는 소비의 양극화, 소비의 초고급화, 고급소비의 평준화 등 소비문화 및 트렌드에서 볼 수 있는 부정적인 측면이 어느 정도 지양된 바람직한 소비문화가 미래에는 이루어져야 할 것이다.

## 2. 미래사회의 소비자트렌드

소비는 한 시대를 들여다볼 수 있는 거울이다.

한 나라나 사회의 소비 규모와 현상을 아는 것은 경제규모, 발전 정도, 경제적 수준뿐만 아니라 소비자의 가치관과 생각, 문화적 양태를 그대로 드러내고 있다. 그러므로 소비자트렌드를 읽고 예측하는 일은 미래사회의 변화를 내다보는 지름길이라고 할 수 있다.

지금 세계는 개인의 사생활이나 직장생활에 심오한 변화를 야기하는 혁신의 물결을 경험하고 있다. 이러한 변화의 핵심은 바로 인터넷과 네트워크이다. 소비문화의 관점에서 보면, 문화의 하부 영역인 사회현상, 즉 트렌드는 더욱 세분화될 것으로 보인다. 이러한 세분화된 현상 속에서 우리는 미래에 소규모의 개인 중심 커뮤니티 사회가 주류를 이룰 것이라고 예측할 수 있다.

미래학자인 페이스 팝콘은 미래에 대한 재미있고 날카로운 예측서인 『미래생활사전 : 당신의 21세기를 위한 최신 트렌드 키워드 1200』에서 다음과 같이 지적하고 있다.

- 유전자 귀족 : 새로운 유전자 귀족계급으로 독특하게 귀중한 유전자를 물려받거나 이식한 엘리트
- 노년기 결혼 : 완전히 새로운 결혼 관련 용어로써, 60대, 70대 혹은 그 이상의 나

이에 새로이 결혼하는 커플

- 게리보그 : 게리보그는 '노인'을 뜻하는 그리스어 '게리'와 이제는 아주 친숙한 말인 사이보그의 합성어로, 신체 장애인을 돕는 로봇
- 애완동물의 권리 : 애완동물을 가축이 아닌 인간과 유사한 특별한 존재로 취급하도록 압력을 가하는 법률 운동

에릭 프롬과 같은 미래학자도 1970년대에 미래 가족의 다양성을 지적했으며 이러한 예측은 이미 현실에서 어느 정도 실현되고 있다. 그렇다면 이를 접할 때 우리는 어떠한 미래를 예측할 수 있으며, 그 속에 소비자트렌드는 어떻게 예측할 수 있는가?

소비자는 과거를 통해서 현재에 존재하고, 현재를 통해서 미래를 만들어 가는 실존적이며 주도적이고 능동적인 존재다. 자본주의 경제체제 하에서 우리는 많은 상품과 서비스를 소비하는 동시에 창조한다. 일반적으로 소비자의 삶에 있어서 단기적이고 장기적인 유행과 흐름을 트렌드라고 정의할 때, 이러한 트렌드가 소비와 결부되면 자본의 커다란 유동이 시작되며, 사회는 생산·소비 현상 파악 등의 모든 면에서 단순한 흥미 차원을 넘어 트렌드를 읽고 분석하고 앞서나가고자 하는 각고의 노력을 기울인다. 왜냐하면 트렌드의 백과사전적 의미가 경제변동 중에서 장기간에 걸친 성장, 정체, 후퇴 등 변동경향을 일컫는 경제 분석적 용어에서 출발했으며 이에 따라 소비자트렌드가 경제 성장, 시대적 상황과 밀접한 영향을 주고받기 때문이다.

앞으로 우리 소비자의 생활은 다양한 면에서 변화될 것이다.

기술의 변화 측면에서 보면, 자동화, 사이버틱한 미래, 전자상거래 시장의 증가가 나타날 것이다. 그리고 기술 혁신은 사무직, 서비스 직종에서의 노동력의 형태 변화, 컴퓨터 관련 직업의 증가 등을 초래할 것이다.

교육의 변화 측면에서 보면, 교육시장의 개방화, 시장 지향적 변화, 디지털화된 교육내용의 강화, 제조업과 정보산업을 구별하는 교육, 경험자 중심의 교육 등을 예측할 수 있다.

환경의 변화 측면에서 보면, 크게는 문화의 변화, 노령화에 대한 노인전문의사, 심리상담 치료사, 보다 치밀한 서비스 대행업의 증가 등을 예측할 수 있다.

이러한 면에서 고려한다면, 미래사회는 소비자의 생활 자체가 트렌드가 될 것

트렌드 메모 15-1

## 미래사회를 움직이는 소비자트렌드 17가지

1. 마음의 안식처(anchoring) 트렌드 : 과거에 안정감을 느꼈던 것을 찾고 그 속에서 미래에 대비하려 한다.
2. 공포의 기류(atmos fear) 트렌드 : 유해 식품 때문에 소비자들은 의심과 불안감의 폭풍 속에 휩싸인다.
3. 건강장수(being alive) 트렌드 : 장수와 활기찬 생활을 위해 건강의 중요성을 새롭게 인식한다.
4. 행복 찾기 변신(cashing out) 트렌드 : 사회적 성취보다는 소박한 생활 속에서 진정한 행복을 찾고자 한다.
5. 유유상종(clanning) 트렌드 : 정서가 같은 사람들끼리 어울리면서 자신의 가치관과 신념을 확인하려 한다.
6. 코쿠닝(cocooning) 트렌드 : 예측할 수 없는 외부 세계의 현실로부터 자신을 보호할 필요를 느낀다.
7. 젊어지기(down-aging) 트렌드 : 베이비붐 세대들이 어린 시절에 즐기던 것과 제품에서 안락함을 찾으려 한다.
8. 개성 찾기(egonomics) 트렌드 : 사회에서 느끼는 소외감을 상쇄시키기 위해 자신의 개성을 추구한다.
9. 이브 올루션(eve olution) 트렌드 : 남성 중심의 마케팅 이론을 극복한 여성을 대상으로 한 혁신적인 마케팅 이론이다.
10. 환상 모험(fantasy adventure) 트렌드 : 현대인들은 모험을 갈망하지만 그에 따르는 위험을 피하고 싶어 한다.
11. 미래에 대한 불안(future tense) 트렌드 : 소비자들은 자신이 미래를 예측하는 능력이 부족하다고 느낀다.
12. 우상 파괴(icon toppling) 트렌드 : 사람들이 신성한 것에 대해 의문을 제기하고 새로운 것을 찾는다.
13. 99가지 생활(99 lives) 트렌드 : 사람들은 동시에 많은 역할을 수행하도록 강요당하고 있다.
14. 반항적 쾌락(pleasure revenge) 트렌드 : 소비자는 금지된 욕망을 추구하며 광란에 빠져 제멋대로 행동하고 싶어 한다.
15. 지구를 지켜라 S.O.S(save our society) 트렌드 : 사람들이 윤리성, 열정, 동정심과 같은 사회적 양심을 재발견한다.
16. 작은 사치(small indulgences) 트렌드 : 자신의 능력 범위 안에서 작은 사치를 누림으로써 자기 보상 방법을 찾는다.
17. 소비자 감시(vigilante consumer) 트렌드 : 소비자들은 압력행사, 정치적 방법 등을 통하여 시장에 영향력을 행사한다.

으로 보인다. 모든 개인이 트렌드 창조자, 소수의 트렌드 그룹 등이 혼재할 것으로 보이기 때문이다. 즉 소비와 관련된 인간과 물건 및 상품의 관계 속에서 트렌드를 읽을 수 있다고 가정한다면, 개인 중심의 선택, 선택을 동반한 소비가치의 다양화 그리고 상품과 서비스를 중심으로 한 소비자의 네트워크 형성이 주류를 이루기 때문이다.

이에 미래의 소비자트렌드를 간략히 예측하면 다음과 같다.

#### ① 재미와 행복 추구의 확대

근간 우리 사회에서 즐겁고, 재미있는 행복은 누구나 공감하는 트렌드다. 특히 소비자의 삶의 가치, 소비의 목적, 새로운 신상품이 추구하는 유용성 등을 고려할 때, 소비자는 넘쳐나는 소비재 속에서 재미를 선택의 중요한 요소로 받아들일 것이다. 특히 스트레스를 줄여주는 각종 건강 프로그램과 상품들은 더욱 호황을 누릴 것으로 보인다.

#### ② 웰빙 트렌드와 로하스의 지속

스트레스로 심신이 지쳐버린 현대인, 이들에게 필요한 것은 무엇보다 편안한 휴식이다. 이는 단순한 개인적인 공간에서의 휴식(명상, 요가, 허브티, 아로마, 스파 등), 의료행위(천연 향기를 이용한 심리치료, 정신적 편안 추구 등)보다도 더욱 넓은 의미에서의 로하스적인 삶의 추구, 대체 연료 자동차인 하이브리드 자동차, 친환경적인 천연세제, 건전지를 사용하지 않는 태엽 라디오 등으로 확대될 것으로 보인다. 특히 생태지향적인 소비성향이 확대될 것으로 보인다.

#### ③ 복잡한 것은 거절, 단순한 것은 수락

최근에는 무분별한 소비를 자제하는 합리주의가 강세라고 볼 수 있다. 본질에 충실하기 위해 핵심 기능만을 살리고 제품의 가격을 낮춘 제품, 사용자의 이용 편이성을 고려한 디자인의 제품 등이 강세를 이룰 것으로 보인다. 물론 상품의 종류에 따라 다를 수 있으나 제품의 홍수 속에서 누구나 쉽고 편리한 제품을 찾게 될 것으로 보인다.

#### ④ 멀티 컬쳐 트렌드의 확대

글로벌 시대에 살고 있는 우리는 세계 각국의 문화를 흥미로운 대상으로 받아

트렌드 메모 15-2

### 우리 집 애완동물도 복제해 봐

얼마 전 한국의 유명한 교수가 '인간의 친구'인 개를 복제하는 데에 성공을 거두었다. 이는 상업용 애완동물 복제가 아니라 순수하게 질병에 대한 연구라고 강조하고 있다.

실제로 미국에서는 이미 상업용 애완견 복제가 시도되고 있다. 1998년 미국 애리조나 주의 기업가 존 스펠링 씨는 미국 텍사스 A&M 대학교 연구팀에 45억여 원을 기부하면서 자신의 애완견(Missy)을 복제해 달라고 요청했다. 이를 계기로 이른바 '미시 프로젝트'가 시작되었다.

이 소식이 알려지자 애완견 복제신청이 몰려들어 연구팀은 2000년 캘리포니아에 '제너틱 세이빙스 앤드 클론(GSC)'이라는 벤처회사를 차리고 본격적인 사업에 나섰다. 하지만 GSC사는 미시가 죽은 2002년까지 미시를 복제하는 데 실패했다. 그 대신 지난해 12월과 올해 2월 애완 고양이 2마리를 복제하는 데 성공했다. 마리당 복제비용은 5만 달러(약 6,000만원)였다. 최근에는 비용을 3만 2,000달러로 할인했다.

자료 : 동아일보, 2005년 8월 4일자

들이고 소화·흡수하는 트렌드가 생기고 있다. 특히 이국적이고 신비로운 느낌을 간직한 동양의 문화적 요소를 새로운 감각으로 재창조하는 스타일이 주목받을 것으로 예상된다. 의료에서의 동서양 의학 병행도 한 예이며, 인터넷과 과학 기술의 발달로 전 세계가 일원화되고 좁아지고 더욱 가까워져 미래 소비자들의 관심도 세계 각국의 다양한 문화, 다양한 인종으로 확대될 것이다.

#### ⑤ 체험 추구형 소비의 확산

유비쿼터스 확산과 주 5일제 근무제의 정착 등으로 제품 간의 융합화, 복합화가 활발히 진행되고 있다. 특히 제품 자체를 구매 이전에 시험해보고 체험해 보는 것도 기업에서의 사전 체험으로 제시되어야 하며, 소비자의 여행 트렌드 또한 단순한 패키지가 아니라 소비자가 원하는 개인 대 개인의 체험 추구형이 확산될 것으로 보인다.

## 3. 미래사회의 신상품 및 히트상품 트렌드

소비자의 라이프스타일은 계속 다양해지고 있다. 따라서 많은 신상품과 히트상품이 지속적으로 출시되어야 하며 또한 출시되고 있다. 일반적으로 미래사회의 신상품 및 히트상품 트렌드를 예측하는 데 있어서 과거의 신상품 및 히트상품의 성공요인과 실패요인의 분석은 필수적이다.

이 때 소비자의 요구를 고려하지 않은 상품이나 단순한 모방 상품의 개발은 지양해야 한다. 그리고 상품의 구성 요소로, 기능성, 심미성, 경제성, 안심성, 사용성, 신뢰성, 상표성, 보증성, 유통성, 광고 이미지, 환경성 등을 고려해야 한다.

한국미래학회는 2005년 '한국의 미래 : 2030의 비전'을 주제로 발표회를 가졌다.

과학기술적인 측면에서는 화장실에서 볼일을 보는 동안 변기가 심박수와 혈당량을 재서 주치의의 컴퓨터로 전송하고 벽에 걸린 액자의 그림이 기분에 따라 변하는 '유비쿼터스 시대'가 될 것으로 예측했다. 그리고 평균수명이 85세가 넘으면서 조기퇴직으로 인생의 후반전을 짊어질 '실버 테크놀로지'가 발전하고 육아와 교육, 노인봉양을 로봇이 맡게 되는 '휴머노이드' 시대가 될 것으로 내다봤다.

경제개발 측면에서는 2010년까지 연평균 5% 안팎의 잠재성장률이 2010년대에는 4.2%, 2020년대에는 2.9%로 계속 하락하겠지만 2020년경에 G10 국가로서 국제적 위상을 확보할 것으로 내다봤다. 또한 '성장률과 상관없이 양극화는 전방위적으로 확산될 것이며 그 극복은 선도적 대기업, 혁신형 중소기업, 외국계 다국적 기업이 3대축이 되어 발달하는 기술집약적 산업의 비중에 달렸다'고 발표했다.

인구와 직업 측면에서는 2020년경부터 인구감소가 시작되면서 노동력 공급이 감소하겠지만 전문직과 관리직 중심의 소수의 안정적 직업과 생산직, 서비스직, 판매직의 다수의 불안정적 직업으로 양극화되면서 사회적 경쟁과 갈등이 심화될 것으로 예측했다.

세대와 인구비중 측면에서는 1960년대 생과 1970년대 생의 인구비중이 현재 35.7%에서 2030년대에도 31.7%로 높은 수준을 유지할 것이기 때문에 386 중심의 세대정치는 향후 20년간 계속될 수밖에 없다며 현재의 이념과 정책의 빈곤에서 빨리 탈피할 것을 강조했다.

표 15-1 신상품의 성공 및 실패와 관련된 요인

| 구 분 | 내 용 |
|---|---|
| 신상품의 성공 요인 | 소비자 욕구의 충족, 고객에게 높은 가치 제공<br>혁신성, 기술적 우월성, 우호적인 경쟁 환경<br>기업 내부 강점과의 적합성, 기능부서 간의 의사소통<br>최고 경영자의 후원, 열정적인 챔피언, 신상품 조직<br>신상품 개발 과정의 적용, 불필요한 위험의 회피 |
| 신상품의 실패요인 | 너무 작은 시장, 기업 능력과의 부적합, 낮은 상품 차별성<br>실질적 효익 제공에 실패, 열등한 포지셔닝<br>부적절한 유통경로 후원, 예측의 실패, 나쁜 진입 시기<br>기술의 급격한 변화, 소비자 취향의 변화, 환경요소의 변화<br>낮은 재구매율, 열등한 AS, 조직적인 문제<br>불충분한 투자대비 이익률(ROI, return on investment)<br>기능부서 간의 조화 부족 |

최근 대학생들을 통해서 알아본 미래 소비자트렌드에 견줄만한 새로운 신상품 예측을 알아본 결과는 표 15-2와 같다.

표 15-2를 통해서 알 수 있는 점은 바로 디지털과 관련된 무수한 상품의 예측이며, 그 상품 대부분이 통합된 다기능적인, 시시각각 변화하는 소비자 가치를 추구하는 트렌드, 소비자 개개인의 욕구를 반영하고 있다는 점이다. 그러므로 소비자 개개인의 욕구 파악은 중요한 상품 개발의 동인이 되고 있다. 뿐만 아니라 기업은 미래 소비를 예측하기 위해 과거부터 이어지는 소비자트렌드를 분석하기도 하고, 설문조사나 다양한 방법으로 소비자의 욕구를 파악하고 있다. 그러나 이러한 방법으로 상식적이고 평이한 수준을 넘어서는 새로운 그 무엇을 파악하기는 쉽지 않다. 선진국의 소비행태를 많이 참고하는 것, 이는 문화의 글로벌화가 진행되면서 선진국의 사례가 우리의 소비 혹은 소비자트렌드로 연결될 가능성이 높아졌다는 것을 의미한다. 우리나라에도 이미 선진국을 중심으로 새로운 신상품, 히트상품을 예측하고 분석하는 새로운 직업과 전문인들이 속출하고 있다.

일반적으로 지금까지 소비의 선도 집단은 주로 고소득층으로 여겨져 왔으나 고소득층의 소비행태는 소비의 고급화를 설명하는 데에 유용할 뿐, 다양하게 펼쳐지는 소비행위의 미래상을 분석하고 파악하는 데에는 한계가 있다. 그 대안으로 혹자는 마니아들을 유심히 살펴보고 있다. 마니아는 소비의 선도 지표로 활용되고,

표 15-2 미래 신상품 예측

| 영 역 | 구체적인 제품 |
|---|---|
| 디지털과 복합 | 복합기능 디지털 액세서리 : 디지털 시대에 대응하는 다기능성 제품<br>컴퓨터를 이용한 스케줄 매니저<br>유비쿼터스 컴퓨팅, 개인정보관리가 강화된 모바일 명함<br>다중 리모컨, 인공지능의 컴퓨터<br>로봇의 획기적인 발달, 멀티 휴대폰 커뮤니티 |
| 여가 관련 제품 | luxury 백화점에서의 교육 문화 공간 설치<br>여가관리 프로그래머, 여가관리 컨설턴트<br>여가설계 보조 컨설턴트, 오지탐험 여행상품<br>맞춤 여행상품, 가상체험 상품 |
| 개인 서비스 | 개인용 전기 자동차, 3D 모션 안경<br>다기능적인 스포츠용 고급 선글라스, 자연 분해식 콘돔<br>개인 맞춤별 산소팩, 개인 음료, 얼굴 전용 세안 마스크 |
| 기타 서비스 | 애완동물 보육원, 자가진단 의료기<br>디지로그(디지털, 아날로그의 자유로운 선택)<br>부모대행 서비스, 스스로 만드는 인스턴트식품 |

욕구를 다른 상품으로 전환하는 데에도 활용될 수 있으며, 무료 모니터 요원으로도 활용된다. 또한 마니아의 질 높은 정보는 구전의 효과로도 작용하며, 이를 뒷받침하는 것이 바로 인터넷이다.

## 4. 미래사회의 소비자 역할

일반적으로 우리나라 소비자들은 유행에 민감하고, 호기심이 많으며 남보다 '빨리빨리' 하는 기질로 인해 새로운 제품과 서비스의 변경 욕구도 강한데, 이것이 현실화하여 적극적으로 발현되는 것은 이를 뒷받침하는 정보화 때문으로 보인다. 특히 초고속 인터넷으로 인해 무엇인가 좋다는 정보가 해당 커뮤니티나 사이트를 통해 보다 빨리 확산되어 '소비의 동질화'가 일어나면서 인터넷이 새로운 소비의 지름신 역할을 하고 있다.

개략적으로 미래 소비사회에서의 소비현상을 들여다보면, 지금보다 더 개인 중심성의 확산, 물질 중심성의 확산, 소비의 상징성 확산 등으로 예측할 수 있다. 뿐만 아니라 소비자 지향적인 올바른 소비문화의 정립에 있어서 소비자의 소비가치가 더욱 중요해 질 것으로 보인다. 따라서 미래사회에서는 지금보다 더 소비자의 역할이 강화될 것이다.

소비자의 역할에 대한 시각은 과거에 비해 보다 포괄적이라는 견해가 지배적이다. 아주 먼 과거에는 소비자가 주로 금전관리 또는 구매자의 역할로만 중시되었으나, 산업화 및 급속한 경제성장으로 인한 물질적인 풍요와 함께 소비지향적인 사회로 변화하면서 소비자의 역할은 보다 확대된 의미로 받아들여졌다.

소비생활의 궁극적인 목표는 소비자 개인의 만족이나 삶 또는 복지증진을 추구하는 데에 있으며, 이는 기업과 국민경제에 많은 영향을 끼치므로 바람직한 소비자의 역할은 개인 및 집단의 동시다발적인 복지 구현에 있다. 따라서 소비자 역할이란 개인의 권리 이외에도 사회 구성원으로서의 소비자 책임 등이 모두 포함되는 큰 의미를 내포하고 있다. 이러한 시각에서 미래사회 소비자의 역할을 살펴보면 다음과 같다.

**① 사회적 현상을 직관할 수 있는 통찰력 소유의 소비자**

미래사회 소비자에게는 사회현상을 파악할 수 있는 정확한 눈이 필요하다. 사회는 끊임없이 변화하고 있으며, 그 속도가 점점 더 빨라지고 있어 소비자는 변화하는 사회를 통찰하는 능력을 지니고 있어야 한다. 소비자와 기업·사회가 어떻게 진행되고 있는가를 바르게 파악하는 현명함을 소유해야 하고, 다른 사람과 똑같은 현상을 보면서도 무엇인가 독창적인 것을 발견하는 능력을 키워야 할 것이다.

**② 참여하는 비판적 능력의 소비자**

미래의 소비자는 비판하는 능력이 더 필요하다. 현명한 소비자는 본인이 소속된 사회에서 발생하는 문제점을 간과해서는 안 되며, 간파해야 한다. 또한 적극적으로 문제를 해결하려는 스스로의 능력 배양이 필요하다. 과거 소비자는 기업에 대응하지 못하는 소극적 존재였으나, 앞으로는 기업의 잘못을 지적하고, 사회문제를 해결하기 위해 적극적으로 대응하는 면이 강조될 것이다. 특히 직시하는 단순한 소비자에서 참여하는 소비자 의식의 강화로 인하여 그 속에서 소비자로서의 정체성과 권리를 찾고 타인의 소비자문제에 동참하는 소비자가 계속 증가하고 있는 현재의 상황을 볼 때, 참여하는 비판적 능력을 갖춘 소비자는 계속 증가할 것으로 보인다.

### ③ 올바른 소비 가치관이 정립된 소비자

소비자는 자신이 지니고 있는 가치를 근거로 하여 행동하게 된다. 어떤 가치관을 지니고 있는가는 그 소비자의 행동방향을 결정하는 요인이 된다. 앞으로 가치관이 점차 다원화되는 상황에서 올바르고 건전한 가치관을 갖는 소비자의 필요성은 더욱 절실하다. 소비 자체가 가치소비의 경향을 보이고 있는 시점에서 개인이 지닌 가치는 소비자를 비롯한 모든 개인 생활에 영향을 미치게 된다. 어떤 가치를 따르고, 어떤 가치를 지니는가의 결정은 소비자 스스로의 선택이다.

### ④ 생산에 적극적으로 참여하는 프로슈머로서의 소비자

요즈음의 소비자는 과거보다 똑똑하다. 그리고 미래의 소비자는 지금보다도 더 똑똑해질 것이다. 소극적이고 수동적이며 약자의 입장이었던 과거의 소비자와는 다르게 적극적으로 생산에 의사 및 의견을 제시하고 참여하는 소비자의 역할이 점점 강조될 것이다. 기업의 신제품 개발에 참여하고, 모니터링 등의 활동을 통해서 제품의 단점과 문제점을 개선하는 등의 활동에 소비자가 주역이 될 것이다. 미래에는 기업과 소비자가 서로 협력하여 제품을 생산할 수밖에 없을 것이다. 기업은 소비자가 원하는 제품을 생산하고, 소비자들은 자신들이 원하는 제품이 출시되도록 적극적으로 참여하는 프로세스가 일반화 될 것으로 예측된다.

### ⑤ 자연과 함께하는 환경보호자로서의 소비자

개인, 사회, 국가, 세계를 초월한 트렌드가 환경보호, 자원고갈, 자연보호 등으로 보인다. 우리 소비자는 이미 깨끗한 물을 사먹고, 공기가 오염되어 마스크를 쓰며 심지어는 자연공기까지 구매하고 있는 실정이다. 앞으로 환경을 생각하지 않고, 자연과 함께 더불어 살아가지 않는다면 소비자는 생존 자체를 위협받게 된다. 그러한 의미에서 환경보호자로서의 소비자 역할이 더욱 강조될 것이다. 오염을 최소화하는 제품의 출시를 위하여 기업과 소비자 모두가 노력해야 할 것이다.

### ⑥ 개인을 초월한 사회를 생각하는 소비자

개인주의 소비가 만연된 오늘날, 소비의 개인화는 앞으로도 더욱 지속될 것으로 예측된다. 그러나 미래사회의 소비자는 개인만을 생각하는 좁은 시야에서 벗어나 사회 전체를 생각하는 소비자가 되어야 할 것이다. 즉 개인의 소비행동이 사회 전체에 어떤 영향을 끼치는가에 대하여 생각하는 소비자, 나만 잘 먹고 잘 살자는 이기적인 소비에서 벗어나 사회 전체에 긍정적인 영향을 미칠 수 있는 소비에 관심을 가져야 한다.

최근 벌어진 일련의 방송 사고는 인쇄인 활자매체보다 시청각인 방송매체가 얼마나 중요하고 확산적인 것을 여실히 알게 했다. 뿐만 아니라 네티즌들이 취한 수많은 반응을 통해 인터넷이 커뮤니티의 역할을 하면서 찬반양론에서 격렬하게 대립하고 있음을 알게 되었다. 또한 대중매체 전반의 영향력은 소비자의 일상 속으로 깊숙이 침투하여, 소비성향을 만들어 주고 생활양식을 디자인하는 데 직접적인 역할을 하고 있음을 알 수 있었다.

이에 소비자는 사회가 추구해야할 가치와 규범이 무엇인지, 한걸음 더 나아가 어디를 향해 나아가야 하는지에 대한 관심을 끊임없이 가져야 하며, 방송과 사회의 역할이 지대하다는 것을 인지해야 한다. 또한 예전의 수동적이고 소극적이던 수용자로서의 소비자 지위는 능동적이고 적극적인 소비자 역할로 확대되고 있다. 소비자는 방송 메시지의 일회성이 사이버 공간 안에서 재생과 복제를 거듭하고 있는 현실도 주목해야 할 변화임을 직시해야 한다.

오늘날 소비자는 과거의 유산을 향유한다. 소비자는 주어진 현재를 소비하며, 다가올 미래를 예측하면서 즐긴다. 현재의 소비자가 미래를 만들어 간다는 지극히 당연한 사실을 생각해 볼 때, 우리 소비자의 삶을 돌이켜 보면, 미래의 변화에 대한 예상이 가능할 것이다. 미래의 자신을 알고 싶으면, 오늘 당신이 한 일을 살펴보면 된다는 서양의 속담처럼, 소비자는 끊임없이 변화하는 사회 환경에 적응하면서도 낯선 변화를 때로는 그대로 받아들이고, 때로는 거부한다. 우리의 미래는 불투명한 상황에서 불안과 가능성, 기대감과 우려감으로 가득 차 있기 때문이다. 이러한 측면에서 볼 때 미래의 트렌드 예측은 인간의 본성에 충실한 행위일 뿐 아니라 미래에 대한 분석을 통해 한 발 앞서 나가고 싶은 노력의 소산이다. 나아가 사회적인 소비자, 현명한 소비자는 현실의 소비를 통해 미래의 소비를 예측하고, 미래의 소비자 자신을 예측할 것이다.

미래의 바람직한 소비문화는 소비자의 몫이다.

이러한 바람직한 소비문화 형성을 위한 제언으로 신소비자문화의 창달을 위한 소비자의 의식적인 노력, 가정에서부터 비롯되는 소비자의 건전한 소비문화 창조, 미래에 연결되는 지속가능한 소비의 지향, 건전한 소비문화 및 여가생활의 끊임없는 개발, 새로운 소비생활 양식과 결합한 중산층 소비의식의 형성, 새로운 변화 속에서 소비자의 소비의식과 관련된 자아정체감의 정립 등이 요구된다.

## ♠ 참고문헌


공성진(2000). 새 천년 메가트렌드와 생활과학. 한국생활과학회 2000년도 동계학술대회.

구자룡(2003). 한국형 포지셔닝. 원앤원북스.

김경훈(2005). 미래를 읽는 9가지 기술 트렌드 워칭. 한국트렌드연구소.

김경훈 · 김정홍 · 이우형(2004). 한국인 트렌드. 책바치.

김난도 · 김선옥(2003). 소비자 안티사이트에 대한 연구: 평가모형 개발, 평가 및 방전방안의 모색. 정보화정책 제 10권 제 4호; 53~72.

김상일(2005). 한국형 소비트렌드의 5가지 신조류. 주간경제 828호.

김영세(2005). 트렌드를 창조하는 자 이노베이터. 랜덤하우스중앙.

김재문(2004). 미래 소비의 선두자, 마니아를 잡아라. 주간경제 789호.

대니얼 핑크 지음, 석기용 역(2004). 프리 에이전트의 시대. 에코리브르.

데이비드 루이스 · 대런 브리저 지음, 삼성전자 글로벌 마케팅연구소 역(2001). 디지털 시대의 신소비자 혁명. 위즈덤하우스.

로버트 볼독 지음, 신근수 역(2001). 예측의 기술; 기업 환경 시뮬레이션. 시유시.

로타르 J. 자이베르트 지음, 이은주 역(2005). 자이베르트 시간관리. 한스미디어.

마이클 마자르 지음, 김승욱 역(2000). 트렌드 2005. 경영정신.

멜린다 데이비스 지음, 박윤식 역(2003). 욕망의 진화. 21세기북스.

문숙재 · 여윤경(2005). 소비자트렌드와 마케팅. 신정.

삼성경제연구소(2005). 웰빙 문화의 등장과 향후 전망. 삼성경제연구소.
삼성경제연구소(2002). 소비시장의 양면성과 기업의 대응. 삼성경제연구소.
삼성경제연구소(2002). 시장에서 무슨 일이 일어나고 있나-5대 소비트렌드와 기업의 대응 -. 삼성경제연구소.
손은일 · 박영택(2000). 우리나라 히트상품의 성공요인에 관한 연구. 품질경영학회지 제28권 제4호; 119~139.
송민철(1996). 국민소득 1만불 시대, 우리소비문화의 허와 실. 신한리뷰, 겨울호.
스탠 데이비스 지음, 김승욱 역(2002). 미래의 지배. 경영정신.
야마자키 에리코 지음, 이근아 역(2004). 자연주의 절약생활. 이아소.
이승신 · 김시월(2004). 소비자 그리고 소비문화. 도서출판 신정.
이지평(2003). 주 5일 트렌드. 21세기북스.
일본경제신문사 지음, 이정환 역(2002). 2002 세계경제트렌드. 위즈덤하우스.
장 보드리야르 지음, 이상률 역(1996). 소비의 사회. 문예출판사.
장 보드리야르 지음, 이상률 역(1997). 문화와 소비. 문예출판사.
정준(1997). 소비사회의 실상과 바람직한 소비문화의 모색. 한국소비자보호원.
제임스 서로위키 지음, 홍대운 · 이창근 역(2005). 대중의 지혜. 랜덤하우스중앙.
조은정(2002). 15명의 시장. 지식공작소.
최순화(2003). 고객 마음을 읽는 마케팅 조사기법, CEO information 제 405호. 삼성경제연구소.
통계청(2004). 한국의 사회지표. 통계청.
파멜라 댄자이거 지음, 최경남 역(2005). 사람들은 왜 소비하는가(Why People But Things They Don't Need). 거름.
페이스 팝콘 · 리스 매리골드 지음, 김영신 역(2001). 클릭! 이브 속으로. 21세기북스.
페이스 팝콘 · 애덤 한프트 지음, 인트랜스번역원 역(2002). 미래생활사전(Dictionary of the Future). 을유문화사.
폴리 토인비 지음, 이창신 역(2004). 거세된 희망. 개마고원.
프라할라드 · 벤카트 라마스와미 지음, 김성수 역(2004). 경쟁의 미래. 세종서적.
피터 슈워츠 지음, 우태정 · 이주명 역(2005). 이미 시작된 20년. 필맥
피터 콜릿 지음, 이윤식 역(1997). 습관을 알면 문화가 보인다. 청림출판.
C. 브릿 비머 · 로버트 L. 슈크 지음, 정준희 역(2002). 떠오르는 트렌드 사라지는 트렌드. 청림출판.
Don E. Schultz · Heidi F. Schultz 지음, 오리콤브랜드 전략연구소 · 문달주 · 김태원 역(2005). 브랜드 배블. 이지.

LG 경제연구원(2005). 2010 대한민국 트렌드. 한국경제신문.
Zaltman. G(2003). How customers think: Essential Insights into the Mind of the Market. Harvard Business School.
及川昭伍・森島昭夫 監修, 國民生活センター 編輯(2000). 消費社會の 暮らしとrule. 中央法規.
內田陸三(1988). 消費社會ど權力. 岩波書店.
大石友子(2001). 女性の働き方. 財團法人 經濟産業調査會.
鈴木深雪(1999). 消費生活論; 消費者政策. 尙學社.
武廉博道・日本經濟硏究センター 編(1994). 2010年の消費社會. 日本經濟新聞社.
西村隆男(1999). 日本の消費者敎育. 有斐閣.
小谷正守·保田芳昭 編著(1980). 現代日本の消費者問題. ミネルバ書房.
井原哲夫(1995). 時間支配の時代. 同文書院.
正田杉・金森房子(1997). 消費者問題を學ぶ. 有斐閣選書.
增田津朗(2000). 觀光の文化經濟學. 刊初塔書房出版.
淸家馬(2002). 勞動經濟. 東洋經濟新聞社.
樋口美雄(2001). 雇用と失業の經濟學. 日本經濟新聞社.
坂井素思(1994). 經濟文明論. 放送大學敎育振興會.
坂井素思(1999). 經濟社會の現代. 放送大學敎育振興會.
飽戶弘 編著(1996). 消費行動の社會心理學. 福村出版.
戶崎契啓(2000). 旅行産業の文化經濟學. 刊初塔書房出版.
間田孝夫(2000). 消費社會論. 1 有斐閣コンパクト.
中谷武雄·後藤和子 監訳(2002). 文化經濟學入門. 日本經濟新聞社.

# 찾아보기

## ㄱ



## ㄴ

## ㄷ



## ㄹ



## ㅁ



## ㅂ

## ㅅ



## ㅇ

## ㅈ

## ㅊ



## ㅋ



## ㅌ



## ㅍ

## ㅎ

## 저자 소개

**허경옥**

이화여자대학교 경제학과 졸업
미국 University of Wisconsin–Madison 가계경제 및 소비자학 석사, 박사
현재 성신여자대학교 가족문화 · 소비자학과 부교수
저서 가계경제학의 이해(1999), 정보사회와 소비자(2000), 생활과학연구방법과 통계분석(2000), 소비자의사결정(2000), 소비자교육(2002), 소비자상담의 실제(2005), 소비자 투자와 보험(2006)

**이은희**

서울대학교 가정관리학과 졸업
서울대학교 대학원 소비자학 석사, 박사
현재 인하대학교 소비자아동학과 교수
저서 마케팅과 소비자 연구의 새로운 관심(2000), 소비자정보관리의 이해(2002), 소비자상담의 이론과 실무(2003), 고객서비스 실무(2003), 소비자와 시장환경(2004)

**김시월**

건국대학교 소비자주거학과 졸업
건국대학교 대학원 소비자학 석사, 박사
현재 건국대학교 소비자정보학과 교수
저서 소비자 그리고 소비문화(2004), 부모와 자녀가 함께하는 소비자교육(2004), 생활속에서 배우는 소비자교육(2003), 소비자교육의 이해(2002), 현대사회와 가정(2002), 교육과 삶의 질(2000), 일본의 소비자교육(2004)

**김정자**

서울대학교 소비자학과 졸업 및 동대학원 석사
미국 University of Illinois at Urbana–Champaign 소비경제학 박사
현재 가톨릭대학교 소비자학과 교수
저서 고객관리를 위한 재무상담(1999), 소비자재무설계(1998), 소비자와 시장(1995), 고객만족측정 핸드북(1998), 고객불평처리 핸드북(1999), 세계최고의 고객만족(1998)

**차경욱**

이화여자대학교 소비자인간발달학과 졸업 및 동대학원 석사
미국 University of Missouri–Columbia 소비자 및 가족경제학 박사
현재 성신여자대학교 가족문화 · 소비자학과 전임강사
저서 여가문화와 가족(2005), 소비자 투자와 보험(2006)

# 소비자트렌드와 시장

2006년 3월 5일 초판 발행
2011년 2월 18일 3쇄 발행

지은이 허경옥 외
발행인 류 제 동
편집 · 교정 조현주
제 작 김선형
표지디자인 반미현
발행처 ㈜교 문 사

(우) 413-756 경기도 파주시 교하읍 문발리
출판문화정보산업단지 536-2
TEL (031) 955-6111(代)
FAX (031) 955-0955
등록 1960. 10. 28 제406-2006-000035호
홈페이지 www.kyomunsa.co.kr
E-mail webmaster@kyomunsa.co.kr
ISBN 89-363-0777-0 (93590)

값 16,000원
*잘못된 책은 바꿔 드립니다.